Klára Hamburger

Franz Liszt

Klára Hamburger

Franz Liszt
LEBEN UND WERK

2010
BÖHLAU VERLAG KÖLN WEIMAR WIEN

Bibliografische Information der Deutschen Nationalbibliothek:
Die Deutsche Nationalbibliothek verzeichnet diese Publikation in der
Deutschen Nationalbibliografie; detaillierte bibliografische Daten sind
im Internet über http://dnb.d-nb.de abrufbar.

© 2010 by Böhlau Verlag GmbH & Cie, Köln Weimar Wien
Ursulaplatz 1, D-50668 Köln, www.boehlau.de

Alle Rechte vorbehalten. Dieses Werk ist urheberrechtlich geschützt.
Jede Verwertung außerhalb der engen Grenzen des Urheberrechtsgesetzes
ist unzulässig.

Lektorat und Register: Rainer Borsdorf, M.A.
Satz und Layout: Wissenschaftlicher Bücherdienst, Köln
Druck und Bindung: General Druckerei GmbH, Szeged
Gedruckt auf chlor- und säurefreiem Papier
Printed in Hungary

ISBN 978-3-412-20581-2

*Meiner Enkelin, Júlia László
in Liebe gewidmet*

Inhalt

1. Wer war Franz Liszt? 9

2. „Aus Liebe für mein Kind opferte ich Ruhe und Vermögen".
   Kindheit in der Habsburger Monarchie (1811–1823) 17

3. „Den Künstlern ist eine große religiöse und soziale Mission auferlegt".
   Pariser Jugendjahre (1823–1839) 27

4. „Ich brauche Reputation und Geld".
   Die Wanderjahre des Virtuosen (1839–1848) 59

5. „Wagner und ich wären die Koryphäen gewesen, wie einst Goethe und
   Schiller". Weimar (1848–1861) 97

6. „Ein intensives und tiefes Gefühl für die Kirchenmusik".
   Rom (1861–1869) 141

7. In- und außerhalb des Dreiecks
   Weimar – Rom – Pest (1869–1886) 177

Danksagung 231

Anhang 233
  Anmerkungen 233
  Zeittafel 245
  Quellen und Literaturverzeichnis 255
  Werkregister 267
  Personenregister 273

1. Wer war Franz Liszt?

Er war einer der großen Romantiker des 19. Jahrhunderts und neben Richard Wagner die Hauptfigur der von den Zeitgenossen als „Zukunftsmusik" verhöhnten „Neudeutschen Schule". Er ist der Vater der symphonischen Dichtung; Schöpfer der *Faust-* und *Dante-Symphonie,* der Oratorien *Die Legende von der heiligen Elisabeth* und *Christus,* von Messen, Psalmen und kleineren Kirchenkompositionen. Er gilt als Erneuerer des Klavierspiels: Seine Solostücke und Konzerte sind halsbrecherisch virtuos, wie auf den eigenen Leib geschrieben und bis zum Auftreten seiner Schüler für jeden anderen unspielbar. Heute sind sie nicht mehr aus dem Repertoire der Pianisten wegzudenken. Doch sein Werk birgt noch so manchen ungehobenen Schatz; viel Wertvolles, Hochinteressantes, was in kongenialer Interpretation dem Hörer des 21. Jahrhunderts zugänglich, ja zum musikalischen Erlebnis gemacht werden kann.

Die letztgenannte Eigenschaft, also die Qualität der Aufführung, ist bei Liszt zum wesentlichen Bestandteil der Komposition selbst geworden. Von Liszt zum *virtuose créateur* ernannt,[1] muss der Interpret den musikalischen Vortrag zu einer Art ebenbürtiger Neugestaltung des Werks steigern, um so den toten Stoff zu beleben. Damit seine Musik nicht dadurch verkannt werde, dass durchweg dieselben Kompositionen mit mittelmäßigem Geschick gespielt werden, sollte man seine Stücke auf einem exzeptionellen Niveau aufführen.

Ganz besonders sein Spätwerk verdient die Aufmerksamkeit der Musikfreunde. Es blieb für Liszts Zeitgenossen unverständlich und bereitete dennoch verschiedene Tendenzen des 20. Jahrhunderts unmittelbar vor. In Teilen wird es noch immer nicht entsprechend wertgeschätzt. Das individuelle Idiom des alten Liszt entsagte jeglichen Zugeständnissen an den Geschmack des Publikums, es ist aufs Wesentliche entblößt und klingt erstaunlich „modern". Die Passion *Via crucis* und die nach dem Jahr 1870 entstandenen Klavier- und Vokalwerke sind nur einige Beispiele, denen die packende Expressivität dieser Spätphase Liszts innewohnt.

Liszt war nicht nur ein hochbedeutender Komponist, ein Klaviergenie, ein bedeutender Dirigent, Pädagoge und Musikschriftsteller. Er war auch ein Mann von besonderer Ausstrahlung und Anziehungskraft. Seine männliche Schönheit paarte sich mit hoher Intelligenz, Eleganz und Vornehmheit; er hatte die Manieren eines Grandseigneurs und galt als geistreicher, vielseitig gebildeter Gesprächspartner mit sarkastischem Humor. Darüber hinaus zeigt sich uns Liszt als hilfsbereiter Humanist mit einer einzigartig toleranten, großzügigen Persönlichkeit. Dagegen fielen seine menschlichen Schwächen kaum ins Gewicht.

Geboren wurde Liszt in dem kleinen, damals noch ungarischen Dorf Doborján (heute Raiding) im Burgenland als Sohn deutschstämmiger Eltern. Ungarn gehörte zur Habsburger Monarchie und kämpfte bis zum Österreichisch-Ungarischen Ausgleich im Jahr 1867, aus dem schließlich die k.u.k. Doppelmonarchie hervorging, um seine Selbstständigkeit. Wie zahlreiche andere Zeitgenossen, die einer ethnischen Minderheit angehörten, fühlte sich auch Liszts Vater Adam mit seinem Heimatland sehr verbunden. Er erklärte seinen Sohn schon bei dessen erstem Auftritt in der ungarischen Hauptstadt Pest öffentlich für einen Ungarn, und auch später sollte die in Paris lebende, verwitwete Mutter die Ungarn stets als „die Landsleute" ihres Sohnes bezeichnen. Franz Liszt hat die Landessprache nie erlernt und Ungarn früh verlassen. Dennoch erwachte in ihm infolge der Donau-Überschwemmung in Pest im Jahr 1838 ein patriotisches Gefühl, welches sich später in einer immer engagierteren Hilfsbereitschaft und Identifizierung mit dem kleinen, um seinen Fortschritt und seine Unabhängigkeit bemühten Heimatland manifestierte. Mehrere seiner Werke bezeugen sein tiefes Mitgefühl mit seinen Landsleuten, die im Freiheitskrieg gegen die Habsburger Monarchie in den Jahren 1848 und 1849 gefallen waren. Zugleich blieb Liszt aber kaisertreu – ein Gegner blutiger Revolutionen und Aufstände aller Art, der auch die Wiener für seine „*compatriotes*" hielt. Die Tatsache, dass Kaiser Franz Joseph I. und Kaiserin Elisabeth im Jahr 1867 zu den Klängen seiner *Krönungsmesse* in Buda (Ofen) zum ungarischen Königspaar des zur k.u.k. Doppelmonarchie gewordenen Reiches gekrönt wurden, ist von symbolischer Bedeutung für Liszts politische Anschauung.

Ein Europäer wurde Franz Liszt durch seine Ausbildung und seine Lebensweise. Richtigen Schulunterricht erhielt er nie, was er Zeit seines Lebens als großen Makel empfand. Doch hatte er das einzigartige Glück, alles für seine Entwicklung Wesentliche zur rechten Zeit und am rechten Ort zu erlernen. Unter den musikalischen Eindrücken seiner Kindheit blieb die in der Heimat gehörte ungarische „Werbungs-Musik", gespielt von Zigeuner-Ensembles, unvergesslich. Seine musikalische Muttersprache war die Wiener Klassik, in deren Geiste er erzogen wurde und welche die Grundlage seines Schaffens bildete. In den Jahren 1819 bis 1822 studierte Liszt in Wien – als Größen wie Beethoven und Schubert dort wirkten. Seine Lehrer hier waren der Beethoven-Schüler Carl Czerny und Schuberts Lehrer Antonio Salieri. Im Jahr 1823 zog der zwölfjährige Liszt nach Paris – ein empfindliches und empfängliches Wunderkind in der Zeit des Aufbruchs der romantischen literarisch-künstlerischen Bewegung. Dort wuchs er zum Jüngling heran, dort wurden seine Gesinnung, seine Ideen und seine Ästhetik durch die Ideale und die neuartige Ästhetik der französischen Romantiker geprägt. Vorläufer dieser romantischen Ideale waren wiederum in großen Teilen bedeutende Briten wie Shakespeare, Milton, Lord Byron und Walter Scott.

Während der Reisen des Virtuosen Liszt, die ihn quer durch Europa führten, nahm er dank seines aufgeschlossenen Gemüts vielerlei musikalische Eindrücke in sich auf, die seine eigene Kunst befruchteten. Die zwölf Jahre, welche Liszt im „nachklassischen" Weimar verbrachte, werden meistens als Zenit seines Schaffens betrachtet. Während seiner Zeit in Rom studierte er gleichwohl die edelsten kirchenmusikalischen Traditionen, um sie in seinen eigenen Werken weiterzuentwickeln. Zugleich bemühte sich Liszt darum, die seit langem nötige Reform der Kirchenmusik voran zu bringen und die in Italien missachtete „transalpine" Symphonik heimisch zu machen.

Liszt selbst wuchs zweisprachig heran: Zu Hause lernte er deutsch als Muttersprache, während französisch bis ans Lebensende seine liebste Umgangssprache blieb. Er las ferner Englisch und Italienisch, letzteres konnte er auch sprechen. Außerdem studierte er das für die niederen Weihen nötige Latein und erhielt im Alter ungarischen Sprachunterricht.

Von früher Jugend an zeigte Liszt ein starkes künstlerisches Selbstbewusstsein und zugleich ein erstaunliches soziales Mitgefühl für weniger erfolgreiche Musiker, für die er sich einsetzte. Liszt war ein ausgesprochen hilfsbereiter, empathischer Mensch, der in verschiedenen Ländern ungeheure Summen für wohltätige und kulturelle Zwecke spendete. Als Künstler, Sponsor und Organisator stritt er unermüdlich für die Aufführung von Werken großer Vorgänger wie Beethoven, Schubert und Weber oder für die der großen Zeitgenossen wie Berlioz und vor allem Richard Wagner. Des Weiteren unterstützte und förderte Liszt viele begabte Musiker aus aller Welt, selbst unzählige mittelmäßige, ja im Grunde sogar schlechte Komponisten. Abgesehen von den Klavierstunden in seinen jungen Jahren, als er die Eltern und nach dem frühen Tod des Vaters die Mutter und sich selbst mit Unterricht ernähren musste, nahm er nie Geld von seinen vielen Schüler an.

Nachdem Liszt mit 26 Jahren unumstritten als *der* Klaviervirtuose Europas anerkannt war, gab es für ihn keinen Anlass mehr für künstlerische Profilierungssucht. Die im 19. Jahrhundert überall in Europa erwachenden nationalen Rivalitäten und Gehässigkeiten fanden in Liszts Denken ebenso wenig einen Nährboden wie Feindseligkeit religiöser oder gesellschaftlicher Art. Wohl durch seine Herkunft, seine Ausbildung und seine Gesinnung bedingt, war und blieb Liszt ein aus dem „schlechten 19. Jahrhundert"[2] herausragender, sprichwörtlicher Europäer. Er war eine kosmopolitisch denkende Persönlichkeit und suchte seine Heimat dort, wo er hoffte, als Komponist verstanden zu werden. Obwohl er als streng gläubiger Katholik enge Verbindungen zum Vatikan pflegte, bewahrte er sich als ehemaliges Mitglied verschiedener Freimaurer-Logen eine sehr individuelle Religiosität, Missionsgedanken und soziales Mitgefühl. Der zu jener Zeit aufkommende moderne Rassismus und Antisemitismus waren Liszt fremd: Er schwärmte für die ausgezeichneten ungarischen Zigeunermusikanten, nannte sie seine „lieben Kollegen"; distanzierte sich vom Antisemitismus Wagners, von Bülows und seiner zweiten Lebensgefährtin, der Fürstin Carolyne von Sayn-Wittgenstein.

Liszt hatte eine Vorliebe für die Aristokratie, besonders für Aristokratinnen, wusste jedoch *jeden* Menschen zu schätzen und verkehrte vorbehaltlos mit Vertretern verschiedenster Religionen und Weltanschauungen.

Er hatte Freunde in aller Welt. Im Paris seiner Jugend pflegte er vertraute Beziehungen zu Dichtern, Malern und Bildhauern der französischen Romantik. Später traten einige Musiker-Verehrer hinzu. Die Familie des Klavierfabrikanten Érard galt zeitlebens als wichtiger Bezugspunkt. In Rom knüpfte er Freundschaften mit Musikern, hochgestellten Klerikern und aufgeklärten Demokraten; in deutschsprachigen Ländern hauptsächlich mit Mitgliedern fürstlicher Häuser. In Holland und Belgien verkehrte er mit Fürsten und meist vornehmen, wohlhabenden Bürgern; in Wien am liebsten mit seinem überaus geschätzten „Onkel-Cousin" Hofrat Dr. Eduard Liszt und mit dem Haus Bösendorfer. In Ungarn hielt sich Liszt an Geistliche und Aristokraten – konservative wie liberale, nach dem Jahr 1867 waren auch ehemalige Freiheitskämpfer unter ihnen. Zu Liszts Verehrern und Schülern gehörten im Laufe seines Lebens Musiker aus ganz Europa und Nordamerika.

Trotz seiner vielseitigen Verbindungen waren seine politischen Ansichten durchaus nicht neutral. Seinem politischen Ideal, für das er schwärmte und für das er im Gegensatz zu vielen seiner bedeutenden Zeitgenossen auch einstand, entsprach der despotische französische Kaiser Napoleon III. – schließlich war dies der erste Herrscher Frankreichs, der ihn zu ehren wusste.

Nach dem Sieg Preußens über Frankreich im September 1870 und nachdem der Papst seine weltliche Macht verloren hatte, bot ihm sein Heimatland einstweilen ein relativ ruhiges und freundliches Asyl. Die im Umbruch begriffenen politischen Verhältnisse Europas trugen dazu bei, dass er an seinem Lebensabend einen bedeutenden Teil seiner Zeit und Tätigkeit dem Musikleben Ungarns widmete.

Liszt erwies sich als ganzheitlicher Europäer, der sich von Vorurteilen distanzierte, sich umfassend literarisch bildete und seine Musik aus den verschiedensten europäischen, ja sogar aus nahöstlichen Quellen schöpfte. Sie atmet darüber hinaus einen ökumenischen Geist der Versöhnung zwischen den Religionen.

Liszts über politische Grenzen erhabene Persönlichkeit, seine europäische und humanistische Gesinnung mussten ebenso wie sein progressives musikalisches Schaffen – besonders in seinem Spätwerk – bei nationalistisch-konservativen Zeitgenossen naturgemäß auf Unverständnis und erbitterten Widerstand stoßen. So wurden Liszt als Person und seine Kompositionen in diversen europäischen Ländern unter verschiedensten „patriotischen" Vorwänden angegriffen.

Die Liszt-Rezeption im 20. Jahrhundert gestaltete sich noch verwickelter. Um die vorletzte Jahrhundertwende vernachlässigte und unterschätzte man sein Werk zumeist. Vor dem Ersten Weltkrieg ehrten ihn noch die großen Meister jener Epoche – Claude Debussy, Arnold Schönberg und Béla Bartók – als ihren Wegweiser. Nach dem Krieg wetteiferte man den herrschenden nationalistischen Ideologien entsprechend um seine nationale Zugehörigkeit, anstatt seine internationale Bedeutung anzuerkennen. Ein Beispiel hierfür findet sich an Liszts Geburtshaus in Raiding, das seit Ende des Ersten Weltkriegs zu Österreich gehört. Hier ist seit dem Jahr 1926 die Inschrift „Dem deutschen Meister das deutsche Volk" zu lesen.

Im nationalsozialistischen Deutschland betrachtete man Liszt und seine Musik wie diejenige Richard Wagners als zum germanischen Erbe gehörig. Das Hauptthema seiner *Préludes* missbrauchte man als Erkennungsmelodie, wenn in der Wochenschau Siege der deutschen Armeen verkündet wurden. Der renommierte Liszt-Forscher Peter Raabe, damals Kustos des Liszt-Museums in Weimar, wurde zum Präsidenten der nationalsozialistischen Reichsmusikkammer ernannt, da die Führung den bisherigen Präsidenten, Richard Strauß, als nicht mehr zuverlässig einschätzte. Die Reichsmusikkammer sah sich in erster Linie dem Kampf gegen sogenannte „entartete" Kunst und vor allem gegen jüdische Musiker im deutschen Musikleben verpflichtet. Im halbfaschistisch-halbfeudalen Ungarn wurde Peter Raabe bei den Liszt-Feierlichkeiten anlässlich des 50. Todestages im Jahr 1936 von Reichsverweser Horthy und der politischen Führung des Landes in allen Ehren empfangen; wohl auch weil er die ungarischen Wurzeln Liszts – wenigstens in Budapest – nicht in Frage stellte.

Im Februar jenes Liszt-Jahres 1936 sprach der Ungar Béla Bartók – in gewissem Sinne Liszts Erbe und Nachfolger, der später die Aufführung seiner eigenen Musik in Hitlers Deutschland untersagte und im Oktober 1940 in die Vereinigten Staaten emigrierte – in seiner akademischen Antrittsrede auch über das Problem von Liszts nationaler Identität. Er betonte, jedermann müsse zur Kenntnis nehmen, dass Liszt sich trotz seiner Unkenntnis der Nationalsprache konsequent mit Wort und Tat für einen Ungarn erklärt habe.

Während der kommunistischen Diktatur in Ungarn, als selbst Bartóks Werk in weiten Teilen als „formalistisch" und zu modern verurteilt und zensiert wurde, verschwieg man in Ungarn Liszts Freimaurertum. Seine religiösen Werke gelangten außerhalb der Kirchen kaum zur Aufführung – mit Ausnahme einiger Kirchenchöre, die zuvor einen weltlichen, zur Musik nicht passenden Text erhalten hatten. Eine bezeichnende Episode aus jener Zeit: Der Leiter der Musikabteilung der Nationalbibliothek „Széchényi" wurde eines Tages von einer Parteisekretärin gefragt, während sie gereizt auf das Bild des Abbés Liszt über seinem Kopf deutete: „Wer ist der Pfaffe?"

Die Tatsache, dass Liszt ein europäischer Kosmopolit war, der sich gleichzeitig für einen Ungarn, für ein Kind österreichischer Eltern und einen liberalen Katholiken erklärte, wird zu seinem 200. Geburtstag endlich weltweit geachtet. Dennoch existieren einige seltsame, seine wahre Gesinnung verkennenden Annahmen natürlich bis heute fort.

Die eigentliche Liszt-Renaissance und mit ihr auch die Wertschätzung seines Spätwerks setzte nach dem Zweiten Weltkrieg mit Publikationen von englischen, ungarischen und amerikanischen Musikwissenschaftlern ein. In den letzten Jahrzehnten wurde in Europa wie auch in den Vereinigten Staaten und Kanada sehr viel für die Anerkennung des Komponisten Liszt und die Erschließung seines Werkes getan: Wichtige Biografien, Monografien und Studien und viele Tonaufnahmen (so das komplette Klavierwerk) wurden veröffentlicht. Es wurde Quellenmaterial recherchiert, analysiert und eingeordnet und ein thematisches Verzeichnis seiner Werke, kritische Ausgaben seiner Kompositionen, Briefe und Schriften in Angriff genommen. Auch die

Nachzeichnung von Liszts in seiner Zeit einzigartigen pianistischen Tätigkeit in den verschiedenen Ländern Europas hat begonnen. In Deutschland, das selbst reich an großen Komponisten ist, neigt man heute dazu, Franz Liszt als großen Pianisten, jedoch nur als mittelmäßigen Komponisten zu betrachten. Dem möchte dieser Band mit seinen bescheidenen Mitteln entgegenwirken.

2. „Aus Liebe für mein Kind opferte ich Ruhe und Vermögen". Kindheit in der Habsburger Monarchie (1811–1823)

Das Königreich Ungarn hatte infolge der Türkenkriege (1526–1699) seine Selbstständigkeit verloren und gehörte nach dem Frieden von Karlowatz im Jahr 1699 vollständig zum Habsburger Kaiserreich. Die Amtssprache war deutsch.

Die imposante Residenz der Fürsten Esterházy, der mächtigsten, reichsten feudalen Magnaten Ungarns, lag an der ungarisch-österreichischen Grenze und zum größeren Teil im heutigen österreichischen Burgenland. Die hoch angesehene Fürstenfamilie war dem Hause Habsburg treu ergeben.

Fürst Nikolaus II. (1765–1833), der „Prachtliebende", hatte im Jahr 1797 zur Verteidigung Österreichs und des Feudalismus auf eigene Kosten eintausend Freiwillige im Krieg gegen die Franzosen zur Verfügung gestellt. Im Jahr 1809 wies er sogar die Krone eines unabhängigen Königreichs Ungarn zurück, welche ihm Napoleon angeboten hatte.

Fürst Nikolaus unterhielt in der Hauptstadt seiner Residenz Eisenstadt ein sehr angesehenes Theater, wo Schauspiele und Opern in ausgezeichneten Inszenierungen aufgeführt wurden, die unter anderem auch Kaiserin Maria Theresia besuchte. Als Kapellmeister stand dreißig Jahre lang kein Geringerer als Joseph Haydn in seinen Diensten. Ihm folgte der bekannte Komponist Johann Nepomuk Hummel. Auch die vom Fürsten gegründete wertvolle Bildergalerie war als solche einzigartig im Land. Allerdings war der Fürst Anfang des 19. Jahrhunderts wegen des fortschreitenden wirtschaftlichen Niedergangs infolge der Napoleonischen Kriege allmählich gezwungen, seine „prachtliebende" Lebensweise, vor allem sein Mäzenatentum einzuschränken und seine Künstler nach und nach zu entlassen.

Am 4. August 1819 erhielt der besagte Fürst Nikolaus Esterházy folgenden (selbstverständlich in deutscher Sprache verfassten) Brief:

Euer Hochfürstlichen Durchlaucht!
Geruhten die Music-Talente meines 7 fh Jährigen Sohnes einer besondern Aufmerksamkeit zu würdigen, und mir unter einem gnädigst anzubefehlen, meine mündlich vorgebrachte unterthänigste Bitte wegen hoher Unterstützung, nebst den Plan, welcher zur Ausbildung am zweckmässigsten zum Ziele führen dürfte auch schriftlich einzureichen, welches ich hiemit in aller Unterthänigkeit zu befolgen mich erkühne, und zwar:

Um sich in der unerschöpflichen Tonkunst auszubilden, und den ästhetischen Sinn, die Schönheit, oder besser die Seele eines Music Stückes zu finden, vorzutragen, und endlich selbst neue Schöpfungen geben zu können, sind neben rastlosen theoretisch und praktischen Übungen nöthig grosse Meisters, Sprachen, Reisen, Völkerkunde etc. diese mit Nutzen einzuärndten, wäre demnach nöthig.

1tens den Knaben nach Wienn (als den Wohnsitz der Music) in eine solide Versorgung, wo Er nebst Kost auch eine gute moralische Erziehung erhält, zu geben.

2tens Einen grossen Meister zu halten, welcher die Woche wenigstens dreimal Unterricht ertheilen müsste, wobei es, um die kostspieligen Lectionen mit Nutzen zu gewinnen, höchst nöthig wäre, dass sich jemand selbst als Kenner von den Vor oder Rückschreitungen des Knaben überzeugen sollte, indeme die Meisters oft nur zu oft gleichgiltig sind, welcher Fall auch in Erlernung der französischen und für die Music so unentbehrliche italienische Sprache eintreffen dürfte.

3ens Um raschere Fortschritte zu machen, um je eher zum Ziele zu gelangen, müßte der Knabe öfters Kirchen Musiken, Opern, öffentliche Konzerten, und Privat Musiken beiwohnen, hiezu wäre abermals ein Führer nöthig, weil es doch nicht rathsam wäre, ein Kind in einer so großen Stadt sich selbst zu überlassen.

Der Unterzeichnende, Adam Liszt, Schäfermeister in Raiding, war ein eher unbedeutender Angestellter des Fürsten. Er schrieb als Erster seiner deutschstämmigen Familie seinen Namen nicht mehr deutsch „List", sondern mit dem ungarischen scharfen „sz" (liszt, zu deutsch Mehl). Das hier genannte schmächtige, meist kränkelnde Kind, das in Wien weitergebildet werden sollte, war sein einziger, noch nicht ganz achtjähriger Sohn Franz – ein blonder, blasser Knabe mit großen, verträumten blauen Augen, welcher für ein wahres musikalisches Wunderkind gehalten wurde.

Adam Liszts ungarische Sprachkenntnisse reichten trotz des „sz" in seinem Namen nicht einmal aus, um sich mit den ungarischen Fronbauern zu verständigen. Ähnlich erging es seinem Vater und den sonstigen, zumeist deutschen Angestellten des Fürsten. Noch im 19. Jahrhundert wuchsen viele gebildete Ungarn, Magnaten, Wissenschaftler und Politiker auf, ohne die im öffentlichen Bereich damals unbrauchbare Landessprache erlernt zu haben. In dieser Zeit, dem sogenannten Reformzeitalter, begann jedoch ein Kampf um eine selbstständige ungarische Nationalität und Kultur und damit natürlich auch um die Etablierung der ungarischen Sprache. Jene gehört zur finnisch-ugrischen Sprachgruppe. Sie existiert isoliert im heute kaum noch 10 Millionen Einwohner zählenden Ungarn inmitten germanischer und slawischer Sprachen. Johann Gottfried Herder war einst der Meinung, die ungarische Sprache werde gänzlich aussterben und die ungarische Nation völlig untergehen. Adam Liszt zeigte sich von den nationalen Bestrebungen seines Landes ebenso wenig berührt wie von den Ideen der bürgerlichen Aufklärung.

In der Familie Liszt reifte wie in vielen Familien großer Komponisten der musikalische Genius durch mehrere Generationen heran, bis er in Franz Liszt seine Vollendung fand. Über den Urgroßvater Sebastian List (ältester, dokumentierter Vorfahre Franz Liszts) wissen wir nur, dass er ein Kätner war und wahrscheinlich um das Jahr 1748 nach Ragendorf (ungarisch Rajka, im Komitat Moson) zog, wo er später starb. Sein Sohn Georg Adam List (1755–1844) wurde in Ragendorf geboren. Dieser seltsame, strebsame, ruhelose, unverträgliche Großvater berief sich bereits in seinen Gesuchen an die fürstlichen Ämter auf sein Orgel- und Violinspiel. Hauptsächlich war er als Dorfschullehrer, Notar und Schreiber tätig, übernahm aber auch sonstige Angestelltendienste. Früh verwitwet, heiratete er später nochmals. Sein jüngstes Kind aus zweiter Ehe war der im Jahr 1817 geborene Eduard. Franz Liszt war seinem Onkel Eduard sehr verbunden und nannte ihn – da Eduard jünger war als er – mitunter „Cousin" oder „Onkel-Cousin". Georg Adam List wurde im fortgeschrittenen Alter strafweise entlassen. Erst nach vielen elenden Jahren durfte er wieder in Pottendorf als Fabrikarbeiter arbeiten und an den Wochentagen in der Schlosskirche Orgel spielen. Emsig war er um den von ihm organisierten Knabenchor der Kirche bemüht. In späteren Jahren gelangte er als „Großvater des Pianisten Franz Liszt" wieder zu einigem Ansehen.

Um die Ausbildung seines in erster Ehe geborenen Sohnes Adam Liszt (1776–1827) kümmerte sich Georg Adam Liszt mit ernsthafter Sorgfalt: Nachdem Adam die Mittelschule absolviert hatte, wurde er Novize bei den Franziskanern zu Malacka (heute Malacky, Slowakei) in der Gegend von

Pressburg (heute Bratislava). Höhere theologische Studien, die er in Tyrnau (heute Trnava) betrieb, brach er ab. Stattdessen lernte er lieber Klavier, Violine und Cello und studierte den Kontrapunkt. Nach etlichen Schreiberjahren gelangte Adam Liszt, der inzwischen in fürstlichen Diensten stand, endlich an seinen Sehnsuchtsort Eisenstadt. Die dort verbrachten drei Jahre (1805–1808) bildeten die ruhigste, glücklichste Zeit seines Lebens. Obwohl er bloß ein niederer Beamter war, genoss er sein Dasein inmitten einer regen musikalischen Atmosphäre, im Zentrum der Residenz des kunstliebenden Fürstenhauses, in einer westeuropäischen Musikkultur, die der Wiener kaum nachstand. Adam Liszt machte die Bekanntschaft des fürstlichen Kapellmeisters Joseph Haydn, der Wien oft verließ, um die Residenz zu besuchen, verkehrte mit dem Konzertmeister Johann Nepomuk Hummel sowie mit dem Kirchenkapellmeister Johann Fuchs. Er sang im Chor und durfte als Dilettant im fürstlichen Orchester Cello spielen und außerdem die Uniform des Orchesters tragen. Das Vortrefflichste, was damals in der Musik geschaffen wurde, lernte er hautnah und mit eigenen Ohren kennen, komponierte sogar selbst ein *Te Deum* für Orchester und gemischten Chor.

Adam Liszt war es bereits in seiner Jugend schwergefallen, einer hauptberuflich musikalischen Laufbahn zu entsagen. Um wie vieles bitterer musste es erst für ihn sein, als er 1808 zwar zum Rechnungsführer der Schäferei befördert, jedoch im gleichen Zuge von Eisenstadt nach Raiding versetzt wurde. Das kam für Adam Liszt einer Verurteilung zur trockenen Beamtenlaufbahn gleich – unter anderem auch deshalb, weil das quälend geistlose Dorf Raiding jeglicher Musik entbehrte.

In seinem hochbegabten Sohn hoffte er eine Entschädigung des Schicksals für seine eigene freudlose Entsagung zu erhalten. Seine eigene misslungene Laufbahn mochte ihm Kraft, Mut und Ausdauer verliehen haben, um aus der Geborgenheit des bis ins kleinste Detail reglementierten Alltags auszubrechen und alles aufs Spiel zu setzen: Seine Stellung, sein festes Einkommen, sein Haus. All sein Eigentum wollte er verlassen und nun in fremden, „geldfressenden" Großstädten sein kümmerliches Fortkommen suchen – allein um die musikalische Ausbildung und Karriere seines Sohnes besorgt.

Im November 1810 heiratete Adam Liszt die um zwölf Jahre jüngere, früh verwaiste Kremser Bäckerstochter Maria Anna Lager (1788–1866). Eine bessere Wahl hätte er nicht treffen können: Anna Lager stammte zwar aus einfachen Verhältnissen und war ohne Schulbildung aufgewachsen. Andererseits galt diese äußerst sympathische Frau als höchst intelligent, großherzig, feinfühlig und humorvoll. Sie wurde ihrem einzigen – das war für die damalige

Zeit etwas durchaus Ungewöhnliches! –, genialen Kind eine ausgezeichnete Mutter und war später auch eine außergewöhnliche Großmutter. „Gott sei gesegnet, daß er mir so eine gute Mutter gab",[1] schrieb ihr Liszt später.

In Raiding war Anna Liszt glücklich. Ihren Mann liebte sie von Herzen und blieb ihm in den vierzig Jahren bis zu ihrem Tod als Witwe treu.

> Dein Vater sagte mir als Er mich kennen lernte wenn du nicht einen Kreutzer hättest so wärest du mein,[2]

schrieb sie in ihrer etwas wunderlichen Art am 13. Februar 1849 an ihren Sohn.

> Und ich in meiner Unschuld und Vertrauen in Ihm, bis an das Ende der Welt wenn Er es gewunschen hätte so war ich Ihm zugethan mit Leib und Seele, selbst ohne mich zu *informer* ob Er mich erhalten kann aber mein vormund hat dafür gesorgt, und es gieng gut.

„In diesen kleinen Ort [Raiding] fand ich daß Glück meines Lebens", gestand sie Liszts zweiter Lebensgefährtin Fürstin Carolyne von Sayn-Wittgenstein am 12. Juni 1848,

> kannte nichts was mein Inneres trüben hätte können. Mein Gottseliger Mann beschäftigte sich mit dem Unterricht für sein Kind nebst seinen Dienst denn Er so gewissenhaft verübte und ich wohl mit weniger Verdienste, besorgte mein häusliches und so gieng alles sehr gut und machte mir viel Mühe Reiding zu verlassen; es konnte aber nicht anders seyn.[3]

Über ihr Kind, den am 22. Oktober 1811 geborenen Franz, schrieb sie an ihrem Lebensabend ihrer Enkelin Blandine Liszt-Ollivier das Folgende:

> Ich habe dir öfter erzählt mein Sohn war immer anders als viele andere Kinder selbst in der Wiege ohne, Gott bewahre mich eine Eitelkeit darin gesetzt zu haben. Es wußte ja niemand nichts davon als ich [...] Als dein Vater zu reden anfing sprach er gleich die Worte gut aus. *Eh bien*, Er war dem Tode öfter nahe, und Gott erhielt Ihm.[4]

Von dieser fast tödlichen Krankheit genesen, entwickelte sich der kleine Franz in bemerkenswertem Maße. Der Vater wollte ihn mit dem Unterricht anfangs nicht überanstrengen, obwohl ihm das Klavierspiel seines Sohnes schon länger gut gefiel. Aber als das Talent des Kindes spürbar wurde, besann er sich eines Besseren. Bald erkannte er, dass sein Sohn zu der Laufbahn bestimmt wurde, die das Schicksal ihm selbst verweigert hatte. Überall, wo der Knabe zum Stolz des Vaters spielte, war des Jubels und der Bewunderung kein Ende. Da begriff der Vater, dass sein Sohn bei qualifizierten Meistern weiterlernen, viel erstklassige Musik hören und studieren müsse. Auch wenn es durchaus nicht ungefährlich war, so stand für ihn doch bald fest: Franz musste nach Wien!

Adam Liszt fuhr mit ihm zu dem bereits früh reüssierten Pianisten und Pädagogen, dem Beethoven-Schüler Carl Czerny. Czerny erkannte sofort das Genie des kleinen Liszt, sagte zu, ihm Unterricht zu erteilen, wenn sie übers Jahr nach Wien übersiedeln würden, und gab dem Vater Ratschläge, was er dem Kind bis zum Umzug beibringen solle.

So begann der hartnäckige, fast heroische Kampf Adam Liszts um die Zukunft seines Sohnes. Vorerst hielt er sich an den gängigen Weg: Er bat um fürstliche Hilfe. Am 4. August 1819 reichte er dem Fürsten Esterházy sein erstes, bereits zitiertes Gesuch ein und bat um eine Versetzung nach Wien sowie um materielle Unterstützung. Fürst Esterházy jedoch betrachtete seine ohnehin unter etwas eingeschränkten Umständen verwaltete Residenz durchaus nicht als Wohltätigkeitsinstitut. Vielleicht interessierte ihn die Sache nicht oder er prophezeite dem schmächtigen, kränklichen Wunderkind kein langes Leben – in jedem Fall lehnte er Adam Liszts Bitte ab. Die Begründung lautete, die Stellen in seiner Wiener Residenz seien bereits alle besetzt. Im September jedoch, während der Jagdfeste in Eisenstadt, war er geneigt, den kleinen Künstler persönlich anzuhören und beschenkte ihn entzückt mit einem ungarischen Galaanzug.

Der stille, zurückgezogene Knabe spielte mit voller Hingebung, selbstvergessen, maßlos und ohne jede Disziplin. In den Erinnerungen Carl Czernys heißt es:

Es war ein bleiches, schwächlich aussehendes Kind, und beim Spielen wankte es am Stuhl wie betrunken herum, so daß ich oft dachte, er würde zu Boden fallen. Auch war sein Spiel ganz unregelmäßig, unrein, verworren, und von der Fingersetzung hatte er so wenig Begriff, daß er die Finger ganz willkürlich über die Tasten warf.[5]

Er spielte Werke von Bach, Mozart, wahrscheinlich auch von Beethoven, besonders aber Kompositionen der jüngeren Generation, die der sogenannten „brillanten Wiener Schule": Werke von Clementi, Hummel, Cramer, Ries und Moscheles.

Der kleine Liszt las fließend vom Blatt; er konnte früher Noten als Buchstaben schreiben. Vollkommen in seinem Element aber war er beim Improvisieren, das ihm gestattete, sich frei und rückhaltlos seinen Eingebungen, momentanen Empfindungen und Launen hinzugeben. Er schwärmte für die Schönheit der Natur. Tief beeindruckte ihn als Sohn gläubig-katholischer Eltern das mystische, andächtige, mit Weihrauch und Musik erfüllte Halbdunkel der Kirche. Wie berückt lauschte er dem mitreißenden Spiel der zu jener Zeit florierenden ungarischen Zigeuner-Ensembles, besonders dem des großartigen Violinisten János Bihari. Unvergesslich blieb ihm die von ihnen gespielte ungarische „Werbungs-Musik" (ungarisch: verbunkos), von welcher auch Haydn, Beethoven und Schubert begeistert und inspiriert worden waren.

Adam Liszts Wunsch, nach Wien versetzt zu werden, war also gescheitert. Dennoch schrieb er am 13. April 1820 dem Fürsten erneut einen ergreifenden Brief, in welchem er ihm Folgendes mitteilte: Erhielte er ein Jahr unbezahlten Urlaub ohne jede Einnahme, würde die vom Verkauf all seines Hab und Guts erhaltene Summe nicht einmal ausreichen, davon zu leben – erst recht nicht, die Studien des Knaben sowie das dafür unentbehrliche Instrument zu bestreiten. Adam Liszt sah sich nun gezwungen, den Umzug zu verschieben und ließ seinen Sohn einige Male öffentlich spielen, um ein wenig Geld zu verdienen. So trat der Neunjährige im Oktober 1820 in Sopron auf, spielte den Solopart des *Klavierkonzertes* in *Es-Dur* von Ferdinand Ries und entzückte das Publikum besonders durch seine Improvisationen. Es war in der ersten Hälfte des 19. Jahrhunderts noch allgemeiner Brauch, dass jeder konzertierende Künstler auch frei zu fantasieren hatte. Am 26. November wurde der Knabe im Schloss des Grafen Mihály Esterházy zu Pressburg noch stürmischer bejubelt. Hier kam es auch zu dem Angebot der fünf ungarischen Magnaten, der Grafen Esterházy, Apponyi, Amadé, Szapáry und Viczay, Liszt mit je sechshundert Gulden ein sechsjähriges Stipendium zu bewilligen. Es ist allerdings ungeklärt, ob die Liszts diese Summe tatsächlich erhielten.

Zwei Tage nach jenem denkwürdigen Konzert erschien in der *Preßburger Zeitung* die erste Kritik über Franz Liszts Spiel. Wahrscheinlich stammte diese aus der Feder Heinrich Kleins, des späteren Lehrers des bekannten ungarischen Opernkomponisten Franz Erkel. „Die außerordentliche Fertigkeit dieses Künstlers, so wie auch dessen schneller Überblick im Lösen schwerster

Stücke, in dem er alles, was man ihm vorlegte, vom Blatt wegspielte, erregte allgemeine Bewunderung, und berechtigt zu den herrlichsten Erwartungen", heißt es hier.

Im Frühjahr 1822 gewährte der Fürst Adam Liszt auf wiederholtes Bitten ein Jahr unbezahlten Urlaub, und Anfang Mai zog die Familie, nachdem sie alles verkauft hatte, tatsächlich nach Wien. Ihr kleines Vermögen war bald verzehrt. Mittellos, wegen der schweren Verantwortung bedrückt, fürchtete der Vater, verarmt nach Ungarn zurückkehren zu müssen, ohne sein Ziel erreicht zu haben. Am 12. Juli 1822 versuchte er es deshalb abermals mit einem Bittbrief bei seinem Fürsten:

Aus Liebe für mein Kind [...] opferte ich Ruhe und Vermögen [...] die Zahl der vaterländischen Künstler zu vermehren [...] wodurch er sich und dem Vaterlande nützlich seyn kann [...] glaubte ich dann alles gethan zu haben, was Natur und moralische Gesetze Eltern aufbürden können

heißt es hier.

Gott! Noch nie zitterte ich so sehr, ohne Geld zu seyn, als in dem geldfressenden Wien. [...] Wie viele Nächte bringe ich schlaflos zu? Ja, ich kann es mit meinem Gewissen bekennen, daß ich oft sinnenlos dahin schwebe, wenn ich meine vorige glückliche und meine dermal so traurige Lage überdenke,

schrieb er und flehte so um fürstliche Unterstützung. Wohl erteilte Carl Czerny dem genialen Kind, das erfreuliche Fortschritte machte, unentgeltlich Klavierunterricht. Auch der alte Antonio Salieri brachte Franz Liszt aus Freundschaft das Partiturlesen bei. Dennoch graute es Adam Liszt vor dem nahenden Winter und der absehbaren Nahrungs-, Kleidungs- und vor allem Wohnungsnot. Welcher Professor würde im strengen Winter zu ihnen in die Vorstadt hinauskommen? Durfte er es wagen, das ehedem so schwächliche Kind in Schnee und Frost in die Stadt zu schicken? Wie sollte er Noten, die teuren Lebensmittel und anständige Kleidung herbeischaffen, um mit seinem Sohn in vornehmen Häusern angemessen auftreten zu können?

Wien war unter der Regierung des eher kunstfeindlichen Kaisers Franz I. und seines allmächtigen Kanzlers Fürst Metternich trotzdem eine prächtige, glanzvolle Metropole Mitteleuropas und eine Kapitale der Musik. Zugleich war es aber auch Hauptstadt des bürokratisch-feudalen Polizeistaates, dessen Finanzlage in Wirklichkeit miserabel war. – Die Lage der Familie Liszt besserte sich mit der Zeit ein wenig: Im Oktober wohnten sie schon in der inneren Stadt, in der Krugerstraße. Der Name des Kindes wurde bekannt, Franz spielte häufiger in Privathäusern. Außerdem wurde eine seiner Kompositionen – eine *Variation über einen Walzer von Diabelli* – in eine Sammlung aufgenommen. Diese Sammlung enthielt auch Variationen von Schubert, Hummel, Kalkbrenner und anderen bekannten Meistern über denselben Walzer, der auch das Thema des Beethovenschen Spätwerks op. 120 bildete.

Am 1. Dezember 1822 kam es zu einem öffentlichen Auftritt Franz Liszts im Landständischen Saal. Der Knabe erntete mit dem *a-Moll Konzert* von Hummel und freiem Improvisieren wohlwollenden Beifall. Am 13. April 1823 trat Franz Liszt in einem Mittagskonzert im Kleinen Redoutensaal auf. Es war jenes Konzert, dem angeblich auch Beethoven beigewohnt und nach dem er das Kind auf die Stirn geküsst haben soll. Dieser „Kuss" kommt einer Legende gleich. Gewiss ist nur, dass Adam Liszt den völlig tauben, weltfremd gewordenen Meister mit seinem Sohn besuchte und wahrscheinlich zu dem Konzert einlud. Doch erzählte Liszt später selbst, seine Laufbahn hätte mit dem Weihekuss Beethovens begonnen – und dies ist wohl wahr, auch wenn es bloß symbolisch verstanden sein will.

Der Urlaub Adam Liszts ging zu Ende und er traf die Entscheidung, fortzusetzen, was er begonnen hatte. Franz sollte in England und Frankreich auftreten. Wahrscheinlich erwartete Adam Liszt dadurch ein beträchtliches Einkommen. Sein Sohn sollte am Conservatoire in Paris studieren – vielleicht würde der Ertrag der Konzerte dies ermöglichen.

Franz Liszt spielte inzwischen nicht mehr ausschließlich in Wien. Mit der Erlaubnis der fürstlichen Kanzlei gab er auch einige Abschiedskonzerte in der ungarischen Hauptstadt Pest. Adam Liszt hoffte wohl auf Unterstützung durch patriotische ungarische Magnaten, die zu jener Zeit jedes heimische Talent leidenschaftlich und großzügig förderten. Jedenfalls hieß es in der (deutschsprachigen) Anzeige des elfjährigen Liszt vor seinem ersten Pester Konzert am 1. Mai 1823 im Saal *Zu den Sieben Kurfürsten*: „Ich bin ein Ungar und kenne kein größeres Glück, als die ersten Früchte meiner Erziehung und Bildung meinem theuren Vaterlande, als das erste Opfer innigster Anhänglichkeit vor meiner Abreise nach Frankreich und England ehrfurchtsvoll darzubringen." Und weiter wird im Namen des Kindes die Hoffnung betont, einmal vielleicht in die glückliche Lage zu gelangen, „auch ein Zweig der Zierde des theuren Vaterlandes geworden zu sein". Doch alle Begeisterung des auserlesenen Publikums über das musikalische Talent des „schönen blonden Knäbleins" (er spielte das Riessche *Klavierkonzert*, *Variationen* von Moscheles und improvisierte), alles Lob, alle Glückwünsche der Kritik verhinderten nicht, daß Adam Liszts erneutes Bittgesuch um einen zweijährigen Urlaub vom fürstlichen Hof abschlägig beantwortet wurde. Seine Stelle wurde mit einem Anderen besetzt. So war er also endgültig aus den Diensten des Fürsten Esterházy entlassen worden – es gab kein Zurück mehr. Jetzt *mussten* die Liszts in die mondäne Welt Europas hinaustreten. Sie hatten lediglich die Hoffnung, Franz Liszt würde ein gefeierter Künstler werden und der Vater, dem es selbst nicht beschieden gewesen war, würde an den Erfolgen des Jungen künstlerisch wie materiell teilnehmen dürfen. Ähnlich war es kaum fünf bis sechs Jahrzehnte zuvor jenem anderen Vater ergangen, der damals mit seinem einzigartig begnadeten Wunderkind – mit dessen Fähigkeiten diejenigen des kleinen Franz nun immer häufiger verglichen wurden – Westeuropa erobert hatte. Es war also nicht nur der durch die eigene gescheiterte Musiklaufbahn gesteigerte Ehrgeiz des Vaters, sondern auch das lebendige, beinahe zeitgenössische Beispiel Leopold und Wolfgang Amadeus Mozarts, das Adam Liszt zu solchen Hoffnungen veranlasste. Franz gab noch drei Konzerte mit großem Erfolg, dann reiste die Familie Liszt im Herbst 1823 nach Paris.

3. „Den Künstlern ist eine große religiöse und soziale Mission auferlegt". Pariser Jugendjahre (1823–1839)

Am 11. Dezember 1823 traf der ehemalige Rechnungsführer des Fürsten Esterházy Adam Liszt mit seiner Frau Anna und seinem bereits berühmten zwölfjährigen Sohn Franz in der leuchtenden Metropole des Westens, in Paris ein. Politisch war es die finsterste Zeit der letzten Periode der Bourbonischen Restauration. Der Despotismus nahm stetig zu. In ganz Europa wuchs die Unzufriedenheit: In Spanien, Italien und Griechenland loderte die Flamme der Revolution und des Unabhängigkeitskrieges. Lord Byron, der berühmte Autor von *Childe Harold's Pilgrimage,* des *Manfred* und *Cain* arbeitete an seinem *Don Juan* und opferte ein Jahr später sein stürmisch-bewegtes Leben als Freiwilliger im griechischen Freiheitskrieg bei Missolunghi. Napoleon war seit zwei Jahren tot. Über Paris ballten sich politische Gewitterwolken.

In dieser gespannten Atmosphäre verschafften sich Vertreter neuer künstlerischer Richtungen Geltung: Im Jahr 1822 beendete Delacroix sein Gemälde *Die Barke Dantes* und im selben Jahr erschien die erste Gedichtsammlung des jungen Victor Hugo, der zum Vorreiter der revolutionären Kunst- und Literaturbewegung der französischen Romantik werden sollte.

Die Gesellschaft, die sich in eleganten Salons tummelte und ihre Logen in der *Grand Opéra* frequentierte, spürte nichts vom Wandel der Zeit und behielt ihren prunkvollen, hochmütigen Lebensstil der Vorrevolutionszeit bei. Allmählich aber stieg eine neue gesellschaftliche Schicht auf – das vermögende Großbürgertum, welches die aristokratischen Lebensformen nachzuahmen suchte. Auch die Künste fanden bei ihnen Unterstützung. Die Künstler jedoch, wenngleich in der Oper und in öffentlichen Konzerten bejubelt, wurden in den aristokratischen und großbürgerlichen Privatsalons noch immer wie Dienstboten behandelt. So erging es auch „le petit Litz" (sein Leben lang wurde sein Name in Frankreich nicht korrekt geschrieben oder gesprochen). Die Künstler – zu den musikalischen Soireen als eine Art „Amüsement" bestellt, deren Spiel man je nach Belieben aufmerksam zuhörte oder darüber hinweg plauderte – mussten durch den Hintereingang gemeinsam in den Saal treten und nach getaner Arbeit ebenso unbemerkt zusammen verschwinden.

Dennoch war der Pariser Aufenthalt von außerordentlicher Bedeutung und sollte den gesamten weiteren Verlauf von Liszts Leben, Tätigkeit und Ideen prägen. Die wichtigsten geistigen und seelischen Eindrücke empfing er in dieser Stadt, nämlich seine entscheidenden Kindheits- und Jugenderlebnisse. Hier reifte er – wenn auch durch schwere seelische Erschütterungen – zum Mann. In der ihm anfangs natürlich noch fremden Sprache lernte er, seine Gedanken in der täglichen Umgangssprache ebenso gut wie schriftlich auszudrücken. Er konnte bald Briefe und Essays auf Französisch verfassen. Auch wenn Deutsch seine Muttersprache war, so machte er trotzdem lange Zeit dieselben grammatischen Fehler, bediente sich desselben österreichisch-volkstümlichen Dialekts wie seine ungeschulte Mutter und drückte sich beim Schreiben und Sprechen der deutschen Sprache immer etwas umständlich aus – selbst nachdem er sich viele Jahre in Weimar aufgehalten hatte.

Die erste Blütezeit in Liszts Leben fiel mit weitreichenden politischen Umwälzungen und dem Erwachen einer bedeutenden künstlerischen, vor allem literarischen Bewegung zusammen. Der junge Mann lernte in Paris viele interessante, fortschrittlich eingestellte Menschen kennen, die ein neuartiges Kunstverständnis etablierten. Er selbst wurde schließlich zu einem romantischen Original und setzte seine künstlerischen Vorstellungen dementsprechend konsequent um. Liszt Anschauungen, die sich in Paris entwickelten, sollten sich auch in seinen späteren Schaffensperioden geltend machen.

In der wunderbar launenhaften, fremden Großstadt angekommen, verschaffte Adam Liszt seinem Sohn zunächst Eintrittskarten für die Oper sowie öffentliche Auftritte zu Wohltätigkeitszwecken und in Privathäusern, indem er in erstaunlich gutem Französisch entsprechende Gesuche verfasste. Franz Liszt, der gerade die empfindlichsten Jahre der Pubertät durchlebte, musste als Sohn des ehemaligen „untertänigsten Dieners" des Hauses Esterházy in Paris zwei Demütigungen erdulden. Die erste erfuhr er als „Nicht-Franzose", also als „Fremder", gleich nach der Ankunft. Luigi Cherubini, der Direktor des Conservatoire, nahm den jungen Liszt unter Berufung auf eine Bestimmung, die die Zulassung zu diesem berühmten Institut nur Franzosen gestattete, nicht auf – und das, obwohl er selbst Italiener war! Ein paar Jahre später traf es Franz Liszt noch härter: Er musste einen gesellschaftlichen Affront ertragen, der ihn als mittellos und von niederer Geburt bloßstellte, was für ihn eine schmerzvolle, lebenslange Kränkung bedeutete – hierzu später mehr. Beide Erlebnisse der Zurücksetzung sollten viel zur Prägung seiner Persönlichkeit beitragen.

Nachdem er am Conservatoire abgewiesen worden war, sah sich Liszt gezwungen, sein Klavierspiel selbstständig zu vervollkommnen. Anfangs bat er ab und zu einen Schüler des Konservatoriums um Rat. Musiktheorie studierte er bei Ferdinando Paër. Dieser war in den Jahren 1813 bis 1817 Direktor der *Opéra Italien* sowie Leiter der *Musique particulière* der Fürstin von Berry und des französischen Königs – ein bedeutender Mann des Pariser Musiklebens. Der kleine Liszt war mit einem Empfehlungsbrief des Fürsten von Metternich zu Paër gekommen und der italienische Meister half ihm tatsächlich, sich im bunten Pariser Musikleben durchzusetzen.

Über Liszts anderen Privatlehrer, den Tschechen Anton Reicha, schrieb dessen ebenfalls namhafter Schüler, Hector Berlioz, in seinen *Memoiren*: „Reicha lehrte den Kontrapunkt mit bemerkenswerter Klarheit; er hat mir in kurzer Zeit und mit wenig Worten viel beigebracht. [...] Er glaubte in gewissen Bezirken der Kunst an Fortschritt, und seine Hochachtung für die Erzväter der Harmonie ging nicht bis zum Fetischismus."[1] In seinen Schriften und vermutlich auch während der Unterrichtsstunden sprach Reicha auch über die Notwendigkeit, überall Volkslieder zu sammeln und vorzutragen, um so das jeweilige Volk kennenzulernen und sich beliebt zu machen. Das zielte natürlich insbesondere auf reisende Virtuosen.

Franz Liszt wurde stark von der französischen bzw. französisch-italienischen Oper Spontinis, Rossinis und Aubers beeindruckt: Diese Komponisten verwendeten folkloristische Elemente und unterlegten das dramatische Geschehen hie und da mit musikalischem Lokalkolorit. Diese Einflüsse spiegeln sich in seinen frühen Klavierkompositionen (soweit erhalten) aus dem Jahr 1824 wider – im *Impromptu über Themen von Rossini und Spontini*, in den *Acht Variationen*, in den brillanten *Variationen über eine Rossini-Arie*, im *Allegro di bravura* und im *Rondo di bravura*. Nichtsdestoweniger sind dies noch unselbstständige Stücke mit viel selbstgefälligem technischem Leerlauf. Liszts Kompositionstechnik beruhte wie die seiner Zeitgenossen vor allem auf der Improvisation. Sein Fantasieren auf dem Klavier wurde auch weiterhin als die wunderbarste, unbegreiflichste, einzig mit dem Phänomen Mozart vergleichbare Begabung bewundert – in Ungarn wie in Wien oder in München, Augsburg, Stuttgart und Straßburg, wo er auf dem Weg nach Paris konzertierte.

Adam Liszt berichtete Carl Czerny regelmäßig über die Fortschritte und Erfolge seines Sohnes. Der Traum des Vaters ging in Erfüllung: Das schöne, wohlerzogene Wunderkind wurde in kurzer Zeit zum verhätschelten Liebling der vornehmen Pariser Salons und konnte sich in öffentlichen Konzerten vernehmen lassen. Auch die Kritik reagierte überwältigt. Folgendes ist beispielsweise im *Le Courrier français* vom 9. März 1824 zu lesen:

Der junge Ungar berechtigte alle Hoffnungen durch den Vortrag des großen *h-Moll Konzerts* von Hummel. Er spielte dieses Werk, eines der Schwersten, mit einer Sicherheit und einem Geschmack, welche unseren besten Professoren Ehre machen würden. Mit nicht weniger Talent trug er ein *Thema mit Variationen* von Czerny vor. Was kann aber bloß über seine Improvisation über Arien aus *Figaros Hochzeit* gesagt werden? Man muss es gehört haben, wie sich dieses außergewöhnliche Kind begeistert der Reihe von eigenartigen und reizenden Modulationen hingibt, nicht ohne des gegebenen Themas zu vergessen, zu welchem es stets glücklich wieder zurückkehrt, um solch ein Wunder wahr zu haben.[2]

Nach den Plänen Adam Liszts sollte man den Knaben auch außerhalb der französischen Hauptstadt kennenlernen: In den Jahren 1824, 1825 und 1827 unternahmen Vater und Sohn erfolgreiche Konzertreisen nach England, in den Jahren 1826 und 1827 in die Schweiz. Außerdem konzertierte Liszt innerhalb Frankreichs, so zum Beispiel im Süden, in Boulogne-sur-Mer und Rouen. Um Geld zu sparen, wurde Anna Liszt im Herbst 1824 zurück nach Graz zu ihrer Schwester Therese geschickt – Franz sollte seine Mutter erst nach drei Jahren unter sehr traurigen Umständen wiedersehen.

Das gehetzte Kind, das um jeden Preis die Welt in Erstaunen versetzen sollte, schrieb nebenbei auch noch eine Oper: Eine recht einfältige, doch viele aufsehenerregende Details bietende Erzählung von Claris de Florian musste der Dreizehnjährige in Musik umsetzen. Das Werk *Don Sanche ou le château d'amour* (Don Sanche oder das Liebesschloss) blieb Franz Liszts einzige Oper und wurde am 17. Oktober 1825 in Paris uraufgeführt. Sie zeichnet sich tatsächlich durch eine gewisse melodische Begabung und ein geschicktes psychologisches Profil der Personen aus. Ob und inwieweit ihm sein Mentor Ferdinando Paër vor allem bei der Orchestrierung geholfen hat, ist ungeklärt. Die Originalpartitur ist verschollen, doch in Wien befindet sich ein instrumentiertes Autograf in Liszts Kinderhandschrift. Dass die Komposition wirklich auf der Bühne inszeniert und dreimal gespielt wurde, hatte der Komponist sicherlich Meister Paër zu verdanken.[3]

Das bedeutendste Jugendwerk komponierte Liszt für sein eigenes Instrument: Es sind die *Zwölf Etüden* aus dem Jahr 1826. Ursprünglich plante er eine Serie von 48 Stücken, die wahrscheinlich dem Ordnungsprinzip von Bachs *Wohltemperierten Klaviers* entsprechen sollten; komponiert wurden jedoch nur zwölf. Die „Etüde" zählte im frühen 19. Jahrhundert zu den beliebtesten musikalischen Gattungen: Seit Muzio Clementis *Gradus ad Parnassum* aus dem Jahr 1817 wurde sie unter anderem von Cramer, Czerny, Moscheles und Kalkbrenner gepflegt. Die *Etüden* des Knaben Liszt sind kurz und von organisch einheitlichem Bau. Viele von ihnen sind reine motorische Fingerübungen à la Czerny. In Einzelnen zeigt sich jedoch schon eine an die italienische Opernmusik erinnernde kantable Melodik, welche auch noch später teilweise die Machart seiner Themen kennzeichnete. So manche – z. B. die *Etüde Nr. 5* in *B-Dur*, *Nr. 7* in *Es-Dur* und *Nr. 9* in *As-Dur* – bergen bereits etwas in sich, das später unter Chopins und Liszts Händen zu voller Blüte gelangte: Sie waren die ersten Etüden, die nicht bloß der Fingerübung dienten, sondern bestimmte Stimmungen oder ein Gefühl poetisch ausdrückten – kurz, zu wirklicher Musik wurden. Die *Etüden* bilden den Kern der späteren *Grandes Études* (1838) und der *Études d'exécution transcendante* (1851).

Bereits als Jugendlicher gab Liszt selbst Unterricht. Er lehrte Klavier, Musiktheorie und Kontrapunkt. Darüber hinaus musste er komponieren, lange, strapaziöse Reisen mit der Kutsche unternehmen und sich regelmäßig öffentlich und auf Privatempfängen produzieren. Es blieb ihm keine Zeit, sich auch in außermusikalischen Disziplinen zu bilden, hin und wieder auszuruhen, zu leben wie ein normales Kind. Der Vater meinte wohl, die großen Anstrengungen hätten sich gelohnt. Allerdings war das persönliche und künstlerische Selbstbewusstsein des jungen Liszt schon weit über das seines Vaters hinausgewachsen.

Franz Liszt war nicht mehr der in einer feudalen Residenz angestellte Diener, sondern ein Künstler der neuen romantischen Generation, der sich der eigenen Begabung durchaus bewusst war und eigene Ansichten und Ambitionen hatte. Ob Sohn und Vater in einen offenen Konflikt gerieten, ist nicht bekannt. Einer befreundeten Pariserin schrieb der Vierzehnjährige empört, dass die reichen Damen in Lyon horrible Summen für unsinnige Dinge ausgaben, während „Tausende von Unglücklichen in Frankreich der Hilfe nötig hätten, die ihnen täglich verweigert wird. Aber ich fühle, ich verirre mich, es gebührt mir nicht diese Welt zu beschimpfen, bin ich doch noch nicht einmal ein schwaches Mitglied dieser Gesellschaft die ich hasse und die ich verabscheue."[4] Was in einem jungen Menschen bei dieser Lebensweise vorgehen musste, davon berichtete Liszt erst zehn Jahre nach dem Tod seines Vaters in dem *Brief eines Bakkalaureus der Tonkunst An einen reisenden Künstler* – datiert im Januar 1837 in Paris und erschienen in der *Revue et Gazette musicale*:

> Zuerst, als väterliche Vorausschau mich [...], das arme Kind, in den Schoß einer glänzenden Gesellschaft warf, die den Kunststücken dessen, den sie mit der ehrenvollen und herabwürdigenden Bezeichnung ‚das kleine Wunder' brandmarkte, applaudierte. Von da an bemächtigte sich meiner eine frühzeitige Melancholie; und mit Widerwillen ertrug ich die schlecht verhohlene Erniedrigung einer künstlerischen Dienerschaft.[5]

An dieser Stelle muss darauf hingewiesen werden, dass die unter Liszts Namen veröffentlichten Essays größtenteils nicht von ihm selbst, sondern von seinen Lebensgefährtinnen verfasst wurden. Die in der *Revue et Gazette Musicale* erschienenen Aufsätze waren zumeist die Arbeit der Gräfin Marie d'Agoult, die späteren Essays gehen auf die Fürstin Carolyne von Sayn-Wittgenstein zurück. Liszt gab manche Direktive, auch enthielten die Essays im Wesentlichen, zumal im Musikalischen, seine eigenen Ansichten. Ihre endgültige Form erhielten sie jedoch durch diese hochgebildeten, literarisch veranlagten Frauen – er fügte lediglich seinen Namen hinzu. Im obigen Zitat beispielsweise stammen die romantisch-überspitzten Bilder wie die „Steppen Ungarns, wo ich frei und ungezähmt mitten unter wilden Herden aufwuchs" sicherlich von Marie d'Agoult und nicht von Franz Liszt.

Es ist nicht verwunderlich, dass der halbwüchsige Liszt bei diesem Lebenstempo irgendwann zusammenbrach: Er machte eine schwere Krise durch. Er suchte, wie auch bei späteren seelischen Zusammenbrüchen oder wenn er der Welt und der Gesellschaft überdrüssig wurde, Trost und Beruhigung in der Religion, im Glauben und auf dem Wege zu Gott. Er wollte Geistlicher werden. Adam Liszt war jedoch weit davon entfernt, Verständnis für diesen Wunsch aufzubringen. Er war ganz und gar nicht geneigt, seinen durch so große Opfer zum Künstler und Ernährer erzogenen Sohn der Kirche zu überlassen. Einen Auftritt in Boulogne-sur-Mer wollte er auch zur Erholung nutzen. Die Reise nahm ein jähes, tragisches Ende: Adam Liszt erkrankte an Typhus und starb am 28. August 1827. Bereits am 24. desselben Monats sah sich der Sohn genötigt, die Mutter aus Graz herbeizuholen. In seinem charakteristischen Deutsch und mit fehlerhafter Orthografie schrieb ihr Franz Liszt:

> Beste Frau Mutter!
> In den Augenblick als ich ihnen schreibe bin ich sehr in Angst für meinen vater, als er hier ankam war er schon ein wenig kränklich aber die krankheit steigte immer und heute sagte mir der Doktor daß es gefährlich sein könnte.
> Er bittet sie Courage zu haben denn er glaubt sich selbst sehr krank und in diesen Gedanken sagte er mir ihnen zu schreiben da es vielleicht möglich wäre daß sie nach Frankreich kommen können, doch glaube er noch einige Tage zu warten und sagte mir du kannst ihr in einigen Tagen später daß gewiße schreiben was ich bestimmt nicht versäumen werde.[6]

Mit noch nicht ganz sechzehn Jahren erlebte Franz Liszt in Boulogne-sur-Mer etwas ähnlich Traumatisches wie der seinerzeit etwas ältere Mozart in Paris, als dieser plötzlich seine Mutter verloren hatte: Er wurde zur Halbwaise. Anna Liszt eilte zwar sofort zu ihrem Sohn, doch gab es fortan niemanden, den er um Rat hätte bitten können. Liszt musste ganz unerwartet zu einem Erwachsenen werden – und zu einem recht einsamen noch dazu. In dem schon zitierten Brief *An einen reisenden Künstler* fährt er fort:

> Später, als der Tod mir den Vater geraubt hatte und ich, allein nach Paris zurückgekehrt, zu ahnen begann, was die Kunst werden könnte, was der Künstler werden müßte, war ich wie erdrückt von den Unmöglichkeiten, welche sich überall dem Wege entgegenstellten, den sich mein Gedanke vorgezeichnet hatte. Als ich überdies nirgends ein mitfühlendes Wort fand – nicht nur unter den Leuten von Welt, sondern selbst unter den Künstlern, die in bequemer Gleichgültigkeit dahinschlummerten und nichts von mir und den Zielen wußten, die ich mir gestellt, nichts von den Fähigkeiten, die mir verliehen waren –, überkam mich bitterer Abscheu gegen die Kunst, wie ich sie vor mir sah: erniedrigt zum mehr oder minder einträglichen Handwerk, gestempelt zur Unterhaltungsquelle der vornehmen Gesellschaft, und alles in der Welt hätte ich lieber sein mögen als Musiker im Solde großer Herren, protegiert und bezahlt von ihnen wie ein Jongleur oder wie der dressierte Hund Munito.[7]

Ab diesem Zeitpunkt bezeichnete sich Liszt verächtlich als „reisenden Gaukler", beklagte sein nomadenhaftes Leben eines „saltimbanque", eines „baladin" und „amuseur de salons"[8]. Etwas später zitierte er diesbezüglich die Arie des seiner Dienerarbeit überdrüssigen Leporello aus Mozarts *Don Giovanni*: „Keine Ruh bey Tag und Nacht!"[9] (20. Juni 1840 an Graf Leo Festetics). Noch drei Jahrzehnte später, als Liszt längst als Meister gefeiert wurde, der nur selten zu hören war, beklagte er sich, wie widerlich ihm sein „altes Handwerk eines Salonpianisten" geworden war, „welches mir gewöhnlich nichts als Demütigungen einbringt, die mein weißes Haar vor lauter Scham erröten lassen"[10] (18. Juli 1868 an Emilie Genast).

Ein Jahr nach dem Verlust des Vaters erlitt der Siebzehnjährige durch jene bereits erwähnte zweite Demütigung eine unheilbare, tief schwärende Wunde. Zu dieser Zeit lebte Liszt in Paris bei seiner Mutter: Den gemeinsamen Unterhalt verdiente er hauptsächlich durch Klavierstunden. Er verliebte sich in eine seiner Schülerinnen, in die schöne und vornehme, gleichaltrige Tochter des Grafen Saint-Cricq, Caroline, und wurde wiedergeliebt. Nach dem Tode der Gräfinmutter wies jedoch der Graf dem jungen „Habenichts" höflich die Tür. Diese Kränkung, die Verunglimpfung seiner noch kindlich reinen Gefühle, besonders aber die darin zum Ausdruck kommende demütigende Verachtung, konnte Franz Liszt nie vergessen. Seine Liebe zu der feinen, unglücklichen Caroline (der späteren Gräfin d'Artigaux) veredelte sich mit der Zeit zu fast religiöser Anbetung. Aber die schmerzliche Kränkung, dass man ihn, den Künstler, in aristokratischem Hochmut als Geschöpf niederen Ranges weggedrängt hatte, konnte er lange nicht vergeben.

Wahrscheinlich trug diese Erniedrigung dazu bei, dass sich Liszt um das Jahr 1830 den Lehren des Philosophen Ballanche und des Grafen Saint-Simon annäherte und dass er bis zum Jahr 1848 auf die bürgerliche Revolution schwor. Andererseits mochte seine verletzte Eitelkeit einer der Gründe sein, weshalb er bis an sein Lebensende so gern mit Aristokraten verkehrte und seine frühe Vorliebe für Auszeichnungen und Dekorationen zeitlebens pflegte. Liszts Zeitgenossen sind sich einig, dass ihn diese Eitelkeit bis zu seiner Niederlassung in Weimar beherrschte. Dieser Stolz mochte wohl auch seine fieberhafte Jagd nach Erfolg motiviert haben. Außerdem gibt die früh erlittene Erniedrigung auch Aufschluss darüber, warum Liszt in den ungarischen Adelsstand erhoben werden wollte und weshalb er sich so sehr über den ihm verliehenen Ehrensäbel freute. Letzterer wurde Liszt in Ungarn geschenkt, wo er die Aufnahme in den Adelsstand symbolisiert. Man muss sich in seine Lage einfühlen, um Verständnis für sein überzogen erscheinendes Streben nach Ruhm und Ehre aufbringen zu können.

Nach der Enttäuschung durch Saint-Cricq verfiel der Siebzehnjährige in eine Art Depression. Berlioz (der mit römischen Kommilitonen ein *System der absoluten Gleichgültigkeit gegen alles* abfasste) hielt in seinen *Memoiren* fest, dass die mit Goethes *Werther* und Chateaubriands *René* gewissermaßen zur Mode gewordene Seelenkrise – das „mal du siècle", der „Spleen" – zweierlei

Ausmaße habe: Dementsprechend würden die Symptome, die sich beim jungen Liszt einstellten, auf den schwereren Grad dieser Krankheit hindeuten. Liszt war der Berliozschen Version zufolge schweigsam und düster, verlangte nichts als Untätigkeit, Stille, Einsamkeit und Schlaf. Alles wurde ihm gleichgültig. Man kolportierte schon seinen Tod. In dieser akuten Krise suchte der junge Künstler, der seinen Platz in der Welt nicht finden konnte, Zuflucht in der Religion. Unter dem romantisch-mystischen Einfluss des bekannten Violinisten und Viola-d'amour-Spielers Chrétien Urhan stehend, sehnte er sich nach dem Schutz der Kirche. Dieses Verlangen wurde dieses Mal von der Mutter abgewendet. Doch nicht ihre Stimme war es, die ihn schließlich schlagartig gesund machte, sondern eine stärkere und mächtigere – der Kanonendonner der Pariser Revolution aus dem Jahr 1830.

Das französische Volk, das zunehmend von Elend gepeinigt worden war, nahm die anachronistische Tyrannei Karls X. nicht mehr hin. Es kam zu Demonstrationen und Straßenkämpfen. Nach drei Tagen, am 29. Juli 1830, siegte die Revolution. Der König floh nach England. Das Großbürgertum als neue Macht setzte den liberalen Louis Philippe, Herzog von Orléans, der als geizig, feige und kunstfeindlich galt, auf den Thron. Honoré Daumier karikierte ihn in seinen Zeichnungen unbarmherzig als „Birnenkopf", und auch Liszt äußerte sich über Louis Philippe mit verächtlichem Hohn.

Der politische Sieg war gleichzeitig ein Sieg der Kunst und ihrer neuen Ideen. Schon seit Anfang des Jahrhunderts waren französische Romane erschienen, die auf Rousseau und Goethes *Werther* Bezug nahmen, das subjektive, kompromisslose Gefühl möglichst authentisch und fernab gesellschaftlicher Ordnung darstellten sowie die charakteristischen Gefühle und Probleme der Zeit artikulierten: Chateaubriands *René*, Senancours *Oberman* und Benjamin Constants *Adolphe*. Seit den Zwanziger Jahren florierte in Paris ein lebhaftes literarisches Leben rund um die Werke von Stendhal, Balzac und Mérimée, Lamartine und de Musset. Die eigentliche französische romantische Bewegung nahm mit der Entdeckung Shakespeares und Dantes ihren Anfang. *Paradise lost* von Milton wurde bereits im Jahr 1803 übersetzt. Auch Goethes *Faust* und die zeitgenössischen englischen Dichter, allen voran Lord Byron – seine Kunst ebenso wie seine Person selbst –, hatten überwältigenden Einfluss. Der Kopf der Bewegung, Victor Hugo, legte Ende der zwanziger Jahre im Vorwort zu seinem Drama *Cromwell* sowie in den Gedichtsammlungen *Les Orientales* und *Odes et ballades* die Ars Poetica der neuen Kunstrichtung dar. Im Jahr 1830 obsiegten die romantischen Ambitionen der Literatur mit der Aufführung seines Dramas *Hernani*.

Den Ideen Hugos entsprechend bestand das Ziel nicht mehr darin, das Schöne darzustellen, sondern das Charakteristische. Anstelle der verknöcherten klassischen Tragödien (und damit ihre Gebundenheit an die Einheit von Schauplatz und Zeit sowie an die in strengen Alexandrinern gehaltenen Verse) sollten lebendige Dramen geschaffen werden. Anstelle der gewohnten, stereotypen Bühnenhelden sollten Menschen aus Fleisch und Blut treten. Die Wirklichkeit – keine gekünstelten Geschichten – sollte dargestellt werden. Hugo erklärte, der Dichter und seine Kunst seien frei in Zeit, Raum und in der Wahl des Subjekts.[11] Die Kunst, durch das Drama als die ureigenste Gattung der Epoche vertreten, sollte Wahrheit nicht einfach nur wiedergeben. Vielmehr habe sie einem magischen, verdichtenden, konzentrierenden Vergrößerungsspiegel zu gleichen, der die Aufmerksamkeit auf das wichtigste dramatische Moment fokussiert. Ein neues Ideal kündigte sich an – der kunstvolle Ausdruck des Eigentümlichen, Extremen, Grotesken oder Dämonischen. Neben der Betonung des Kontrastprinzips erhielt die einheitliche Darstellung von Gegensätzen große Bedeutung. Es war das Zeitalter der ehrlichen Banditen (in der Nachfolge von Schillers *Räubern*), der gütigen Ungeheuer und der Kurtisanen mit reiner Seele. „Entspringt doch der moderne Genius", so Hugo, „der fruchtbaren Einheit des grotesken und erhabenen Typs." Er zitierte die bekannte Aussage Napoleons: „Vom Erhabenen bis zum Lächerlichen führt bloß ein Schritt". Die Literatur sollte „lyrisch, episch, dramatisch sein" – je nach Belieben; und „die ganze poetische Skala durchlaufen, von oben nach unten, von den erhabensten Ideen bis zu den gemeinsten, von den possenhaftesten, den äußerlichsten bis zu den abstraktesten."[12]

Die künstlerische Freiheit der Romantik bedeutete in erster Linie die Betonung des Subjektiven, der Persönlichkeit des Künstlers, des Individuums. Das Wichtigste für den Künstler wurde nunmehr der Ausdruck seiner selbst, also seiner Ideale, seiner Ideen, Eindrücke und Gefühle vermitttels des Kunstwerkes. Eine einheitliche Form sollte durch die Stimmung gesichert werden, und die Dichtung sollte von musikalischen sowie malerischen Elementen durchtränkt sein.

Anhand der Ideale, die die Literatur nun vermittelte, begannen viele gebildete Zeitgenossen und vor allem Künstler, die literarischen Helden nachzuahmen und ihr eigenes Leben theatralisch zu gestalten. Hatte man doch schon ein lebendiges, wahrhaftiges, anziehendes Vorbild für die Attitüde einer bis ins Detail inszenierten, großen dramatischen Rolle: Lord Byron.

Ein wichtiges Element der romantischen Haltung eines Künstlers war seit Chateaubriand oder gar seit Rousseau (dem Vater der Romantik) ein religiöses Gefühl. Dieses offenbarte sich vor allem in der Naturandacht als pantheistische Begeisterung, die nicht mehr viel mit irgendwelchen kirchlichen Lehren zu tun hatte. Das Naturideal der Romantik waren die Alpen mit den stolzen Gipfeln und sanften Hängen, der aus der Ferne erklingenden Hirtenschalmei, der vollständigen Einsamkeit, dem Gefühl der Unendlichkeit, des Aufgehens und Verschmelzens in und mit der Natur: „I live not in myself but I become portion of that around me", so zitierte Liszt aus Byrons *Childe Harold*. Es galt, ein Gefühl zu beschwören, bei dem „wir nicht mehr wissen, wo der Himmel ist und wo die Berge sind, oder wo wir eigentlich stehen, wenn wir den Grund unter unseren Füßen nicht mehr finden und es keinen Horizont mehr gibt, die Gedanken sich geändert, die unbekannten Gefühle uns dem gewöhnlichen Leben entfernt haben". – Dies ist ein Zitat aus Senancours *Oberman*, welches Liszt wie auch den Byron-Vers als Devise über einzelne Stücke des ersten Bandes, *Suisse*, des Klavierzyklus *Années de pèlerinage* (Pilgerjahre) setzte. In solch einen ekstatischen Zustand sollte man hauptsächlich durch akustische Vermittlung gelangen, denn „man staunt über das Geschaute, ganz durchfühlen jedoch kann man bloß das Gehörte [...], die Töne der erhabenen Orte wecken noch tiefere, andauerndere Eindrücke in uns als die Erscheinung", schrieb Senancour im *Oberman*. Die außerordentliche Betonung der auditiven Wahrnehmung bewirkte zugleich, dass nur die Musik *die* Kunst der Entrückung und der Ekstase *par excellence* und somit die romantischste aller Künste sein konnte. Hier allein fand sich nach romantischem Ideal die Möglichkeit, dass der Zuhörer, aber mehr noch der vortragende, meist improvisierende Künstler „aus der Fassung fällt". Musik galt als subjektivste Kunst, da sie direkt das Gefühl beeindruckt und imstande ist, die extremsten Stimmungen und Gefühle, das „Unaussprechliche", das „Unbeschreibliche" darzustellen. Dies ist wohl auch ein Grund, weshalb einige berühmte Musikvirtuosen so überschwänglich vergöttert wurden.

Ludwig van Beethoven war das musikalische Vorbild der französischen Romantik, vor allem für Hector Berlioz, ähnlich wie die Neuentdeckung Shakespeares in der Literatur. Seit dem Jahr 1828 machte der Dirigent François Antoine Habeneck das Pariser Publikum mit den Werken des großen deutschen Meisters bekannt – und gerade der junge Liszt hatte die Kühnheit, im November 1828 mit dem Orchester Beethovens *Klavierkonzert Es-Dur* aufzuführen. Dazu gehörte im damaligen Paris, wo die deutsche symphonische Musik von eher befremdender Wirkung war, ein außerordentlicher Mut.

Vielleicht werden uns die heute merkwürdig erscheinenden Züge in Liszts Schaffen verständlicher, wenn wir versuchen, ihn im Rahmen seiner Jugend

Pariser Jugendjahre | 37

und seiner jugendlichen Ideale zu begreifen: Die Auffassungen der romantischen Kunstbewegung im Spannungsfeld der bürgerlichen Revolution waren nicht nur im Wesen und in ihren Formen mit denen Franz Liszts verwandt. Sie übten auch in den späteren Abschnitten seiner künstlerischen Entwicklung einen wichtigen Einfluss aus. Ja, eigentlich wurde Liszt selbst zum originellsten Komponisten dieser Bewegung: In den frühen Essays übertrug er die Ideen der französischen Romantik auf die Musik und den Musiker. Seine frühen Klavierwerke gehörten zu den ersten musikalischen Früchten der französischen Romantik, und in der Weimarer Schaffensperiode – Höhepunkt seines Lebens – waren es gerade diese Ideen, die sich in groß angelegte musikalische Werke verwandelten.

Franz Liszt überblickte den romantischen Diskurs zu seiner Zeit sehr wohl. Mit vielen Schriftstellern und bildenden Künstlern stand er in persönlichem Kontakt. Er war mit ihren Werken vertraut, indem er sie las oder als Theaterinszenierungen sah; er selbst wurde von Künstlern porträtiert. Zugleich sog Liszt den Zeitgeist, das Wesen der Epoche, in sich auf und reagierte in kongenialer Weise auf die Geschehnisse der Außenwelt. Auch ihn begeisterte die Lektüre Shakespeares – allerdings finden wir unter seinen Werken nur die symphonische Dichtung *Hamlet* als direkten Verweis auf diese Bewunderung. Von wichtigerem und inspirierendem Einfluss war die *Divina Commedia* Dantes. Das Resultat war eine nach diesem benannte, hervorragende *Klaviersonate* nebst einer meisterhaften *Symphonie*. Der *Faust*, wenn auch nicht in der Fassung Goethes, begleitete ihn sozusagen bis zum Tod.

Liszt lernte ebenso wie Berlioz und die französischen Schriftsteller viel von der englischen Romantik, insbesondere von Lord Byron. Franz Liszt war ein subjektiv orientierter Künstler, der das Eigentümliche, Seltsame, das Individuelle suchte. Wie der Maler Delacroix galt er als Mann der ausladenden Gesten; wie dieser war er bereit, sich greller Farbigkeit zu bedienen; mit einer Neigung zur Übertreibung, Maßlosigkeit, zum rhetorischen Vortrag und ähnlich wie Victor Hugo mit einer Vorliebe für Bombast. Erst sein spätes Schaffen setzte häufiger auf Transparenz. Die Gedichte Hugos inspirierten einige seiner Lieder, Klavier- und Orchesterwerke. Liszt schrieb auch „Dramen" für Orchester in Gestalt von symphonischen Dichtungen, Symphonien, Klavierkonzerten und sogar Messen. Angeregt durch das Beispiel Berlioz' und der Musiker Weber, Paganini, vielleicht auch Meyerbeer, wurde eine Art des Grotesken, schneidender Hohn, wüste, infernalische Ironie, das Mephistophelische überhaupt zu wichtigen und außerordentlich genialischen Elementen seiner Musik.

„Nieder mit dem Alexandriner!" – hatte Hugo gerufen. Beim schöpferischen Liszt hieß es: Weg mit den traditionellen klassischen Formen, den veralteten Regeln der Harmonielehre, weg mit aller Schulmeisterei! – Er wollte Neues in neuer Gestalt. Aus dem Einheitsprinzip der Gegensätze entstand eine innovative Formenbildung. Dies war die in Berlioz' *Symphonie fantastique* schon anklingende, monothematische Kompositionstechnik, das heißt eine Metamorphose, eine mehrfache Transformation des gleichen Materials. Auch das Napoleonische Motto – „Vom Erhabenen bis zum Lächerlichen führt bloß ein Schritt" – war und blieb für Liszts Schaffen lange Zeit bezeichnend.

Durch die Auseinandersetzung mit den Lehren Saint-Simons und denen des christlich-sozialistisch-utopistischen Félicité de Lamennais entwickelte Liszt einen ausgeprägten Sinn für Solidarität mit den Armen (besonders mit weniger glücklichen Künstlern), der sich bereits in dem erwähnten Jugendbrief aus Lyon abgezeichnet hatte. Außerdem formte sich bei ihm allmählich die Idee einer den Menschen veredelnden und die Klassen versöhnenden Mission der Künstler, insbesondere der Tonkünstler. Nach Liszts Überzeugung waren die Tonkünstler „Priester" und „Märtyrer der Kunst." Er war gerade vierundzwanzig Jahre alt, als seine eigenständig konzipierten Essay-Serien *Zur Situation der Künstler und zu ihrer Stellung in der Gesellschaft* sowie *Noch einige Worte über die Subalternität der Musiker* in der *Revue et Gazette Musicale*[13] erschienen. In dieser kühnen und sehr durchdachten Schriftenreihe forderte er kämpferisch die soziale und materielle Anerkennung von Musikern. Er formulierte seine Thesen über die heilige Mission der Tonkünstler und legte einen umfassend durchdachten Entwurf eines völlig neu organisierten Musiklebens vor. Letzteres sollte unter anderem die Gestaltung einer alle Menschen erfassenden „humanitären Musik" beinhalten. Liszt wandelte sich zu einem „musicien humanitaire", der jedem Kollegen selbstlos half, sich für musikalische Vorbilder mit Worten und Geldspenden einsetzte und unzählige Male zugunsten wohltätiger und kultureller Zwecke auftrat. Bereits im Oktober 1840 gründete er in Hamburg einen Pensionsfonds für Orchestermitglieder, im Jahr 1850 veröffentlichte er seine Vorschläge *Zur Goethe-Stiftung* und ab dem Jahr 1861 organisierte er den Allgemeinen Deutschen Musikverein.

Mochte dies alles vielleicht auch zu jenem selbst gewählten romantischen „Rollenklischee" gehören, so identifizierte Liszt sich dennoch vollends damit. Er war von gutem Willen erfüllt. Bereits in seiner stürmisch aufstrebenden, von Eitelkeit und Erfolgssucht beherrschten Jugend zeigt sich das: Er verhalf den Werken des glücklosen Berlioz zur Anerkennung, führte die Werke

Beethovens in Paris auf, lenkte die Aufmerksamkeit auf den dort noch recht unbekannten Franz Schubert und auf Carl Maria von Weber.

Will man sich den Schauplatz des Lebens des jungen Liszt, das Paris der 1830er Jahre, vorstellen, so denke man an die ambitionierten Romanhelden eines Stendhal oder Honoré de Balzac. Im Gegensatz zu Liszt waren die von vornherein privilegierten Protagonisten gebürtige Franzosen und Adlige und zeigten sich als arme Leute aus der Provinz, vom Ehrgeiz getrieben, zu allerlei Gemeinheit fähig. Die durch eigene Empfindsamkeit geförderte soziale Sensitivität, das heilige missionarische Gefühl des jungen Klavierspielers wollten dazu nicht recht passen. Liszt wurde von seinen Pariser Zeitgenossen nicht verstanden. Sie machten sich sogar über ihn lustig: George Sand, Honoré de Balzac (selbst nicht frei von derartigen Ambitionen), Heinrich Heine und die meisten Journalisten trieben ihren Spott mit dem „Gaukler", dem „Märtyrer" der Musik. Man hielt ihn eigentlich für nichts anderes als einen um kompositorische und gesellschaftliche Erfolge emsig bemühten, eitlen Virtuosen, dem es in erster Linie darum ging, Aufsehen zu erregen.

Seine Weltanschauung fasste Liszt in einem Brief an Marie d'Agoult im Mai 1834 folgendermaßen zusammen: „Ich glaube ein wenig an mein Herz, und stark an Gott und die Freiheit."[14] Die Kompositionsskizze einer *Revolutionssymphonie* stellt das wichtigste Dokument zu seinen Grundideen in den 1830er Jahren dar. Es ist die erste romantische Programmmusik für Orchester, in welcher er die *Marseillaise* und das französische Lied *Vive Henri IV.* zu verarbeiten gedachte. Dieser Entwurf konnte seinerzeit nicht als Komposition vollendet werden. Jedoch griff Liszt später oft auf die Idee zurück. Laut seiner Skizzenbücher plante er um das Jahr 1840, aus den Themen eine ungarische „Nationalsymphonie" zu entwickeln. In dieser sollte dann das *Marseillaise*-Thema, ein Hussiten-Lied, ein Luther-Choral und der ungarische *Rákóczi*-Marsch als thematisches Material verwendet werden. Ende der vierziger Jahre wiederum sollte in einem fünfsätzigen Orchesterwerk auch noch das Thema des polnischen *Dombrowski*-Marsches und anstelle des protestantischen Chorals ein Psalm und ein *Tristis est anima mea* hinzukommen. Schließlich beendete er während der neuen europäischen Revolutionswelle um das Jahr 1848 nur den ersten Satz, der unter dem Titel *Héroïde funèbre* als symphonische Dichtung bekannt wurde. Dieses Mal handelte es sich wahrhaftig um ein Werk ungarischen Stils. Es war eine Totenklage für die gefallenen Helden des gescheiterten ungarischen Unabhängigkeitskrieges der Jahre 1848 und 1849.

Das kulturelle Leben in Paris florierte seit dem Jahr 1830 trotz des kunstfeindlichen Königs Louis Philippe. Die öffentlichen Musikabende, Opernaufführungen und die musikalischen Zusammenkünfte in den Salons der bürgerlichen Elite waren wichtige gesellschaftliche Ereignisse. In den beiden Musiktheatern, im *Théâtre Italien* und in der *Grand Opéra*, sangen weltberühmte Größen – unter anderem Giuditta Pasta, Henriette Sonntag, Maria Malibran, später ihre Schwester Pauline Viardot-García, und Sänger wie Giovanni Rubini, Antonio Tamburini, Luigi Lablache, Adolphe Nourrit. Opern von Auber, Bellini, Donizetti wurden gespielt, Meyerbeer gefeiert. Die französische Instrumentalmusik trug reichliche, wenn auch eher belanglose Früchte: In den dreißiger Jahren ergoss sich eine wahre Sintflut von schön gebundenen Musikalben-Sammlungen mit Fantasien, Cavatinen, Rondos, Sonaten, Konzerten und anderen modischen Stücken (hauptsächlich Romanzen) über das Pariser Publikum. Berlioz machte sich darüber in schneidend ironischen, geistreichen Artikeln lustig. Zugleich entstanden wichtige romantische Gemälde: Géricault hatte beispielsweise schon im Jahr 1819 *Das Floß der Medusa* und seither manch Erstaunliches geschaffen. In Ausstellungen wurden Werke von Joseph Vernet, Paul Delaroche, Ary Scheffer und die des alle überragenden Eugène Delacroix gezeigt. Im literarischen Leben tauchten derweil neue Namen auf: Sainte-Beuve, der Kritiker, der Pole Mickiewicz, der Deutsche Heine und die auf Mannesart lebende, „männerfressende" George Sand.

In diesen Jahren machte Liszt die Bekanntschaft von drei großen romantischen Künstlern, deren fruchtbarer Einfluss ganz neue, wunderbare Perspektiven für seine künstlerische Entwicklung erschließen sollte. Eine dieser Persönlichkeiten aus Liszts musikalischem Bekanntenkreis war ein um acht Jahre älterer, rothaariger Strubbelkopf, der von vielen für närrisch gehalten wurde. Der fanatisch begeisterte junge Mann erregte in Paris einiges Aufsehen, weil er einerseits geistreiche Artikel in ausgezeichnetem Stil verfasste, in denen er mit unerhörter Hartnäckigkeit für wertvolle alte und neue Musik kämpfte. Andererseits fiel er durch Kompositionen von neuartigem Ton und mehr noch durch sein absonderliches Betragen auf. Er hatte als Vertreter der Musik im Triumvirat der romantischen Kunst neben Hugo und Delacroix einige Monate zuvor nach mehreren erfolglosen Versuchen endlich den Rompreis des Conservatoire erhalten. – Am 4. Dezember 1830 besuchte Liszt zum ersten Mal diesen sonderbaren Jüngling, der sich fieberhaft auf die erste Vorstellung seines neuen Werkes, die *Symphonie fantastique*, vorbereitete. Diese sollte am darauffolgenden Tag uraufgeführt werden. Schnell erkannte jeder im Anderen einen Verbündeten, der für die gleichen Ziele kämpfte. Die beiden jungen Leute schlossen Freundschaft. Während des Konzerts zog der auffällig Beifall klatschende Liszt alle Blicke auf sich. Dies war nicht bloße Sympathiebezeugung für den neuen Freund: Er wollte Hector Berlioz nicht nur zum Erfolg verhelfen, sondern fühlte sich zu seiner Kunst aufrichtig hingezogen, schwärmte von ganzem Herzen für dessen Symphonie.

Liszt lernte sehr viel von Berlioz, dessen Einfluss noch viele Jahre seine eigene Kunst bereicherte. Der Franzose begann seine Laufbahn wie Liszt im Zeichen und unter der Anregung von Beethovens Musik. Als hervorragender Kenner des Orchesters verwirklichte Berlioz in dem bis heute populärsten seiner Werke, der „Fantastischen" Symphonie, was bei Liszt in den Skizzen der *Revolutionssymphonie* noch vage Vorstellung geblieben war: Die Musik erhielt ein Programm; der Inhalt aber, die wesentliche Aussage des Werkes, wurde dem Zuhörer zusätzlich in Worten erläutert.

Auch Berlioz ging es nicht um den Ausdruck des Schönen, sondern um die Erfassung des Charakteristischen – wie Hugo in seinen Dramen. In seiner Symphonie gibt es einen „Der Gang zum Richtplatz" überschriebenen Satz und einen „Hexensabbat", welcher als eine der ersten musikalischen Umsetzungen des Mephistophelischen aus Goethes *Faust* gelten kann. Das ungewohnte, neue und die Schöngeister empörende Programm verleitete den Komponisten zu zahlreichen Kühnheiten, zu schockierenden Orchestereffekten. Die äußerste, an Schauerstücke erinnernde Spannung des Werkes, der Marsch zum Galgen, mehr noch der diabolische Ton, die Höllenvision (und die mit ihr verbundene düstere, das Jüngste Gericht verkündende, gregorianische Melodie des *Dies irae*) – all dies machte einen tiefen Eindruck auf den neunzehnjährigen Liszt. Doch hatte er auch für die musikalisch-technischen Neuerungen der *Symphonie fantastique* ein Ohr: Die Hauptmelodie, Symbol der Geliebten, zieht sich wie ein roter Faden durch das ganze Werk und ist fähig, den Charakter zu wechseln. Im letzten Satz verwandelt sie sich zur Stimme einer kreischenden Hexe, die auf einem Besenstiel reitet. Dennoch bleibt das Thema im Wesentlichen identisch und erkennbar. Dies ist die ganz und gar romantische Berliozsche Erfindung – von ihm „Idée fixe" genannt. Es geht um das wiederkehrende Thema, das jedes Mal umgestaltet, variiert, neu eingebettet und im Charakter verwandelt erscheint. Es ist das Prinzip der Monothematik, der Thementransformation, des Leitmotivs, das auch zur grundsätzlichen Basis der Lisztschen und Wagnerschen Formbildung werden sollte.

Als Mensch lernte Liszt von Berlioz die Ehrfurcht vor den klassischen Meistern. Er trug beträchtlich zum Erfolg des Freundes bei, indem er bei dessen Konzerten mitwirkte und bei eigenen Konzerten transkribierte Berliozsche Orchesterwerke grandios auf dem Klavier vortrug. Die schwer lesbaren Partituren des Freundes machte er dem Publikum durch die sogenannten

„partitions de piano" zugänglich. Die wichtigste Neuerung Liszts auf diesem Gebiet war jedoch seine geniale Art, die Klangfarben und die Effekte des Orchesters durch frisch erfundene Möglichkeiten des Klaviers wiederzugeben. Dieses „orchestrale" Behandeln des Klaviers ist auch ein Kennzeichen von Liszts eigenen Klavierwerken dieser Zeit. Darüber hinaus setzte er sich in seinen Schriften für den Freund ein. Später, an der Spitze des Weimarer Theaters, veranstaltete Liszt dreimal Berlioz-Wochen, und trug auf diese Weise viel zur Popularisierung von dessen Werken bei – was der unglückliche Berlioz ihm schließlich mit unverdienter Untreue vergalt, als er im Jahr 1866 sein Position wechselte und harte Worte über die Pariser Premiere der *Graner Messe* schrieb.

Am 31. März 1831 trat in Paris zum ersten Mal der italienische „Wundergeiger" Niccolò Paganini auf, über dessen Aussehen, Privatleben, Instrument und jede Vorstellung übertreffende Virtuosität man sich fantastische Gerüchte erzählte. Er treibe es mit dem Teufel, hieß es sogar. „Sein Genie, das nie seinen Meister noch seinesgleichen fand, stand so hoch, daß er nicht einmal Nachahmer finden konnte [...]",[16] sollte Liszt später in seinem *Paganini-Nekrolog* schreiben. Es gab weder satztechnische noch formbildende oder harmonische Neuerungen in der Musik Paganinis, die ihn packten. In dieser Beziehung waren die Kompositionen des Italieners konventionell. Das Revolutionäre dieser Musik, was Liszts Begeisterung sofort entflammte, war vielmehr Paganinis Vortrag, der der Seele des Instrumentes entsprang – eine unerhörte Erweiterung und allseitige Verwendung der instrumentalen Möglichkeiten, eine Virtuosität, welche vollkommen neue musikalische Effekte bot. Dieses außergewöhnliche künstlerische Erlebnis machte Liszt deutlich, dass auch die Virtuosität (doch keineswegs die motorischen Leerläufe eines Czerny oder Kalkbrenner) einen höheren Sinn und Zweck haben könne. Sie vermöge, im Dienste des künstlerischen Inhaltes und der Wirkung bis zum Äußersten gesteigert, das Nichtfassbare, Unbeschreibbare auszudrücken. Eben diese ins Fantastische gesteigerte Virtuosität sei ein unentbehrliches Element moderner Musik. Das Mitreißende und Magische dieser Kunst wirkte auf Liszt überwältigend: Der hagere und bleiche Paganini mit den brennenden Augen spielte seine Violine wie besessen, dämonisch fieberhaft. Während des Violinspiels schien er außer sich zu geraten und der Welt entrückt zu sein. Seine Improvisationen waren ekstatisch und jedes Mal gab er dem schon Fertigen den Anschein eines gerade Entstehenden.

Die Erschütterung durch diese außerordentliche Erfahrung ließ den jungen Pianisten plötzlich entdecken, dass seine eigene, viel gepriesene Virtuosität noch weit entfernt von Vollkommenheit war. Während er sich nun durch fleißige Lektüre bemühte, die Lücken seiner Bildung zu schließen, machte er sich zugleich an die „Eroberung" seines heiß geliebten Klaviers. Ein bekanntes Zitat hierzu stammt aus einem Brief vom 2. Mai 1832 an den Schweizer Pianisten Pierre Wolff:

[...] mein Geist und meine Finger arbeiten wie zwei Verdammte – Homer, die Bibel, Platon, Locke, Byron, Hugo, Lamartine, Chateaubriand, Beethoven, Bach, Hummel, Mozart, Weber umgeben mich. Ich studiere, befrage, verschlinge sie gierig; ferner übe ich vier bis fünf Stunden (Terzen, Sexten, Oktaven, Tremolos, Triller, Kadenzen, etc, etc) Ah! Vorausgesetzt, daß ich nicht toll werde – wirst Du einen Künstler in mir wiederfinden! Ja, einen Künstler nach Deinem Geschmack, so wie man sie heutzutage braucht.[17]

Mit welch erstaunlicher Schnelligkeit Liszt die selbst gestellte Aufgabe bewältigte, bezeugt ein kurz nach dem Paganini-Erlebnis entstandenes Klavierwerk, welches zu seiner Zeit kein Anderer zu spielen fähig war: Die *Grande fantaisie sur la Clochette de Paganini*. Die Komposition stellt eine improvisationsartige Paraphrase über ein Thema aus Paganinis *Violinkonzert h-Moll* dar und ist der Vorläufer der berühmten Etüde *La Campanella*. Es ist die erste von Liszts Paganini-Übertragungen mit ins Romantisch-Extreme gesteigerten Vortragszeichen wie etwa „marcatissimo", „legatissimo", „stacatissimo", „excessivement lent". Im Jahr 1838 folgte die erste, nahezu unspielbare Fassung seiner *Paganini-Etüden*. Dreizehn Jahre später entstand in Weimar eine etwas „gezähmtere", klaviergerecht umgestaltete zweite Fassung derselben. Anlässlich Paganinis Tod, im Jahr 1840, widmete Liszt diesem den bereits erwähnten *Nekrolog* mit dem berühmten Schluss, der seine eigene Devise werden sollte: „Génie oblige!"[18]

Die dritte wichtige Persönlichkeit, die den Horizont des jungen Liszt maßgeblich erweiterte, war von wesentlich feinerer, empfindsamer und poetischer Natur: Gegen Ende des Jahres 1831 traf Fryderyk Chopin in Paris ein. Am 26. Februar 1832 gab er dort sein erstes Konzert. Hier offenbarte sich dem ein Jahr jüngeren Liszt abermals eine ganz neue Welt. Dieser gebrechliche, elegante junge Pole strebte ebenfalls eine Revolution des Klavierspiels an. Auch er wollte auf seinem Instrument Neues auf neue Art ausdrücken, wobei er bei allem Improvisatorischen die klassische Formbildung beibehielt. Liszt wurde von seinem Spiel und seiner ganz individuellen, zu jener Zeit schon voll ausgereiften Kunst bezaubert. Chopin war zudem ein glühender polnischer

Patriot. Das übertrug er vor allem auf sein unverwechselbares musikalisches Idiom, das von Elementen polnischer Volksmusik, entsprechenden Melodien, Harmonien und Rhythmen durchzogen war.

Die Freundschaft der beiden von Natur aus recht unterschiedlichen mitteleuropäischen Künstler sollte sich zwar als nicht sehr langlebig erweisen, doch hörte Liszt nie auf, die Kunst Chopins zu schätzen. Er selbst war ein glänzender Chopin-Interpret, lehrte dessen Werke sein Leben lang, machte Gebrauch von Chopins harmonischen Neuerungen und hatte sowohl für das Poetische als auch das Leidenschaftliche dieser Musik ein tief gehendes Verständnis. So manches Lisztsche Klavierstück bezeugt den bleibenden Eindruck Chopins. Ausnahmsweise konzertierten die beiden Musiker auch gemeinsam: Im Musikalischen Institut Stoepel am 25. Dezember 1834 spielten sie ein Lisztsches *Großes Duo für 2 Klaviere*[19] und Moscheles' *Klavierduo für 4 Hände* sowie am 9. April 1837 im Musiksaal Érard Chopins *Großen Walzer für 4 Hände*[20]. Im Jahr 1852, drei Jahre nach Chopins frühem Tod, widmete Liszt ihm ein Buch, wobei die ausgesprochene Wertschätzung der menschlichen und künstlerischen Eigenschaften Chopins gewiss von ihm selbst stammte.

Noch eine andere Bekanntschaft wurde wichtig für Liszt, obwohl diese Person Paganini oder Chopin weder in dem persönlichen, menschlichen Wert noch in ähnlich direkten Auswirkungen auf seine Musik erreichte. Im Jahr 1832 hörte Liszt die musikphilosophischen Vorträge des angesehenen belgischen Gelehrten François Joseph Fétis, des Chefredakteurs der Pariser Musikzeitschrift *Revue Musicale*. Unter Fétis' Leitung fanden bereits zu jener Zeit Konzerte von Werken des 16. Jahrhunderts in historischer Aufführungspraxis auf Originalinstrumenten statt. Der Belgier hatte zwar weder das Genie Berlioz' noch die unvergleichliche Virtuosität Liszts anerkannt, doch auf theoretischem Gebiet Bahnbrechendes geleistet. Mit seinem System der „Omnitonie" und „Omnirhythmie" formulierte er als Erster die Idee einer zukünftigen Auflösung der klassischen harmonischen Tonalität und der metrischen Gebundenheit. Dieser Vorgang hatte in der Musik eines Schubert, Schumann, Chopin und des frühen Liszt schon teilweise, wenn auch unreflektiert, seinen praktischen Anfang genommen. Im vollends ausgereiften Stil Liszts und Wagners führte er zur eigentlichen Krise der traditionellen klassischen Harmonik (der sogenannten Funktionstonalität) und des rein metrisch gegliederten Formbaus. Liszt zählte zu den Bewunderern von Fétis.

Derjenige, dessen Geist und Lehre Liszt am meisten anzog und den größten Einfluss auf seine Ideen wie auf seine Musik hatte, war ohne Zweifel der Abbé Félicité de Lamennais. Er war ein „väterlicher Freund und Wohltäter", der Liszt in seinen Briefen, „*mon cher enfant*" nannte und sich „seiner zärtlichen Liebe versicherte".[21] Während seiner Konzertreisen in die französische Provinz wurde der junge Künstler des Öfteren für einige Zeit von vornehmen Familien eingeladen, um sich dort bei guter Nahrung auszuruhen. Überall wurde Liszt verwöhnt. Doch nirgends wurde ihm so viel geboten wie im Herbst 1834 in der Bretagne, in Lachesnay, auf dem Gut des Abbés Félicité de Lamennais. Nicht ohne Grund schrieb er seiner Mutter: „Der Abbé ist ganz charmant, ganz außerordentlich liebenswürdig, nach Longinus [d.i. Marie d'Agoult] ist er entschieden meine größte Passion. Ich habe ein sehr hübsches Zimmer, gute Kost, sehr viele geistige Anregungen – ich habe mich also noch nie so wohl befunden."[22] Er schwärmte für den Abbé, war begeistert von dessen moderner christlicher Soziallehre – für welche jener schließlich exkommuniziert wurde. Der Niederschlag seines Einflusses in Liszts Essays ist bereits erwähnt worden. Doch auch im musikalischen Bereich hinterließen die von ihm erhaltenen intellektuellen Anregungen ihre Spuren. So entstand ein Programmstück für Klavier mit dem Titel *Lyon*, motiviert durch die Lyoner Weberaufstände in den Jahren 1831 und 1834. Liszt widmete es Lamennais und überschrieb es mit der Devise der Aufständischen „Leben in Arbeit oder sterben im Kampf". Das Stück erschien im Sammelband *Album d'un voyageur, Impressions et poésies*. Auch ein bedeutendes, unvollendet gebliebenes Klavierkonzert entstand unter dem Einfluss Lamennais': Der „instrumentale Psalm" *De profundis* für Klavier und Orchester. Er stellt ein zu einem einzigen Satz zusammengefasstes dreisätziges Werk dar. In diesem Klavierkonzert spielt der 129. Psalm *Aus der Tiefe, ruf' ich, Herr, zu dir* – eine gregorianische Melodie mit den gleichmäßigen Akkorden der traditionellen Fauxbourdon-Technik – eine wichtige Rolle. Manchmal erscheint die Psalm-Melodie als Memento des Todes auch inmitten der Fröhlichkeit, ganz so wie in den mittelalterlichen Totentänzen. Ein anderes Mal, so im *Adagio*-Mittelteil, taucht sie zur Hymne *Te Deum* verklärt auf. Am Schluss wird sie fragmentarisch zum Marschthema umgestaltet. Sie hat also die strukturelle Eigenschaft, ihren Charakter zu wechseln, welche in den späteren Werken Liszts zur vollen Geltung gelangen wird.

Material aus diesem Konzert verwendete Liszt teilweise in dem Klavierstück *Pensées des morts*, Nr. 4, des Zyklus *Harmonies poétiques et religieuses*. Dieses war eine Bearbeitung des von Lamartine inspirierten, frühen Solostücks für Klavier aus dem Jahr 1834, das denselben Titel trug: Es handelt sich um einen höchst charakteristischen Ausdruck des romantischen Spleens; ohne Tonart und ohne Taktart. Auch ein kämpferisch daherkommender Männerchor, *Le forgeron* (Der Schmied), wurde im Jahr 1845 mit den Worten

Lamennais' vertont. Liszt hatte vor, noch weitere ähnliche Texte zu Chören umzugestalten. Dazu kam es jedoch nicht. Erst im Jahr 1860, in Trauer um seinen verlorenen Sohn, wandte er sich wieder an den Abbé und komponierte dessen Text *Les Morts* (Die Toten) zu einer ergreifenden „Oraison": Es ist das erste Stück der *Drei Traueroden*.

Auch der romantische Dichter und Politiker Alphonse de Lamartine war ein Freund Liszts und als solcher eine wichtige Inspirationsquelle für ihn. Der Titel des ebenfalls im Jahr 1834 entstandenen Zyklus *Apparitions* (Erscheinungen) hat sein Pendant in den Werken des Dichters, obwohl möglicherweise auch Urhans *Auditions* (Abhörungen) Liszt beeinflusst haben könnten. Das letzte Stück in dieser Sammlung eröffnet die Reihe der Lisztschen Schubert-Bearbeitungen. Es ist eine *Fantaisie sur une valse de Schubert*.

Die zum Zyklus herangewachsenen *Harmonies poétiques et religieuses* sind ein Werk mit einer recht langen Entstehungsgeschichte und wurden erst im Jahr 1852 abgeschlossen. Drei der zehn Stücke aus diesem Zyklus sind ebenfalls Ausdruck der Ideenwelt Lamartines. Sie beschreiben ein Sehnen nach Einsamkeit und nach Gott und eine Verherrlichung der Natur.

Unter den Bekanntschaften seiner Jugendjahre um das Jahr 1833 zeichneten sich zwei außerordentliche Frauenprofile ab: Die in Männerkleidern gekleidete, romantische Schriftstellerin Aurore Dupin, genannt George Sand, spielte im Leben so mancher bedeutender Männer – wie des Dichters Alfred de Musset oder auch Fryderyk Chopins – die Rolle der „Femme fatale". Die literarisch begabte Gräfin Marie d'Agoult galt als strahlendste, schönste, gebildetste, anziehendste, eleganteste Erscheinung des Faubourg-Saint-Germain. Marie d'Agoult war eine blauäugige Blondine mit königlicher Haltung. Sie und der sieben Jahre jüngere Liszt galten jahrelang als „das Liebespaar des Jahrhunderts", als „Traumpaar", wie man heute sagen würde. Die Tochter des französischen Marquis von Flavigny und einer deutschen Bankierstochter lebte in freudloser Ehe mit dem fünfzehn Jahre älteren Grafen Charles d'Agoult und hatte zwei Töchter. Liszt vergötterte die aristokratische Dame mit all der Leidenschaft seiner Jugend. Auch geistig geriet er unter den Bann dieser Frau, die unabhängig von ihrer vornehmen Stellung mit den Ideen der Aufklärung sympathisierte. Es ist nur zu verständlich, dass Marie d'Agoult nicht unempfänglich für die flammenden Gefühle des schönen Jünglings, des Idols der Frauenwelt mit dem *„profile d'ivoir"* (Elfenbeinprofil), wie es in den Salons hieß, bleiben konnte. Das einzigartige Klavierspiel und die „romantische" Haltung des hochbegabten Künstlers bezauberten sie. Liszts Auftreten war gleich seinem Klavierspiel in extremster Weise „capricciosamente", „bizzaro", „dolce",

„appassionato", „agitato" und „amoroso". Es gefiel der Gräfin durchaus, dass er sich in einem Augenblick „elegantemente", „avec coquetterie" benahm, um gleich darauf schneidend ironisch gar „misterioso" zu werden, oder plötzlich ins „scherzando" überging, um im nächsten Moment in eine Andacht „religioso" zu versinken. Er glich gewissermaßen seiner Musik: Die genannten Attribute kommen alle in Liszts frühen Klavierwerken vor. Marie d'Agoult liebte das zerstreute und unruhige Antlitz des unwiderstehlichen Liszt, der nicht weniger intelligent als sie war und in Fragen der Politik, der Gesellschaft und der Kunst schon eine ausgeprägte Meinung und fortschrittliche Ideen vertrat. Es war zudem eine Zeit, in der romantische Gefühlsgewitter, spektakuläre Entschlüsse und die Sehnsucht nach bedingungsloser Freiheit überall zu spüren waren.

Die Geschichte der Nixe Undine, die für einen Irdischen in Liebe entbrannte und für ihn ihr übermenschliches Wesen opferte, war ein beliebtes Sujet der Romantik. Das Entsagungs- und Erlösungsmotiv zog sich auffällig durch die Literatur und Musik der Epoche (man denke bloß an Richard Wagner). Lamartine, Hugo und de Vigny griffen währenddessen zum Miltonschen Thema. Das ist die Geschichte Satans und des leidenschaftlichen Engels, der alle Schmach stolz erduldend, ihm zuliebe zur Hölle fuhr. – Die Gräfin entsagte um ihrer Leidenschaft willen ihrem guten Ruf, brach mit ihrem Milieu und ihrer Familie. Solange sie an diese „ewige Liebe" glaubte, berührte sie die Reaktion der Umwelt in keiner Weise. Liszt selbst hatte viel weniger zu verlieren – weder einen gesellschaftlichen Rang noch ein Vermögen oder eine Familie. Mit seiner treuen Mutter konnte er unter allen Umständen rechnen. Das einzige, was für ihn auf dem Spiel stand, ist einem Künstler jedoch besonders teuer: Die persönliche Freiheit.

Marie d'Agoult war schwanger. Der tragische Tod einer ihrer Töchter beschleunigte ihre Flucht aus Paris. Sie traf sich mit Liszt heimlich in Basel. Am 4. Juni 1835 berichtete er seiner Mutter Anna nach Paris: „Über alle Hoffnung sind wir heute um 10 Uhr des Morgens im Basel angekommen [...] Wir sind beide in ziemlich guter Stimmung und gedenken gar nicht unglücklich zu werden."[23] Von hier aus ging es weiter nach Genf, wo sie sich niederließen. Am 17. Januar 1836 konnte er seiner Mutter glücklich berichten: „Mme d'A[goult] ist sehr glücklich niedergekommen mit einen ganz lieben und außerst schönen Mädchen den 18. Dezember 1835 [...] Ich bin ganz stolz."[24] Das Kind wurde Blandine getauft.

Das junge Paar lebte hauptsächlich vom Vermögen der Gräfin. Doch bald nahm Liszt eine Stelle an und wurde Professor am neuen Genfer Konservatorium. Er komponierte Bravourstücke über fremde Themen wie die *Jüdin-*, *Niobe-* und *Lucia-Phantasie*, die beiden virtuosen Fantasien über Themen aus Rossinis *Soirées musicales* und weitere Bearbeitungen. Hier entstand auch das erste bemerkenswerte, von schweizerischer Folklore angeregte Werk *Fantaisie romantique sur deux mélodies Suisses*. Der Satz seiner Jugendwerke wirkt noch ziemlich unorganisiert und vergleichsweise improvisatorisch. Es zeigt sich eine Anlage zur Rhetorik und die Absicht, das Instrument „sprechen" zu lassen, während die Kadenzen an das stereotype Italienisch-Opernhafte erinnern. Bezeichnend ist eine Art Naturstimmung, durchzogen von romantisch andächtigem Pantheismus.

In den Jahren 1835 und 1836 komponierte er aus lauter Programmstücken für Klavier den ersten richtigen „Liszt-Zyklus": Das *Album d'un Voyageur*. Der Titel erinnert an George Sands *Lettres d'un Voyageur*. Den Skizzenbüchern und Einzelveröffentlichungen zufolge durchlebte auch dieser Zyklus einen langen Schaffensprozess, bis aus ihm der erste Band (*Suisse*) des wichtigsten Lisztschen Klavierzyklus, der *Années de pèlerinage*, hervorging. Auf Deutsch pflegt man das Werk nach Goethes *Wilhelm Meister* „Wanderjahre" zu nennen. Doch ist „Pilgerjahre" die bessere Übersetzung, da das Werk wesentlich vom Schweizer „Canto" des Byronschen *Lord Harold's Pilgrimage* inspiriert wurde. Die musikalischen „Landschaftsbilder" *Le lac de Wallenstadt, Au bord d'une source, Les cloches de Genève* und *Chapelle de Guillaume Tell* stammen aus der ersten Gruppe des frühen Albums *Impressions et poésies*. Später sollten sie, vereinfacht und durchsichtiger im Satz, in den ersten Band der *Années* aufgenommen werden. Sie alle sind originär in Klangfarbe, Harmonik und Ausdruck. Im *Vallée d'Obermann* betitelten Stück wird die für Liszts Kompositionsstil maßgebliche monothematische Gestaltung deutlich. Den anderen beiden Bänden des *Albums*, überschrieben mit *Fleurs mélodiques des Alpes* und *Paraphrases*, entnahm Liszt später nur wenig. Es handelt sich hier hauptsächlich um Bearbeitungen von schweizerischen Volksliedern aus Sammlungen von Knopp und Huber. Wahrscheinlich fand Liszt das Jodeln, die Volkstanz-Episoden, die liegenden Dudelsack-Bässe und Volksmusik-Tonleitern zu roh folkloristisch. So etwa erscheint in der Nr. 9 das System der sogenannten „akustischen Skala" mit erhöhter Quarte und verminderter Septime (c-d-e-**fis**-g-a-**b**-c). Das Motto der einzelnen Stücke bilden Zitate von Byron, Senancour und aus Schillers *Wilhelm Tell*. Diese geben einen Eindruck von der Ideen- und Gefühlswelt des Komponisten und spiegeln die Weltanschauung des romantischen Künstlers sehr gut wider.

Im Jahr 1834 gründete Schumann in Leipzig die *Neue Zeitschrift für Musik*. Im selben Jahr hatte der damals allmächtige Pariser Verleger Maurice Schlesinger (von vielen für das Modell des Antiquitätenhändlers Arnoux aus Flauberts Roman *Éducation sentimentale* gehalten) die fortschrittliche französische musikalische Zeitschrift *Revue et Gazette Musicale* ins Leben gerufen. In nicht geringem Maße folgte Schlesinger dabei den Überredungskünsten Liszts. Hector Berlioz, Jules Janin und Joseph d'Ortigue wirkten bei der Zeitschrift aktiv mit. Darin erschienen auch die Liszt-d'Agoultschen Essays, die *Reisebriefe* und die *Briefe eines Bakkalaureus der Tonkunst*, wobei in letzteren, wie bereits erwähnt, Liszts Ideen durch die Gräfin formuliert worden waren. Später kam es zu Auseinandersetzungen zwischen Liszt und seinem Verleger und schließlich entzweiten sie sich gänzlich.

Mit der Zeit breitete sich ein zunächst kaum spürbarer Schatten über das Verhältnis der Liebenden aus. Marie d'Agoult wünschte sich, zurückgezogen und ganz für ihre Liebe zu leben. Die kleinbürgerliche Atmosphäre Genfs bedrückte sie. Liszt hegte ebenfalls den Wunsch nach einem friedlichen, arbeitsamen Leben zu zweit und er liebte Marie auf seine Art nach wie vor, schrieb ihr sogar flammende Briefe von seinen kleineren und größeren Reisen. Dennoch war er nicht imstande, den Reizen seiner künstlerischen, gesellschaftlichen und erotischen Erfolge zu widerstehen, was Marie d'Agoult natürlich sehr schmerzte. Immer öfter entschlüpfte der Gräfin eine spitze Bemerkung über ihre gesellschaftlichen Unterschiede. Schließlich sollte sie ihm ein giftiges „Don Juan parvenu" ins Gesicht schleudern, was Liszt empfindlich traf.

Aus Paris kamen verunsichernde Nachrichten: Die Erfolge des Virtuosen Sigismund Thalberg begannen Liszts Ruhm zu überschatten. Das traf seine Eitelkeit über alle Maßen: „Oh! Da diese Versuchung jetzt vorüber ist und für immer", schrieb er im April 1836 an Marie,

will ich Ihnen ohne Umstände gestehen, daß mich zwei oder drei Tage lang ein zügelloses Verlangen maßlos gequält hat, nach Paris zu fahren und mich gleich am Tage meiner Ankunft zum Thalberg-Konzert ins Parkett *des Italiens* zu setzen. Ich fühlte, ich wußte, daß der Zuschauer die Aufmerksamkeit des Saals mehr auf sich ziehen würde als der Hauptdarsteller. Das wäre eine Art Rückkehr von der Insel Elba gewesen. Ich hätte ihm gern Beifall klatschen und ihm hochmütig ‚Bravo' zurufen mögen, denn jetzt fühle ich etwas Höheres, Stärkeres in meinem Busen schlagen. Ich wäre höchstens sieben Tage geblieben. Ich hätte die Leute, die wie Adolphe Nourrit, eine Art Rivalität zwischen uns erdichtet haben, mit meinem Hochmut zum Schweigen gebracht.[25]

Es war durchaus nicht taktvoll von Liszt, in dem Artikel *Thalberg: Große Fantasie op. 22. und Caprice op. 15 und 19*[26], der am 8. Januar 1837 in der *Revue et Gazette Musicale* erschien, über die Kompositionen seines Rivalen zu schreiben und diese so stark zu kritisieren. Thalberg irritierte Liszt umso mehr, da er in ganz Europa gefeiert und als Virtuose in mancher Hinsicht, besonders was den Charme seines Vortrags betraf, besser als Liszt beurteilt wurde. Obendrein war er auch noch mit einer geschickt erdichteten aristokratischen Herkunft getarnt. Am 31. März 1837 organisierte man zwischen beiden Virtuosen einen musikalischen „Wettkampf" im Pariser Salon der Fürstin Cristina Belgiojoso. Keiner der beiden ging eindeutig als Sieger hervor und so wurde lediglich das förmliche Ende ihrer Rivalität beschlossen. Der Name Thalberg berührte bei Liszt auch Jahre später einen wunden Punkt. Noch am 18. April 1838, inmitten der größten Triumphe, schrieb er aus Wien an Marie d'Agoult: „Thalberg existiert jetzt kaum noch in der Erinnerung der Wiener."[27]

Liszt musste sich in Paris neu etablieren und das tat er auch: Das Publikum seiner Konzerte in den Jahren 1836 und 1837 staunte, wie sich sein zuvor schon herausragendes Klavierspiel weiterentwickelt hatte. Berlioz, noch Freund und Verbündeter, begrüßte diesen künstlerischen Fortschritt in der *Revue et Gazette Musicale*: „Das ist die neue große Schule des Klavierspiels!",[28] rief er enthusiastisch aus. Es war nicht nur eine Vervollkommnung seiner Virtuosität, die Liszt in der fernab verbrachten Zeit erreicht hatte, es war vielmehr eine regelrechte Revolution des Klavierspiels. Er produzierte bisher gänzlich Unvorstellbares, nie gehörte Effekte und Nuancen auf seinem Instrument.

Unseren heutigen Begriffen und Ansprüchen nach spielte der junge Liszt wahrscheinlich zügellos und willkürlich. Hinreißend mochte sein Vortrag nichtsdestoweniger dennoch gewesen sein, besonders seine Improvisationen und der Vortrag eigener Werke, wie seiner Opernfantasien und des brillanten Schlagers *Grand Galop chromatique* – „cheval de bataille", zu deutsch „Schlachtross", wurde es ironisch vom Autor genannt. Liszt wagte es bereits Mitte der 1830er Jahre als Erster, Werke von Ludwig van Beethoven und das *Konzertstück f-Moll* von Carl Maria von Weber sowie die Lieder von Franz Schubert in Paris zu spielen, welches deutschen Kompositionen bekanntermaßen zurückhaltend gegenüberstand. Über die sehr freie, individualistische Art, mit der er die Werke klassischer Meister vortrug, gestand er selbst im Januar 1837 im *Brief an einen reisenden Künstler*:

> Ich trug damals sowohl in der Öffentlichkeit als auch in den Salons (wo man nie die Bemerkung unterließ, daß meine Stücke schlecht gewählt seien) Werke

von Beethoven, Weber und Hummel vor, und zu meiner Schande muß ich gestehen, daß ich – um einem Publikum, welches das Schöne in seiner erhabenen Schlichtheit stets nur langsam erfaßt, ein Bravo zu entlocken – bedenkenlos Zeitmaß und Intentionen veränderte; ja ich ging in meiner Anmaßung sogar so weit, eine Menge Läufe und Kadenzen einzufügen, die mir zwar den Beifall der Unwissenden sicherten, mich aber auf falsche Wege führten, die ich glücklicherweise bald wieder verließ. Sie glauben nicht, mein Freund, wie tief ich es beklage, dem schlechten Geschmack auf diese Weise Konzessionen gemacht zu haben, die eine frevelhafte Verletzung von GEIST und BUCHSTABEN sind. Inzwischen hat eine uneingeschränkte Ehrfurcht vor den Meisterwerken unserer großen Meister bei mir jenes Verlangen nach Originalität und Persönlichkeit einer Jugend, die der Kindheit noch zu nahe steht, vollständig ersetzt.[29]

Wie ungestüm der junge Liszt mit den Werken der Klavierliteratur auch umging, so konnte er andererseits auch werkgetreue Übertragungen anfertigen, wenn es zum Beispiel um den verehrten Meister Beethoven und dessen *Symphonien Nr. 5* und *Nr. 7* ging oder um den Ruhm seines Freundes Berlioz. In den Lisztschen „partitions de piano" der *Symphonie fantastique*, des *Lelio*, des *Harold en Italie* (mit Bratschensolo), der Ouvertüren *Les Francs-juges* und *Le Roi Lear* (entstanden im Jahr 1833 bzw. 1834) hielt er sich streng an die Noten und Vorschriften der Originalpartituren – in seinen Notenausgaben ebenso wie beim lebendigen, stets erfolgreichen Vortrag. „Wenn ich nicht irre, habe ich in der Klavierpartitur der *Symphonie fantastique* zuerst den Entwurf eines anderen Verfahrens vorgelegt. Ich habe mich gewissenhaft bemüht, als ob es sich um Übersetzung eines heiligen Textes handelte, auf dem Klavier nicht nur das musikalische Gerüst der Symphonie zu übertragen, sondern auch alle Einzeleffekte und die Vielfalt harmonischer und rhythmischer Kombinationen"[15], heißt es im *Reisebrief* an Adolphe Pictet.

In diesen Jahren komponierte Liszt brillante Fantasien über Themen von Bellini, Donizetti, Halévy, Meyerbeer, Pacini und Rossini. Interessant ist, dass er ausgerechnet durch Schubert zur ungarischen Werbetanzmusik seiner Kindheit zurückfand, indem er aus dessen *Divertimenti à la hongroise* aus dem Jahr 1838 sein erstes „ungarisches" Werk, *Mélodies hongroises (d'après Schubert)*, schuf.

Zu den wichtigsten Liszt-Werken jener Zeit gehören zweifellos die beiden Etüdenzyklen. Im Jahr 1837 gestaltete er, wie bereits erwähnt, aus den jugendlichen *Études* die *12 Grandes Études* und, inspiriert von Paganinis *Capricen*, die sogenannten *Paganini-Etüden*. Beide Zyklen sollten im Jahr 1851 ihre letzte, endgültige Fassung erhalten. Zur Verdeutlichung der Entwicklung von Liszts Schaffen und Arbeitsmethode ist ein Vergleich dieser verschiedenen Fassungen sehr lehrreich. Der charakteristische Zug des romantischen Stils – das Unfertige –, die Maxime, dass Werke nicht in einer klassisch-einmaligen, endgültigen, unantastbaren Form entstehen, kann bei Liszt sehr genau nachvollzogen werden. Dies entsprach auch seinem Wesen und seinem schöpferischen Geist. In seinem Œuvre endete das Schicksal eines bedeutenden Werkes durchaus nicht mit der ersten Fassung, nicht einmal mit der ersten Ausgabe. Die Arbeit begann mit vielen Aufzeichnungen in den Skizzenbüchern, und immer wieder nahm er auch die bereits erschienenen Werke zur Hand, arbeitete sie um, verbesserte sie, feilte sie aus.

Die *12 Grandes Études* wurden im Vergleich zu den frühen *Etüden* vollkommen umgestaltet: Sie sind Charakterstücke mit einer recht persönlichen musikalischen Sprache; ihre ungeheuren spieltechnischen Anforderungen scheinen dabei oft zum Selbstzweck geworden zu sein. Einige der frühen *Etüden* wurden weggelassen, andere konnte nicht einmal mehr Schumann wiedererkennen. In ihrer letzten Fassung aus dem Jahr 1851 erscheinen sie als *Études d'exécution transcendente* der späteren Arbeitsmethode Liszts entsprechend viel durchsichtiger, klarer, einfacher im Satz und zugleich klavieristischer, beseelt von einer Chopin ebenbürtigen Poetik. Sie gleichen einer Absage an überflüssige, selbstgefällige Schwierigkeiten. Die meisten Stücke dieser Serie erhielten einen programmatischen Titel: *Prélude*, *a-Moll* (ohne Titel), *Paysage*, *Mazeppa*, *Feux follets*, *Vision*, *Eroica*, *Harmonies du soir*, *Wilde Jagd*, *Ricordanza*, *f-Moll* (ohne Titel) sowie *Chasse-neige*. Die selbst in der endgültigen Fassung noch schwer spielbaren Stücke können ihre Schönheit auch heute ausschließlich im äußerst virtuosen und eleganten, poetischen Vortrag ganz entfalten.

Der gleiche Vereinfachungsprozess ist bei den beiden Fassungen der *Paganini-Etüden* zu beobachten. Es handelt sich durchweg um Bearbeitungen von Paganinis *Capricen* für Violine: *g-Moll (Preludio)*, *Es-Dur*, *La Campanella* (diese, in E-Dur, stammt wie die frühe *Clochettenphantasie* aus dem *2. Violinkonzert h-Moll*), *E-Dur Nr. 2 (La Chasse)* und *a-Moll* (über das bekannte, auch von Brahms, Rachmaninow, Lutosławski und anderen bearbeitete Thema). Die erste Fassung *Études d'exécution transcendente d'après Paganini* aus dem Jahr 1838 ist überladen mit Schwierigkeiten. Die zweite Fassung *Grandes études de Paganini* aus dem Jahr 1851 ist zwar ebenfalls von „transzendenter" Virtuosität. Diese ist aber viel pointierter und einfacher im Satz, denn sie beruht auf Techniken, die dem Klavierspiel eigen sind.

Von Mai bis Ende Juli 1837 weilte Liszt mit Marie d'Agoult bei deren Freundin George Sand auf ihrem Gut in Nohant. Die beiden Frauen begannen allmählich, sich zu hassen. Grund ihrer Entzweiung war natürlich die Eifersucht um Liszt, den George zu erobern (oder zurückzuerobern) suchte. Aus dieser verzweifelten Missgunst sollten in dem folgenden Jahrzehnt drei Romane entspringen. Einer stammt von Balzac und trägt den Titel *Beatrix* (1839). George Sand lieferte ihm bei einem Tête-à-tête in Nohant das Material – mit einer bösen Karikatur der beiden Geliebten. Es folgte George Sands eigenes Buch namens *Horace* (1842), in welchem sie Liszt verschont, die Figur Maries jedoch gnadenlos verzerrt. Schließlich verfasste die verlassene Gräfin unter dem Pseudonym Daniel Stern einen Rache-Roman mit dem Titel *Nélida* (1846), in welchem sie die Züge ihres untreuen Geliebten entstellt, während sie sich selbst verherrlicht.

Liszt gab Konzerte in Lyon und Dijon. Anschließend fuhr das Paar nach Italien, zunächst nach Bellagio, dann nach Como. Zu Weihnachten bekam Marie d'Agoult das zweite Kind, welches Cosima getauft wurde. Im Jahr 1838 ließen sich die beiden Liebenden in Mailand nieder und besuchten verschiedene oberitalienische Städte. Liszt konzertierte mit großem Erfolg, war aber durchaus nicht begeistert vom italienischen Musikleben und brachte seine Meinung in verschiedenen Aufsätzen in der *Revue et Gazette Musicale* zum Ausdruck. Nach der in der Schweiz genossenen Natur waren es jetzt die Meisterwerke italienischer Kunst und Literatur, die seine Fantasie anregten. Er komponierte Stücke des späteren zweiten, „italienischen" Bandes der *Années de pèlerinage: Sposalizio*, mit pentatonischen und modalen Klängen, und *Il penseroso*, ein düsteres, ganz im tiefen Register gehaltenes, durchchromatisiertes, aber umso eindrucksvolleres Werk. Die Stücke wurden von Werken Raffaels (in der Pinakothek Brera in Mailand) und Michelangelos (im Dom San Lorenzo in Florenz) inspiriert. Außerdem entstanden drei Lieder bzw. Klavierstücke: Die erste Fassung der *Sonette des Petrarca*. Auch sie erschienen noch in einer endgültigen Fassung für Klavier im zweiten Band der *Années (Italie)* sowie in einer späten Fassung für Gesang und Klavier. In Rom lasen Liszt und Marie d'Agoult gemeinsam Dantes *Divina Commedia*: Diesem Eindruck folgte bald ein *Fragment nach Dante,* aus welchem die spätere *Dante-Sonate* entstand. Keines dieser Werke gehört zu den brillanten, aber leeren Vortragsstücken jener Zeit. Ganz im Gegenteil: Es handelt sich um ausdrucksvolle lyrische oder dramatische Stücke von hohem poetischen Wert.

Im Jahr 1838 erwachten Liszts romantisch geprägte national-patriotische Gefühle für Ungarn. In Venedig weilend erfuhr er, dass die Hauptstadt Pest von einer furchtbaren Hochwasserkatastrophe heimgesucht worden war. Durch diese Nachricht wurde sein Mitgefühl geweckt, was ihn bewusst werden ließ, dass auch er, gleich Chopin, eigentlich kein Sohn der Weltstadt Paris war. Vielmehr lag seine wirkliche Heimat irgendwo weit weg in Mitteleuropa, an der Donau.

Liszt war keineswegs der einzige in Ungarn geborene Mensch mit deutschen Wurzeln, in dem zu jener Zeit solche Gefühle aufkeimten. Schon vor dem Freiheitskrieg im Jahr 1848, aber besonders nach dem Ausgleich mit dem Hause Habsburg im Jahr 1867, stieg die Zahl der hier geborenen Deutschen, Juden und mitunter auch Slawen, die sich zu Ungarn bekannten und eine Assimilation mit dem Volk ihres Heimatlandes anstrebten. „Durch diesen inneren Aufruhr, durch diese plötzliche Begeisterung, wurde mir der Sinn des Wortes *Heimat* wieder bewußt",[30] heißt es in Liszts Reisebrief an Lambert Massart. Er beschloss, seiner gewissermaßen neu entdeckten Heimat auf seine Art beizustehen und gab in Wien eine Reihe von Konzerten zugunsten der Hochwassergeschädigten von Pest.

Die Gräfin, durch Liszts kleinere und größere Abenteuer immer wieder verletzt, freute sich natürlich nicht darüber, dass Liszt sie für längere Zeit verlassen würde, um sich in der für sie gesellschaftlich unmöglichen Kaiserstadt von aller Welt feiern zu lassen. Dennoch fuhr Liszt nach Wien. Seine acht Konzerte erbrachten nicht nur eine enorme Spendensumme für die Hochwassergeschädigten. Liszt erlebte hier einen für ihn unerwarteten, überwältigenden Erfolg, wie es ihn „seit Menschengedenken nicht gab", mit einem „Toben und Wüten",[31] wie er Marie d'Agoult am 23. April 1838 berichtete.

Liszts einzigartiges Klavierspiel kurz vor Beginn seiner großen Konzerttourneen durch ganz Europa hinterließ bei seinen Zuhörern einen tiefen Eindruck. Moritz Gottlieb Saphir, ein in Ungarn geborener und in Wien lebender Landsmann Liszts, versuchte diesen in einer satirischen Kritik zu fassen. Auf die Spitze, sich über Liszts neugeborene patriotische Hilfsbereitschaft zu amüsieren, konnte Saphir nicht verzichten. Sein Bericht erschien nach dem ersten Wiener Konzert im Leitartikel des *Humoristen*, am 21. April 1838:

> Du mußt ihn hören und sehen, um zu wissen, wie das Genie einhertritt, alles niederstürzt und aufbaut, verändert und neu schafft, hinreißt und verblüfft, erschreckt und bezaubert, einschüchtert und vertraulich macht, entsetzt und rührt, durchschüttert und auflöst! – Lißt ist ein Prometheus, der aus jedem Notenstrich eine Gestalt schafft! Ein Magnetiseur, der ein Fluidum aus den Tasten zaubert; ein Perrot-Kobold auf den Tasten-Fluten; ein liebenswürdiger

Unhold, der seine Geliebte – das Piano – bald zärtlich behandelt, bald tirannisirt, sie in Küssen verzehrt, in wollüstige Bissen zerfleischt, sie umschlingt, mit ihr kost, mit ihr schmollt, sie schilt, anfährt, bei den Haaren faßt, sie wieder desto zärtlicher, inniger, feuriger, liebesglühender umfaßt, mit ihr aufjauchzt, zum Himmel fortras't durch die Lüfte, und sich endlich mit ihr niederläßt in einem Blumenthale, überdeckt von einem Stillhimmel! Lißt kennt keine Regel keine Form, keine Satzung, er schafft sie selbst! [...] Es ist eine unerklärbare Erscheinung, eine Komposition von so wunderbar zusammengefügten Stoffen, daß sie unter der Analyse unfehlbar das verlieren würde, was ihr den allerhöchsten Reiz, den individuellen Zauber verleiht, nämlich das unerforschliche Geheimniß dieser chemischen Mischung genialer Koketterie und kindlicher Einfalt, Caprice und Götteradel!"[32]

Bei sachlicheren Kritikern hieß es, seine Tempi seien zu frei, er spiele zu leidenschaftlich und zu schnell. In Frankreich wiederum bemängelte man die „thalbergsche Anmut".

Überglücklich und trunken von Erfolgen kehrte Liszt zur gekränkten und kränkelnden Gräfin nach Venedig zurück. Nun reisten sie nach Lugano, Mailand, Florenz und Bologna. In Pisa erhielt der Künstler einen tiefen Eindruck von dem gewaltigen mittelalterlichen Wandgemälde des Camposanto, *Trionfo della morte*, und skizzierte daraufhin erste Gedanken zum späteren Klavierkonzert *Totentanz*. Liszt hielt das Fresko noch für ein Werk Orcagnas, neuesten Forschungen gemäß wurde es vom Zeitgenossen Boccaccios, Buonamico Buffalmacco, gemalt.

Im Jahr 1839 weilte das Paar in Rom. Zu ihren dortigen Freunden gehörte der Maler Ingres, seinerzeit Direktor der Französischen Akademie. Es war das erste Mal, dass Liszt den berühmten Chor der Cappella Sistina hörte. Dieser Chor, der als Einziger der erhabenen Tradition des Kirchengesangs treu geblieben war, faszinierte ihn ungemein. In dieser Zeit komponierte Liszt unter anderem die Serie *Venezia e Napoli*, welche später teilweise in den Ergänzungsband der *Annés II: Italie* aufgenommen wurde. Das erste, aussortierte Stück der Serie ist eine Bearbeitung der in Venedig gehörten Gondolieremelodie aus Tassos *Gerusalemme liberata*, das Jahre später zum Grundthema der symphonischen Dichtung *Tasso* wurde.

Am 9. Mai 1839 gebar Marie d'Agoult ihr drittes Kind, den Sohn Daniel, der wie die anderen beiden Kinder den Namen des Vaters trug. Den Sommer verbrachte die Familie in Lucca und San Rossore. Dann trennten sie sich, wenn auch nicht endgültig. Liszt versicherte Marie seiner unverbrüchlichen

Hochachtung, seiner brüderlichen Liebe und seines ritterlichen Schutzes. Auch in finanzieller Hinsicht stand er, der mittlerweile durch sein Virtuosentum bedeutende Summen verdiente, ihr zur Seite und trug fortan zum Unterhalt für die drei gemeinsamen Kinder bei. Doch hatte er seiner Mutter schon im August aus Lucca geschrieben: „Mme d'A[goult] wird *allein* circa am 15. November d.J. *nach Paris zurückkehren* – wenn sie das Datum bestimmen weiß wird sie Ihnen schreiben und Sie bitten, für sie ein *provisorisches* Appartement zu mieten, wo sie wahrscheinlich die 2 ersten Monate ihres Aufenthaltes in Paris [...] verbringen wird."[33] In Genua schiffte sich die Gräfin mit den beiden Töchtern nach Marseille ein; in Paris wurden die Kinder Anna Liszt anvertraut. Ihr Söhnchen hingegen überließ sie in Italien fremder Obhut. Als Daniel im Alter von zwei Jahren endlich zu seinen Schwestern und zur Großmutter nach Paris kam, war er in einem jämmerlich gefährdeten, geschwächten Zustand. Wer weiß, inwiefern diese schlimmen ersten Jahre zu seinem frühen Tod beitrugen.

Marie d'Agoult begann in Paris ein neues, selbstständiges Leben. Auch wenn sie wohl eine überempfindliche Frau mit labilem Nervensystem war – ihre Halbschwester war geisteskrank und beging Selbstmord –, so galt sie doch als eine vornehme, schöne, ebenso intelligente wie durchaus eitle Dame, die bald von Verehrern umgeben war. Es musste ihr in jeder Beziehung erniedrigend und schmerzhaft vorkommen, unter solchen Umständen als von Liszt Verlassene nach Paris zurückzukehren. Hatte sie doch alle Bande zerrissen, um mit ihm leben zu können, nicht aber, um ihn mit anderen Frauen teilen zu müssen. Natürlich war Marie d'Agoult nicht frei von Fehlern. Ein fataler Fehler war gewiss, dass sie ihren Kindern keine richtige Mutter sein konnte. Auch Liszt war alles andere als ein guter Vater. Er war Künstler, ein ewig Reisender, der fortan die französische Hauptstadt mied, sofern dies möglich war, um der Gräfin aus dem Wege zu gehen. In materiellen Belangen sorgte er reichlich für seine Kinder und für die Mutter, kümmerte sich jedoch wenig um ihre stetige Sehnsucht, ihn zu treffen, und ließ lange Jahre ohne ein Wiedersehen vergehen. Alle fehlende elterliche Wärme und Liebe erhielten Blandine, Cosima und Daniel Liszt einzig von ihrer einfachen, aber großartigen, heiß geliebten Großmutter Anna und indem sie sich untereinander sehr nahe standen. Ihre andere Großmutter, die Mutter der Gräfin, nahm keinerlei Notiz von ihnen. Liszt fuhr nach Wien zurück und gab sechs weitere Konzerte mit unerhörtem, in Paris unvorstellbarem Erfolg. Vielleicht sollte man betonen, dass in Wien gerade seine Beethoven-Interpretationen (die *Sonaten op. 31/3 d-Moll, op. 57 f-Moll „Appassionata"*, das *Klavierkonzert c-Moll*, übrigens in 24 Stun-

Pariser Jugendjahre | 57

den gelernt und mit improvisierter Kadenz aufgeführt[34], sowie das *Trio op. 90 B-Dur „Erzherzog"*), seine zahlreichen Übertragungen von Schubert-Liedern und das ungarische Stück *Mélodies hongroises d'après Schubert* über alles gelobt wurden. Auch seine Opernfantasien und das *Fragment nach Dante* wurden hoch geschätzt. Die Kritiker waren sich einig, von dem Komponisten Liszt sei in Zukunft noch viel zu erwarten.[35] Obwohl er sein neues Programm in nur zwei Stunden von zehn Uhr abends bis Mitternacht einstudieren musste, hoffte er auf einen „grandissime effet" in Paris und war mit sich selbst zufrieden. „Ich fange an, bewundernswert zu spielen",[36] gestand er Marie d'Agoult am 9. Dezember 1839 in einem Brief aus Wien.

Liszt hatte vor, sich in einer deutschen Kulturstadt niederzulassen, um sich dort ernsthaft auf seine Arbeit konzentrieren zu können, um zu lernen, zu komponieren – nicht nur für das Klavier – und um neue Musik zu fördern. Allerdings war die Zeit dafür noch nicht reif.

4. „Ich brauche Reputation und Geld".
Die Wanderjahre des Virtuosen (1839–1848)

Ich habe die Idee gehabt, die Römer mit langweiligen *musikalischen Soliloquien* (ich finde keine bessere Bezeichnung für diese meine Erfindung) zu beschenken, und meine Impertinenz geht so weit, ja ist so unermeßlich geworden, daß ich im Stande bin, diese Gattung nach Paris zu importieren", schrieb Liszt seiner Gönnerin Fürstin Cristina Belgiojoso am 4. Juni 1839.

> Stellen Sie Sich vor, nachdem ich es endlich satt hatte, kein verständiges Programm zusammenstellen zu können, habe ich es gewagt, eine Reihe von Konzerten ganz alleine zu geben, mich, ähnlich wie Ludwig XIV, ritterlich an das Publikum wendend: ‚Das Konzert bin ich'. Da es um einen kuriosen Fall geht, teile ich Ihnen eines der Programme dieser Soliloquien mit:
> Ouverture von *Wilhelm Tell*. [Oper von Gioacchino Rossini, Klavierübertragung von Liszt], vorgetragen von M[onsieur] Liszt.
> *Réminiscences des Puritains*. [Opernparaphrase Liszts über Motive aus Vincenzo Bellinis Oper *I Puritani*.] Phantasie, komponiert und vorgetragen von demselben!
> *Etüden und Fragmente*, komponiert und vorgetragen von demselben!
> *Improvisationen* über [vom Publikum] gegebene Motive. Vorgetragen von demselben.
> Und das ist alles.[1]

Die Lisztsche Erfindung der musikalischen „Soliloquien", aufgeführt auf einem erhobenen Podium, galt seinerzeit von Paris über London bis St. Petersburg als etwas unerhört Selbstgefälliges, Unverschämtes, Eingebildetes und Hochmütiges. Man verstand unter einem Konzert noch eine bunte Mischung von Werken zahlreicher Komponisten und diverser Gattungen, wo verschiedene Orchester, Sänger und Instrumentalkünstler, teils sogar Dilettanten mitwirkten. Oft wurde es lediglich als Nachspiel zu einem Theaterstück aufgeführt.

Das erste Konzert Liszts in Form eines Solo-Auftritts fand im März 1839 im *Palazzo Poli* des Fürsten Dimitri Galitzin statt. Es war der Auftakt der modernen Gattung des Solokonzerts oder „Recitals". Anfangs waren die Soliloquien ausschließlich Privatkonzerte. Doch wo immer Liszt in Europa im Zuge seiner großen Konzertreisen auftrat, etablierte er diese „Frechheit" auch im öffentlichen Bereich. Dabei bestand das Programm manchmal ausschließlich aus eigenen Werken, öfter aber aus Kompositionen verschiedener Meister.

Mit seinen sechs Mittagskonzerten in Wien im Jahr 1839 und anderen Auftritten in dieser Zeit begann die bewegende, glanzvollste Periode seines Lebens. Liszt, der unvergleichliche Klaviervirtuose, wurde so maßlos und stürmisch gefeiert wie nie zuvor ein Künstler. Dabei beschränkte sich seine Leistung nicht bloß auf das Spielen seines Instruments. In den Jahren 1839 bis 1847 reiste er kreuz und quer durch ganz Europa. Per Kutsche, Schiff und wo dies möglich war auch mit der Eisenbahn, legte er viele tausend Kilometer zurück: Von Moskau über Kopenhagen bis Gibraltar, von Edinburgh bis Konstantinopel. Ursprünglich hatte er vorgehabt, auch in Stockholm und Athen aufzutreten. Man geht heute davon aus, dass Liszt in etwa zweihundertdreißig verschiedenen Städten ungefähr sechshundert Auftritte gehabt hat! Aufgeschlüsselt bedeutet das ungefähr neunzig Konzerte in der französischen Provinz und neun in Paris; dreißig Konzerte in Belgien, Holland, Luxemburg und Kopenhagen; über zwanzig Auftritte in Großbritannien; achtzehn auf der Iberischen Halbinsel (Spanien und Lissabon); mehr als zehn Konzerte in Südosteuropa (Rumänien, Konstantinopel); vierzig in Russland (wozu auch Polen gehörte). Im Habsburgerreich, das heißt in Wien, Prag, Zagreb und speziell in seinem Heimatland in der Hauptstadt Pest, in der Provinz und in Transsylvanien, gab Liszt zwischen den Jahren 1839 und 1846 ungefähr siebzig Konzerte. Allein in Deutschland trat er zwischen den Jahren 1840 und 1845 dreihundert Mal in nahezu achtzig Städten auf; in Berlin gab er mehr als vierzig Konzerte.

Liszt musste demnach mehrmals in der Woche, zeitweise fast täglich konzertieren und darüber hinaus zwischen verschiedenen Städten pendeln. Hinzu kamen die Teilnahme an gesellschaftlichen Veranstaltungen zu seinen Ehren, die Vorbereitung seiner sehr anspruchsvollen Konzerte, das Komponieren neuer und Korrigieren alter Werke. Liszts rasanter Lebensrhythmus und seine einmalige musikalische Leistungen in dieser Zeit erscheinen heute unbegreiflich. Tatsächlich reichten seine geniale musikalische, pianistische Begabung, jugendliche Lebenskraft und die von der Mutter geerbte Standhaftigkeit nicht aus, um dauerhaft einen solchen Lebensstil zu pflegen. Immer öfter griff der Künstler zu Stimulanzien wie Zigarren, Kaffee und Alkohol. Die Klagen über den kräftezehrenden Lebensstil in Briefen an Marie d'Agoult und an die Fürstin Belgiojoso häuften sich. Wenn Liszt wegen einer Erkältung eigentlich das Bett hüten musste, trat er manchmal trotz Fiebers dennoch auf. Als er in England einen Kutschenunfall hatte und den linken Arm tagelang mit einem Schal hochgebunden tragen musste, spielte er am 5. Juni 1841 in London ausschließlich mit der rechten Hand.

Liszt wollte um jeden Preis seine Mutter und die drei Kinder finanziell absichern, insbesondere Vorsorge treffen für deren gute Erziehung, die in ihrer sozialen Stellung besonders wichtig war – auch wenn er sie jahrelang nicht zu Gesicht bekam. Außerdem trieb ihn das unstillbare Bedürfnis, in ganz Europa einhellig als „König des Klaviers" anerkannt und entsprechend belohnt zu werden. Natürlich war sich Liszt seiner genialen Begabung, die er nun zur Geltung bringen wollte, vollauf bewusst. Gewiss waren es auch viel jugendliche Eitelkeit und der Wille, sich der Gräfin d'Agoult und ganz Paris gegenüber zu behaupten, was ihn während seiner Konzertreisen bestärkte. Er selbst fasst den Grund seiner Reisen als Klaviervirtuose in einem Brief an die Gräfin vom 14. Juni 1841 folgendermaßen zusammen: „Ich brauche *Reputation und Geld*, und möglichst beides zugleich."[2] Dies gelang ihm tatsächlich.

Liszt feierte unglaubliche, auch heutzutage noch schwer zu übertreffende Erfolge bei öffentlichen Auftritten, in den Salons vornehmer Herrschaften und in den Boudoirs ihrer Damen und berühmter Künstlerinnen. An vielen Ort entfachte er ein wahrhaftiges *Furore*. Dabei verdiente er gewaltige Summen und erhielt wertvolle Geschenke sowie hohe Auszeichnungen. Obwohl das alles seinem früh verletzten Selbstwertgefühl sehr wohl tat, war Liszt trotzdem nicht glücklich. Oft verspottete er seine als lästig und erniedrigend empfundenen Strapazen als die eines „fahrenden Gauklers", der, wo immer er auftaucht, Tag und Nacht sein Publikum zu unterhalten hatte. Er sehnte sich danach, sich irgendwo niederzulassen, um sich in Ruhe dem Komponieren zu widmen. Dieser Zwiespalt – die Sehnsucht nach stillem Schaffen und zugleich nach gesellschaftlich-künstlerischem Erfolg – prägte ihn Zeit seines Lebens, wenn auch in späteren Jahren in geringerem Maße. Nachdem er seine Zeit als fahrender Virtuose beendet hatte, verlangte es ihn jedoch immer weniger nach der „petite célébrité de pianiste", den „kleinen pianistischen Ruhm". Einzig der Erfolg als Komponist erschien ihm bedeutend. Auch das anfängliche Motiv, Geld zu verdienen, spielte später keine so bedeutende Rolle mehr. Es ist deshalb kein Zufall, dass Liszt nie in die Vereinigten Staaten reiste, was doch manche Künstler, seine Schüler nicht ausgenommen, damals schon taten.

Auch wenn Liszt selbst viel Geld benötigte, war er stets zur Stelle, wenn es zu helfen galt. Er trat unzählige Male für wohltätige und kulturelle Zwecke auf und veröffentlichte Werke zugunsten von Waisen und Mittellosen jedweder Nation oder Religion. Aber auch für eine Beethovenstatue in Bonn, für die Fertigstellung des Kölner Doms, für ein Konservatorium in Pest und etliche andere Unternehmungen steuerte er gewaltige Summen bei.

Was stand bei Liszts unzähligen Auftritten auf dem Programm? Sein Repertoire war umfangreich und vielfältig. Das galt auch für den künstlerischen Gehalt: Es gab ebenso viel künstlerisch Wertvolles wie eher rein Publikumswirksames. Besonders beliebt waren sein unwiderstehliches „Schlachtross", der für andere Pianisten zu schwierige *Grand Galop Chromatique* und die Bravourfantasien über bekannte Opernmelodien von Mozart, Bellini, Rossini, Donizetti, Pucini und Meyerbeer. Außerdem trug Liszt brillante Etüden und Variationen eigener Kompositionen und solche von Chopin, Beethoven oder Mendelssohn vor. Er spielte auch einige seiner *Ungarischen Melodien* sowie frühe Fassungen der Stücke aus dem schweizerischen und italienischen Band der *Années de pèlerinage*. Manche Zuhörer mochten es als Ausdruck seines Hochmuts verstanden haben, auf andere wirkte es schlicht überwältigend, wenn Liszt zudem „vollgriffige" Übertragungen von Orchesterwerken auf das Klavier vorstellte: Darunter waren Rossinis Ouvertüre zu *Wilhelm Tell*, Beethovens *Symphonie Nr. 5* und *Nr. 6* sowie Berlioz' *Symphonie fantastique*.

Die Werke Johann Sebastian Bachs wurden erst im Jahr 1829 durch Mendelssohns Aufführung der *Matthäus-Passion* wiederentdeckt. Liszt spielte als einer der ersten Pianisten die *Goldberg-Variationen*, *Präludien und Fugen* aus dem *Wohltemperierten Klavier* und einige von ihm auf das Klavier übertragene *Orgelfugen*. Er interpretierte manche Sonaten Beethovens; von *op. 26 As-Dur* meistens nur den ersten, den Variationssatz, *op. 27 Nr. 1* in *cis-Moll*, *op. 31 Nr. 2* in *d-Moll* sowie *op. 57* und die Spätwerke *op. 101* in *A-Dur*; *op. 106* „*Für das Hammerklavier*" in *B-Dur*, *op. 110* in *As-Dur*, *op.111* in *c-Moll*. Außerdem spielte er *Aufforderung zum Tanz* und verschiedene Sonaten von Carl Maria von Weber, Walzer und Mazurken Fryderyk Chopins und seine *Mélodies hongroises* nach Schuberts *Divertissement à la hongroise*. Lieder von Franz Schubert trug er als Klavierübertragungen vor, und er begleitete manchmal berühmte Sänger wie die Tenöre Adolphe Nourrit oder Giovanni Battista Rubini. Liszt bemühte sich, auch die Werke Robert Schumanns zu verbreiten, indem er den *Carnaval,* die *fis-Moll-Sonate* und die ihm gewidmete *C-Dur-Phantasie* spielte. Außerdem trug er die *Variations brillantes* von Felix Mendelssohn, eigene Klavierübertragungen von Gioacchino Rossinis *Soirées musicales* und den brillanten „Höllenwalzer" aus Giacomo Meyerbeers *Robert le Diable* vor. Er spielte Kammermusik von Beethoven, Hummel, Schubert und Mendelssohn, Klavierkonzerte von Bach (für drei Klaviere gemeinsam mit Ferdinand Hiller und Felix Mendelssohn), Beethoven (*c-Moll, Es-Dur, Tripelkonzert, Chorphantasie*) und noch manch anderes. Die Improvisationen über Melodien, die das Publikum vorgab, waren stets ein wichtiges Element seiner Auftritte. Liszt hatte also ein Repertoire an wertvollen Stücken. Selbstverständlich passte er dabei seine Programme dem Geschmack des jeweiligen Publikums an.

Liszt beschrieb den begeisterten Empfang in seinen Berichten aus Spanien im Jahr 1845 mit den Worten, es herrschten „ständig 40 Grad". In Großbritannien hingegen, wo er in den Jahren 1840 und 1841 in drei Tourneen Konzerte gab, verhielt sich die Presse eher zurückhaltend. Zumindest in der vornehmen Gesellschaft aber wurde er sehr freundlich empfangen. Als maßgebend und sachverständig kann ein Beitrag in der *Times* vom 2. Juli 1840 betrachtet werden. Der Rezensent schrieb unter anderem über den Vortrag der Klavierfassung der *Tell-Ouvertüre*:

> [...] obwohl dies wahrscheinlich Rossinis am vollsten besetzte Orchesterpartitur ist, haben wir nie ein noch so reich besetztes Orchester mit solchem Ausdruck spielen gehört, und gewiss blieb jede Orchester-Produktion weit hinter der Lisztschen zurück, was den Geist und die Einheitlichkeit des Vortrags betrifft. Wie all dies mit zehn Fingern ausführbar ist, gestehen wir, uns gar nicht vorstellen zu können; noch sind wir imstande, Liszts Vortrag zu beschreiben, es würde ohnehin jedem unglaublich erscheinen, der ihn nicht gehört hat.[3]

Über den gemeinsamen Vortrag von Beethovens *Kreutzer-Sonate* mit dem berühmten norwegischen Violinkünstler Ole Bull und den Vortrag von Schubert-Liedern gemeinsam mit dem „Star"-Tenor Rubini schrieb derselbe Rezensent:

> Liszt hat mit dem Vortrag dieser Sonate gestern bewiesen, wie sehr [Anton Schindler] mit seiner Behauptung [‚Franz Liszt hat zum richtigen Verständnis von Beethovens Musik mehr beigetragen als jeder Instrumentalkünstler unserer Zeit'] Recht hatte. Es blieb nicht eine einzige Note unbedeutend, und Passagen, welche unter den Händen anderer Interpreten unbemerkt geblieben wären, wurden von Liszt vortrefflich zum Ausdruck gebracht, so daß der Hörer ihren Zusammenhang mit und ihre Wichtigkeit im schönen Ganzen zu spüren bekam. [...] Es ist nicht übertrieben zu behaupten, daß er das Instrument in den

Schubert-Liedern singen ließ. Das zärtliche Flüstern der Klavierstimme schien mit der Stimme Rubinis zu verschmelzen, und der Schauer leuchtender Töne, welche er in einigen Variationen zerstreute, verwirklichte all unsere Vorstellungen einer Elfenmusik. Schließlich müssen wir ohne zu zögern behaupten, daß Liszt jeden anderen Musiker, sei er ein Pianist oder spiele er irgendein anderes Instrument, maßlos überragt.[4]

Das französische Publikum der Provinzstädte kannte ein solches Spiel voller technischer Herausforderung nicht und zeigte sich von Liszts manchmal dämonischem, manchmal lyrisch entrücktem Spiel wie verzaubert. Er wurde mit Blumen überschüttet, mit Serenaden vor seinem Hotel geehrt. Ihn feierten sowohl ausgebildete Musiker als auch Amateure – wie ein Toulouser Arbeiterchor, der ihm zu Ehren am 29. August 1844 ein Konzert unter seinem Fenster gab. Nicht weniger wurde Liszt für seine legendäre Großmütigkeit vergöttert, so dass man ihn beispielsweise in Bordeaux und Bayonne als „Messias der Kunst" oder „Apostel der Kunst" bezeichnete.[5] Durch seine unglaubliche Virtuosität schien selbst der schäbige Rathaussaal der nahe der Loire gelegenen Stadt Angers wie verwandelt. Sein dortiger Auftritt am 27. Dezember 1845 wurde in der Presse wie folgt gewürdigt:

O Kraft der Kunst! O, Zauber des Genies! Dieser traurige Raum, dieser prosaische Ort, diese nassen, schmutzigen Wände, wurden durch die magischen Hände Herrn Liszts während zwei Stunden mit den lieblichsten Melodien erfüllt. Sobald sich der große Künstler ans Klavier setzte, hat sich der Saal verändert.[...] Durch die Begeisterung der enthusiastischen Menge, durch den frenetisch ausbrechenden Applaus nach jedem Stück vergaß man die Unbequemlichkeit und Abgenutztheit des Lokals; eine wahrhaftige Transfiguration wurde vollbracht, durch die Macht eines einzigen Mannes: der Gott der Musik offenbarte seine Gegenwart, der Stall wurde zum Tempel![6]

So schrieb *Le Précurseur de l'Ouest* am 29 und 30. Dezember 1845. Auf diese und ähnliche Art, also meist äußerst entzückt, wenn auch ohne den musikalischen Sachverstand der Engländer, wurden seine öffentlichen Konzerte in der französischen Provinz, in Belgien und Holland beschrieben – egal wie hoch die Eintrittspreise waren oder ob sie für Wohltätigkeitszwecke gegeben wurden. Selbstverständlich gab es auch kritische Töne: Beispielsweise beurteilte mancher Kritiker im Elsaß sein Spiel als zu ungestüm und dem Geist der Musik widersprechend oder bemängelte die Kompositionen selbst. Im Wesentlichen aber änderte das nichts daran, dass der Virtuose Liszt als König oder im Vergleich mit Thalberg gar als Kaiser des Klaviers gefeiert wurde.

Und Paris? Die französische Metropole war von Anfang an die Stadt seiner Träume gewesen. Immer hatte Liszt auf dortige Triumphe und Auszeichnungen gehofft. Als Wunderknabe hatte man ihn als „Le petit Litz" verhätschelt. Als er nun zu einem nachdenklichen, ehrgeizigen und selbstbewussten jungen Künstler geworden war, begegnete man ihm jedoch sogleich mit Spott. Eigentlich ist Liszt das Vorurteil des dortigen Publikums, in ihm bloß einen außergewöhnlichen und exzentrischen Pianisten, nicht aber einen richtungsweisenden Künstler und einen Komponisten von Format zu sehen, zeitlebens nie losgeworden. Am meisten nahmen die Pariser Anstoß daran, dass er mehr sein wollte, als bloß ein Künstler. Mit seinem „Missionsgefühl", eine „humanitäre" Musik schaffen zu wollen, stieß er auf taube Ohren.

Zu dieser „Mission" gehörte auch, die Musik der großen Vorgänger weltweit bekannt zu machen. In der zweiten Hälfte der dreißiger Jahre, während Liszt im Ausland lebte, ließ er sich des Öfteren in Paris hören – zumeist im Musiksaal des befreundeten Klavierfabrikanten Érard, im April 1840 auch im Palast der Fürstin Cristina Belgiojoso. Am 4. April 1835 führte er im *Théâtre Italien* mit dem Tenor Adolphe Nourrit Lieder von Schubert auf. Bei Érard spielte er am 18. Mai 1836 die *Hammerklavier-Sonate* (op. 106) von Beethoven. Gemeinsam mit dem Violinkünstler Urhan und dem Cellisten Batta[7] interpretierte er am 28. Januar sowie am 4., 11. und 18. Februar 1837 die Beethovenschen Trios *op. 97, B-Dur* („Erzherzog") und *op. 70/1, D-Dur* („Geister-Trio"). Um sich eine Vorstellung von der Wirkung dieser Auftritte machen zu können, lohnt es sich, die vernichtende Kritik in der Musikzeitschrift *Le Ménestrel* vollständig zu lesen:

Le Ménestrel, dimanche, 29 janvier 1837, 4e année, No.9

Musiksaal des Herrn ERARD
Humanitäre Musik

Gestern fand eine der vier ersten, vom Haupt der Humanitären angezeigten Sitzungen statt, bestimmt, der Stadt und dem Universum (*urbi et orbi*) zu zeigen, wie man die Musik unserer großen Meister vorzutragen hat.
Die Stunde, in welcher wir diese Zeilen in den Druck geben, beraubt uns der Möglichkeit, hier ein detailliertes Protokoll der 1.300.000 Trippelkreuze zu geben, welche während dieser denkwürdigen Sitzung verzehrt wurden, so wie

auch jener, das fieberhafte Getrampel der Zuhörer zu schildern. Wir wollen die Herrn Urhan und Batta nicht dadurch beleidigen, dass wir sie mit ihrem erhabenen Partner vergleichen. Diese beiden ausgezeichneten Künstler haben sich damit zufrieden gegeben, wie gewöhnlich, entzückend elegant und mit hinreißendem musikalischen Ausdruck zu spielen. Erbarmen! Doch sprechen wir vom Haupt der Humanitären! Er alleine ist fähig, der Kunst ihre primäre Mission zurückzuerstatten und uns ihre intimsten Geheimnisse zu enthüllen. Eine erhabene Musik ohne Nervenausbrüche und Krämpfe gibt es nicht! Zurück, ihr lauwarmen Künstler, die ihr eure schlaffen Finger unter dem Joch der rationellen Melodie krümmt! Zurück, Herde gewöhnlicher Interpreten! Hier steht euer Meister! Hier steht das Genie aus Fleisch und Knochen, das fehlerlose Genie! Denn das echte Genie, müsst ihr wissen, muss rasend sein, mit fliegenden Haaren, epileptisch; das echte Genie hat Zutritt beim Doktor Blanche.[8] Nun, im Haupt der Humanitären findet man all diese Eigenschaften vereint.

Das Programm vom 4. Februar scheint noch bedeutender als jenes des gestrigen Abends; wir beeilen uns, hier die wichtigsten Bestandteile anzuzeigen:
ERSTER TEIL
1. Großes frenetisches Trio mit Begleitung durch Zähneknirschen, Betäubung und Schaudern
2. *Yo que soy contrapointista*[9]: Fuge, Aufwallung und chromatischer Sabbat
3. *Infernale Sonate* mit Tonartvorzeichnung von zwölf B-s.
ZWEITER TEIL
1. Dreistimmige Halluzination *con piangendo e palpitamento*
2. *Große Dampf-Phantasie* mit 16.000 Doppelkreuzen
3. *Deliriumsanfall in a-Moll* mit Synkopenbegleitung
4. *Paroxysmus für großes Orchester*: Schwindel, Ohnmacht, Herzklopfen, Krämpfe und Verrenkungen

Ein Flakon Äther wird dem Haupt der Humanitären ständig zur Verfügung stehen.
Kaufen Sie Ihre Karten![10]

Liszt hatte also gute Gründe, wenn er der Fürstin Belgiojoso einige Monate später, am 20. Oktober 1840, recht verbittert schrieb:

Mein Skeptizismus und das Spöttische meines Wesens [...] haben dem lokalen Einfluß von Paris viel zu verdanken. Dort kann man sich so vollkommen sicher sein, daß unser Nachbar sich ohne weiteres bei erster Gelegenheit über uns lustig macht, daß man sich irgendwie genötigt fühlt, selbst offensiv aufzutreten, um nicht einen allzu großen Nachteil in Kauf nehmen zu müssen.[...] Irgendein [...] Schriftsteller hat Paris die Stadt des allgemeinen ‚geht-mich-nen-D...-an' genannt. [...] Das stimmt. Man heult mit den Wölfen, man watet im Schlamm mit den Taugenichtsen, so wenig man auch das Geheul und den Straßenkot mag. Möglicherweise bilde ich es mir bloß ein, aber ich finde, ich werde sonst überall höher geschätzt.[11]

Liszt behielt recht. Sein Verhältnis zu Paris verschlimmerte sich in den kommenden Jahren aus verschiedenen Gründen.

Erstens hatte er zu jener Zeit, als er den obigen Brief schrieb, sein Heimatland Ungarn nach langen Jahren der Abwesenheit wieder betreten. Dort wurde er wie ein Nationalheld empfangen: Er legte das Nationalkostüm an und wurde mit einem Ehrensäbel, der den Adelsstand symbolisierte, beschenkt. Für die emotionale Bedeutung einer solchen pathetischen Geste in einem unterdrückten Land hatte man in Frankreich kein Verständnis. Man meinte (Heinrich Heine nicht ausgenommen), Liszt spiele bloß Theater und wolle Aufsehen erregen. Die Pariser Presse hatte damit wieder einen Grund gefunden, um sich schonungslos über ihn lustig zu machen.

Zweitens erlaubte sich Liszt tatsächlich die „Unverschämtheit", im März 1841 auch in Paris ein Solo-Konzert mit eigenen Werken zu geben – und obendrein für die Eintrittskarten einen unerhört hohen Preis zu fordern. Es wurde ein großer Publikumserfolg. In der *Gazette musicale* jedoch kritisierte man sein Gebaren scharf. Auch Liszts zweiter Auftritt am 25. April desselben Jahres wurde ein Triumph. Es war ein Orchesterkonzert unter Berlioz' Leitung zugunsten der Errichtung des Beethoven-Denkmals in Bonn, bei dem er den Solopart des *Konzerts* in *Es-Dur* spielte. Als Zugabe spielte Liszt seine *Robert-der-Teufel-Phantasie*.

Drittens war es trotz seiner Erfolge beim Publikum im Jahr 1842 sein Rivale Thalberg, der die von Liszt so ersehnte Auszeichnung der Aufnahme in die Ehrenlegion erhielt. Liszt selbst sollte erst im April 1845 zum Kavalier, 1860 dann zum Offizier der Ehrenlegion ernannt werden. Obwohl Liszts Triumphe in Berlin und St. Petersburg bekannt waren, hörte die Pariser Presse nicht auf, sich über ihn zu mokieren: Man belustigte sich über seine Erscheinung und vor allem weiterhin über seine Überzeugung, der Künstler habe eine humanitäre Mission zu verfolgen. Angeblich verfolge Liszt mit dem Anschlagen der Tasten kein geringeres Ziel, als eine Mission der Vorsehung zu erfüllen: es sei ihm nämlich „mit seinen sozialen Kantaten, philosophischen Walzern und humanitären Phantasien darum zu tun, die Welt zu vervollkommnen".[12] Der erboste Liszt führte seine neuen Werke für Männerchor, *Reiterlied* und *Rheinweinlied*, die nach Texten von Georg Herwegh in deutscher Sprache komponiert waren, zu Gunsten deutscher Choristen am 30. Juni 1842 in Paris auf. Hierzu später mehr.

Viertens verließ ihn die Gräfin Marie d'Agoult im April 1844 nach einer schrecklichen Szene. Von dieser Zeit an überschüttete sie ihn mit Verleumdungen. Jahrelang dauerte der erbitterte Streit der Eltern um die drei gemeinsamen Kinder. Hierbei ist erneut zu erwähnen, dass einzig ihr Vater, dessen Namen sie auch trugen, ihren finanziellen Unterhalt bestritt. Für ihn standen das Wohl und die Bedürfnisse von Blandine, Cosima und Daniel stets an erster Stelle. Ebenso wichtig war die Tatsache, dass die sich liebenden Geschwister unter den gegebenen Umständen am besten beieinander und in der vertrauten Atmosphäre und unter der wahrlich mütterlichen Obhut ihrer Großmutter Anna Liszt, aufgehoben waren.

Obwohl Liszt trotz aller Anfeindungen am 16. und 25. April 1844 noch zwei Konzerte mit großem Erfolg im Théâtre Italien gegeben hatte, war für ihn aus den genannten Gründen der Aufenthalt in Paris unerträglich geworden. Er schickte regelmäßig Geld und liebevolle Briefe nach Hause und kümmerte sich um die gute Erziehung seiner „Mouches", wie er sie nannte. Doch mied er fortan die Stadt wegen der dort lebenden einstigen Herzenskönigin. Sein Beauftragter in Paris war der Sekretär und Impresario Gaëtano Belloni. Bezüglich der unangenehmen Auseinandersetzungen um die Kinder, die Liszt mit der Gräfin führte, bat er um die Hilfe seines treuen Freundes Lambert Massart, Violinprofessor am Conservatoire. Die Situation der Kinder war ungewiss. Am 26. August 1844 hatte Liszt noch an die Mutter geschrieben: „Es ist mir von mehreren Seiten zugekommen, daß Mme d'A[goult] zu ihrem Gatten zurückkehren wolle. Dieses Arrangement paßt mir, es könnte nicht besser sein und scheint mir das einzig Vernünftige. Früher oder später mußte das so kommen – und die Frage meiner Kinder würde sich äußerst vereinfachen."[13] Dazu kam es aber nicht. Madame d'Agoult lebte frei nach ihren literarischen Ambitionen und war dabei enttäuscht und voller Verbitterung gegen den untreuen ehemaligen Geliebten, der ihr Leben zerstört hatte.

Liszt litt augenscheinlich trotz seines aufregenden Lebens ebenfalls unter der schmerzhaften Trennung von Marie d'Agoult und mindestens ebenso sehr am verbitterten Verhalten der Gräfin nach der Scheidung. Am 6. März 1845, kurz vor dem Ende seiner Konzertreise auf der Iberischen Halbinsel, schrieb er einen recht aufschlussreichen Brief an Massart:

> Meine Reise geht zu Ende. [...] ich weiß nicht, was ich noch für einen Umweg mache, um nicht nach Paris zurückzukehren; denn, ich muß es Ihnen gestehen, Paris ist mir verhaßt geworden; Ihre freundschaftlichen Gefühle werden mir dieses sehr aufrichtige Geständnis verzeihen, denn Sie kennen den traurigen und einzigen Grund meiner Entfremdung von einem Lande, an welches ich durch so vieles gebunden bin, besser als jeder andere; ich muß Ihnen aber ganz offen sagen, daß ich dort nicht mehr länger leben könnte, weil ich mich bei Schritt und Tritt zerschlagen würde [...] das bittere Gefühl meines auf immer zertrümmerten Herzens, welches sich mir während meines letzten Pariser Aufenthaltes vollkommen offenbarte, war der entscheidende Grund für meine spanische Reise. [...] Nachdem ich entschlossen bin, nach Paris einige Jahre lang nicht zurückzukehren, doch den sehnlichen Wunsch habe, meine Mutter und wenigstens eines meiner Kinder wiederzusehen, *bitte ich Sie, es zu erledigen*, daß sie mich in Marseille oder später in Heidelberg [...] im Sommer besuchen [...].[14]

Liszt versprach seiner Familie zwar öfter, er würde sie besuchen, realisierte es aber nie. Die Kinder sehnten sich umsonst nach dem verehrten Vater. So verpasste er auch wichtige Ereignisse wie die erste Kommunion; vergaß hingegen nie, sie zu seinem eigenen Geburts- und Namenstag zu beschenken, wie es damals üblich war. Zumindest aus der Ferne kümmerte sich Liszt stets um ihr Schicksal. In einem Brief vom 17. Mai 1845 verständigte er Massart über seine Absicht, seinen Kindern mehr Sicherheit zu verschaffen, indem er sie – „die doch keineswegs Franzosen sind" – in Ungarn legitimieren lassen wolle.[15] Dieser Plan wurde nicht verwirklicht. Über seine Opernpläne – *Le Corsaire* und *Sardanapale*, beides nach Byron – schrieb er, er könne das Fiasko einer Aufführung in Paris nicht riskieren. Die Präsenz der Gräfin würde seinen Erfolg vergiften.[16] Damit hatte Liszt wohl Recht. Er konnte in Paris auch als Künstler vor ihrer Rache nicht sicher sein und trat dort nicht mehr auf. Es war der traurige Entschluss, Paris meiden zu müssen, der dazu führte, dass Liszt in Frankreich Konzertreisen nurmehr durch die Provinzstädte unternahm, wo er weiterhin gefeiert wurde.

In Deutschland trat der „Klavierkönig" in den Jahren zwischen 1840 und 1845 nahezu dreihundert Mal und in fast achtzig Städten auf, in den großen sogar mehrmals. Er spielte öffentlich und privat, meist als Solist, oft auch als Kammermusiker und übernahm bereits erste Dirigate. Rechnet man alles zusammen, so hielt er sich während dieser Zeit beinahe zwei Jahre auf deutschem Boden auf.[17] Diese Konzertreihen wurden ein regelrechter Triumphzug. Sie gelten als der Höhepunkt seiner Virtuosenkarriere. Selbst im konservativen Leipzig fand er Bewunderer und Freunde. Am 26. März 1840 schrieb beispielweise die *Leipziger Zeitung*:

Gestern gab Herr Franz Liszt im Saale des Gewandhauses sein zweites und zu unserm Bedauern sein letztes Concert, mit Begleitung unsres trefflichen Orchesters. [...] Über die reiche und großartige Entfaltung seiner außerordentlichen Kunstkraft könnten wir nur das wiederholen, was in unsern und andern Blättern bereits über sein geniales Spiel gesagt worden ist. Nur Liszt versteht es, sein Instrument so in der höchsten Potenz zu beherrschen und den von ihm aufgeregten Sturm der Tonmassen so zu besänftigen.[18]

Doch auch hier gab es kritische und ironische Töne. Ein Rezensent der Zeitung *Das Rheinland* machte sich am 26. Juli 1840 sozusagen ‚auf Pariser Art' über ihn lustig:

Liszt hat in Mainz gespielt, und der Dom steht noch unverrückt an jener Stelle, wo er von jeher gestanden! [...] Es sind keine Ohnmächtigen aus dem Saal geschleppt worden, [...] der Wahnsinn des Entzückens brach nicht in den abgespiegelten Gefühlstonleitern der Ah! Oh! Ih! Und Uh! durch; die weiblichen ‚Hälse' verrenkten sich [...] nicht, wie in anderen deutschen Städten [...] man verfiel nicht, wie anderswo, [...] in Jubeldelirien, wenn er die langen Locken von der einen Seite des Kopfes zur anderen warf [...] Seine Compositionen, wenn man ausgesponnene Inspirationen des Augenblicks so nennen darf, sind phantastische Rhapsodien, immer umdämmert vom mystischen Zwielicht der sogenannten Neu-Romantik. Eine urkräftig-schöpferische Geistesmacht für sein Instrument ist Liszt keineswegs.[19]

Auch das Ungestüme, Übertriebene, allzu Freie seines Vortrags wurde kritisiert. Allerdings waren das wohl die Ausnahmen. In Hamburg wurde der Konzertsaal gestürmt, als keine Platzkarten mehr zu haben waren. In Berlin tobte im Jahr 1842 eine wahrhaftige „Lisztomanie"; die Königsfamilie, die vornehmen Herrschaften ebenso wie die Musiker und Kritiker waren entzückt, ja geradezu verzaubert von seinem Spiel, seinem Charme, seiner Persönlichkeit und Grandezza. Er war in ganz Deutschland bekannt. Selbstverständlich trug viel zu seiner unerhörten Popularität bei, dass der ungarische Künstler größtenteils auf eigene Kosten das Beethoven-Denkmal errichten ließ, mit seinen Konzerten den Bau des Kölner Doms unterstütze und auch anderweitig zu wohltätigen Zwecken auftrat. Die Damen wetteiferten um seine Handschuhe. Man munkelte über noch viel ärgere Tollheiten des schönen Geschlechts. Nicht umsonst hatte sich der Mainzer Rezensent über die Damen lustig gemacht, die ihren Kopf an den Künstler verloren hatten. Liszt war ein „Mann von Welt". Er sprach französisch, sich auf Deutsch auszudrücken fiel ihm schwer. Dennoch war seine musikalische Muttersprache, wie es aus dem Profil seines Repertoires hervorgeht, unverkennbar die deutsche. Am 20. März 1840 schrieb Robert Schumann – selbst ein strenger Kritiker, der in jedem Pianisten einen Rivalen seiner Verlobten, der Klavierkünstlerin Clara Wieck, sah – über Liszt: „Er ist doch gar zu außerordentlich, Er spielte von den *Novelletten,* aus der *Phantasie* [*C-Dur, Op. 17*, die Liszt gewidmet ist], der *Sonate* [*fis-Moll, Op.11*], daß es mich ganz ergriff. Vieles anders als ich's mir gedacht, immer aber genial, und mit einer Zartheit und Kühnheit im Gefühl, wie er sie wohl auch nicht alle Tage hat."[20] Drei Tage später berichtete er an Clara Wieck: „In den ganzen vorigen Tagen gab es nichts als Diners und Soupers, Musik und Champagner, Grafen und schöne Frauen; kurz, er hat unser ganzes Leben umgestürzt. Wir [Schumann bezieht sich hier vor allem auf seinen Freund Felix Mendelssohn] lieben ihn alle ganz unbändig und gestern hat er wieder in seinem Konzert gespielt wie ein Gott, und das Furore war nicht zu beschreiben."[21]

Eine Definition des Phänomens „Franz Liszt" liefert der sachverständige Berliner Kritiker Ludwig Rellstab, der auch Gedichte schrieb, die Franz Schubert mitunter in seinen Liedern vertonte. Dies ist vielleicht das aufschlussreichste Dokument für den heutigen Leser, um sich eine Vorstellung von Liszts Erscheinung und Klavierspiel machen zu können:

> Wir sehen ihn mit den leichtesten, gewinnendsten Formen der Freundlichkeit vor das Publikum hintreten; seine ungezwungene Unterhaltung nach allen Seiten mit den Vertretern aller Rangstufen des Lebens, jeder Kunst und Wissenschaft, selbst seine durch irgendwelche Veranlassung herbeigeführten Anreden an die Versammlung tragen das Gepräge leichtester französischer Beweglichkeit, ohne dabei die deutsche Bescheidenheit und Gemütlichkeit zu verlieren. Unter dieser Erweckung der vorteilhaftesten Eindrücke setzt er sich an das Instrument. Jetzt wird ein neuer Geist in ihm lebendig. Er l e b t die Musikstücke in sich, die er vorträgt. Während er mit erstaunenswürdigster Gewalt der Mechanik eigentlich a l l e s leistet, was bisher von irgend jemand e i n z e l n e n bezwungen worden ist, und außerdem noch ein ganzes Füllhorn neuer Erfindungen völlig ungekannter Effekte und mechanischer Kombinationen vor uns ausschüttet, so daß die aufs höchste gespannte Erwartung und

Die Wanderjahre des Virtuosen | 71

Forderung sich weit überflügelt sieht: bleibt doch der eigentümlichste Geist, den er diesen wunderwärtigen Formen einhaucht, das bei weitem anziehendere, anregendere und fesselndere Element. Diese geistige Bedeutsamkeit seines Kunstwerks prägt sich aber auf das lebendigste in seiner Persönlichkeit aus. Die Affekte seines Spiels werden zu Affekten seiner leidenschaftlich aufgetürmten Seele und finden in seiner Physiognomie und Haltung den treuesten Spiegel. Seine künstlerische Leistung wird zugleich eine Tatsache des Innern, sie bleibt nicht getrennt von ihm, sondern wirkt in dem mächtigen Bündnis mit dem Geist, der sie erzeugt."[22]

Der aus einfachen Verhältnissen stammende Liszt ließ seine aristokratische Freundin Marie d'Agoult mit Genugtuung und Stolz wissen, wie häufig er in Berlin bei Hof und mit der gesellschaftlichen Elite verkehre. Er demonstrierte ihr, dass seine Person, sein Spiel bei den dortigen Soireen im Mittelpunkt standen und er mit Komplimenten, Blumen, Auszeichnungen und wertvollen Geschenken überschüttet wurde. Neben großen Summen, die er mit der ihm eigenen Grandezza für wohltätige Zwecke stiftete, widmete er sich auch den manchmal wohl lästigen Menschen, die ihn um Geld baten und ihn seine Zeit kosteten.

Liszt litt sehr unter den Strapazen der Konzerttourneen, musste oft mit Fieber auftreten und fühlte sich überfordert. „Sie haben es erraten, liebe, liebe Marie", schrieb er der Gräfin am 25. Januar 1842 aus Berlin, „Ich bin entsetzlich nervös – krank – erschöpft. Vor 4 Tagen bin ich ohnmächtig umgefallen, ich war mehr als zwei Stunden lang bewusstlos, und jetzt wo ich Ihnen schreibe, habe ich mich in ein fremdes Hotelzimmer zurückgezogen […] und *alle* meine Freunde gebeten, mich wenigstens 4 Tage lang nicht zu besuchen. Mich verzehrt das Bedürfnis nach Ruhe. 8 Konzerte nacheinander, 4 Matinées bei der Prinzessin von Preußen, bei welchen stets meine exklusiven solo Auftritte die Attraktion bildeten, indem ich jedes Mal 7 oder 8 Stücke spielte. Unaufhörlich Diners, Soirées. Bälle, Rauchen, Gespräche, Korrekturbögen der Druckerei, zu erledigende Schreibereien, Instrumentationen – dies alles erklärt wohl *physisch* meinen Zustand."[23]

Eine ähnliche Ausstrahlung wie in Berlin hatte Liszt auf die musikverständige Gesellschaft von St. Petersburg, wo er im April 1842 sechs Konzerte gab. Der junge Kritiker Wladimir Stassow besuchte eines dieser Konzerte. Anfangs war er noch erfüllt von Vorurteilen gegen dieses „maßlos eitle Wundertier", und konnte nichts Gutes im berühmten, Dante ähnlichen „Florentiner Profil" und in der „gewaltigen blonden Mähne" finden, zumal ihm Liszts

„Ordenskult gar missfiel", und er „überhaupt nicht [...] erbaut war von den gekünstelten Manieren, von der Art, wie er sich den Leuten zuwandte, die ihn ansprachen". Doch er erlag letztendlich dem Zauber seines Spiels:

> Nach dem Konzert waren wir wie toll, Serow und ich, wechselten kaum ein paar Worte [...] Dann taten wir unter anderem einen Schwur, diesen Tag, den 8. April 1842 für ewig heilig zu halten und bis zum Grabe keinen Augenblick dieses Tages zu vergessen. Wir waren wie die Verliebten, wie um den Verstand gebracht. Kein Wunder. Nie zuvor hatten wir etwas Ähnliches gehört, und überhaupt hatten wir solch einer genialen, leidenschaftlichen, dämonischen Natur noch nie gegenübergestanden, welche einmal einem Orkan gleich dahinbraust, um dann die Fülle zarter Schönheit und Anmut auszustrahlen.[24]

Es scheint zwar unbegreiflich, doch Liszt fand auch während dieser stürmischen, erschöpfenden Jahre und bei diesem Lebenstempo noch Zeit zum Komponieren. Eigentlich hatte er nie aufgehört, dieses als den Hauptinhalt seines musikalischen Lebens zu betrachten. Er nahm sich oft vor, sich nach einigen Jahren irgendwo, vielleicht in Deutschland, möglicherweise auch in Ungarn, niederzulassen, um in Ruhe komponieren zu können: „Ich bin ganz der Meinung, daß ich meine Virtuosenkarriere bald abschließen muß. Ungarn ist die selbstverständliche und notwendige Konklusion",[25] heißt es beispielsweise in einem Brief vom 22. Januar 1843 an Marie d'Agoult.

Unterdessen entstanden für sein eigenes Instrument weitere Übertragungen und Bearbeitungen. Liszt schuf Opernfantasien, sicher die besten Werke dieser brillanten Gattung, unter anderem über die *Tarantella* aus der *Stummen von Portici* von Auber, über Themen aus der *Norma* von Bellini, der *Lucrezia Borgia*, der *Parisina* und dem *Dom Sebastien* von Donizetti, sowie die Mozart-Fantasien *Don Giovanni* und *Le nozze di Figaro* (unvollendet). Durch eine Ungarnreise angeregt, brachte er die ersten Fassungen seiner ungarischen Stücke (*Magyar dalok*, *Magyar Rhapsodiák*, *Ungarische Nationalmelodien*) zu Papier. Die iberische Tournee inspirierte ihn zu einer *Spanischen Phantasie* (eine frühe Fassung der *Rhapsodie espagnole*). Zudem bearbeitete Liszt französische Melodien wie *Faribolo Pastour* und *Chanson du Béarn*. Eindrücken aus Russland und der Ukraine wiederum folgten die *Deux mélodies russes* und *Glanes de Woronince*. Eigenständige Klavierstücke jener Periode sind der wirbelnde *Galopp in a-Moll* sowie das für die Klavierschule von Fétis und Moscheles komponierte *Morceau de Salon* (in einer späteren Fassung als *Ab irato* bekannt).

Das Gros dieser Werke ist auf Liszts einzigartige pianistische Fähigkeiten zugeschnitten und wurde erst nach und nach durch die Liszt-Schüler in aller Welt im Pianistenrepertoire verbreitet. Ihnen zuliebe fühlten sich die Klavierfabrikanten wiederum zur Weiterentwicklung des Pianofortes genötigt. Auch Liszt war mit manchen Klavierfabrikanten gut befreundet und gab ihnen Aufträge für neue Instrumente, die seinen Vorstellungen entsprechen sollten.

Im Anschluss an den unvollendet gebliebenen *De profundis, psaume instrumental* komponierte er auf der Grundlage von im Jahr 1830 angefertigten Skizzen wieder ein *Klavierkonzert*. Da er zu diesem Zeitpunkt noch nicht instrumentieren konnte, beinhaltet es nur eine Streicherbegleitung. Das Werk blieb unveröffentlicht und wurde erst viele Jahre nach dem Tod des Komponisten gedruckt. Es trägt keinen Titel und wird meist nach der über das Kopfmotiv geschriebenen Angabe *malédiction* (Fluch) benannt. Dies ist ein Titel, der auch bei Victor Hugo über einem furchterregenden Danteschen Fluchgedicht zu finden ist. Ein konkretes Programm hat dieses Klavierkonzert nicht. Eine Art „Inhalt" wird lediglich durch Überschriften wie *malédiction, orgueil* (Stolz), *pleurs* (Tränen), *songes* (Träume), *avec enthousiasme* (begeistert) angedeutet. Es gehört zu den wichtigen Frühwerken Liszts, weil schon etwas von der dämonischen Vision der späteren *Inferno*-, *Mephisto*- und *Totentanz*-Sätze durchscheint. Auch in der Form ist dieses Klavierkonzert ein Vorläufer der „großen" symphonischen Kompositionen, da die Introduktion und die drei Sätze zu einem einzigen Ganzen zusammengefügt sind.

Sehr wichtig wurden für Liszt die Gattungen der Vokalmusik, allen voran der Sologesang mit Klavierbegleitung („Lied") und die Chormusik. Das Lied, als Gattung der deutschen Romantik, wurde vom Europäer Liszt in mehrere Sprachen übertragen: Mit den Petrarca- und Hugo-Vertonungen übersetzte er es von Anfang an in die Musik anderer Völker. Später gesellten sich zu den Dichtern noch die Franzosen Pierre Jean de Béranger, Alfred de Musset, Alexandre Dumas, der Brite Alfred Lord Tennyson, der Russe Alexei Tolstoi, der Ungar Sándor Petőfi. In deutscher Sprache setzte er Gedichte von Heine, Goethe, Uhland, Schiller, Hebbel, Lenau, Hoffmann von Fallersleben, Rellstab, Rückert, Freiligrath und Herwegh in Musik um. Die Texte seiner übrigen deutschen Lieder stammen von weniger bedeutenden Literaten, Theaterleuten, häufig von Dilettanten und Aristokraten.

Liszt war ein Komponist, der mit seinen Werken nie völlig zufrieden war. Auch nach ihrem Erscheinen hörte er nicht auf, sie weiterhin zu bearbeiten. Deshalb gibt es auch so viele Fassungen seiner Werke. Die Aufgabe, ein zuverlässiges thematisches Verzeichnis von Liszts Kompositionen zusammenzustellen, wie es sie seit dem Mozart-Verzeichnis von Ludwig Köchel bereits für die Werke anderer bedeutender Komponisten gibt, scheint nahezu unlösbar und verschiebt sich von Jahr zu Jahr. Auch von seinen Liedern existieren oft mehrere Fassungen. Liszt erarbeitete sich eine gründliche Kenntnis der Möglichkeiten der Singstimme und berücksichtigte zunehmends die Form, Prosodie, die Akzente, den Inhalt und Ausdruck bis in die einzelnen Nuancen. So konnte er dem vertonten Text mit der Zeit immer besser gerecht werden. An den verschiedenen Fassungen der Liszt-Lieder kann man somit seine persönliche Entwicklung sehr gut beobachten.

Mit der weltlichen und geistlichen Chormusik erschloss sich Liszt ein anderes wichtiges neues Schaffensgebiet. In den vierziger Jahren entstanden *Fünf [geistliche] Chöre nach französischen Dichtungen* von Racine und Chateaubriand und die ersten Fassungen seines *Ave Maria* und *Pater noster* für Chor und Orgel. Beim Festakt in Bonn am 13. August 1845, bei dem Liszt selbstverständlich auch als Pianist auftrat, wurde seine *Festkantate zur Enthüllung des Beethoven-Denkmals in Bonn* (*1. Beethoven-Kantate* für sechs Sänger, Chor und Orchester) aufgeführt.

In den Jahren 1841 bis 1843 trat der Künstler öfter in Frankfurt auf und befreundete sich dort mit dem Vorsitzenden der unlängst gegründeten Mozart-Stiftung, Wilhelm Speyer. Mit diesem besuchte er manchmal die musikalischen Abende des „Liederkranzes" und wurde durch den Vortrag der deutschen weltlichen Männerchöre, der „Liedertafel", zu eigenen Kompositionen angeregt. Er gab auch ein Konzert für die Mozart-Stiftung. Seine ersten drei Männerchöre wurden ebenfalls zu Gunsten dieser Stiftung gedruckt.

Ab diesem Zeitpunkt wurde Liszt in die Politik verwickelt, auch wenn er sich sein Leben lang in einer internationalen, musikalischen Welt fernab von politischen Konflikten bewegte. Nicht ohne Grund trat er im Jahr 1841 in Frankfurt durch Vermittlung Speyers der Freimaurerloge „Zur Einigkeit" bei. Bekanntermaßen war Mozart ebenfalls ein Freimaurer gewesen. Später wurde Liszt auch Mitglied weiterer Logen. Um die Thematik „Liszt und die europäische Politik" etwas zu beleuchten, scheint ein geschichtlicher Seitensprung unvermeidlich.

Das Rheingebiet gehörte seit dem Wiener Kongreß im Jahr 1815 zu Deutschland. Um das Jahr 1840, nachdem die Gebeine Napoleons feierlich in Paris begraben worden waren und das Osmanische Reich zerfallen war, gerieten die Siegermächte Großbritannien, Russland, Österreich und Preußen erneut in einen Konflikt mit Frankreich. Streitpunkt war der Einfluss im Nahen Osten. Zu dieser Zeit verschärfte sich die Außenpolitik des vermeint-

Die Wanderjahre des Virtuosen | 75

lich friedlichen Vormärz-Deutschlands und mit ihr die emotional aufgeladene Problematik um die Rheinlande, denn auch Frankreich beanspruchte dieses Territorium für sich. Auf der anderen Seite wurde der Ruf nach einem einigen Deutschland – symbolisiert durch den „teutschen Rhein" – immer lauter und vehementer. Die patriotischen Gedichte von Ernst Moritz Arndt (*Das deutsche Vaterland*) und Nikolaus Becker (*Der deutsche Rhein*) wurden gefeiert. Dichter wie der Sozialdemokrat Georg Herwegh und Heinrich Heine schrieben „Rhein-Gedichte". Auf französischer Seite wurde gegen die Aufhebung des Pariser Friedensdiktats und für die Rückgabe des Rheins geworben – und zwar von keinen Geringeren als den Poeten Alphonse de Lamartine und Alfred de Musset. Beide Dichter waren mit Liszt befreundet und inspirierten ihn zu einigen wichtigen Werken; Lamartine war darüber hinaus auch ein Deputierter, mithin Politiker. Auch der von Liszt hoch geschätzte Victor Hugo hatte ein Buch über das Thema geschrieben: *Le Rhin*. Liszt erhielt es im Januar 1842 von Marie d'Agoult. Sie hatte einige scharfe Kritiken beigelegt, die das Werk als „voll mit Fehlern, kindisch, possenhaftig"[26] schmähten. Liszt verlieh das Buch sofort – an die Prinzessin von Preußen. Er selbst fuhr fort, Hugos Gedichte wie *Oh! quand je dors* (eigens für Marie) zu vertonen.[27]

Wie er in einem Brief an die Fürstin Belgiojoso im Oktober 1841 schrieb, genoss Liszt die „herzliche und warme Sympathie"[28] die man ihm in den vierziger Jahren in Deutschland entgegenbrachte. Allerdings hielten ihn manche auch für nicht „deutsch genug" und mokierten sich, dass er seinen Namen ungarisch mit „sz" schrieb (*Dresdner Abendblatt* vom 18. März 1840),[29] oder bemängelten, dass er nicht einwandfrei deutsch sprach. Auch sein Spiel, seine Kompositionen und seine Manieren, sein aufgeschlossenes Wesen im Allgemeinen wurden von der deutschen Presse nicht durchweg positiv aufgenommen. In Leipzig hatte man am 1. März 1840 seine Interpretation des Scherzos und Finales der Beethovenschen *Pastorale* sogar ausgepfiffen! Dennoch wurden seine Ideen und seine Musik von der Mehrheit verstanden und sehr wohlwollend aufgenommen. Das Publikum, die Kritiker, Musiker wie Mendelssohn oder Schumann und höchste gesellschaftliche Persönlichkeiten verwöhnten und umschwärmten Liszt. Dieser registrierte sehr wohl den Unterschied zu Paris, wo die Presse ihn meist verhöhnte und der zur Musik eher gleichgültig eingestellte Hof ihn gänzlich übersah.

Alles dies trug wohl zu Liszts Vorhaben bei, dem schweizerischen und italienischen Band seiner *Années de pèlerinage* einen deutschen folgen zu lassen. Seine unlängst erforschten Skizzenbücher zeigen, dass er plante, Vokalwerke, und zwar deutsche Männerchöre, darin aufzunehmen; neben anderen den von ihm vertonten patriotischen Text für Männerchor nach Ernst Moritz Arndts *Was ist des Deutschen Vaterland*. Auf dieses Werk war er geradezu stolz, wie aus einem Brief vom Oktober 1841 an Cristina Belgiojoso hervorgeht.[30] Außerdem wollte er Klavierfantasien nach Weberschen Werken mit ebenfalls anti-französischen Texten aus Theodor Körners *Leyer und Schwerdt* und *Lützows Jagd* in den Band integrieren, daneben sollten Rheinlieder von Herwegh und Heine hier vertont werden. Warum der Plan eines deutschen Bandes nie verwirklicht wurde, ist ungeklärt.[31]

Sehr viele Franzosen waren entrüstet, als einige Chöre von Liszt in Deutschland erschienen und aufgeführt wurden. Es handelte sich um die zugunsten der Speyerschen Stiftung gedruckten Chöre. Liszt vertonte hier das *Studentenlied* aus Goethes *Faust*, das Arndtsche *Was ist des Deutschen Vaterland* und die Gedichte *Reiterlied* und *Rheinweinlied* von Herwegh, der im Jahr 1839 in die Schweiz emigrierte und seit dem Jahr 1843 in Paris lebte. Die Zeile „Wo jeder Franzmann heißet Feind" aus Arndts Gedicht hatte Liszt sorgfältig geändert. Das Chorwerk wurde mit einer Widmung an Kaiser Wilhelm IV. von Preußen gedruckt. Dieser hatte Liszt unlängst mit dem Orden „Pour le mérite" ausgezeichnet. Die Empörung der Franzosen nahm zu, als Liszt es wagte, die von ihm als harmlos empfundenen Chöre *Rheinweinlied* und *Reiterlied* am 30. Juni 1842 in Paris zugunsten von deutschen Choristen aufzuführen. Im Juli 1842 wurde er in der Zeitschrift *La France musicale* des Landesverrats angeklagt.

Der Künstler schien gar nicht zu verstehen, warum er angegriffen wurde. Liszt, wie erwähnt, interessierte sich nicht für Chauvinismus jedweder Art. Ihn interessierte einzig, wie er und seine Kunst in einem Land aufgenommen wurden. Sofort protestierte er gegen die Vorwürfe; sein Brief wurde im *Charivari* am 17. Juli 1842 veröffentlicht.[32] Wegen der „Verleumdung" bat er seinen Freund, den Musikkritiker Jules Janin, um Hilfe. In der Bibliothek von Versailles finden sich im Nachlass von Marie d'Agoults Tochter Claire de Charnacé, der *Collection Rodonan*, zwei unveröffentlichte Liszt-Briefe. Darin bittet er Janin, ihm zu helfen, die „dummen und absurden Verleumdungen der Journalisten" zu dementieren, welche ihn, bloß „weil er ein *Rheinweinlied* komponiert hatte", einen Verräter nennen. Im darauffolgenden Brief zitiert Liszt sogar die ersten beiden Herweghschen Strophen in französischer Übersetzung als Beweis für seine Unschuld. Noch Jahrzehnte später, im Jahr 1884, beklagte er sich bei seinem ungarischen Freund Kornél Ábrányi darüber, wie viele Unannehmlichkeiten ihm das *Rheinweinlied* seinerzeit in Paris bereitet hatte. Es war das erste, jedoch keineswegs das letzte Mal, dass der europäisch empfindende Liszt gegen nationalistische Mauern stieß. Er hatte in ein Wespennest gegriffen.

Kurioserweise gab es auch Deutsche, die die Musik von *Was ist des Deutschen Vaterland* als allzu „französisch" empfanden. Ein anonymer Kritiker mokierte sich in der *Allgemeinen musikalischen Zeitung* über die „französische Leidenschaftlichkeit und Bravour bis zum Extremen"[33] und fand auch an der dichterischen Form von Arndt etwas auszusetzen: „aber ein deutsches Lied? /O nein, o nein!/ Ein deutsches Lied muß – anders sein!"[34]

*

Nationalkostüm, Ehrensäbel und all das, worüber man in Paris die Nase rümpfte, wurde in Ungarn sehr ernst genommen. Während seiner Virtuosenjahre war Liszt vom Dezember 1839 bis Ende Februar 1840 und von Ende April bis Mitte Dezember 1846 auf Konzerttourneen in seinem Heimatland.

Während des Mittelalters galt Ungarn als ein angesehenes und mächtiges Königreich. Im Jahr 1526 verlor es jedoch seine Selbstständigkeit. Zu Liszts Zeiten war das Land immerhin noch um zwei Drittel größer als am Ende des Ersten Weltkrieges, auch wenn es im Vergleich zu Frankreich oder Deutschland eher klein wirkte. Während der Türkenkriege und der Habsburger Okkupation geplündert und verheert, fiel es im Jahr 1687 ganz an Österreich. Seit dem Beginn des 19. Jahrhunderts, im sogenannten „Reformzeitalter", gab es in Ungarn mannigfache Bestrebungen, die nationale Identität und Kultur, vor allem aber die eigene Sprache – von der noch nicht bekannt war, daß sie der finnisch-ugurschen Sprachenfamilie angehört – zu erhalten und zu stärken. So hofften die Menschen, die Prophezeiungen Johann Gottfried Herders zu widerlegen, der im zweiten Band seiner *Ideen zur Philosophie der Geschichte der Menschheit* erklärt hatte, Ungarn habe seine Mission als Verteidiger Europas gegen die Türken erfüllt, Land und Sprache würden nun verschwinden.

Bereits in der Nationalhymne des großen Romantikers Mihály Vörösmarty tauchte die tragische Vision eines Untergangs der Nation auf. Sprache, Literatur und Theater, die vom Adel demonstrativ getragene, später verbotene Nationaltracht und nicht zuletzt die eigene Musiktradition – alles dies galt den Menschen noch immer als heilig. Die soziale Struktur des Landes war feudal geprägt und zurückgeblieben. Ein eigenständiges Bürgertum gab es nicht. Die Mittelschicht wurde vom kleinen und mittleren Adel gebildet. Der Kampf um nationale Kultur, Unabhängigkeit, Bürgerlichkeit und moderne Wirtschaft war aktueller denn je, als Liszt im Jahr 1839 und 1840 sein Heimatland erstmals nach langer Zeit wieder besuchte.

Liszt reiste im Dezember 1839 während der Sitzungsperiode des Landtags in Pressburg an. Als Sohn des einstigen kleinen Angestellten des mächtigen Fürsten Esterházy fühlte er sich durch die Nähe und Freundschaft der Grafen Casimir Esterházy, István Széchenyi, Lajos Batthyány und István Bezerédy sehr geschmeichelt. Sie hätten ihn „mit einer, in Frankreich unvorstellbaren Herzlichkeit begrüßt", ließ er die Gräfin d'Agoult am 23. Januar 1840 wissen – „also habe ich mich für 3 oder 4 Tage verführen lassen."[35] Daraus wurden schließlich drei Monate.

Die populären Politiker und Habsburg-Gegner Lajos Kossuth und Miklós Wesselényi saßen zu jener Zeit im Kerker. Im folgenden Jahr konnte eine Amnestie für die politisch Verfolgten erwirkt, die ungarische Sprache in der Führung der Standesregister durchgesetzt und ein Gesetz auf den Weg gebracht werden, das es den Fronbauern ermöglichte, sich frei zu kaufen. 1841 gründete Kossuth seine fortschrittliche Zeitung *Pesti Hírlap* (Pester Journal). Als Liszt fünf Jahre später erneut Ungarn bereiste, war Ungarisch bereits zur Amtssprache geworden. Außerdem war die Kettenbrücke als erste dauerhafte Verbindung zwischen Ofen (ungarisch: Buda) und Pest über der Donau im Bau und ein Schutzverein zur Förderung des ungarischen Handels und der Industrie war gegründet worden. Bedeutende Werke der ungarischen Literatur entstanden während dieser Phase der nationalen Erweckung und konnten publiziert werden. Das politische Leben polarisierte sich stark durch die Gründung der „Konservativen" und der „Oppositionspartei". Das Land stand am Rande des Unabhängigkeits- und Bürgerkriegs von 1848/49, der schließlich blutig erstickt werden sollte.

Es ist nicht verwunderlich, dass diese in vielerlei Hinsicht zurückgebliebene und unfreie, aber dennoch leidenschaftliche Nation dem weltberühmten Musiker Franz Liszt voller Begeisterung zu Füßen fiel. Er bekannte sich als Ungar, auch wenn er wie manche andere patriotische Aristokraten der Nationalsprache nicht mächtig war. Er nannte das Land in einem Reisebrief an Massard „ma lointaine et sauvage patrie"[36] („mein entferntes und wildes Heimatland") und griff damit eine Formulierung Marie d'Agoults auf.

Im damaligen Ungarn wurde die sogenannte „ernste Musik" lediglich in den Palästen des gehobenen Adels und des Klerus, allenfalls noch in den Kirchen gepflegt. Es gab kein öffentliches Konzertleben und der kleine und mittlere ländliche Adel stand der „deutschen" Musik eher feindlich gegenüber. Der grenzenlose Enthusiasmus, der dem so überaus berühmten und großzügigen

Landsmann Liszt entgegengebracht wurde, war also vordergründig politischer Natur. Er wurde als Nationalheld, ja in einem zeitgenössischen Gedicht geradezu als Welterlöser verherrlicht. „Wir erblickten in Liszt nicht nur den hochberühmten Künstler, sondern den vortrefflichen teuren Patrioten", heißt es in der Zeitung *Életképek* (Lebensbilder) vom 2. Mai 1846.

Unser Eifer war ein nationaler und galt dem edlen Sohn des Vaterlandes, der, in weiter Fremde erzogen, das hohe Gefühl der Vaterlandsliebe in seiner Brust treu bewahrt hat, jeden seiner Landsmänner wie einen Verwandten empfing, sein Heimatland, seine Herkunft, seine Nation nie, auch nicht zu Zeiten seiner rauschendsten Siege vergessen hatte; dem, der die Tugenden, durch welche unsere Väter die ungarische Nation in die Reihe beseelter und ritterlicher Völker erhoben – die Offenherzigkeit, den edlen Stolz, die Freiheitsliebe und Großzügigkeit – in solch vollkommenem Maße in sich vereinigte; dem Manne, welcher die Kämpfe und Leidenschaften unseres Vaterlandes auch in der Ferne mit echter Anteilnahme verfolgte und unsere Kunst- und geistigen Institutionen mit solcher Großmütigkeit und Wärme unterstützte.

Eine ganze Nation erwartete nun von ihm, dass er mit seiner Kunst, mit seinem Patriotismus auch die Kleinmütigen aufrüttle und Ungarn letztendlich zum Sieg und zur Freiheit verhelfen solle. Mihály Vörösmarty begrüßte Liszt im Jahr 1841 mit einer leidenschaftlichen Ode:

Großer Lehrer, laß dein Lied ertönen;
Wenn es von vergangnen Tagen schallt,
Soll dein Flügel wie der Sturm dröhnen
In dem unsres Kampfes Donner hallt,
Und im Strom der ungestümen Klänge
Solln ertönen die Triumphgesänge.

So lauten einige Verse daraus. (*An Franz Liszt*. Übersetzung Günther Deicke.)

Auf diese ekstatische Weise wurde Liszt während seiner Ungarnreisen in den Jahren 1839/40 und 1846 überall von Publikum und Presse gefeiert. Eine professionelle Musikkritik existierte in Ungarn noch nicht. Am eindrücklichsten beschrieb wohl Imre Vahot im *Pesti Divatlap* (Pester Modeblatt) vom 14. April 1846 das Erlebnis, Liszt gehört zu haben:

Diese außerordentliche Erscheinung der musikalischen Welt scheint an seinem Klavier gar kein Mensch zu sein, selbst über sein Äußeres breitet sich eine überirdische Erhabenheit aus [...] lauter Geist von Kopf bis Fuß, umgeben von der leuchtenden Glorie der Kunst. Darin liegt eine eigenartige, unbegreifliche, zauberhafte Kraft, welche der Seele des Zuhörers Feuerschwingen verleiht, um mit ihnen die höchsten und tiefsten, geheimnisvollsten Räume der überirdischen Welt von Geist und Gefühl ungehindert zu durchschweifen [...]. Und diese außerordentliche Geschicklichkeit! Als ob der ganze Mensch aus lauter Händen bestünde, mit Hunderten von beweglichen Fingern. Ja, wahrlich, er ist die rechte Hand der Göttin der Musik [...].

Am 4. Januar 1840 fand im Nationaltheater von Pest ein denkwürdiges (wenn auch in Paris vielfach belächeltes) Konzert Liszts statt. Auf dem Programm standen die *Lucia-Phantasie*, der *Grand Galop Chromatique* und der *Rákóczi-Marsch*. Sechs ungarische Magnaten im nationalen Galagewand gürteten Liszt mit einen wertvollen, mit Edelsteinen besetzten Ehrensäbel. Einer von ihnen, Baron Antal Augusz, hielt eine Lobrede in ungarischer Sprache. Liszt hatte sich für diesen Anlaß einen einfachen ungarischen Anzug für 1.000 Franken anfertigen lassen und antwortete, nicht weniger pathetisch, auf französisch. „Sie können sich den Ernst und den feierlichen Eindruck dieser – überall sonst wohl lächerlich anmutenden – Szene überhaupt nicht vorstellen",[37] schrieb er am 7. Januar 1840 an Marie d'Agoult. Ein Rezensent der Zeitung *Honművész* (Nationalkünstler) berichtete am nächsten Tag über das Ereignis:

Während der ganzen Woche waren alle Zungen, alle Füße, alle Köpfe einzig mit einem Gegenstand beschäftigt; [...] und als dann endlich die Dämmerung des so denkwürdigen Tages anbrach, strömte die Menge gleich einer Belagerungsarmee auf das Theater zu und rannte die Türen des Erdgeschosses ohne Petarden ein [...]. Die Kunst, das Klavier hatte heute seinen Triumph gefeiert, und Liszt, der Klavierfürst die Worte der Schrift, *nemo propheta in patria*, durchaus zunichte gemacht, denn eine spontanere, ungestümere Begeisterung als die, welche bei dem Erscheinen dieses Künstlers bekundet wurde, kann man sich nicht vorstellen.

Für Liszt waren die beiden Ungarnaufenthalte außerordentliche Erlebnisse. Er fühlte sich in der Rolle eines Nationalhelden wohl und wusste, dass er die Herzen seiner Landsleute mit Werken wie seiner Klavierbearbeitung des *Rákóczi-Marsches* sofort erobern konnte. Dieser Marsch fiel der Zensur zum Opfer, weil er den im Jahr 1711 niedergeschlagenen Unabhängigkeitskrieg des Fürsten Rákóczi thematisierte. Seine eigene Bearbeitung des Marsches, die spätere *Ungarische Rhapsodie Nr. 15*, spielte Liszt schon im Dezember 1839 in Pressburg und seitdem regelmäßig in seinen Konzerten in Ungarn. Die bekannteste Version dieses Marsches komponierte später Hector Berlioz, sie findet sich in dessen Oratorium *La damnation de Faust* (Fausts Verdamnis, 1846).

Liszt konnte sich von der überwältigenden Wirkung dieser Musik auf die ungarischen Hörer sofort überzeugen: „Als ich die ersten Akkorde des *Ragozy*[sic!] *Marsches* anschlug (ein sehr populäres Lied in Ungarn, das ich nach meiner Art bearbeitet habe) widerhallte der Ganze Saal von – Elien! Elien! [richtig: Éljen, d.h. Vivat] – Sie können sich das gar nicht vorstellen [...]",[38] schrieb er Marie d'Agoult am 25. Dezember 1839. Umso befremdender musste es für den in Paris aufgewachsenen Künstler sein, sich in einem von fremden Despoten unterdrückten Land zu bewegen: „Die Zensur hat den Druck des *Rakoczymarsches* (so wie ich ihn in meinen Preßburger und Pester Konzerten gespielt habe) verboten. Wohlgemerkt, er hatte weder eine Überschrift noch irgendwelchen Text, außer f[orte] und p[iano]",[39] klagte er gegenüber der Gräfin am 23. Januar 1840.

Der kaiserliche Geheimdienst observierte Liszt wegen seiner Ungarnsympathie auf Schritt und Tritt. Auch hier stieß der europäische, bürgerlich-freiheitliche Geist des Künstlers an äußere Grenzen. Der gegenseitigen Hass und Chauvinismus der Volksgruppen in seiner Heimt war ihm widerwärtig. In Hermannstadt (ungarisch Nagyszeben, heute: Sibiu in Rumänien), einer von Siebenbürger Sachsen, Ungarn und Rumänen bewohnten Stadt, wurde er ausgepfiffen, als er statt des *Erlkönigs* den *Rákóczi-Marsch* als Zugabe spielte. Auch nachdem sich die Siebenbürger Sachsen Transsylvaniens im Jahr 1846 bei ihm entschuldigt hatten, äußerte er sich noch mit Unverständnis und Verachtung über dieses Ereignis.

Ebenso wenig Verständnis zeigte Liszt für den Hass der Ungarn gegen die Minderheiten im eigenen Land. Er bearbeitete in seiner frühen *Rhapsodie Nr. 20* ungarische und walachische, also rumänische Melodien gleichermaßen wie einen „Hermannstädter" und also deutschen Tanz. Auch die am stärksten diskriminierte Minderheit, die Roma, achtete Liszt, ja, er bewunderte die Zigeunermusiker und nannte sie „meine charmanten und hervorragenden Kollegen."

Die Popularität in Ungarn nahm ständig zu. Es machte Liszt glücklich, dass man ihn auf so vielfältige Weise ehrte: Er wurde zum dreifachen Ehrenbürger und in den Komitaten Sopron und Barcs zum Ehrenrichter gewählt.

Seine Stirn wurde mit einem Lorbeerkranz geschmückt. Der bekannte Maler Miklós Barabás schuf sein Porträt im ungarischen Galaanzug, das sich heute im Nationalmuseum Budapest befindet. Man sammelte bereits Geld für eine Büste; man veranstaltete ihm zu Ehren eine Extravorstellung der ungarischen Nationaloper *Hunyadi László* von Franz Erkel, dem Komponisten der Nationalhymne. Einige Aristokraten wollten ihn sogar in den Adelsstand erheben, andere waren darum bemüht, seine adelige Abstammung nachzuweisen. Die Aussicht auf eine gesellschaftliche Gleichstellung mit Marie d'Agoult, die sich des Öfteren ironisch über seine niedere Geburt geäußert hatte, erfüllte ihn mit Genugtuung: „Wahrscheinlich werde ich in einem Monat oder vielleicht noch früher vom ungarischen Landtag geadelt werden", schrieb er ihr am 1. Dezember 1839, „da es eine nationale Angelegenheit ist, die ich weder gesucht noch erbeten noch auf irgendeine Weise begehrt habe, gestehe ich, daß ich mich darüber freuen werde."[40] Und am 29. Dezember 1839 heißt es in einem Brief an die Gräfin: „Sie hatten also mehr Recht als gedacht, als Sie mir scherzend sagten, ich müße unbedingt aus einem sehr guten Hause kommen."[41]

Als Liszt während seiner zweiten Ungarn-Tournee im Jahr 1846 eine Reise durch Transsylvanien unternahm, wurde all der frühere Aufwand noch überboten, den man ihm zu Ehren betrieb. Er war geradezu geblendet vom Glanz und Prunk, mit welchem ihn die Magnaten empfingen. „Solch eine ganz fantastische, glorreiche Reise hätte sich nie ein Künstler erträumen können", schrieb Liszt am 10. November 1846 an seinen Freund Baron Antal Augusz, „ohne daß ich im voraus auch nur eine Ahnung davon gehabt hätte."[42]

Es war ohne Zweifel viel Theatralik und Selbstdarstellung in der Art, wie Liszt all die Huldigungen seines Vaterlandes entgegennahm. Sicherlich mischten sich aber auch aufrichtige Gefühle der Dankbarkeit darunter. Liszt revanchierte sich großzügig und lieferte greifbare Beweise seiner Sympathie und Dankbarkeit. Hatte er überall in Europa bereits so viele Konzerte zu Wohltätigkeits- und kulturellen Zwecken gegeben, so überbot er sich in Ungarn in dieser Hinsicht noch. Im Jahr 1840 spielte er in Pest zugunsten des Musikvereins, des Ungarischen Theaters und des geplanten Konservatoriums, in Pressburg zugunsten des Kirchenmusikvereins, in Sopron für Kindergärten, den Musikverein und für das Krankenhaus armer Handwerksgesellen und Dienstmägde. Im Jahr 1846 trat er in Pest zugunsten des Nationalkasinos, der Bürgerwehr, des Frauenvereins und des Knabenwaisenhauses auf. Außerdem gab Liszt zugunsten des Soproner Kasinos und in Fünfkirchen (Pécs) sowie in Hermannstadt Konzerte zu Wohltätigkeitszwecken. Die Ungarn schätzten solch eine Ritterlichkeit und Großmut ganz besonders, zumal sie als Teil der

Die Wanderjahre des Virtuosen | 83

Nationaltugenden galten. Das romantisch-patriotische Fieber der 1840er Jahre verstärkte diese Gefühle noch. Die Landsleute schlossen sich demonstrativ gegenseitig in die Arme. Liszt trug den ungarischen Anzug und spielte regelmäßig den *Rákóczi-Marsch* sowie andere ungarische Stücke. Er erklärte sich in einem Rechtfertigungsbrief an den Pariser Redakteur der *Revue des deux Mondes*, der ihn wegen des „Ehrensäbels" angegriffen hatte, und auch anderswo für einen Ungarn. Aus Wien berichtete er am 22. Februar 1840 an Marie d'Agoult von seiner Pilgerfahrt zum Geburtshaus in Raiding, wo die Einheimischen vor ihm auf die Knie gefallen waren und ihm die Hände geküsst hatten: „Ich begreife die Zähigkeit der Kindheitserinnerungen nicht", da doch die Kindheit, „wie Sie wissen, so wenig Reiz für mich hat."[43] Dem Grafen Leo Festetics erklärte Liszt seine patriotischen Gefühle etwas melodramatisch in einem Brief vom 20. Juni 1840: „Dort schlägt mein Puls wie der des Landes, oh! Ich habe Heimweh! Ich leide daran und bin zugleich glücklich!"[44] Dem Baron Augusz versicherte er am 10. November 1846:

Von allen lebenden Künstlern [...] bin ich der einzige, welcher ein stolzes Vaterland stolz aufzuweisen hat... Während sich die andern mühselig in den seichten Wässern des sparsamen Publikums abplagen, segle ich frey vorwärts auf der vollen See einer großen Nation. Mein Nordstern zeigt stets, daß Ungarn einmahl stolz auf mich hindeuten kann![45]

Das neue Nationalgefühl des Europäers Liszt hatte in seinem Wesen gewiss etwas Possenhaftes und Ambivalentes. Er verschaffte seinem Land gern Ruhm und Ehre, doch identifizierte er sich keineswegs mit den politischen Vorgängen. Er dachte fortschrittlich und hatte die Lehren Saint-Simons und Lamennais' durchaus nicht vergessen: jedoch Revolution, Blut und Krieg widerten ihn an. Bezüglich seines Heimatlandes teilte Liszt die Ansichten des gemäßigten Reformers Graf István Széchenyi und nicht die radikalen Ideen eines Lajos Kossuth. Als der Freiheitskrieg im Jahr 1848 ausbrach, hatte ihn sein Lebensweg bereits in ganz andere Gefilde verschlagen. Dass er sonst an diesem Krieg teilgenommen hätte, erscheint mehr als unwahrscheinlich. Dafür wurde Liszt von Feinden wie Freunden in Paris verspottet. Heinrich Heine spielte nicht nur auf den Ehrensäbel an, als er unter dem Titel *Im Oktober 1849* folgende Verse dichtete:

Auch Liszt taucht wieder auf, der Franz,
Er lebt, er liegt nicht blutgerötet

> Auf einem Schlachtfeld Ungarlands;
> Kein Russe, kein Kroat hat ihn getötet.
>
> Es fiel der Freiheit letzte Schanz'
> Und Ungarn blutet sich zu Tode –
> Doch unversehrt blieb Ritter Franz,
> Sein Säbel auch – er liegt in der Kommode.
>
> Er lebt, der Franz, und wird als Greis
> Vom Ungarnkriege Wunderdinge
> Erzählen in der Enkel Kreis –
> „So lag ich und so führt' ich meine Klinge!"

Seine Pariser Gönnerin, die italienische Revolutionärin Fürstin Cristina Belgiojoso, fragte ihn in einem Brief vom 15. Januar 1849 ganz offen: „Ihr Vaterland ist jetzt gefallen, ganz wie das meine... Aber wie kommt es, lieber Liszt, dass Sie an diesem Kampf nicht teilnahmen: Ist denn nicht Ungarn Ihr wahrhaftiges und gewähltes Vaterland? Haben Sie sich nicht für einen Ungarn erklärt? Ich wähnte Sie drüben, jenseits der Donau, und ängstigte mich schon, nichts von Ihnen zu hören [...]."[46]

Die aussagekräftigsten Belege für seinen ehrlichen, wenn auch eher zaghaften Patriotismus sind seine Kompositionen. Liszts großartiges Klavierstück *Funérailles* (Trauermusik), das als Untertitel die Überschrift von Heines Gedicht *Oktober 1849* trägt, ist eine Nänie auf die gefallenen Helden des ungarischen Unabhängigkeitskrieges. Es ist Teil seines Zyklus *Harmonies poétiques et religieuses*. Außerdem gibt es eine Reihe weiterer Kompositionen, die in ihrem musikalischen Idiom deutlich „ungarisch" sind. Der fahrende Virtuose Liszt bearbeitete ganz im Sinne seines einstigen Meisters Reicha Volkslieder und beliebte volkstümliche Melodien aus den besuchten Ländern. Dabei räumte er anfangs der ungarischen Musik, mit der er wahrscheinlich durch die *Mélodies hongroises* von Franz Schubert wieder in Kontakt gekommen war, keinen größeren Stellenwert ein. Doch von dem Augenblick an, da er sein Heimatland wieder betrat, erwachten die Jugendeindrücke vom Spiel János Biharis und seines Zigeunerensembles. Seit den 1840er Jahren war das ungarische Element in Liszts Kompositionen mehr als eine exotische Zutat. Mit Werken dieser Art wollte er seine ungarischen Wurzeln betonen und seine patriotischen Gefühle beweisen. Dabei schöpfte seine Fantasie aus einer ergiebigen

Quelle: Liszt nutze das „ungarische" Melos, die charakteristischen rhythmischen Formeln und Akzente sowie Harmonien, die er aus der „ungarischen" oder sogenannten „Zigeuner-"Tonleiter (mit den beiden erhöhten Sekunden, etwa: a-h-c-**dis**-e-f-**gis**-a) ableitete. Das ähnelt in den Rhythmen und Harmonien auch der polnischen Volksmusik bei Chopin oder der russischen Folklore bei Glinka und dessen Nachfolgern. Allerdings verwendete Chopin die charakteristischen Rhythmen, Tonarten und die daraus entstandenen Harmonien der ursprünglichen polnischen Volksmusik, Liszt hingegen arbeitete mit Elementen einer volkstümlichen, aus vielfältigen Quellen schöpfenden Kunstmusik. Er verfügte, wie seine Zeitgenossen auch, nicht über unmittelbare Kenntnisse der echten ungarischen Folklore, ihrer Ursprünge und ihrer Wesenart.

Liszt machte die ungarische Musik weltweit bekannt, nachdem sich ihre Elemente bereits in einigen Werken Haydns, Schuberts und Beethovens gezeigt hatte. Auch von Brahms wurde sie später verarbeitet. Was war das für eine ungarische Musik, die ihm zur Verfügung stand? Die meisten Melodien, die er in den frühen Fassungen seiner *Ungarischen Rhapsodien* und *Ungarischen Nationalmelodien* (Magyar Dalok) bearbeitete, waren keineswegs originale, alte ungarische Bauernlieder. Der Großteil bestand aus Werbetanz-Melodien und ein Fünftel aus volkstümlichen Kunstliedern. Der Ursprung der restlichen Melodien konnte bis heute nicht ermittelt werden.

Der sogenannte „Verbunkos" (der ungarische Begriff leitet sich von dem deutschen Wort „Werbung" ab) verbreitete sich gegen Ende des 18. Jahrhunderts. Die Soldatenwerber zogen mit dieser, wohl damals schon sehr beliebten Musik durchs Land. Es handelt sich um eine Mischung zahlreicher Elemente aus der Musik und Aufführungspraxis verschiedener Völker, sodass der „Verbunkos" einem internationalen musikalischen Mischmasch gleicht. Außer den Traditionen der alten ungarischen Volkstänze „Heiduckentanz" und „Schweinehirtentanz" enthält der „Verbunkos" türkische und slawische Elemente, er vereinigt außerdem Einflüsse aus dem Nahen Osten, der neueren Wiener und der italienischen Musik, sowie nicht zuletzt Elemente von Zigeuner-Interpreten. Ungarn, das im Begriff stand, ein stärkeres nationales Bewusstsein zu entwickeln, nahm diese Musik bald als seine eigentümliche Tonsprache an und machte sie geradezu zu einem Nationalsymbol. Das Ergebnis war eine sehr charakteristische, mit typischen punktierten rhythmischen und melodisch-harmonischen Eigentümlichkeiten versehene sowie an Verzierungen reiche Musik.

Die Stileigentümlichkeiten und Formtypen des „Verbunkos" wurden im 19. Jahrhundert vielfach als Schablone verwendet und zu ungarischen volkstümlichen Kunstliedern verarbeitet, deren Komponisten mit wenigen Ausnahmen adelige Dilettanten waren. Aus dem „Verbunkos" und anderen musikalischen Elementen entstand um die 1840er Jahre auch ein neuer ungarischer Tanz, der Csárdás, der bald seinen Siegeszug über die Grenzen des Landes hinaus antrat.

In jenen Jahren galt diese Musik als *die* ungarische Nationalmusik. Ihre Melodien wurden als „Volkslieder" betrachtet und geliebt. „Echte" Volksmusik wurde nicht als Entwicklungsprodukt vieler Jahrhunderte betrachtet; die Gesänge der Bauern hielt man für wertlos. Man unterschied nicht zwischen originärer Volksmusik und dem volkstümlichen Kunstlied. Vorgetragen wurden diese Stücke ausschließlich von Zigeunerensembles, da es keine bürgerlichen ungarischen Musiker gab. Sie verbanden sich daher unzertrennlich mit den Stileigentümlichkeiten jener Aufführungspraxis und wurden meist einfach „Zigeunermusik" genannt. Das originäre ungarische Bauernlied wurde erst zwanzig Jahre nach Liszts Tod, zu Beginn des 20. Jahrhunderts, durch Béla Bartók und Zoltán Kodály wiederentdeckt, gesammelt und wissenschaftlich klassifiziert. Die instrumentale Volksmusik erschlossen erst deren Schüler im Laufe der zweiten Hälfte des 20. Jahrhunderts. Ebenfalls erst im Verlauf des vergangenen Jahrhunderts wurde die von der ungarischen gänzlich verschiedene, originale Volksmusik der Roma wissenschaftlich untersucht und bearbeitet.

Franz Liszt hatte ursprünglich geplant, „allein und zu Fuß, mein Bündel auf dem Rücken die einsamen Gegenden Ungarns [zu] durchstreifen",[47] wie es, dem Wortlaut Marie d'Agoults folgend, in seinem *Reisebrief an Lambert Massart* heißt. Doch dazu fehlten ihm Zeit und Muße. Er empfing nur recht oberflächliche Eindrücke von Ungarn, bekam nur jene Musik zu hören, welche die ungarischen Feudalherren ihm in der Stadt oder in den Schlössern ihrer gewaltigen Güter vorspielen ließen. Da er der Landessprache nicht mächtig war, wusste er bloß das, was sie ihm über diese Musik erzählten, die ihn als romantischen Künstler selbstverständlich entzückte. Vor allem faszinierte ihn die Art, wie sie gespielt wurde; der virtuose, feurige, reich verzierte, improvisatorische und launische Vortragsstil der Zigeunerensembles. Er sammelte die Melodien, die er gehört hatte, schrieb sie teilweise aus dem Gedächtnis auf und bat seine Freunde, ihm bereits publizierte Sammlungen zu übersenden. In diesen war die Klavierbegleitung – wenn überhaupt – von deutschen oder tschechischen Musikern angefertigt, denn Noten oder Harmonielehre kannten weder die ungarischen Schöpfer der Melodien noch die Zigeunermusiker. Auch Liszt hielt diese Art von Musik für *die* Nationalmusik und nannte sie „Zigeunermusik". Er war sogar davon überzeugt, dass die von den Roma gespielten Melodien uralt seien, auch wenn sie erst vor einigen Jahrzehnten entstanden waren. Konsequenterweise nannte er seine eigenen Bearbeitungen dieser Melodien *Ungarische Nationalmelodien* und *Ungarische Rhapsodien*. Er übertrug die Stileigentümlichkeiten der Zigeunerensembles mit Bravour auf das Klavier. Dabei nahm Liszt fälschlicherweise an, die Melodien seien Bruchstücke eines verschollenen uralten Nationalepos. Er aber empfand sich dabei als Rhapsode, ein Nachfahre der Sänger im alten Griechenland, der aus den „Bruchstücken" wieder ein Ganzes zu schaffen berufen sei. In diesem Sinne schrieb er am 8. Oktober 1846 an die Gräfin d'Agoult: „Während meines Aufenthalts in Ungarn habe ich eine Menge Fragmente gesammelt, mit deren Hilfe man das musikalische Epos dieses seltsamen Landes, für dessen Rhapsoden ich mich halte, ganz gut wiederherstellen könnte."[48] Am 17. Juli 1847, als Liszt im rumänischen Galați in Quarantäne lag, versuchte er die Gräfin dazu zu bewegen, wieder etwas für ihn zu schreiben. Schließlich war sie einige Jahre zuvor seine vertraute Partnerin in schriftstellerischen Dingen gewesen. Er bat sie, ein „ganz kleines Essai" „von etwa 3 oder 4 Kolumnen" seinen Anweisungen entsprechend zu verfassen. Dieser sollte als „Nachwort" zur frühen Fassung der *Ungarischen Rhapsodien* dienen.[49] Da das Verhältnis der beiden zu jener Zeit schon stark abgekühlt war, lehnte Marie d'Agoult ab. Der „ganz kleine Essai" erschien schließlich, zu einem Buch ausgewachsen, im Jahr 1859 in Paris unter Liszts Namen als *Des Bohémiens et de leur musique en Hongrie* (Über die Zigeuner und ihre Musik in Ungarn). Es wurde größtenteils von seiner nächsten Lebensgefährtin, der Fürstin Carolyne von Sayn-Wittgenstein, verfasst und wimmelte von Fehlern, die beide verursacht hatten. Dieses Werk sollte ihm bis zu seinem Tod noch einige Unannehmlichkeiten verursachen.

Die ersten fünfzehn der insgesamt 21 *Ungarischen Rhapsodien* galten lange Zeit als Liszts bekanntestes Werk. Seine brillantesten Klavierkompositionen sind es allerdings nicht, auch wenn er mit ihnen eine neue musikalische Gattung geschaffen hatte. Diese besteht aus einem langsamen (Lassú) und einem schnellen (Friss) Satz und diente den *Rhapsodien* und *Kontrasten* Béla Bartóks sowie Werken späterer Komponisten als Modell. Liszt bearbeitete in den *Rhapsodien* je zwei bis sechs Melodien von ungarischen volkstümlichen Kunstliedern, die höchstens einige Jahrzehnte alt und deren Autoren zum Teil noch bekannt waren. Es war also weder besonders altes noch Volksmusik-Material. Alle Melodien, auch die ursprünglich mit Text versehen, wurden instrumental behandelt, stark bearbeitet und stilisiert sowie mit selbstständigen Zwischensätzen und Finales ergänzt. Liszt zerlegte sie zudem improvisatorisch und verband sie mit den charakteristischen „ungarischen" Rhythmusformeln, das heißt er arbeitete mit markanten Punktierungen oder verschärfte sie in den Csárdás-Sätzen mit Synkopen. Außerdem reproduzierte er die Verzierungen und instrumentalen Effekte der Zigeunerensembles. Diese setzten sich auf dem Lande meist nur aus zwei Violinen, Kontrabass und Zymbal zusammen, im städtischen Umfeld kamen meist noch ein Bratschist, ein Klarinettist, manchmal auch ein Cellist dazu.

Bei den ersten fünfzehn *Ungarischen Rhapsodien* handelt es sich um Bravourfantasien für Klavier. Sie sind im langsamen Teil sehr frei und kapriziös im Tempo, mit viel Agogik, plötzlichem Innehalten oder Voraneilen. Im schnellen Teil dann werden sie feurig und rhythmisch prägnant. Es konnte geschehen, daß im Zigeunerrepertoire ab und an zufällig ein originäres ungarisches Bauernlied auftauchte. Weder Liszt noch die Musiker selbst nahmen davon Notiz. Wichtig festzuhalten ist, daß Liszt das Material der ersten fünfzehn *Ungarischen Rhapsodien* ebenso wenig selbst erfand wie das seiner Opernfantasien. Allerdings stammte es ursprünglich nicht von ausgebildeten Komponisten. Die Bearbeitungen für das Klavier, die der Aufführungspraxis der Zigeunerensembles abgelauscht sind, sind von berauschender Qualität. Dementsprechend bedürfen sie eines kongenialen Interpreten, der sie als „kreativer Virtuose" – als solche betrachtete Liszt die Zigeunermusikanten – einheitlich erfasst und brillant, farbig, leidenschaftlich, elegant und hinreißend spielt.

Weitere „ungarische" Werke dieser Schaffensperiode sind die zwei *Märsche* für Klavier. Der bedeutendere ist der *Heroische Marsch in ungarischem Stil* aus dem Jahr 1840. Er ist ein erster Versuch, den spezifischen, „heroisch-ungarischen" Charakter mit einem Marschrhythmus zu verknüpfen. Diese beiden Eigenschaften wurden bei Liszt auch im Folgenden unzertrennlich miteinander verflochten; jeder seiner „Märsche" hat etwas Ungarisches. In einer späteren Weimarer Fassung wurde das Werk dann zu der symphonischen Dichtung *Hungaria* umgestaltet.

Einerseits freute sich Liszt natürlich über seine Erfolge und deren Früchte, die es ihm unter anderem ermöglichten, regelmäßig größere Summen für die Mutter und seine Kinder nach Paris zu senden. Andererseits war er der Strapazen und des „Herumzigeunerns", des „Tag-und-Nacht-Bedienens" seines Publikums bald überdrüssig. Er betrachtete die „Glanzzeit" seines Lebens bloß als ein unumgängliches Provisorium. Im Jahr 1842 lebte er noch in der Hoffnung, sein Verhältnis zu Marie d'Agoult könne sich bessern. Am 8. Dezember des Jahres schrieb er ihr:

Ich verhehle es nicht: Mein Leben ist seit drei Jahren nichts als eine Folge von fieberhaften und oft selbst gewollten Aufregungen, die zu Ekel und Gewissensbissen führen. Ich muß Leben, Kraft, Geld und Zeit vergeuden, und immer wieder vergeuden, ohne dafür durch Genüsse der Gegenwart oder Hoffnungen für die Zukunft entschädigt zu werden. Ich habe mich mit einem Spieler verglichen. Ohne die unaufhörlichen Emotionen, den unstillbaren Durst könnte ich mich auch mit einem Manne vergleichen, der die Felder durchquert, Blumen, Früchte, Bäume und Samen herausreißt und dem Wind preisgibt, ohne zu sähen, zu pflügen, noch zu pfropfen.[50]

Am 6. März 1843 schrieb er ihr:

Es wäre ziemlich wichtig, daß ich diesem Leben, wie ich es treibe, voller Reisen, Ermüdungen, Unannehmlichkeiten, unaufhörlichen Diners und Soupers, widerstünde. Sie glauben bestimmt, ich könnte daran leicht ändern, wenn ich wollte. Wäre es Ihnen möglich, fünfzehn Tage mit mir zu verbringen, Sie würden sehen, es ist schwerer als Sie es sich vorstellen.[51]

Aus Moskau wiederum, wo er vom 12. bis 22. Mai 1845 weilte, klagte er: „Ich bin am Ersticken".[52] Der Fürstin Cristina Belgiojoso gestand er am 2. April des darauffolgenden Jahres: „Seit einem Monat führe ich ein Leben, einen Beruf, geeignet, mehrere Pferde umzulegen. Aber mich auszuspannen ist mir momentan unmöglich."[53]

Etwa um das Jahr 1846 begann Liszt, den Abschluß seiner Karriere als reisender Virtuose ernsthaft in Erwägung zu ziehen. Dem Erbgroßherzog von Sachsen-Weimar-Eisenach, Carl Alexander, in dessen Diensten er zu diesem Zeitpunkt bereits stand, schrieb er am 6. Oktober 1846, indem er Dantes *Divina Commedia* zitierte:

Der Moment ist für mich nun (35 Jahre – *Nel mezzo del camin di nostra vita!*) gekommen, den Puppenzustand meines Virtuosentums zu zerbrechen und meinen Gedanken freien Lauf zu lassen, natürlich mit dem Vorbehalt, weniger herumzuflattern. Wären nicht die unglücklichen Geldfragen, die mich oft an der Kehle packen, nicht die mannigfachen Phantastereien, zu denen ich mich in meiner Jugend fortreißen ließ, ich könnte schon um vier oder fünf Jahre weiter sein.[54]

Es galt in erster Linie zu klären, wo er sich niederlassen, an welchem Ort er seine schöpferischen Talente wohl am besten entfalten könnte. In Deutschland und Ungarn hatte er schon einige Male dirigiert. Liszt sprach davon, daß er seine Karriere als Pianist dort beenden würde, wo sie begonnen hatte – in Ungarn oder Wien. Seinen ungarischen Freunden versicherte er, dass er zu ihnen zurückkehren würde, sobald ein entsprechender Posten für ihn in Pest gefunden sei. In Wien wurde Liszt als Kammer-Kapellmeister gehandelt; Gaetano Donizetti, der die Stelle zuvor bekleidete, hatte man soeben in eine psychiatrische Anstalt einweisen müssen.

Auch Weimar war für Liszt ein attraktiver Ort. Seit dem Jahr 1842 hatte er dort den Posten eines Hofkapellmeisters inne und die großherzogliche Familie zeigte sich ihm herzlich zugetan. In dieser deutschen Kleinstadt, wo so überaus bedeutende Dichter gelebt und gewirkt hatten, meinte Liszt, für seine kompositorische Arbeit ein geeignetes Refugium gefunden zu haben. Im Jahr 1841 gab er am Hofe der Großherzogin Maria Pawlowna, einer Schwester von Zar Nikolaus I., und im Weimarer Theater Konzerte zu Wohltätigkeitszwecken – und erhielt dafür einen Orden. Der kunstbegeisterte Erbgroßherzog Carl Alexander wollte seine Stadt wieder zu einem Zentrum der Musen machen, wie sie es zu der Zeit Goethes, Schillers, Herders und Wielands gewesen war. Aus diesem Grund versuchte er, Liszt an Weimar zu binden, indem er ihn als Kapellmeister nominierte. Der Vertrag sah vor, dass Liszt drei Monate im Jahr in Weimar verbringen sollte; er aber hatte bis dahin noch gar keine Zeit dazu gefunden. Zum ersten Mal dirigierte er im Jahr 1844 in der Stadt. Doch seine Sehnsucht nach Weimar wuchs: „Die Zeit ist nicht fern, da ich meinen Wünschen gemäß in Weimar Wurzel fassen kann",[55] schrieb er dem Erbgroßherzog am 1. Januar 1845. Anderthalb Jahre später, vom Deck eines Donauschiffes aus, bemerkte er ergänzend: „Es tut mir wohl, nun an Weimar zu denken, an meinen Nordstern, dessen wohltuende Strahlen meinen langen Weg erleuchten [...] an Weimar, wo mich vor fünf Jahren eine nachsichtige, verständnisvolle Großherzogin das erstemal ein heiter-ernstes Bild meiner Zukunft erblicken ließ."[56] Aus der Ferne erteilte Liszt bereits Ratschläge, wie man das Weimarer Theater organisieren müsse. Diese betrafen Solisten, Chor, Inszenierungen und Einstudierung; er forderte sogar Tantiemen für die deutschen Komponisten.

Zur selben Zeit korrespondierte Liszt regelmäßig mit der Fürstin Belgiojoso, in der Absicht, mit ihr als Geschäftspartnerin ein Haus auf dem Boulevard Montparnasse in Paris zu errichten.[57] Seiner Mutter berichtete er in einem

Brief vom 29. Mai 1846 davon: „Das Haus *Boulevard Montparnasse* bin ich entschlossen bauen zu lassen. – Die Gelegenheit ist mir ganz passend dazu."[58]

Er war sich bewusst, dass sein Verhältnis zur Gräfin d'Agoult unwiderruflich zerstört war. Wegen seiner zahlreichen Affären mit Damen in den verschiedensten Ländern gab es in Paris viel Gerede. Die Gräfin ließ im Jahr 1846 den unversöhnlichen Schlüsselroman *Nélida* in der *Revue Indépendante* erscheinen, in welchem sie von Liszt als Maler Guermann ein abstoßendes, von sich selbst jedoch ein idealisiertes, selbstherrliches Porträt entwarf. Liszt kannte das Buch und distanzierte sich von der Figur des Guermann. Über die Mutter seiner Kinder sprach er allerdings fortan als „Nélida". Fürstin Cristina Belgiojoso mochte ihn zu vagen Heiratsplänen befragt haben, da Liszt ihr am 2. April 1846 etwas zynisch antwortete:

Der Gedanke an eine Heirat […] liegt meiner Gesinnung recht fern. Jedenfalls könnte eine Heirat irgendwann einige Chance von Möglichkeit haben, würde sie meine Rechnungsführung mit einem Schlag vereinfachen, denn, dessen kann ich Sie versichern, nie würde ich eine Frau heiraten, die mir, zum Tausch für meine langen, langsam ergrauenden Haare und für meine herausgezogenen Zähne, nichts weiteres zu bieten hat, als eine Strohhütte und ihr Herz.[59]

Tatsächlich schien Liszt im Jahr 1847 eine ebenso wohlhabende wie vornehme Frau gefunden zu haben, die es ihm ermöglichen sollte, sein nunmehr acht Jahre andauerndes Streben nach Reputation und Geld endlich zu beenden. Im Februar 1847 gab er drei Konzerte in Kiew. Beim zweiten saß die Fürstin Carolyne von Sayn-Wittgenstein, geborene Iwanowska, im Publikum. Sie verliebte sich augenblicklich in den Künstler. Da sie anlässlich des Konzertes eine größere Summe für Wohltätigkeitszwecke spendete, stattete Liszt ihr zum Ausdruck seiner Dankbarkeit einen Besuch ab. Die Fürstin lud ihn daraufhin auf ihr in Woronince gelegenes Gut ein, wo er einige Wochen verweilte. Dann reiste er über Lemberg (Lwiw, Ukraine), Czernowitz (Tschernowzy, Ukraine), Iași und Galați (Rumänien) für fünf Wochen nach Konstantinopel. Im Juli kehrte Liszt nach Odessa zurück, wo er konzertierte und wieder mit der Fürstin zusammenlebte. Im September gab er die letzten Konzerte seiner Virtuosenlaufbahn in Elisabethgrad, um danach, von Oktober bis Mitte Januar 1848, wieder bei Carolyne in Woronince zu verweilen. Liszt mochte sich dort so wohl gefühlt haben, dass er alles andere vergaß. Seine Mutter, die ihn in wichtigen Angelegenheiten öfter zu kontaktieren suchte, konnte ihn lange Zeit nicht ausfindig machen und begann bereits, sich zu ängstigen.

Carolyne von Sayn-Wittgenstein war im Jahr 1819 zur Welt gekommen; sie war keine Aristokratin von Geburt. Mit ihrem Töchterchen, Prinzessin Marie, lebte sie getrennt von ihrem Gemahl, dem Fürsten Nikolaus von Sayn-Wittgenstein. Dieser stammte aus einer weit verzweigten deutsch-russischen Familie und war zaristischer Offizier. Auch Carolynes Eltern hatten sich einst getrennt. Sie war bei ihrem Vater, dem Gutsbesitzer Piotr Iwanowski, aufgewachsen und hatte von ihm unvorstellbar große Güter in Podolien, dem polnischen Teil der Ukraine, geerbt. Es bedurfte mehrerer Tage, diese weitläufigen Ländereien mit dem Pferd zu durchqueren; mehr als 30.000 Leibeigene gehörten zu ihrem Anwesen. Carolyne von Sayn-Wittgenstein besaß Millionen von Rubel. Die grenzenlose Ergebenheit und Liebe einer solchen Frau bot Liszt die ersehnte Freiheit. Am 5. September 1847 schrieb er der Mutter aus Nikolajew bei Odessa:

> Die Lösungen für mein weiteres Leben nähern sich, ein ebenso entscheidender wie unerwarteter Umstand scheint das Gewicht auf der Waage auf die Seite des Glücks, des Wohlstandes und eines mir würdigen, endgültigen Zieles zu beschweren. Es würde ganz besonders widriger und unvorsehbarer Zufälle bedürfen, um die Suppe zu versalzen, die ich essen will.[60]

Anna Liszt jedoch, die von der Gräfin d'Agoult, der Mutter ihrer geliebten Enkel, schon so manches hatte ertragen müssen, war besorgt. Ihre Bodenständigkeit machte sie misstrauisch.

Am 9. Dezember 1847 riet sie ihrem Sohn in ihrem typischen, etwas ungelenken Schreibstil, keineswegs sogleich zu heiraten:

> Ich habe dein letztes Schreiben von Anfangs September nicht gut verstanden oder nicht gut ausgedeutet sei es, bleib noch *garçon* und laß dich nicht viel ein mit hohe Damen du hast ja Lehrgeld gegeben. Verzeih mein Ausdruck. Es ist mir ja erlaubt oder ich erlaube mirs frey zu reden als Mutter du stehst so schön gegenwärtig daß Glück ist dir günstig in allen deinen Geschäften es wäre unendlich leid wenn du dich durch eine *amour* wieder quälen würdest die mit zu großer *ambition* verbunden ist. o nein, nein, deine Ideen werden nun weiser überlegt du hast 36 Jahr daß tröstet mich und kennst die Welt mit allen ihren Zauber Sie wird dich nicht mehr verführen. So sehr ich wünsche dich glücklich zu wissen in besitze einer edlen tugendhaften Frau zur Gattin zu haben, zur

Die Wanderjahre des Virtuosen | **93**

Gattin *légitime*, aber so sehr ist zu besorgen ob du das findest was für dich paßt Gott befohlen.[61]

Ihr Sohn ließ sich durch ihre Warnungen nicht beeindrucken. Im April 1848 floh Carolyne von Sayn-Wittgenstein mit ihrer elfjährigen Tochter Marie aus Russland. Sie hatte soviel Bargeld wie möglich mit sich genommen. Liszt erwartete Mutter und Tochter auf dem Schloss Krzyżanowice (bei Raciborz im heutigen Polen), das seinem Freund Fürst Felix Lichnowsky gehörte. Nach einem kurzen Aufenthalt in Wien und dem Besuch von Liszts Geburtshaus in Raiding zogen die Verliebten nach Weimar. Dort hatte sich Liszt schon zu Anfang des Jahres niedergelassen. Fürstin Carolyne hoffte, die alte Großherzoginmutter Maria Pawlowna würde ihr helfen, bei ihrem Bruder, dem Zaren, die Erlaubnis zur Ehescheidung zu erwirken. Sie war im Besitz eines ansehnlichen Vermögens, das sie aus Russland hatte herausschmuggeln können und entschlossen, sobald wie möglich den Namen Liszts zu führen. Selbstverständlich ging es ihr dabei auch darum, Ansprüche auf ihr immenses zurückgelassenes Eigentum erheben zu können. Fürst Wittgenstein und seine Familie taten ihrerseits alles, um diese Pläne zu vereiteln, um sich des außerordentlichen Reichtums Carolynes zu bemächtigen.

Die neue Lebensgefährtin Liszts unterschied sich wesentlich von Marie d'Agoult. Sie war klein von Gestalt, schwarz, nicht wirklich hübsch, unruhig, mit heftigen Bewegungen; insgesamt war sie keine angenehme Erscheinung. Noch im Alter hatte sie eine Vorliebe für grelle Farben und rauchte beständig sehr starke Zigarren. Sie galt als gescheit, sehr belesen und intelligent – und außerdem als regelrechter Blaustrumpf und Snob. Am liebsten versammelte Carolyne berühmte Menschen um sich. Ihr Benehmen, ihre Handschrift, der Stil ihrer Briefe und Aufsätze waren von einer übertrieben wirkenden Manieriertheit und Schwülstigkeit. Beinahe ans Krankhafte grenzte ihr fanatischer, zum Mystizismus neigender Katholizismus. Ihre Hilfsbereitschaft wurde allgemein anerkannt, doch galt sie vielerorts als enervierend und anstrengend. Anna Liszts Befürchtungen bezüglich ihres Verhältnisses zu ihr und seinen Kindern sollten sich als berechtigt erweisen. Später brach sie sogar den Verkehr zur eigenen Tochter ab und auch Liszt mied den Kontakt mit ihr jahrelang.

Beide lebten zwölf Jahre lang gemeinsam in Weimar. Liszt hatte es oft nicht leicht mit Carolyne, obwohl oder eben weil sie ihn vergötterte. Er musste täglich mehrmals mit ihr beten, und sie zwang ihm einen geregelten Lebensstil auf. Wenn sie voneinander getrennt waren, weil die Fürstin beispielsweise in Heilbädern weilte oder Liszt Konzertreisen unternahm, musste er ihr ausführliche Briefe mit heißen Liebesschwüren schreiben und wurde von ihren Spionen verfolgt. Sie zwang ihn zu manch unguter Handlung und übte einen bösen Einfluss auf ihn aus, insbesondere dann, wenn sie versuchte, ihn von seinen Kindern zu entfremden. Öfters machte sie ihn mit ihrer öffentlichen Lobhudelei vor anderen lächerlich. Carolyne mischte sich darüber hinaus in gewissem Maße in Liszts Kompositionen ein. Wie die Gräfin d'Agoult auch war sie literarisch ambitioniert, verfügte aber nicht über einen so eleganten Stil wie die aufgeklärte Französin. Nun verfasste sie also Essays unter Liszts Namen, hielt sich dabei aber leider nicht immer an seine Anweisungen. Sie war eine Vielschreiberin und liebte es, ihre eigenen, recht subjektiven und oft nicht beweisbaren Ansichten unter seinem Namen zu veröffentlichen. Liszt entstanden so zum Teil arge Unannehmlichkeiten. Letztendlich verzerrte sie Liszts Bildnis vor der Nachwelt.

Dennoch hat sich Carolyne keineswegs geringe Verdienste um ihren Gefährten erworben. Sie allein vollbrachte etwas, das weder vor noch nach ihr einer anderen Frau in seinem Leben gelungen war. Die Fürstin brachte Liszt zum Innehalten. Sie gab ihm sein Selbstvertrauen zurück – und sei es auch nur durch ihr immenses Vermögen, das ihm materielle Sicherheit verschaffte. Sie ermöglichte es ihm, mit dem unsteten Leben eines „fahrenden Gauklers" endlich zu brechen und brachte ihn dazu, sesshaft zu werden und fleißig zu komponieren. Liszt wird ihr gegenüber deshalb wohl tiefe Dankbarkeit empfunden haben. Er war sich bewusst, dass sie um seinetwillen, um seines Schaffens willen den heimischen Reichtümern entsagt hatte und sich manchen Demütigungen aussetzte. Als verheiratete Frau, die mit einem anderem Mann zusammenlebte, befand sich Fürstin Carolyne in einer gesellschaftlich inakzeptablen Situation, besonders im kleinen Großherzogtum Sachsen-Weimar-Eisenach.

Dass Aussehen und Auftreten der Fürstin umstritten waren, lässt sich aus einem Brief Liszts aus dem Frühjahr 1849 entnehmen, in dem er seiner Mutter versicherte:

> Ich weiß nicht, wieso Ihnen die Fürstin G[agarin] gesagt hat, die Fürstin Wittgenstein sei nicht schön. Wenn sich die Gelegenheit ergibt, teilt euren Freunden und Bekannten mit, ich hielte mich für einen *connaisseur*, was Schönheit betrifft, und daß die Fürstin W. schön ist, sehr schön sogar, von jener ausdrucksvollen und unbesiegbaren Schönheit, die allein das Strahlen der Seele einem Gesicht und dem gesamten Organismus verleihen kann.[62]

Mit Carolyne von Sayn-Wittgenstein und ihrer kleiner Tochter richtete sich Liszt ab dem Juni 1848 ein neues Leben in Weimar ein. Er selbst wohnte zuerst im Hotel Erbprinz, dann, sich über alle Konventionen hinwegsetzend, zog er zur Fürstin in die etwas außerhalb der Stadt gelegene Villa Altenburg.

5. „Wagner und ich wären die Koryphäen gewesen, wie einst Goethe und Schiller". Weimar (1848–1861)

Liszt kam mit hoch gesteckten Zielen und weitreichenden Plänen nach Weimar und begann seine Tätigkeit in der Klassikerstadt voller Eifer. War sie tatsächlich der ideale Ort für die Verwirklichung seiner kühnen Pläne? Bald wurde ihm bewusst, dass sie es nicht war. Er hatte sich in einer beinahe in Totenstarre liegenden, in Erinnerungen an die große Vergangenheit stagnierenden Stadt niedergelassen. Der einst blühende Mittelpunkt der deutschen Literatur war eine schläfrig-langweilige Kleinstadt geworden. Goethes Haus hatte man an Fremde vermietet, seine Schwiegertochter und die beiden Enkel lebten kümmerlich. Wirtschaft und Industrie waren unterentwickelt. Weimar war, wie viele andere deutsche Duodez-Fürstentümer auch, arm und rückständig. Es herrschten strengste, feudal-provinzielle Gesetze und Konventionen. Mittelpunkt des Großherzogtums Sachsen-Weimar-Eisenach war der Hof, an dem man sich trotz andauernder Geldsorgen starr an Repräsentationspflichten, überkommene Zeremonien und die Etikette hielt. Die großherzogliche Familie wurde von einem exklusiven aristokratischen Kreis umgeben, der den Umgang mit Bürgerlichen mied. Carl August, der Großvater des regierenden Großherzogs, war noch der Herzog und Freund Goethes gewesen. Als sein Sohn Carl Friedrich die Großfürstin Maria Pawlowna, die Schwester des Zaren Nikolaus I. heiratete, war er noch von Schiller gefeiert worden. Am Ende der vierziger Jahre des 19. Jahrhunderts jedoch war all das nur noch Erinnerung an die glorreiche Vergangenheit. Die Flamme des Geistes war erloschen, geblieben war der öde Alltag mit seinen kleinen Sorgen. Trotz Gutmütigkeit und Bildung wurde bei Hof ein Leben geführt, wie es etwa Thomas Mann mit liebevoller Ironie in der Erzählung *Königliche Hoheit* schildert.

Die Stadtbürger waren erzkonservativ. 1848 wurde aus der „Revolution" eine Idylle: Als überall in Europa radikalste Forderungen laut wurden, war alles, was man sich in Weimar zu wünschen erlaubte, eine konstitutionelle Monarchie mit der Zusicherung des Schutzes vor staatlicher Willkür, der Gleichheit vor dem Gesetz und der Abschaffung von ständischen Privilegien. Die Intellektuellen waren eher Spießbürger. Die nach Goethes berühmten Freitagsgesellschaften benannten Mittwochsgesellschaften waren Zusammenkünfte von politisch wie künstlerisch reaktionären Menschen. Im Lisztschen Kreis nannte man sie verächtlich nur „Die Clique".

Der Hof wollte das im künstlerischen Sinkflug befindliche Theater zwar aufrechterhalten, verfügte aber nicht über die nötigen Mittel. Der Spielplan wurde einzig nach Maßgabe der materiellen Interessen und Möglichkeiten zusammengestellt und ging über die billige Zerstreuung des Publikums kaum je hinaus. So produzierte sich beispielsweise ein berühmter Zwerg mitten in einem von „Hofkapellmeister Herrn Dr. Liszt" dirigierten Konzert. Bei anderer Gelegenheit leitete er das Orchester – gespielt wurde Beethovens *Achte Symphonie* – zwischen einem leichten Stück von Eugène Scribe und einer komischen Oper eines gewissen Fischer. Auf diese Weise kamen weder die Musik noch das Drama zu ihrem Recht: der letzte Akt des *Kaufmanns von Venedig* wurde einem Gast zuliebe einfach weggelassen und durch ein gefälliges, aber völlig unbedeutendes Stück ersetzt.

Das großherzogliche Paar hegte den Plan, bedeutende Persönlichkeiten nach Weimar einzuladen, um der Stadt den alten Glanz wiederzugeben – allein die monetären Mittel fehlten dazu. Gerade dieses Scheinniveau war es, das Liszt die Tätigkeit in Weimar vergällen und schließlich zu seinem Abschied führen sollte. Der Hof wünschte sich sowohl musikalische wie dramatische Höhepunkte, konnte jedoch nicht einmal für eine der beiden Sparten die notwendige materielle Basis garantieren.

Man kann sich vorstellen, wie voreingenommen und ablehnend der durchschnittliche Spießbürger in der einstigen Musenstadt einer Person wie Franz Liszt begegnete. Er war ein Künstler, der meist französisch sprach und mit seinen langen Haaren eine extravagante Erscheinung darstellte. Liszt führte kein kleinbürgerliches Leben; er lebte mit einer verheirateten, bizarren russischen Fürstin und deren Tochter zusammen unter einem Dach. Das war aber bei weitem nicht alles, was die Leute reizte. Dieser Fremde begnügte sich nicht damit, sie mit seinem Klavierspiel oder als Dirigent zu unterhalten. Liszt hatte im Gegenteil die Absicht, allerlei Neuerungen im musikalischen und künstlerischen Leben zu verwirklichen und „abscheulich-moderne" Kompositionen aufzuführen. Ja sogar in Fragen wie die Gründung einer Goethe-Stiftung mischte er sich ein.

Anfangs wurde Fürstin Carolyne überall empfangen. Als sie jedoch dem Aufruf des Zaren, nach Russland zurückzukehren, nicht Folge leistete und deswegen verbannt wurde – ihr einstiger Gemahl und dessen Familie betrieben dies, um an ihre riesigen Besitztümer heran zu kommen – konnte sie bei Hofe nicht mehr erscheinen. Auch sonst zogen sich die Vornehmen von ihr zurück. Dies wird Liszts Position nicht erleichtert haben, obwohl er selbst nach wie vor bei Hofe gern gesehen war. Besonders der Erbgroßherzog und spätere Großherzog Carl Alexander war ihm freundschaftlich gewogen. Sein Gehalt als Hofkapellmeister wurde aus der Privatkasse der Großfürstin und der Erbgroßherzogin ergänzt. Die Möglichkeiten, selbständig über die Personal- und Budgetfragen des Theaters zu entscheiden, waren allerdings sehr begrenzt. Das Höchste, was sich Liszt erlauben durfte, war, jährlich einige Opern eigener Wahl zu dirigieren. Seine Memoranda, seine Vorschläge, all die Aufsätze, Essays und Eingaben, in denen er aufs entschiedenste gegen die schlechte Programmpolitik, die schlechten Sänger, die aufgrund krasser Unterfinanzierung misslungenen Vorstellungen protestierte, wurden mit größter Höflichkeit entgegengenommen, ohne dass sich etwas änderte.

Das Theater befand sich in einem erbärmlichen Zustand. Im Jahr 1843, bevor Liszt sein Amt antrat, bestand das Orchester aus 35 Musikern und der Chor aus 23 Sängern. Bis 1859, dem Jahr seiner Amtsniederlegung, hatte Liszt das Orchester – mit welchem er ein anspruchsvolles Programm aufgeführt hatte – und den Chor jeweils nur um vier Musiker verstärken können. Und hätte es sich bei diesen wenigstens um begabte und begeisterte junge Musiker gehandelt! Aber die dürftigen Gehälter und die schlechte Behandlung seitens der Obrigkeit hatten die ambitionierteren Musiker aus Weimar verscheucht und den Verbliebenen jeglichen Ehrgeiz genommen. Mit unzufriedenen, sorgenbeladenen, teils altersschwachen Musikern konnte selbst der beste Kapellmeister auf Dauer nichts anfangen. Liszt hatte die Absicht, Chor und Orchester zu verjüngen, einige alte Sänger und Musiker zu pensionieren und wenigstens die wichtigsten Posten mit begabten jungen Leuten zu besetzen sowie einige neue Stellen für talentierte Instrumentalisten zu schaffen. Sein Name und seine Persönlichkeit übten zweifellos Anziehungskraft aus. Nur durfte er ohne die Erlaubnis der Intendanz niemanden anstellen oder entlassen. Diese aber hatte nur an billigen Musikern Interesse, egal ob sie etwas taugten oder eben nicht.

Im Jahr 1853 war Liszt kurz davor, sein Amt unter den gegebenen Bedingungen aufzugeben: „Ein Kunstinstitut kann der Kunst nicht entrathen. Vergebens hascht man nach Wirkungen, wenn man die Ursachen vernachläßigt",[1] heißt es in seinem Essay *Euryanthe*. Erst ab dem Jahr 1855 gelang es ihm, mit energischen Anstrengungen seine Reformen wenigstens teilweise durchzusetzen. Doch es musste Gründe geben, dass er trotz allem blieb und in späteren Jahren, nachdem er die Stadt verlassen, Weimar stets als Musenstadt oder Ilm-Athen gedachte. Immerhin stand ihm hier die ganze Zeit ein (wenn auch nicht besonders gutes) Orchester zur Verfügung. Schon seit einiger Zeit empfand er das Verlangen, nicht nur für sein vergöttertes Instrument, das Klavier, sondern auch für Orchester zu komponieren. Bis Mitte der fünfziger Jahre, also bereits während seiner Zeit in Weimar, hatte Liszt dabei Assistenten in Anspruch genommen: Zunächst unterstützte ihn der Komponist August Conradi, später Joachim Raff. Oft feilte Liszt allein an seinen Partituren und unterzog sich einer ständigen Selbstkontrolle. Er ergriff dabei die Gelegenheit, sich musikalisch weiterzuentwickeln, zu experimentieren, die Farben- und Klangmöglichkeiten der einzelnen Instrumente und ihrer Kombinationen praktisch auszuprobieren.

Bezüglich seiner ersten sechs symphonischen Dichtungen schrieb er am 24. Mai 1856 an Christian Lobe:

Ohne mit Sorgfältigkeit zu renommiren, kann ich wohl sagen, daß ich es nicht an Fleiß und Mühe habe fehlen lassen, um die Sachen so herzustellen, daß sie mir proportionirt in der Anlage und der Instrumentirung erscheinen. Die verschiedenen Änderungen, Um- und Ausarbeitungen, und hauptsächlich das C o l o r i t, welches mir ein sehr gesteigertes Bedürfniß geworden ist haben mich veranlaßt, von jeder dieser sechs ersten Nummern drei bis vier verschiedene Versionen der Partitur auszuschreiben und zu probiren. Dank meiner hiesigen Stellung konnte ich mir dieses etwas kostspielige Verhalten erlauben [...][2].

Anfangs hegte Liszt auch Opernpläne, die er in Weimar hoffte, verwirklichen zu können.

In der Altenburg, einer zweistöckigen, auf einem Hügel gelegenen Villa, herrschte reges Leben. Die Fürstin führte ein großes Haus mit zahlreichen Gästen aus aller Welt: Musiker und Schriftsteller, Gelehrte, Professoren, Maler, Schauspieler und selbstverständlich Liszts Schüler. Viele von ihnen logierten im Haus. Liszt hatte sich von der Öffentlichkeit zurückgezogen, man konnte ihn nunmehr bei Hofe und in seinem eigenen Heim Klavier spielen hören. Eigentlich hatte er sich nach Ruhe gesehnt. Wagner beklagte sich nach einem Besuch bei Liszt in Zürich, er könne die um ihn herrschende ewige Aufgeregtheit nicht aushalten. Für Carolyne jedoch war das beständige Kommen und Gehen, die fortwährende Spannung und das Gespräch mit bedeutenden

Menschen ein unverzichtbares Lebenselement. Sie hatte das Haus nach ihrem etwas bizarren, orientalischen Geschmack eingerichtet und zu einem gesellschaftlichen Mittelpunkt und Musentempel gestaltet. Liszts Bilder, Büsten, Medaillons, seine Auszeichnungen und kostbaren Geschenke mitsamt Pfeifensammlung und Bibliothek waren in den Zimmern ausgestellt. In beiden Stockwerken der Altenburg befand sich jeweils ein Musikzimmer: Im unteren stand der Broadwood-Flügel, der einst Beethoven gehört hatte, im oberen befanden sich eine nach seinen Wünschen eigens für Liszt gebaute Kombination aus Klavier und Orgel, zwei Erard-Flügel und ein Spinett aus Mozarts Nachlass. Liszt bewohnte das obere Stockwerk. Die Fürstin sorgte dafür, dass sich seinem Arbeitszimmer eine kleine Hauskapelle mit zwei Betstühlen anschloss. Dort konnte der Künstler zu jeder beliebigen Stunde seine Andacht mit ihr verrichten.

Von den ständigen Kämpfen und den gegen ihn gesponnenen Intrigen, denen er sich nun ausgesetzt sah, da er sich als Komponist zu behaupten trachtete, konnte Liszt sich nicht einmal zuhause ausruhen. Nicht einmal bei seiner kompositorischen Arbeit, die ein Höchstmaß an Ruhe und Konzentration verlangte, konnte er die Tür hinter sich schließen, da die Fürstin immer anwesend zu sein begehrte. Doch muss man ihr gegenüber auch Gerechtigkeit walten lassen. Liszt hatte zwar schon vor ihrer Bekanntschaft viel Wertvolles komponiert und sein bedeutendes Spätwerk entstand, als sie bereits getrennt voneinander lebten: dennoch erreichte er in Weimar zweifellos den Höhepunkt seines kompositorischen Schaffens. Die bekannten, großangelegten Lisztschen Werke stammen größtenteils aus seiner Zeit an der Ilm.

In Carolyne von Sayn-Wittgenstein hatte Liszt eine Frau gefunden, die ihm stets zur Seite stand, unentwegt an ihn und seine Schaffenskraft glaubte, seinen Alkoholkonsum kontrollierte, ihm in den bitteren Stunden der Niedergeschlagenheit Mut zusprach und ihn zu kreativem Schaffen anregte, da es ihn nach ihrer Meinung am nötigen Sitzfleisch mangelte. Allerdings sollte man auch hinzufügen: Die größten Schwächen dieser Kompositionen, hauptsächlich der Orchesterwerke, die Häufung der lauten, grellen, allzu pathetischen Effekte sind wahrscheinlich dem Einfluss der Fürstin zuzuschreiben. Bezüglich der *Faust-* und der *Dante-Symphonie* gibt es hierfür Hinweise, die von Wagner stammen.[3] Ihre schwachen Nerven, die sie später im religiösen Mystizismus Zuflucht suchen ließen, bereiteten ihr schon damals manche Unannehmlichkeit. Wagner berichtet von Carolynes schweren Angstzuständen. Erlitt sie einen solchen Anfall, musste ihr ihre Tochter ganze Nächte hindurch laut vorlesen. Obwohl Liszt ihr die ersehnten glühenden und sentimentalen

Liebesbriefe schrieb, banden ihn vor allem Ritterlichkeit und Dankbarkeit an die Fürstin – Dankbarkeit für ihre aufopfernde Liebe, die ihr selbst nicht wenige materielle und moralische Härten bereitete und für ihre Sorge um seine Arbeit. Außerdem schätzte, vielleicht auch überschätzte, er ihre vielseitige Bildung. Selbst in seinen Liebesbriefen an andere Frauen gedachte er der Fürstin stets mit Achtung. Es ist ein bezeichnender Zug ihres Verhältnisses, dass Liszt, der sich seinerzeit in den Briefen an Marie d'Agoult gern lustige Spitznamen gegeben hatte, jetzt mit „Fainéant" (Taugenichts), „Sclavissimo" oder ähnlichem unterschrieb.

Einen äußerst unguten Einfluss übte die Fürstin auf Liszts Beziehung zu seiner Mutter und besonders zu seinen leiblichen Kindern aus. Bis dahin war er in seinen Briefen ein liebenswürdiger, wenn auch ewig ferner Künstler-Vater gewesen, der seine Versprechen, sie wiederzusehen – was doch ihr heißester Wunsch gewesen wäre – so gut wie nie hielt. Von dem Augenblick an aber, als er sich mit der Fürstin und deren Töchterlein (dass dieses fremde, gleichaltrige Kind ständig um Liszt sein durfte, während sie selbst den vergötterten Vater kaum einmal in vielen Jahren sehen durften, hinterließ eine brennende Wunde in ihren Herzen) in Weimar niederließ, wurden seine Briefe hart, er selbst ein strenger Vater, der von seinen Kindern Gehorsam, Fleiß, beständiges Gebet und Dankbarkeit ihm, der Fürstin und ihren Lehrer gegenüber forderte. Carolyne wollte Liszts Kinder vor allem aus der Nähe und dem Einfluss ihrer leiblichen Mutter, der Gräfin d'Agoult fernhalten. Sie erwartete, von ihnen wie eine Mutter geliebt zu werden. Aus diesem Grund mußten alle drei Kinder im Jahr 1850 die geliebte Großmutter und deren warmes Nest, wo sie sich geborgen gefühlt hatten, verlassen. Die Mädchen mussten ihr angenehmes Pensionat mit der strengen Obhut von Carolynes einstiger Gouvernante, der 72jährigen Mme Patersi und ihrer noch älteren Schwester Mme de St. Mars tauschen; auch Daniel musste sich zu ihnen gesellen, wenn er sein Internat verließ.

Anna Liszt ließ sich zwar nicht von den anfänglichen Schmeichelein der Fürstin betören, doch sie vergoss manche Träne wegen ihr. 1850 wurde sie nach Weimar befohlen, um auf äußerst demütigende Weise die ihr regelmäßig geschickte Unterstützung auf Heller und Pfennig abzurechnen. Obendrein musste sie erfahren – und man kann sich die Gefühle der guten Frau vorstellen – dass ihr die Enkel weggenommen werden würden, sie in eine kleinere Wohnung zu ziehen und ihr Hab und Gut an Mme Patersi zu übergeben habe. „Ich war traurig für die Kinder du kannst dich vielleicht noch erinnern ich weinte viel",[4] schrieb sie ihrem Sohn fünf Jahre später, als den Mädchen eine noch bösere Falle gelegt wurde. 1855 nämlich wurden alle drei Kinder zu ihrer größten Freude vom Vater nach Weimar eingeladen. Sie waren glücklich, endlich in der Nähe des schmerzlich vermissten, außerordentlichen Mannes sein zu können. Und Liszt gab sich allem Anschein nach auch Mühe, ihnen den Aufenthalt angenehm zu gestalten und sie mit seinen Kunstfertigkeiten zu verzaubern. So legte er auch eine bisher unbekannte schauspielerische Begabung an den Tag. Aus einem unveröffentlichten Brief Cosimas an ihre Halbschwester Claire d'Agoult vom 19. August 1855 erfahren wir, er habe

> ein außergewöhnliches, von mir bisher unbekanntes Talent zum Vorlesen; neulich baten wir ihn, uns ein Stück von Molière vorzulesen, und ich war verblüfft von der Lebhaftigkeit, vom Schwung, mit der er dies tat [...] wir haben gelacht, und zwar bis zu den Tränen gelacht; er macht dabei Gesten und bedient sich unterschiedlicher Intonationen, er stellt jede Person so köstlich dar, dass man sich in der Comédie Française fühlt; nie im Leben habe ich so vorlesen hören [...].5

Während die Kinder ahnungslos glücklich in Weimar weilten, musste Anna Liszt daheim in Paris, von der eben dort verweilenden Fürstin „ganz nebenbei" erfahren, wie Blandine und Cosima auf ganz böse Weise von ihr und Liszt selbst hinters Licht geführt worden waren: die Einladung war eigentlich nur ein Vorwand gewesen, um sie aus Paris fortzulocken. Der Großmutter wurden also die Pläne der Fürstin und des Vaters früher bekannt als den Mädchen selbst. Man teilte diesen nach einiger Zeit mit, dass sie nicht mehr nach Paris zurückkehren durften, sondern sich gegen ihren Willen in eine gänzlich fremde Umgebung zu begeben hätten, nämlich nach Berlin und unter die Fürsorge Franziska von Bülows, der Mutter von Liszts Lieblingsschüler Hans. Der bereits zum Teil zitierte Brief Anna Liszts an ihren Sohn ist ein erschütternder Beweis für ihre Gefühle:

> Liebes Kind, Ich kann nicht länger mehr zögern und muß dir schreiben ich bin so beunruhigt nachdem ich seit 10 Tagen weiß was nun neuerdings über Blandine und Cosima beschlossen ist. Die Fürstin sagte mir dieß mit einer Gleichgiltigkeit, man wird sie nach Berlin schicken unter der Aufsicht der Madame de Bulow, die mit Ihnen bleiben wird Sie zu *gouverner*. Ich konnte fast nichts darauf sagen als die Kinder sind zu groß um wieder eine Veränderung mit Sie zu machen.[...] Aber liebes Kind betrachte, in die 4n Hände diese Kinder zu geben in ein Fremdes Land – wo Sie keinen Menschen kennen dieß ist gewiß nicht gleichgiltig für Sie.6

Carolyne jedoch gelang es, auch Daniel aus der Nähe seiner leiblichen Mutter zu entfernen, nachdem er das Lycée erfolgreich abgeschlossen hatte.

Liszt hatte einen Lieblingsverwandten in Wien: den bereits erwähnten „Onkel-Cousin", Landesgerichtsrat Dr. Eduard Liszt (1817–1879). Er stieg später zum Hofrat und Generalprokurator auf und war für die Finanzen des Künstlers und der Fürstin verantwortlich. 1866 wurde er in den erbliche Ritterstand erhoben. Auch die Fürstin hatte großes Vertrauen zu ihm. Ihr Brief an Eduard Liszt vom 16. Januar 1855[7] belegt, dass es ihr zu verdanken gewesen war, dass der hochbegabte und seinem Vater sehr ähnliche Daniel, der nur spärlich Deutsch sprach und von selbst wohl kaum auf diesen Gedanken gekommen wäre, auf die Wiener Universität geschickt wurde und zwar unter der Aufsicht des der Fürstin ergebenen Landgerichtsrates. Die Sorgen seiner Großmutter Anna waren nur allzu berechtigt: das Klima bekam ihm nicht, und Cosima meinte später mit Recht, er sei „ein Opfer der Leichtfertigkeit" ihrer beider Eltern und „der gleichgültigen Grausamkeit der Fürstin Wittgenstein gewesen"[8]: Daniel starb im Alter von nur 20 Jahren in Anwesenheit des Vaters in ihrem Berliner Heim am 13. Dezember 1858. Es war eine rasch voranschreitende Schwindsucht, die ihn dahinraffte. Obwohl Antibiotika damals noch unbekannt waren, hätte ihn ein entsprechendes Klima und verständige ärztliche Behandlung vielleicht retten können.

Nachdem Cosima 1857 Hans von Bülow geheiratet hatte, wurde sie Liszts Lieblingskind. Im selben Jahr begannen die Kontroversen mit Blandine, die, nach Paris zurückgekehrt, die Mutter nicht zu sich nehmen konnte oder wollte. Blandine wohnte also wieder, gegen den Willen ihres Vaters, bei der geliebten Großmutter. Deren Heim aber fand Liszt nicht standesgemäß genug für eine heiratsfähige junge Dame aus gutem Hause. Der Künstler wurde ungewöhnlich grausam gegen Blandine und drohte, ihr jedwede finanzielle Unterstützung zu versagen. Die arme Anna Liszt konnte den Unterhalt der Enkelin aus eigenen Mitteln nicht bestreiten. Niemals zuvor oder später schrieb sie ihrem Sohn so bittere Zeilen wie am 17. Februar 1857:

Liebes Kind, Dein Schreiben von 13n dieses erhielt ich heute und konnte mich nicht bei Durchlesung der Thränen enthalten; nicht nur daß du gesonnen bist mir nichts zu schicken dermahlen obschon ich dessen bedarf, als auch daß ich dich so hart finde gegen Blandine – wenn ich dir nie eine Einwendung in allen deinen Thun und Lassen gemacht habe, so verzeih mir wenn ich gegenwärtig dein Väterliches benehmen gegen Sie zu hart finde, selbst wiedernatürlich [sic!].[9]

Zu ihrem Glück lernte Blandine im Salon ihrer Mutter bald den jungen, vielversprechend begabten Juristen Émile Ollivier kennen, den sie noch im selben Jahre heiratete. Ihr Vater war mit ihrer Wahl zufrieden, so dass ihr Verhältnis zueinander sich wieder normalisierte.

Franz Liszt, der „Weimarer Meister", Mittelpunkt und neben Wagner wichtigster Komponist der „Neudeutschen Schule", die mitunter höhnisch als „Zukunftsmusik" tituliert wurde, war gerade 37 Jahre alt, als er sich an der Ilm ansiedelte, und noch keine volle 50, als er die Stadt wieder verließ. Er war jugendlich, schön, schlank, eine außerordentlich anziehende Erscheinung mit leuchtenden Augen. Wenn möglich, sprach und schrieb er lieber französisch, doch fiel er ihm zunehmend leichter, sich auch auf Deutsch auszudrücken. Er hatte sich in mancher Hinsicht verändert: der Jagd nach Reputation und Geld hatte er mit dem Abschluss seiner Solistenkarriere ein Ende gemacht. Er wollte Neues schaffen und dabei seinen Kollegen, die sich um ähnliche Ziele bemühten, aus allen Kräften helfen. Richard Wagner, dessen Genie er als Erster erkannt hatte und dessen größter Bewunderer und Helfer er nun wurde, nannte ihn den „liebenswürdigsten unter den Menschen", „Franziskus, du Einziger, der mir wie ein Riesenherz entgegenragt"[10] (11. Februar 1853), der „zu groß, zu edel, zu schön für unser liebes Krähwinkel-Deutschland" sei, der „unter den Leuten wie ein Gott erscheint, dessen Glanz sie nicht zu ertragen gewohnt und gewillt sind", „weil nie vorher eine so lichte und wärmevolle Erscheinung in Deutschland [...] zu Tage kam"[11] (23. Februar 1859). Dies sind die Züge des selbstlosen Förderers der Kollegen und jungen Künstler, der sich statt als Pianist Triumphe zu feiern nun als Komponist plötzlich ständigen Angriffen ausgesetzt sah. Derselbe Liszt, der sich einst in Paris zum Priester und Märtyrer der Kunst erklärt hatte, verkündete auch in Weimar, die Musik sei von höherer Beschaffenheit, habe eine Mission zu erfüllen und nahm selbstbewusst das Amt eines Apostels der musikalischen Kunst auf sich. Der Autor des Essays *Zur Stellung der Künste* entwarf 1850 in seinem Aufsatz *Über die Goethe-Stiftung*[12] erneut einen umfassenden Plan des Musiklebens, mit Olympischen Spielen der Künste, jährlich ausgelobten Preisen und Musikfesten. Auch in seinem Essay *Keine Zwischenakts-Musik*[13] trat er mit derselben Intention für die hohe Mission der Kunst und der Künstler ein: Es dürfe nicht sein, erklärte er, dass „das Orchester – und das Orchester besteht aus Künstlern – gezwungen ist, sich [durch den Vortrag wertloser Zwischenaktsmusiken] zu prostituieren [...] – indem es sich regelmäßig der fatalen Gewohnheit unterziehen muß, aus der Kunst ein Métier zu machen." So kampflustig er für „die Sache" oder für Kollegen eintrat, so bescheiden war er, wenn es um seine eigenen Kompositionen ging. „Davon kannst Du versichert sein" – schrieb er Wagner am 29. Dezember 1853 – „daß ich nicht die mindeste Eitelkeit an meinen Werken hege – und sollte ich auch lebenslang nichts Gutes und Schönes hervorbringen, so werde ich mich nicht minder an dem Schönen und Großen, was ich bei Anderen erkenne und bewundere, wahrhaftig und innigst erfreuen."[14] Tatsächlich war jegliche Eitelkeit seit dem Abschluß der Virtuosenlaufbahn von ihm abgefallen; es kam selten vor, dass er sich gegenüber einem Gesprächspartner zu der Behauptung verstieg, er sei zufrieden mit einer seiner Kompositionen. Selbstlos trat er für andere ein. Doch traf es ihn schwer, wenn er nach den unbeschreiblichen Erfolgen seiner „Glanzzeit" nun von allen Seiten missverstanden und geschmäht wurde. Liszt fühlte sich gezwungen, in Weimar eine Art „Weltmaske" aufzusetzen – ein Ausdruck des treuen jungen Freundes, Komponisten und Dichters Peter Cornelius –, um tapfer zu bleiben und die Anfeindungen, den Hass und die Vorurteile, die ihm als Komponisten entgegengebracht wurden, aushalten zu können. Am 21. März 1854 schrieb Liszt an den Baron Augusz:

Nicht nur in Wien, aber in ganz Deutschland, ja ein wenig auch schon in Rußland und Amerika hageln die Zeitungsartikel nur so auf meine Werke. In Leipzig, Berlin, im Rheinland, in Petersburg und New York gleichwie in Wien ist die Sentenz deklariert worden, meine Arbeiten anzuerkennen oder gar sie anzuhören ohne sie im vorhinein zu verurteilen, sei ein Verbrechen [...].

Doch fügte er, seiner Apostel-Würde gemäß, stolz hinzu:

Was mich anbelangt, können Sie sicher sein, daß ich mir vollkommen der Aufgabe, ich würde selbst sagen, der Mission bewußt bin, die mir zuerteilt ist, und wenn, wie ich hoffe, Gott mir dazu Leben und Kraft verleiht, werde ich sie bis zu Ende mit unerschütterlicher Geduld und Energie erfüllen.[15]

Die gegen ihn und seine Werke geführten Kampagnen gingen so weit, dass er schließlich dem Publikum auswich und bei der Aufführung seiner Werke möglichst nicht persönlich zugegen war. Nur wenige, mit ihm und der „Neudeutschen Richtung" sympathisierende Schriften erschienen in der deutschen Presse. Das wichtigste ihm freundliche gesonnene Presseorgan war die von Schumann gegründete, seit 1844 von Franz Brendel geleitete *Neue Zeitschrift für Musik*. Die Schriften, die Liszts kompositorische Tätigkeit anerkennend kommentierten, blieben jedoch meist ohne Wirkung, oder sie entfesselten unnütze, der Sache abträgliche Parteizwistigkeiten. Nicht nur unbedeutende Kritiker empörten sich gegen die „Zukunftsmusik"; auch ausgezeichnete Künstler und Komponisten wurden Liszt untreu, darunter solche, die – wie Clara Schumann, der in Ungarn geborene Geiger Joseph Joachim oder Johannes Brahms – seine Freundschaft und Gastfreundschaft genossen hatten.

Im Berliner *Echo* erschien im März 1860 eine von Joseph Joachim, Bernhard Scholz, Julius Otto Grimm und Johannes Brahms unterschriebene Erklärung, die die neue Richtung streng verurteilte. Der starke Beifall, mit dem die von seinen Schülern dirigierten Konzerte ab und an bedacht wurden oder den er selbst in Löwenberg an der Spitze des ausgezeichneten Orchesters des Fürsten Konstantin von Hohenzollern-Hechingen erntete sowie der Erfolg, über den er sich in Prag freuen konnte, als er in einem Benefizkonzert *Die Ideale*, das *Klavierkonzert A-Dur* (mit Carl Tausig als Solist) und die *Dante-Symphonie* dirigierte, blieben Ausnahmen.

Eine gewisses Rollenspiel, eine schauspielerische Attitüde gehörte gewiß auch zur künstlerischen Haltung in der Zeit der Romantik. Liszt hatte in der Musenstadt Weimar die Rolle des allen Angriffen trotzenden „Märtyrers der Kunst" gewählt und schrieb seine für die Öffentlichkeit bestimmten Briefe und Aufsätze in diesem Sinne. Das Bild in der von ihm abgesegneten Biographie Lina Ramanns musste entsprechend entworfen werden: „Wenn ich erst zur Legende geworden bin", hörte man ihn öfter sagen. Auch die unter dem Namen La Mara bekannte Marie Lipsius veröffentlichte nach seinem Tod seine Korrespondenz in diesem Sinne. Was nicht in dieses Bild hineinpassen wollte, wurde einfach gestrichen. (Verglichen mit den Verfälschungen, die Cosima und ihre Töchter zu Gunsten Richard Wagners unternehmen sollten, hielten sich diese Eingriffe allerdings im Rahmen.)

Auch Liszt war letztlich nur ein Mensch – und ein empfindlicher Künstler noch dazu, der manchmal aus seiner angenommenen Rolle fallen konnte. Wagner beispielsweise berichtet in seiner Autobiographie über eine verschiedentlich auftretende, händelsüchtige und in unschönen Szenen gipfelnde Gereiztheit Liszts.

In Weimar war Liszt sowohl von hochbegabten Schülern als auch von bereits fertigen Künstlern umgeben. Zu seiner Meisterklasse gehörten unter anderen Hans von Bülow, Hans von Bronsart, Carl Tausig, Karl Klindworth, Dionys Pruckner und Alexander Winterberger. Die „Adler der Altenburg" wurden von Liszt auf seine genialische, großzügige und weitblickende Art erzogen und unterrichtet. Geld nahm er von keinem an. Zu den jungen Leuten seines Kreises gehörte auch Peter Cornelius, der seine Kompositionen mit

Liszt besprach und ihm in vielem behilflich war: so schrieb er Liedertexte für ihn oder übersetzte die Lisztschen Essays ins Deutsche.

Die wichtigste Person, von der in der von ihm autorisierten Biographie geschwiegen werden mußte (obwohl die an sie gerichteten Briefe, stark verkürzt und zurechtgestutzt, nach seinem Tode erschienen)[16], war seine heimliche, große Liebe in Weimar: die schöne Agnes Klindworth (1825–1906). Sie war eine große, schlanke, blonde und hochintelligente, reizende junge Frau, diese Cousine seines Schülers Karl Klindworth, die Französisch, Englisch, Italienisch und Spanisch sprach. Sie war die Tochter und seit ihrem 17. Lebensjahr auch Mitarbeiterin des berüchtigten Geheimagenten der finstersten europäischen Despoten, Dr. Georg von Klindworth (1798–1882). Dieser stand – nacheinander oder auch gleichzeitig – in den Diensten der Zaren Nikolaus I. und II., Alexander II., des Fürsten Metternich und von François Guizot. Agnes kam im Alter von 28 Jahren wahrscheinlich im Jahre 1853 als Frau Denis-Street in Weimar an, ihr Gatte war möglicherweise eine fiktive Person. Der Vorwand lautete, sie wolle bei Liszt Klavierstunden nehmen, in Wahrheit war sie als Spionin in die Goethe-Stadt geschickt worden. Wahrscheinlich ging es dabei nicht bloß um Politik (sie sollte das Verhältnis Liszts zu den nach 1849 aus Ungarn emigrierten Freiheitskämpfern beobachten), sondern auch die Familie Sayn-Wittgenstein hatte ihre Hände im Spiel: Agnes hatte den Geheimauftrag, Liszt zu verführen. Dies gelang ihr über alle Erwartung hinaus. Liszt verliebte sich unsterblich in sie, und auch sie blieb nicht unberührt von der Leidenschaftlichkeit des Frauenidols. Ihr Verhältnis musste selbstverständlich streng geheim gehalten werden. Liszt war außer sich, als Agnes im Frühling 1855 Weimar verließ, konnte sich aber mit niemandem darüber austauschen. So schrieb er ihr am 4. Mai 1855:

C. bringt mir Deinen Brief. Ich umarme Dich tausend und tausend Mal – dein langes Schweigen beunruhigte mich – mein ganzes Leben ist nichts als Traurigkeit und Stöhnen, Du weißt es, denn Du kennst die unheilbare Wunde meiner Seele. Ich spreche einzig zu Dir, und zwar ohne Unterlaß – und deshalb mußt Du je schneller antworten, egal was oder wie. Eine Niedergeschlagenheit lastete auf mir in den letzten acht Tagen, daß es mir fast unmöglich erschien, weiterzuleben.[17]

Liszt wurde sein Leben lang regelmäßig von Depressionen heimgesucht, ganz besonders dann, wenn er nicht arbeiten konnte. Dies ist der empfindlichste Punkt im Seelenleben vieler schöpferischer Künstler: Sind sie aus Mangel an

Zeit oder Inspiration am Schaffen gehindert, so finden sie sich allzuoft bereit, ihre Seele, in der Hoffnung auf erneuerte Tatkraft – wie Faust oder Adrian Leverkühn – gleichsam dem Teufel zu verschreiben oder suchen den fehlenden göttlichen Funken oftmals im Alkohol oder anderen Drogen. Am 20. Oktober 1857 klagte Liszt:

> Ich verzehre mich. Meine ganze Seele ist nichts als ein Schmachten, und meine Tage ziehen in einer unveränderlichen Niedergeschlagenheit vorbei. [...] Ich konnte mich während dieses ganzen Monats nicht an meine Arbeit machen, was mich sehr verstimmt. So nutzlos die Dinge die ich mache auch sein, halten sie mich wenigstens etwas im Gleichgewicht, oder tun sie wenigstens nur so.[18]

Am 30. Januar des darauffolgenden Jahres heißt es: „[...] vielleicht gelingt es Ihnen, mir wieder ein wenig Lust am Leben einzuflößen, deren es mir seit langer Zeit gänzlich fehlt."[19]

Liszt und Agnes trafen sich auch weiterhin, so oft es ging und korrespondierten fleißig. Das letzte Mal schrieb er ihr wenige Wochen vor seinem Tod. In seinen unlängst wortgetreu veröffentlichten 160 Briefen an Agnes[20] gestand Liszt all seine geheimen Leiden und Qualen, sprach offen und ohne jede Verstellung über seine Probleme, und gab sich so, wie er wirklich war. Dieses „unmaskierte" Bild zeigt einen außerordentlich intelligenten, sympathischen wie empfindlichen Menschen und Künstler von großem Format. Abstoßend mutet er uns in diesen Briefen einzig in seiner Eigenschaft als Vater an: Die objektiv-trockene Art, mit der er Agnes beispielsweise über die im Jahre 1855 den ahnungslosen Töchtern gelegte Falle unterrichtete oder aber die Tatsache, dass er all der Probleme überdrüssig war, mit denen seine Kinder sein Leben und Schaffen störten, bis Cosima und Blandine endlich verheiratet waren. Von Daniels Tod ist kein Wort in Liszts Briefen an Agnes zu finden.

Außer seinen leidenschaftlichen Gefühlen faszinierte ihn noch etwas anderes am Umgang mit Agnes Klindworth. Liszt hatte großes Interesse für alles, was hinter den Kulissen der europäischen Politik geschah, und sie – von deren Vater der Künstler genau wusste, wer er war – konnte ihm diesbezüglich reichlich mit geheimen und zuverlässigen Informationen versorgen. Sie war nicht bloß eine geschickte Journalistin und Spionin, sondern auch sehr musikalisch, lebte sie doch für eine Weile als Musiklehrerin. Den Vertretern der „Neudeutschen Schule", so auch Wagner, stand sie gerne bei und besuchte sogar die Tonkünstlerfeste.

Agnes zog zwei Söhne – von verschiedenen, unbekannten Vätern – groß. Mit größter Sicherheit stammte keiner der beiden von Franz Liszt. Nachdem sie Weimar verlassen hatte, wurde sie die Geliebte des Sozialdemokraten Ferdinand Lassalle. Ihr 1856 geborenes gemeinsames Töchterchen starb bereits ein Jahr später. Agnes arbeitete für und reiste mit dem berüchtigten Vater bis zu dessen Tod, wobei sie wechselweise in Brüssel und Paris wohnte.[21]

Obwohl Franz Liszt in den reiferen Weimarer Jahren seinen Pariser Jugendideen von der den Menschen veredelnden Mission des Künstlers durchaus treu blieb, waren seine politischen Anschauungen jener Zeit weniger radikal. Seine Äußerungen über heikle politische Themen fielen nun bei weitem weniger aufrichtig als in seiner Jugend aus. Als Hofkapellmeister und Kammerherr, der mit dem Großherzog von Weimar – Carl Alexander regierte seit dem 28. August 1853 – freundschaftlich verkehrte und mit einer steinreichen, fanatisch katholischen Gutsbesitzerin aus dem feudalen Rußland zusammenlebte, konnte er es sich nicht mehr leisten, offen über diese Dinge zu reden. Es gibt zwar Briefe, in denen er seine Sympathie für die ungarische und die Pariser Freiheitsbewegung von 1848 gestand, doch bat er seinen Wiener Verleger zur gleichen Zeit, seinen kampflustigen *Arbeiterchor* der politischen Geschehnisse wegen nicht zu drucken und hatte auch seine guten Gründe, das frühe Klavierstück *Lyon* – ein Memento für die französischen Weberaufstände von 1831 und 1834, mit dem Motto „Vivre en travaillant ou mourir en combattant" – im ersten Band der *Années* auszulassen. Im Grunde seines Herzens aber verabscheute er jede Art von Willkür und Blutvergießen.

Das Klavierspiel – wenn auch nicht im öffentlichen Rahmen – gehörte selbstverständlich weiterhin zu Liszts alltäglichem Leben. Nachdem es ihm gelungen war, einige ausgezeichnete Künstler in Weimar zu engagieren, wurde in der Altenburg regelmäßig Kammermusik zu Gehör gebracht. So musizierte er mit dem noch jungen Geiger Joseph Joachim, der von 1851 bis 1853 Konzertmeister der Hofkapelle war, und dem Solo-Cellisten des Orchesters Bernhard Cossman. Auch das von Joachim und Cossman geführte Quartett ließ sich oft in der Altenburg hören.

Das Dirigieren war eine von Liszts Hauptaufgaben in Weimar. Er hatte es schon manches Mal erprobt, denn eine formelle Ausbildung als Dirigent gab es im 19. Jahrhundert noch nicht. Nun hatte er regelmäßig die Hofoper und die Hofkonzerte zu leiten und trat auch in anderen deutschen Städten des öfteren als Kapellmeister auf. Leider standen ihm meistens nur miserable Orchester zur Verfügung, mit denen er obendrein noch sehr anspruchsvolle und gänzlich neuartige Werke aufführte. Dies traf besonders für die verschiedenen deutschen Musikfeste zu, für die sich meist Gelegenheitsensembles bildeten, die aus allen deutschen Ländern zusammengekommene gute wie schlechte Musiker umfassten. Diese bunte Schar konnte nicht einmal Liszt – der nach den Aussagen von maßgeblichen Zeitgenossen auch in dieser neuen Funktion eine faszinierende Persönlichkeit darstellte – zu einem einheitlichen, in langer, gemeinsamer Arbeit geschulten Klangkörper schmieden, am wenigsten für eine Aufführung eines noch unbekannten Werkes in höchstens drei Tagen. Liszt hielt die Musikfeste (im Juni 1842 in Ballenstedt am Harz, im Oktober 1853 in Karlsruhe und von Mai bis Juni 1857 in Aachen) auch unter den gegebenen widrigen Umständen für sehr wichtig, vor allem zur Förderung zeitgenössischer Werke von Berlioz, Wagner, seiner eigenen Schüler und ihm selbst. Der im Exil lebende Richard Wagner dagegen missachtete und hasste sie. „Hol' Euch alle der Teufel mit Euren Sau-Musikfesten und musikalischen Pferderennen"[22], wetterte er in einem Brief an Hans von Bülow (Zürich, 1. April 1857).

> Von der einen Seite laßt Ihr Euch mit Blumen, von der anderen mit Dreck bewerfen! Was kann nur bei solchem Treiben, wo es nicht einmal zu wirklich guten Aufführungen kommen kann, herauskommen? Nichts Ächtes, aber viel Schmutz! Und daran den Rest einer vollständig zerrütteten Gesundheit sezten –, und dazu in L[iszt]s Alter und bei seinen Erfahrungen von der Welt!

Wagner hatte insofern Recht, als die Feinde der neuen Musik durch diese musikalischen Treffen einen Vorwand hatten zu behaupten, Liszt tauge bloß zum Klavierspielen. Die gegen seine Werke, seine Schule geführte Hetze fand starke Unterstützung in Liszts einstigem Freund, dem Kölner Konservatoriumsdirektor Ferdinand Hiller. In einer dem Anschein nach sachlichen Besprechung des Niederrheinischen Musikfestes von 1857 erklärte er rundheraus, Liszt sei kein Konzertdirigent. Kein Wunder, dass der Künstler später nur ungern nach Köln fuhr. Gewiss mochte er den Taktstock auf großzügigere Art als gewöhnlich geführt haben – schließlich war er auch als Dirigent ein Erneuerer. „Ich glaube es schon einmal ausgesprochen zu haben", stellte er in seinem Essay *Ein Brief über das Dirigieren* fest, „daß nach meiner Meinung die wirkliche Aufgabe eines Kapellmeisters darin besteht, sich augenscheinlich überflüssig zu machen – und mit seiner Funktion möglichst zu verschwinden. Wir sind Steuermänner und keine Ruderknechte."[23] Mit seinen eigenen Weimarer Ensembles – dem etwas verjüngten Chor und der Hofkapelle – vollbrachte er in der Tat Wunder, dank seiner künstlerischen Ausstrahlung und der gründlichen Probenarbeit.

Was er nicht alles aufführte in seinen Konzerten in Weimar! In den Jahren 1852, 1855 und 1856 fand jeweils eine ganze Berlioz-Woche statt, mit Werken wie die *Symphonie fantastique*, *Harold en Italie*, *La damnation de Faust*, *L'Enfance du Christ* und die Oper *Benvenuto Cellini*. Hinzu traten zwei Händel-Oratorien, nämlich *Messiah* und *Judas Makkabeus*, Werke von Beethoven, Schubert, Weber, Mendelssohn (unter anderem dessen Oratorium *Elias*), Schumann, Wagner, einiger jüngerer Komponisten und vieles mehr. In verschiedenen anderen deutschen Städten sowie in Prag, Wien und Pest brachte er zahlreiche seiner eigenen Werke zur Aufführung. Anläßlich des Wiener Mozart-Jubiläums 1856 und der Weimarer Mozart-Gedächtnisfeier dirigierte er je ein Festkonzert. Mozart stand dem Romantiker Liszt im Übrigen eher fern, so dass er dessen Werke in sein Klavier-Repertoire gar nicht aufnahm. Über die Aufführung seiner eigenen Orchesterwerke erklärte Liszt im Vorwort der *Symphonischen Dichtungen*:

Eine Aufführung, welche den Intentionen des Componisten entsprechen und ihr Klang, Farbe, Rhythmus und Leben verleihen soll, wird bei meinen Orchester-Werken am zweckmäßigsten mit dem geringsten Zeitverlust durch geteilte Vor-Proben gefördert werden. Demzufolge erlaube ich mir, die HH Dirigenten [...] zu ersuchen, der General-Probe Separat-Proben mit dem Streich-Quartett, andere mit Blas- und Schlag-Instrumenten vorangehen zu lassen.[24]

Als Opernkapellmeister hat Liszt trotz der ungünstigen Verhältnisse Außerordentliches geleistet. Dies wurde von Wagner und Bülow bestätigt. Während er die Leitung des Theaters inne hatte, führte er er 22 Opern in Weimar auf. Sieben davon waren Uraufführungen, die meisten noch dazu Werke zeitgenössischer Komponisten – unter anderem von Flotow, Rossini, Bellini, Donizetti, Spohr, Auber, Rubinstein, Nicolai, Meyerbeer und dem jungen Verdi. Er ließ *Orfeo ed Euridice* von Gluck, *Alfonso und Estrella* von Schubert und *Genoveva* von Schumann spielen. Neben unbedeutenderen Werken kamen auf der Lisztschen Bühne auch der oben erwähnte *Benvenuto Cellini* von Berlioz und Cornelius' *Der Barbier von Bagdad* zur Aufführung. Ein besonderes Verdienst war zudem, den *Lohengrin* des aus Deutschland verbannten Richard Wagner im August 1850 uraufzuführen und 1853, während einer „Wagner-Woche", den *Fliegenden Holländer*, *Tannhäuser* und *Lohengrin* nacheinander spielen zu lassen. Noch viele weitere Opern ließ Liszt neu einstudieren: unter anderem *Armida*, *Alceste* und *Iphigenie in Aulis* (in Wagners Bearbeitung) von Gluck, *Richard Löwenherz* von Grétry, *Don Giovanni*, *Die Zauberflöte*, *Fidelio*, Webers *Euryanthe*, Cherubinis *Wasserträger* und nicht zuletzt Rossinis *Wilhelm Tell*. Der Konzertmeister Joseph Joachim wurde von Ferdinand Laub abgelöst, später folgten die beiden ungarischen Geiger Edmund (Ödön) Singer und Julius (Gyula) Grün. Liszt hatte einen ausgezeichneten Posaunisten, Moritz Nabich und die brillante Harfenistin Jeanne Rosalie Pohl, geborene Eyth, engangiert. Unter seinen Sängern gab es einige wirklich gute Solisten, die auch seinen eigenen Werken (Liedern, Psalmen, Kantaten, Oratorien) gelegentlich zu erfolgreichen Aufführungen verhalfen. Hier sind vor allem der Tenor Franz Carl Götze und das Ehepaar von Milde – die Sopranistin Rosa (geborene Aghte) und der Bariton Feodor – zu nennen.

In der Weimarer Zeit entstanden einige seiner grundlegenden Essays. Am ausführlichsten legte er seine musikästhetische Theorie in *Berlioz und seine Harold-Symphonie* (1855) dar:

Wenn die Musik einen Vorzug vor anderen Mitteln besitzt", heißt es hier, „und der Mensch durch sie die Eindrücke seiner Seele wiedergeben kann, so hat sie den Vorzug jener höchsten Eigenschaft zu danken, jede innere Regung ohne Mithilfe der so mannigfachen, und doch so beschränkten Formen des Verstandes mitteilen zu können, was diese schließlich doch nur ermöglichen, indem sie unsere Affekte bestätigen und beschreiben.[25]

Zu seinem wichtigsten Lebensinhalt wurde für Liszt das Komponieren. In der Weimarer Periode schuf er zumeist groß angelegte Werke oder gab andere in ihrer endgültigen Fassung heraus, die zu seinen bedeutendsten werden sollten: die *Faust*- und die *Dante-Symphonie*, die zwölf *symphonischen Dichtungen*, die beiden nach Lenaus *Faust* konzipierten Orchesterstücke *Der nächtliche Zug* und *Der Tanz in der Dorfschenke* (*1. Mephisto-Walzer*), vier *Klavierkonzerte* (*Es-Dur*, *A-Dur*, *Totentanz* und *Ungarische Phantasie*), *Psalm 13* für Tenor Solo, Chor und Orchester (*Herr, wie lange*), die *Graner Messe*, das formvollendetste seiner Werk überhaupt, die *h-Moll Sonate*, die großen Klavierzyklen *Années de pèlerinage Band 1* (*Suisse*) und *Band 2* (*Italie*), *Harmonies poétiques et religieuses*, die fünfzehn *Ungarischen Rhapsodien*, die zwölf *Études d'exécution transcendante*, die sechs sogenannten *Paganini-Etüden*, die drei *Konzert-Etüden* sowie viele der deutschsprachigen Lieder.

Diese Weimarer Zeit wird im allgemeinen als Zenit im Schaffen Liszts angesehen. Dennoch kann man bei genauerer Betrachtung bemerken, dass seine künstlerische Entwicklung mehr oder weniger kontinuierlich fortschritt und das fragmentarische Spätwerk in gewissem Sinne sogar bedeutender ist. Objektiv gesehen lässt sich tatsächlich sagen, dass viele seiner in Weimar entstandenen, repräsentativen Kompositionen (besonders die Orchesterwerke) weitschweifiger, auch greller und pathetischer Elemente nicht entbehren. Und da die deutsche Musikgeschichte so reich an ganz großen Meistern ist, wurde Liszt oft als Komponist zweiten Ranges oder sogar schlechter klassifiziert. Für seine angemessene Verortung in der Musikgeschichte ist es wichtig zu wissen, dass verschiedene herausragende Komponisten des 20. Jahrhunderts ihren Meister im „modernen" Liszt erkannten. So war Claude Debussy beispielsweise ein großer Liszt-Verehrer. Arnold Schönberg schrieb 1912 in den Spalten der *Allgemeinen Musikalischen Zeitung* in dem ihm gewidmeten Artikel *Franz Liszts Werk und Wesen*: „in den vielen Anregungen, die er den Nachfolgern hinterließ, ist seine Wirkung vielleicht größer als die Wagners, der ein zu vollendetes Werk gab, als daß spätere dem noch etwas hätten hinzufügen können."[26] Ähnliche Gedanken hegte auch Liszts Landsmann Béla Bartók, der in gewissem Sinne sein Erbe antrat. Bartók nämlich, ein bahnbrechender Folklorist und Wissenschaftler, wurde als Pianist (ebenso wie Ernst von Dohnányi) vom Liszt-Schüler István Thomán ausgebildet. Er war selbst ein ausgezeichneter Liszt-Interpret, erst Student und später Professor der *Franz Liszt Hochschule für Musik* in Budapest. 1911 setzte er sich aus Anlass des 100. Liszt-Geburtstages in dem Essay *Die Musik Liszts und das Publikum von heute*[27] mit dessen Musik kritisch auseinander. 25 Jahre später hielt er seine akademische Antrittsrede mit dem Titel *Liszt-Probleme*, in der er unter anderem ausführte:

> Einmal habe ich irgendwo geschrieben: ‚Ich glaube, daß die Bedeutung Liszts für die Weiterentwicklung der Musik größer ist als die Wagners.' Und ich erhalte diese Behauptung auch heute noch aufrecht. Zwar will ich damit nicht sagen, daß Liszt ein größerer Komponist war als Wagner. Denn in Wagners Werken finden wir durchaus mehr Vollkommenheit in der Form, eine reichere Skala des Ausdrucks und eine größere Einheitlichkeit im Stil. Und dennoch – Liszts Werke wirkten befruchtender auf die nachfolgenden Generationen als die Wagners. Niemand sollte sich aber durch die Vielzahl der Wagner-Epigonen zu falschen Schlüssen verleiten lassen. Wagner hatte seine Aufgabe in vollem Umfang und bis ins letzte Detail so perfekt gelöst, daß man ihn eigentlich nur noch sklavisch nachahmen konnte, eine Anregung zur Weiterentwicklung jedoch kaum von ihm erwarten durfte. Und die Nachahmung – welcher Art sie auch immer

sein mag – ist eine unfruchtbare, tote Sache. Liszt hingegen läßt in seinen Werken so viele Möglichkeiten anklingen – ohne sie selbst bis zum letzten ausgeschöpft zu haben –, daß von ihm unvergleichlich stärkere Impulse ausgehen als von Wagner.[28]

Liszts in der französischen Romantik wurzelnde Ideen trugen in seinen reiferen Jahren reiche Früchte: In Paris hatte er gemeinsam mit Berlioz die sogenannte „Programmmusik" geschaffen und seine von einem neuartig subjektiven Ton und neuen Klangfarben geprägten Klavierwerke mit programmatischen Titeln versehen, die des öfteren auch (wie bei Victor Hugos literarischen oder Berlioz' musikalischen Werken) mit einem erläuternden Vorwort versehen waren. Dies wurde nun grundsätzliches Merkmal seiner Kompositionen mit wenigen Ausnahmen. Die meisten seiner „programmatischen" Werke sind von außermusikalischen Momenten oder Ideen angeregt und somit Träger eines ihrem Titel entsprechenden, poetischen „Inhalts", der anstatt mit illustrativen, mit rein musikalischen Mitteln „dargestellt" wird. Der Künstler wollte in diesen Kompositionen die aus der Natur oder aus anderen Kunstwerken geschöpften Eindrücke, Seelenzustände und Ideen subjektiv-musikalisch zum Ausdruck bringen. So wie das Drama für die Pariser Romantiker die Gattung schlechthin war, wurden Liszts symphonische Werke seine „Dramen". Seine eigenen Opernpläne hatte er aufgegeben, als er als einer der ersten überhaupt die Genialität Wagners erkannte. Seiner Überzeugung nach lohnte es sich nicht mehr, italienische oder französische Opern *seit*, deutsche *neben* Wagner zu schreiben. Seine „Trouvaille" war somit die symphonische Dichtung – das einsätzige Orchesterdrama, welches ein Programm auszudrücken berufen war und dies in einer von ihm neugestalteten symphonischen Form. Die Gattung der symphonischen Dichtung nahmen sich sowohl viele von Liszts Zeitgenossen als auch nachfolgende Generationen zum Vorbild.

Liszts in seinen Werken „vertonte" Idealtypen waren zumeist mutige Helden und Wohltäter der Menschheit: Menschen, die viel gelitten hatten und erst nach ihrem Tode mit Triumph gefeiert wurden, wie Torquato Tasso; solche, die mit ihrem Gesang die Tiere des Waldes entzückten und die rohen Triebe des Menschen besänftigten, deren Kunst die „Sterne gerührt zu lauschen scheinen"[29] wie Orpheus – es ist übrigens sehr bezeichnend, dass Liszt nur dieses Motiv des griechischen Mythos vertonte, während er das der Eurydike in seiner symphonischen Dichtung außer Acht ließ; oder Helden wie der an sein Ross gebundene und davongeschleifte Kosake Mazeppa, Sinnbild des romantischen Künstlers, dessen Tier nach wilder Jagd schließlich zu Boden stürzt, während er sich als König aus dem Staube erhebt; schließlich der Titan Prometheus, ein Symbol von „Kühnheit, Leiden, Ausharren, Erlösung, [...] Hinanstreben nach den höchsten Zielen [...]", der Liszt eben in seiner Doppelgesichtigkeit anzog, da er zugleich Wohltäter der Menschheit und ewiger Rebell und Verneiner ist, ein antiker Vorfahre Mephistos. Zu den Idealen Liszts gehörte auch noch ein anderer stolzer und tapferer Rebell, der es kühn mit den Göttern und dem Schicksal aufnahm: der Manfred Lord Byrons, dessen Züge er mit denen des – nach seiner Ansicht allzu „bürgerlichen" – Goetheschen Faust in der *Faust-Symphonie* verschmolz. Laut Liszt sei es die Aufgabe der Kunst, jede Art von Schmerz zu verschönen, da sie „den Grabhügel der Tapfern in ihren schimmernden Schleier [hüllt] und (...) Sterbende und Tote mit ihrer Glorie [krönt], auf daß ihr Los neidenswert sei vor den Lebenden", wie es im Vorwort zur *Héroïde funèbre* (Heldenklage) heißt, einer Apotheose des verlorenen ungarischen Freiheitskrieges und deren Kämpfer, dem Schwesterstück der bereits erwähnten Klavierkomposition *Funérailles*.

Eine romantische Naturschwärmerei hingegen ist eher in Ausarbeitungen früherer Entwürfe der Pariser Zeit nachzuweisen: so beispielsweise im religiös getönten Pantheismus der ersten symphonischen Dichtung *Ce qu'on entend sur la montagne* (Bergsymphonie), welche den gewaltigen Kontrast zwischen leidender, verdammter Menschheit und friedvoller Natur schildert, sowie in *Les Préludes*, wo in das heroisch-pathetische Werk als Ruhepunkt eine lyrischpastorale Episode eingebettet ist. Dieser Gedanke erhielt in den *Idealen* einen etwas erweiterten Sinn: Naturliebe wird hier mit der Einsamkeit des Künstlers und der Arbeit als Lebenssinn verknüpft. Mit der Zeit gesellte sich ein neues Ideal dazu – das der „Patrie", des Vaterlandes und seiner Musik. In diesem Zusammenhang entstanden die symphonische Dichtung *Hungaria* als Antwort auf die an ihn gerichtete Ode Mihály Vörösmartys, die *HungariaKantate* (mit einem Text von Schober), die *Ungarische Phantasie* für Klavier und Orchester und die fünfzehn *Ungarischen Rhapsodien* in ihrer endgültigen Form. Ganz unbestritten sind ungarische Bezüge auch in der Komposition *Hunnenschlacht* greifbar. Allmählich wurden die ungarischen harmonischmelodischen Elemente für Liszt so selbstverständlich und zu einem in sein musikalisches Idiom organisch eingeschmolzenen Ausdrucksmittel vor allem für die Darstellung von Schmerz und Leid, dass er sie immer öfter in weltlichen wie auch religiösen Werken anwendete – selbst dort, wo die Musik inhaltlich mit Ungarn nichts, aber um so mehr mit Schmerz und Leid zu tun hatte. Ähnlich gab der „ungarische Rhythmus" jedem seiner Märsche und also auch den „nicht-ungarischen", die heroische Prägung.

Die Dichter, durch deren Vermittlung Liszt von den „großen" Themen inspiriert wurde, waren in erster Linie die französischen Romantiker, vor allem Victor Hugo: Er war der Autor der pathetischen, in Extremen schwelgenden Dichtung *Ce qu'on entend sur la montagne* und des an grellen Farben und naturalistischen Szenen reichen Werkes *Mazeppa* (bei Liszt für Orchester, aber auch als *Etüde von transcendentaler Schwierigkeit* vertont). Außer den Liedern nach Gedichten Hugos verweist auch so manches seiner Klavierwerke auf den romantischen Schriftsteller. Praktisch gesehen ist es allerdings eher Nebensache, dass Liszt seinen *Préludes*, die eigentlich als Vorspiel zu den Chören *Les quatre éléments* von Autran dienten, als Programm die Dichtung Lamartines nachträglich unterlegte. Einen wirklichen Eindruck von der Lamartineschen Poetik verewigte Liszt eher in Stücken des in Weimar fertiggestellten Klavierzyklus *Harmonies poétiques et religieuses*. *Prometheus* wurde ursprünglich als *Ouverture* und *Chöre zu Herders Entfesseltem Prometheus* aus Anlass des Herder-Festes geschaffen. Unter den *Prometheus*-Chören finden sich auch gemütlich-volkstümliche Genre-Bilder, was ansonsten bei ihm eher selten vorkommt. Charakteristisch ist jedoch der dramatisch-heroische Charakter der *Ouverture* und der *Chor der Unterirdischen*: eine infernalische Szene, an deren Ende die Gefangenen, ganz wie in *Fidelio,* aus der Finsternis, der Gefangenschaft, ins Sonnenlicht, dem Symbol der Freiheit, emporkommen. *Tasso, Lamento e trionfo* wurde zwar zu Goethes Schauspiel geschrieben – die Gestalt des großen, zu Lebzeiten gedemütigten, erst nach seinem Tode triumphierenden italienischen Dichters jedoch war vor allem von der Tasso-Figur Lord Byrons und von Liszts eigenen Lebenserfahrungen inspiriert. Byron war und blieb das ewige Vorbild für Liszt. Seine beiden unverwirklichten Opernpläne, *Sardanapale* und *Le Corsaire* hatte er ebenfalls nach Byronschen Sujets geplant.

Für Goethe, für dessen klassische Ausgeglichenheit, weise Heiterkeit und kontemplativen hellenischen Geist hatte Liszt, als Romantiker schlechthin, wenig Sinn. Besonders der in Weimar noch so rege Geist des Goethe-Kults mochte ihn irritiert haben. Einzig für den *Werther* hatte er in seiner Jugendzeit geschwärmt. Er unterließ es zwar, sich über Goethe offen auszulassen, erlaubte sich aber mitunter eine scharfe Bemerkung über den großen Klassiker, obwohl er manches Goethe-Gedicht in seinen Liedern vertonte. *Faust* jedoch, den er zuerst in der französischen Übersetzung von Gérard de Nerval gelesen hatte, beschäftigte Liszt bis zu seinem Lebensende. Es war aber vor allem der alte, seit Jahrhunderten in mannigfachen Gestalten wiederkehrende europäische Fauststoff selbst und weniger die Ausgestaltung Goethes, das ihn anzog. Zu Beginn der 1850er Jahre plante er eine Faust-Oper. Den Text wollte er vom

Franzosen Alexandre Dumas, später von Gérard de Nerval verfertigen lassen. Sein zusammengehöriges Orchestersatz-Paar *Zwei Episoden aus Lenaus Faust* (*1. Der nächtliche Zug. 2 Der Tanz in der Dorfschenke. I. Mephisto-Walzer*) wurde, wie im Titel angezeigt, nach Nikolaus Lenaus dramatischer Dichtung komponiert. In seinem Spätwerk findet sich noch ein verblüffender *Mephisto-Walzer* für Orchester und verschiedene für Klavier, auch eine *Mephisto-Polka*, allesamt brillante jüngere Geschwister dieses weltmännischen Lenauschen Satans. Im Falle der *Faust-Symphonie* vermerkt bereits der Titel „nach Goethe". Trotzdem hält sich das Werk, abgesehen von dem Schlusschor nach den Worten des Dichters, nicht an die Handlung des Dramas. Der Untertitel lautet „Drei Charakterbilder", und die Art, in der diese Charakterbilder gestaltet sind, ist völlig subjektiv. Die Lisztschen Personen, vor allem sein Faust, sind nicht die Goetheschen. Dieser wirkt wesentlich heldenhafter, großzügiger, romantischer – er trägt mit einem Wort Byronsche Züge.

Wesentlich näher als Goethe stand Liszt ohne Zweifel Friedrich Schiller. Bei ihm verehrte er die ihm verwandten hohen, ja erhabenen Gedankenflüge, die großen Gebärden des „seid umschlungen, Millionen" und die heldenhafte Attitüde. Die *Ideale* Friedrich Schillers waren auch die Franz Liszts. Sie inspirierten eine gleichnamige symphonische Dichtung, in welche die betreffenden Worte aus Schillers langem Gedicht in die Partitur eingetragen wurden. In der Kantate *An die Künstler* hielt Liszt mit Worten Schillers sein eigenes künstlerisches Programm fest:

Erhebet euch mit kühnem Flügel
Hoch über euren Zeitenlauf!
Fern dämmre schon in eurem Spiegel
Das kommende Jahrhundert auf.

Vom größten Vorbild der Romantiker, nämlich William Shakespeare hingegen wurde nur eine seiner symphonischen Dichtungen angeregt: *Hamlet*.

Durch Dante Alighieri inspiriert, in dessen Werk Liszt sich in gemeinsamer Lektüre mit Carolyne von Sayn-Wittgenstein ebenso vertiefte wie einst mit Marie d'Agoult, komponierte er eine hervorragende *Klaviersonate*, die einen viel und erfolgreich gespielten Vorläufer, ein verschollenes *Fragment Dantesque* hatte, sowie eine großangelegte, dreisätzige *Symphonie*. In der einsätzigen, aus wenigen Motiven entwickelten *Sonate* (*Années II*) werden die schrecklichen Qualen der Danteschen Hölle und die Verklärung durch göttliche Gnade in der Vermittlung Victor Hugos aufgegriffen, was der Untertitel eines seiner Gedichte andeutet: *Après une lecture du Dante.* Auf eine etruskische Vase im Louvre berief sich Liszt erst nachträglich im Vorwort seiner Ars poetica *Orpheus.*

Als weitere Quelle, von welchen die großen symphonischen Werke angeregt wurden, muss auch ein gewaltiges historisches Fresko des damals beliebten Malers Wilhelm von Kaulbach (*Hunnenschlacht*) erwähnt werden, außerdem nicht zuletzt die berühmte mittelalterliche Wandmalerei im Camposanto zu Pisa, *Il Trionfo della Morte,* die den bedeutenden *Totentanz* inspirierte.

In den Werken der großen Komponisten des 19. Jahrhunderts ist meist ein romantischer „Ich-Komplex" identifizierbar, der den Werken Züge eines Selbstporträts verleiht. So ist der Held der *Symphonie fantastique* Berlioz selbst. Auch Wagner stellte sich immer wieder selbst dar, sei es als nach Erlösung schmachtender Holländer, als Tannhäuser oder Amfortas, als liebender und leidender Siegmund oder Tristan, ob als seine „Dämmerung" tragisch erlebender Wotan, als weiser und gütiger Hans Sachs oder Gurnemanz, ob als böser Zauberer Klingsor, als die Kunst erneuernder Walther von Stolzing oder als furchtloser Siegfried. So ist es auch bei Liszt: Er ist Tasso, Orpheus, Prometheus, Mazeppa und Hamlet, er ist der durch Hölle und Purgatorium schreitende Dante, er ist der grübelnde, sich quälende, nach Erlösung schmachtende, verliebte oder von Gewissensbissen gequälte, des Lebens überdrüssige Faust – und zugleich ist er Mephisto. Er ist der Wanderer der *Ideale,* der sich „mit Jugendlust" und „mit Liebesarmen um die Natur" geschlungen hatte und immer einsamer wurde, je höher er sich emporschwang.

Für die Dramaturgie der größeren Werke ist im allgemeinen ein „Lamento e trionfo"-Aufbau bezeichnend. Einer Schilderung von Leid, von äußeren oder inneren Kämpfen folgt ein optimistischer Ausklang. Dieser ist entweder triumphierend, laut und verherrlichend – wie zumeist in den symphonischen Dichtungen sowie in den *Klavierkonzerten Es-Dur* und *A-Dur* –, oder eine leise, in Wagners Worten: „zarte und duftige"[30], viel eindrucksvollere romantische Verklärung – am schönsten gestaltet in der *h-Moll Sonate,* wo Liszt den ursprünglich lauten Schluss sehr zum Vorteil seines Werkes geändert hat.

Der traditionell-klassische Formbau und die konventionelle Satztechnik hatten sich im Dienste eines neuartigen Gehaltes, auf den Spuren von Beethoven, Schubert, Schumann, Chopin und der „Idée fixe" von Berlioz, bei Liszt stark weiterentwickelt. Die klassische Sonatenform war aufgelöst und dem bereits erwähnten monothematisch gewebten Satz mit wenigen, verwandlungsfähigen Themen gewichen. In den grandiosen Bühnenwerken Richard Wagners heißen die flexiblen, regelmäßig wiederkehrenden, sich entwickelnden, Gestalt und Charakter wechselnden, Einheit sowie Vielfältigkeit der Komposition sichernden Themen „Leitmotive". Sie wurden bei ihm zum allgemeinen, Form und Dramaturgie gestaltenden Prinzip. Auch seine Nachfolger bedienten sich der Leitmotivik, bis hin zu den heutigen Komponisten von Filmmusik. In der Literatur wurde diese Technik beispielsweise in den Werken Thomas Manns verwendet.

Das monothematische Formprinzip wurde von Liszt auch in der vielleicht schönsten seiner Messen, der symphonisch gestalteten, in Weimar komponierten *Graner Messe* angewendet. Die Melodien des *Kyrie*, das *Gloria*-Thema und das *Credo*-Motiv kehren mehrmals in verschiedenen Sätzen wieder. Diese Technik ermöglichte ihm zudem, eine zyklische Sonaten- bzw. Rondo-Form zu gestalten, durch welche Konzert, Sonate oder Symphonie in drei oder vier Sätzen zu einem vielfältigen und zugleich einheitlichen Ganzen modelliert werden konnte. Auch diese Charakteristik sollte wichtig für zukünftige Komponisten werden.

Das vielgespielte, brillante *Klavierkonzert Es-Dur* besteht aus vier, zu einem Ganzen zusammengefügten Sätzen. Einzig vor dem zweiten Satz gibt es eine Zäsur. Im ganzen Werk dominiert das charakteristische erste Thema, mit Ausnahme des zweiten Satzes taucht es überall auf. Das zweite Thema des zweiten Satzes kehrt im Scherzo wieder. Der vierte Satz wiederum hat gar keine selbständige Thematik, sein gesamtes thematisches Material kam – in anderer Gestalt – schon in den vorangehenden Sätzen vor.

Bei dem sanft ansetzenden *Klavierkonzert A-Dur* haben wir es ebenfalls mit einer zusammengefügten, mehrsätzigen Form zu tun: es handelt sich um eine Art Rondo mit dreimal variiert wiederkehrendem Thema und zwei längeren Episoden. Der Anfang der zweiten Episode hat zugleich die Funktion eines Scherzos; deren Motiv wird dann aber ins Kantable umgewandelt und nimmt mit dem zum zweiten Mal auftauchenden Rondothema die Funktion eines langsamen *Espressivo*-Satzes an. Diesem folgt eine Art Durchführung, die thematische Arbeit mit den Motiven der beiden Episoden. Das dritte und vierte Erscheinen des Rondo-Themas bildet die Reprise und zugleich das Finale des einsätzigen Werkes. Hier wird das lyrische Hauptthema zum auftrumpfenden Marsch umgewandelt und zu einem fulminanten Stretto gesteigert.

Die kompositorischen Mittel Liszts in den Weimarer Jahren waren recht heterogen. Außer der oben beschriebenen Neuerung, der Monothematik, präsentiert sich in den meisten Werken dieser Periode leider viel thematisch unbedeutender Füllstoff, Wiederholungen und Leerlauf. Es gibt im „alfresco"-Stil aufgebaute Sätze mit mächtigen Akkordblöcken, wie etwa in der

Graner Messe und der *Dante-Symphonie*. An bestimmten Stellen machte der Komponist aus dramaturgisch-musikalischen Gründen auch Gebrauch von einer streng polyphonen Stimmführung, mit gleichzeitigem Auftauchen mehrerer Themen, als einfache Imitation, simultan oder in Engführung, Inversion, Augmentation, Diminution. Es gibt größere fugierende Teile beispielsweise in der *h-Moll Sonate*, im „Mephisto"-Satz der *Faust-Symphonie*, im „Purgatorio"-Satz der *Dante-Symphonie*, im *Prometheus*, im *Totentanz*-Klavierkonzert (hier sogar einen Kanon!) und in *Psalm 13* sowie eine an die Tradition anknüpfende Vokalfuge im *Gloria* und im *Credo* der *Graner Messe*. An einigen Stellen ist es auch das hartnäckige, fortwährende Wiederholen einiger melodischer oder rhythmischer Formeln, die sogenannte Ostinato-Technik, durch welche die Einheitlichkeit des Werkes gesichert wird: Diese Ostinato-Technik, noch dazu im tiefen Register gehalten, erzeugt einen furchterregenden Eindruck im *Totentanz*, der den Anblick der zum Vorbild genommenen Fresken imitiert. Sie kommt außerdem, als Mittel einer grandiosen Steigerung, vortrefflich in den *Funérailles* zur Geltung. Der greise Liszt bemerkte über jene Stelle zu einem Schüler: „Das ist eigentlich eine Imitation Chopins, aus der bekannten *Polonaise* [As-Dur]; ich habe es hier aber etwas anders gemacht."[31] Dieses romantische Ostinato und zugleich das bis zur Verzückung gesteigerte, sich endlos wiederholende Trommeln der sogenannten primitiven Völker sollte dann im 20. Jahrhundert das berühmte Ostinato eines Igor Stravinsky oder Béla Bartók anregen.

Als Harmoniker gehört Liszt zu den kühnsten Neuerern der Musikgeschichte, der ungeheure Möglichkeiten für die Zukunft eröffnete. Weimar bildet auch in dieser Hinsicht einen Höhepunkt, wurde aber zugleich zum Ausgangspunkt für noch weitere Perspektiven. Liszt suchte beständig nach Neuem, d.h. er griff das traditionelle Dur-Moll-System, die klassisch-diatonische Funktionstonalität von allen Seiten an. Deren Auflösungsprozess hatte bereits bei Beethoven begonnen, wurde weitgehend durch Schubert, nach ihm von Chopin und Schumann gefördert, und erlitt schließlich bei Wagner und Liszt eine Krise. Bei Liszt gab es zwar auch einheitlich tonale Flächen, ja charakteristische Tonarten, meistens ist aber überhaupt kein Grundton zu spüren und die Tonalität mutet schwebend an. Liszts Neuerung bestand andererseits in der Neubelebung alter, seit Jahrhunderten vernachlässigter Tonskalen: der (fünfstufigen) „Pentatonik" und der (siebenstufigen) auf einen Grundton bezogenen, doch nicht funktionstonal gedachten „Kirchentonarten"[32] des Gregorianischen Chorals und der Musik der Renaissance – vor allem jener Palestrinas und Roland de Lassus', deren Werke er in Rom eingehend studiert hatte. Andererseits erzielte er Veränderungen durch die Anwendung neuartiger Möglichkeiten in Richtung einer völligen Gleichberechtigung der zwölf chromatischen Töne. In diesem Sinne konstruierte er selbst Tonleitermodelle, in welchen die Intervalle einer bis dahin unbekannten, aber konsequenten, den Gesetzen der Funktionstonalität widersprechenden Ordnung folgen und dadurch auch „dissonante" Akkorde entstehen konnten. Auch die Struktur der sogenannten „ungarischen" oder „Zigeuner"-Skala und die aus ihr abstrahierten harmonischen Möglichkeiten dienten Liszt als eine Tonordnung, die unkonventionelle Möglichkeiten eröffnete. Dieser Entwicklungsprozess sollte sein Werk in der Folgezeit immer stärker beherrschen.

Gregorianische Melodien komponierte Liszt in den Kirchentonarten, also „modal" gemäß den Harmoniegesetzen der Renaissancemusik. Doch da er sich zugleich frei der sogenannten alterierten (chromatischen) Töne bediente, entwickelte er sie zur Neomodalität fort und konnte so aus deren Tönen und Intervallen ebenfalls neue Tonleiter-Modelle gestalten. Am Ende des *Magnificat* der *Dante-Symphonie* beispielsweise findet sich die später durch die Harmonik von Claude Debussy verbreitete, aus lauter großen Sekunden bestehende, sogenannte „Ganztonleiter".

Ein weiteres interessantes Beispiel aus dem Jahr 1860, also vom Ende seiner Weimarer Periode, ist das Melodram *Der traurige Mönch*. Es handelt sich dabei um eine mit Klavierbegleitung rezitierte Ballade von Lenau: „Die letzte Strophe ergriff mich aufs Heftigste", schrieb Liszt dazu am 10. Oktober 1860 an seine Freundin, die Sängerin Emilie Genast. „Erst gestern beendigte ich die paar kurzen Seiten [...] Wahrscheinlich aber werden sie nicht zu gebrauchen sein, so bodenlos wüst ungeheuerlich erklingen diese tonlosen Disssonanzen!"[33] Der Klavierpart dieses Werkes besteht zur Hervorhebung der schauerlichen Atmosphäre aus lauter übermäßigen Terz-Akkorden, die sich auf keinerlei „Grundton" mehr beziehen lassen.

Die Komponisten des 19. Jahrhunderts, und insbesondere Liszt selbst, waren bestrebt, den klassisch-übersichtlichen, klaren Tonsatz, die symmetrisch-proportionierte Ordnung, das regelmäßige, deutliche Pulsieren, wie es die Klassik ausgezeichnet hatte, auch auf rhythmischem Gebiet zu überwinden. Diese sogenannte „ametrische" Tendenz, die Verschiebung der metrischen Schwerpunkte, die konsequent gewechselten geraden und ungeraden Taktarten sind mancherorts geradezu charakteristisch für Liszt. Er fügte sogar manchmal mitten in die 4/4- oder 3/4-Takte seinerzeit schwer realisierbare unregelmäßige, asymmetrische Rhythmen von 7/8, 7/4 oder 5/4 ein. In der *Faust-Symphonie* sah er sich später gezwungen, diese komplexen Strukturen wieder zu vereinfachen. Doch in der *Dante-Symphonie* beispielsweise gibt es wichtige Teile im 5/4- und im 7/4-Takt.

Selbstverständlich findet man auch unter den Weimarer Werken eine große Zahl rhythmisch gebundener Stücke: darunter viele Tanzrhythmen, etwa Polonaisen und Walzer. Eine andere typische prägnant „punktierte" Formel besitzt der sogenannte „Reiter-Rhythmus", zum Beispiel in der dritten Variation des *Totentanzes*, in der Klavieretüde und der symphonischen Dichtung *Mazeppa*, in der Etüde *Wilde Jagd*, den Monodramen *Lenore* und *Der traurige Mönch*. Wie bereits erwähnt, schrieb Liszt auch einige Stücke mit Marschrhythmus, diese meist mit ungarischer Prägung.

Darüber hinaus existieren einige melodiös kantable Themen unter den von Liszt verarbeiteten Motiven. Zu diesen gehören – um nur einige der bekanntesten zu nennen – das Fis-Dur-Thema der *h-Moll Sonate*, das „Gretchen"-Thema der *Faust-Symphonie*, und natürlich manche Lieder. Der Einfluss der italienischen Belcanto-Musik, die ihn in seiner Jugend stark beeindruckt hatte, war noch lebendig; selbst das „Leitmotiv" der *Graner Messe* mutet beinahe opernhaft an. In Weimar nahm Liszt auch die Bearbeitung von volkstümlichen Melodien vor, die er entweder einstmals aufgezeichnet oder aber selbst erfunden hatte. Es handelte sich vor allem um ungarisches Material, etwa in den *Rhapsodien,* der *Ungarischen Phantasie* für Klavier und Orchester, der *Hungaria-Kantate* und der gleichnamigen symphonischen Dichtung sowie im Lenau-Lied *Die drei Zigeuner*. Ein italienischer Tanz bzw. ein Gondellied wurde verarbeitet im Ergänzungsband von *Années II: Gondoliera* und *Tarantella*. Aber auch ein trauriges venezianisches Gondellied mit Worten aus Torquato Tassos *Gerusalemme liberata* bearbeitete Liszt. Es bildete das Kopfthema seines *Tasso*, tauchte dort wandlungsfähig als Lamento, als graziöses Menuett und als Triumphmarsch auf.

Grundsätzlich gesprochen kann man Liszt keineswegs zu den großen Melodie-Erfindern zählen, wie etwa Schubert, Schumann, Bellini, Chopin, Verdi oder Wagner. Er arbeitete hauptsächlich mit zur motivischen Arbeit geeigneten, formbildenden Tonkeimen. Bezeichnend für einen Teil seiner Thematik ist das typisch-romantisch Deklamatorische, Gestenhafte, die mit der Schauspielerei oder auch der Plakatkunst verwandte große Gebärde. Es gibt unter seinen Themen auch schon vor der Weimarer Zeit Instrumental-Rezitative, die der deklamatorischen menschlichen Sprache ähneln. Sie werden meist auf ein – manchmal aus dem Orchester hervortretendes – Soloinstrument oder auf eine Unisono-Passage mehrerer Instrumente übertragen. Von dieser Art des rezitierenden Thementyps Beethovenscher Prägung sind unter anderem mehrere Motive aus der *Dante-Symphonie* mit einem in die Partitur eingeführten Text oder die glaubensfeste Chordeklamation im *Credo* der *Graner Messe*, die eine gänzlich andere Wirkung auf den Zuhörer ausübt.

Eine sehr wichtige, individuelle Themengruppe bilden beim Weimarer Liszt die originalen oder stilisierten Gregorianischen Choralmelodien, die in seinen späteren Schaffensperioden noch wichtiger werden sollten. Das *De profundis* und das *Dies irae* hatten ihn seit seiner Jugend beschäftigt. Bereits 1839 erschütterte ihn bei der berühmten Aschermittwochszeremonie in der Cappella Sistina in Rom das *Miserere: Psalm 50 (Gott sei mir gnädig nach deiner Güte und tilge meine Sünden nach deiner großen Barmherzigkeit)* tief. In den 1840er Jahren hatte er dann seine ersten Kirchenchöre für gemischten bzw. Männerchor (*Ave Maria, Pater noster*) komponiert. Der fertiggestellte Zyklus *Harmonies poétiques et religieuses* beinhaltete auch bereits zwei modal harmonisierte, gänzlich „unklaviermäßig" einfach gebaute Sätze: ein *Ave Maria* und ein *Pater noster*. Seine 1848 entstandene *Messe für Männerchor* nannte Liszt aufgrund der Kirchenmelodien in *Gloria* und *Credo* „ma messe grégorienne". Im darauffolgenden Jahr, in der ersten Fassung des Klavierkonzertes *Totentanz*, bearbeitete er neben dem *Dies irae* auch die Intonation *De profundis*. Der Schlusschor der *Dante-Symphonie* ist eine Bearbeitung der Intonation *Magnificat*. In der symphonischen Dichtung *Hunnenschlacht* spielt das *Crux fidelis* (eine Strophe der Osterhymne *Pange lingua gloriosi lauream certaminis* von Fortunatus), im *Nächtlichen Zug* die Hymne *Pange lingua gloriosi corporis mysterium* von Thomas von Aquin eine wichtige Rolle. Der charakteristische, dreitönige „Kopf" dieser Melodie (etwa: g-a-c) taucht außerdem nicht nur im *Gloria* der beiden Messen, sondern auch im Klavierstück *Invocation* (aus dem Zyklus *Harmonies poétiques et religieuses*), im „Grandioso" der *h-Moll Sonate*, in der *Trauerode Nr. 1: Les Morts*, ja selbst in der Vertonung von Goethes *Wanderers Nachtlied* (bei den Worten: „Balde ruhest du auch") auf. In der Partitur des Oratoriums *Die Legende von der Heiligen Elisabeth* definierte Liszt dieses kleine Grundmotiv, dem in seinem Spätwerk eine wichtige Rolle zukommen sollte. Er deutete es als „tonisches Symbol des Kreuzes". Es ist mithin in seinem gesamten Werk als wesentlicher Ausdruck seines tiefen Glaubens und im Sinne der erlösenden Liebe zu verstehen.

„Als Neuerer der Instrumentierung steht Liszt durch seine absolut eigenständige Instrumentationstechnik in einer Reihe mit den beiden großen Instrumentatoren des 19. Jahrhunderts, Berlioz und Wagner"[34], bemerkt Béla Bartók. Auch wurde schon darauf hingewiesen, welch hohen Stellenwert der Klang, das Kolorit für Liszt besaß. Auf seinem Klavier hatte er schon während seiner Virtuosenzeit bis dahin unerhörte Klangeffekte hervorgebracht, hatte vollkommene Orchesterbesetzungen ersetzt, sein Instrument mit menschlicher Stimme singen lassen und ihm himmlische Töne entlockt. In Weimar wurde sein Klaviersatz einfacher, durchsichtiger und zugleich ausdrucksvoller, wie es der Vergleich der verschiedenen Fassungen ein und desselben Werkes bezeugt. Doch machte er sein Instrument auch zu neuen Effekten fähig. Bei ihm erscheint zum erstenmal ein harter, metallischer Klang. Das Klavier wird quasi als Schlaginstrument gebraucht, das imstande ist, das Finstere, Dämonische auszudrücken wie etwa im *Totentanz*. Auch hierin erwies Liszt sich als ein Vorläufer des 20. Jahrhunderts, besonders von Stravinsky und Bartók. Sein Klavier konnte gespensterhaft gellend schreien, in Hohngelächter ausbrechen (durch Triller, Glissandi und Läufe im hohen Register) oder durch neuartige Behandlung und Ausnutzung des tiefen Registers eine unheimliche Atmosphäre ausdrücken (in der *h-Moll Sonate*, der *Dante-Sonate* und im *Totentanz*), dumpfes Brüten und tiefes Leid malen (in *Il penseroso*, dem Michelangelo-Stück der *Années II*) und schreckliche Visionen heraufbeschwören (in der *Dante-Sonate* und im *Totentanz*). Zugleich erschienen bereits in den in Weimar fertiggestellten endgültigen Fassungen einiger Stücke des „Schweizer" Bandes der *Années* sowie der *Etüden (Études d'exécution transcendante)*, besonders in den „Wasser"-Stücken *(Le lac de Wallenstadt, Au bord d'une source)* und in den „Glocken"-Musiken *(Les cloches de Genève, Harmonies du soir)* ganz entgegengesetzte, eher in Richtung auf Debussy und Ravel verweisende, pastellartige, prae-impressionistische Klänge.

Durch vieljährige Arbeit mit dem Orchester, eingehendes Studium der Partituren von Kollegen und ständige Selbstkontrolle hatte Liszt in Weimar gelernt, sich auch in der Sprache des Orchesters auf sehr hohem Niveau auszudrücken. Er hatte eine persönliche Art der Instrumentation entwickelt, die, ebenso wie seine Neuerungen auf dem Gebiet der Form und Harmonie, einer Legion von Epigonen und Nachfolgern von Rang als Ausgangspunkt dienen sollten. In seinen Partituren wollte er dem Wesen der einzelnen Instrumentengruppen gerecht werden. Manche, wie das Schlagzeug, die Harfe und besonders die Holzbläser – die schrille Piccoloflöte, das expressive Englischhorn und die Bassklarinette – spielen eine wichtige Rolle. Allerdings ist es auch diese Intrumentierung, die für die meisten Schwächen der Weimarer Werke verantwortlich zeichnet. So entstehen beispielsweise durch vollgestopfte Tutti mit überdimensioniertem Einsatz von Blechbläsern und Schlagzeug allzu bombastische Effekte. Einige Violin- oder Harfen-Passagen wiederum erscheinen süßlich. Die Lisztsche Art der Orchestrierung ist dennoch immer abwechslungsreich an Farbe, nie eindeutig zu „dick aufgetragen". Besonders die kammermusikartig instrumentierten Stellen, mit schönen Cello- oder Holzbläser-Soli oder auch für Streicherensemble mit durchsichtig-ätherischem Klang gesetzt, sind sehr ein- und ausdrucksvoll. Fünf der herausragendsten Weimarer Werke sollen hier noch detaillierter vorgestellt werden.

Erstens die durch individuelle Schönheit in Ausdruck, Klang und Gestaltung herausragende, 1852/53 komponierte und Robert Schumann gewidmete *h-Moll-Sonate*. Sie ist ein ganz großer Wurf: ein einzelner Sonatensatz, in dem zugleich das Modell der klassischen viersätzigen Form verwirklicht wird. Der Exposition und Durchführung folgt ein lyrischer, langsamer Mittelteil, diesem wiederum ein scherzoartiges, infernales Fugato, das den dramaturgischen Höhepunkt der Komposition bildet, dem sich eine frei geformte Reprise anschließt. Zuletzt erklingt als Epilog wieder das Material des langsamen Teiles. Dies ist nur eine mögliche Beschreibung dieses schwer definierbaren, einmaligen Stückes. Wie bereits erwähnt, wird es auch als *Faust-Sonate* bezeichnet, obwohl Liszt keinerlei Hinweis auf irgendein Programm hinterlassen hat. Nur die Parallelen zur *Faust-Symphonie*, die an Faust, Mephisto und Gretchen erinnernden Motive lassen im Hörer derartige Assoziationen aufkommen. Die *Sonate* wurde anhand von fünf Motiven gestaltet: a. Das Introduktionsmotiv, auch „Vorhang" genannt, ist eine absteigende Basslinie, die auf Intervallen des ungarischen bzw. Zigeuner-Molls basiert; b. Ein zweiteiliges Motiv, dessen Teile sich verselbstständigen und miteinander konfrontiert werden, wobei der zweite Teil mit einer charakteristischen fallenden kleinen Septime beginnt; c. Ein zuerst im Bass hämmerndes, repetierendes, dämonisches Gebilde, das zu erstaunlichen Transformationen seines Charakters fähig ist, denn es kann zu einem lieblichen, verklärt lyrischen, aber auch zum mephistophelischen, zu kontrapunktischer Verarbeitung geeigneten Fugato-Thema werden; d. Das „Grandioso", das „Kreuz-Motiv"; e. Eine abgerundet lyrische Melodie im langsamen Satz (Andante, Fis-Dur), welche zum Schluss reminiszenzartig wiederkehrt. Liszt hat den Ausklang verklärt und pianissimo gestaltet – eine Ausnahme in der Weimarer Schaffensperiode, die der großartigen Komposition sehr zum Vorteil gereicht.

Zweitens die Hector Berlioz gewidmete, zwischen 1854 und 1857 komponierte und in ihrer endgültigen Fassung stark überarbeitete *Faust-Symphonie in 3 Charakterbildern* nach Goethe. Sie gilt in jeder Beziehung als das symphonische Hauptwerk Liszts und ist als solche ein Schwesterwerk der *h-Moll-Sonate*. Liszt schuf hier mit rein musikalischen Mitteln drei verschiedene, tiefgründige Charakterbilder und machte aus ihnen ein symphonisches Ganzes.

Er bediente sich dabei seiner unkonventionellen kompositorischen Mittel: In der Harmonie durch individuell strukturierte Tonart-Modelle unter gleichberechtigter Verwendung der zwölf chromatischen Töne. Gleich in der Einleitung zeigt sich dies im bekannten Motiv von viermal drei Tönen als gebrochene übermäßige Dreiklänge. In der Formbildung durch wenige, häufig vorkommende und ihrer Gestalt wie auch ihrem Charakter nach wechselnde Motive bzw. Gesten, die die Ecksätze prägen. Hierbei nutzte er auch jene „asymmetrischen" Metren von 7/8, 7/4 oder 5/4, die er allerdings einer besseren Aufführbarkeit zuliebe öfters vereinfachen musste. Und schließlich in der einfallsreichen Instrumentierung, besonders in den kammerorchesterartig gesetzten Teilen. Die Ecksätze der Symphonie stellen eine weiterentwickelte Sonatenform dar, während der Mittelsatz in der dreiteiligen Liedform gehalten ist. Das einzigartig Geniale der großen zyklischen Form, die von späteren Komponisten wie beispielsweise Béla Bartók im *2. Violinkonzert* aufgegriffen wurde, liegt darin, dass der Mephisto-Satz, eine Art diabolische Karikatur des Faust-Satzes und zugleich Ausdruck der Ambivalenz des Menschen, aus den verzerrten Faust-Themen aufgebaut ist und zwar so, dass das Böse hörbar als Verlierer endet. Den vollständigen Gegensatz zu diesem doppelten männlichen Bildnis oder Selbstporträt bildet das musikalische „Nicht-Ich", das sich im durchsichtig instrumentierten, lieblichen *Andante soave* durch Gretchen als dem „ewig Weiblichen", Reinen und Erlösenden repräsentiert sieht. Folgerichtig ist ihr Thema eine schöne, abgerundete, „dolce-semplice" Oboen-Melodie mit zarter Violenbegleitung. Mephisto kommt nicht an sie heran, aber auch Fausts Motive treten in ihrer Aura verklärt zurück. Der dem Mephisto-Satz folgende *Chorus mysticus* mit Tenor-Solo „Alles Vergängliche ist nur ein Gleichnis,/Das Unzulängliche, hier wird's Ereignis,/Das Unbeschreibliche, hier wird's getan,/Das Ewig-Weibliche zieht uns hinan" ist thematisch gesehen eine Reminiszenz des Gretchen-Satzes und auch darin ein Pendant der *h-Moll Sonate*, wenn auch nicht so poetisch-fein ausgeführt.

Drittens entstanden Ende der 1830er Jahre parallel zum Klavierstück in den *Années II* die ersten Aufzeichnungen zur *Dante-Symphonie*. Die Komposition mit dem Titel *Eine Symphonie zu Dantes Divina Commedia* wurde nach der Erstaufführung 1857 mehrfach umgearbeitet und Richard Wagner gewidmet. Liszt plante ursprünglich drei Sätze, analog zu Dantes Dichtung: *Inferno*, *Purgatorio* und *Paradiso*. Doch riet ihm Wagner von einem *Paradiso* mit Chor entschieden ab.

Das hinreißendste, zugleich persönlichste und überzeugendste Element der Lisztschen Musik war und blieb sein ganzes Leben lang die Umsetzung des Fürchterlichen, Dunklen, Dämonischen, seine Visionen von Teufel, Hölle, Tod und dem Jüngsten Gericht. Im *Inferno*-Satz werden die entsetzlichen Leiden und Ängste, das fürchterliche Jammern und Geheul der Verdammten auf eine in sich steigernde leidenschaftliche Weise mit musikalischen Mitteln geschildert. Auch hier arbeitet Liszt mit individuell strukturierten Tonart-Modellen, wobei das als „diabolus in musica" verbotene Intervall, der Tritonus, eine exponierte Rolle spielt. Besonders charakteristisch sind die Unheil verkündenden, auf tiefen Blechbläsern deklamierten Motti mit unterlegtem Text „Per me si va nella città dolente" und „Lasciate ogni speranza voi ch'entrate". Tatsächlich wurden aus Dantes Höllendichtung nur zwei Figuren entnommen: die unsterblich liebenden Ehebrecher Francesca da Rimini und der Bruder ihres Mannes, Paolo Malatesta. Liszt stellt sie im lyrischen, mit feinen Pastellfarben instrumentierten Mittelteil *Quasi Andante, Andante amoroso* vor, inmitten hochdramatischer, mit viel Blech- und Schlaginstrumenten ausgestatteter, frenetischer Eckteile. Auch dem Liebesthema, einem Rezitativ der Bassklarinette, sind in der Partitur Worte Dantes unterlegt: „Nessun maggior dolore che ricordarsi del tempo felice nella miseria" (Es gibt keinen größeren Schmerz, als sich im Unglück an glückliche Zeiten zu erinnern).

Das *Purgatorio* führt den Hörer in eine gänzlich anders geartete, entfremdete, unwirkliche Welt, die mit den Mitteln der Thematik, Harmonik und Instrumentation evoziert wird. Im Manuskript trug der Satz noch den Untertitel *Vision*. Im Mittelteil kehrt das transformierte „Nessun maggio dolore"-Motiv als Thema einer Fugenexposition zurück. Liszt befolgte Wagners Rat und setzte an Stelle des *Paradiso* eine himmlische Vision: ein beseeltes, fein instrumentiertes und harmonisiertes *Magnifikat* für zweistimmigen Frauenchor und Sopransolo auf Basis einer gregorianischen Melodie. Über das „Halleluja" am Schluss schrieb er am 20. August 1859 an den Kapellmeister Julius Schäffer: „Am Schlusse meiner *Dante-Symphonie* habe ich es versucht, die liturgischen Intonationen des *Magnifikat* zu bringen. Vielleicht interessiert Sie auch dabei die Dreiklangs-Scala in großen Tönen, welche (meines Wissens wenigstens) in ihrem ganzen Umfang bis jetzt nicht gebräuchlich war."[35] Er ließ zudem ein Notenbeispiel folgen: aufsteigende Dur-Dreiklänge über dem fallenden Bass Gis – Fis – E – D – C – B – As – Fis.

Viertens die *Zwei Episoden aus Lenaus Faust* (*1. Der nächtliche Zug. 2. Der Tanz in der Dorfschenke*), komponiert 1860 und Carl Tausig gewidmet, ist eigentlich eine symphonische Dichtung, wird aber nicht zu diesen gerechnet. Es handelt sich wie die *Faust-Symphonie* um ein doppeltes Selbstporträt, nur diesmal ohne Gretchen. Es ist überaus beklagenswert, dass das Faust-Bildnis

Der nächtliche Zug kaum aufgeführt wird. Der Satz ist eine Darstellung des einsamen, von Gewissensbissen gequälten, seiner Ziele und Illusionen beraubten und verzweifelten Faust inmitten einer durchaus romantischen Szene in der Nacht im frühlingshaften Wald. Faust hat kurz vorher die von ihm verführte Bauernbraut, mit ihrem Kind auf dem Arm, als abscheuliche Bettlerin wiedergesehen und war feige geflüchtet. Umsonst hofft er auf Erlösung durch den nächtlichen Zug, welcher sich mit brennenden Lichtern und dem Gesang der gregorianischen Hymne *Pange lingua gloriosi corporis mysterium* nähert, davonschreitet und entfernt. Faust bleibt allein zurück mit all seinem Leid im Dunkeln – „heftig weinend" steht in der Partitur.

Der zweite Satz *Der Tanz in der Dorfschenke. I. Mephisto-Walzer* schildert die bei Lenau vorangegangene Szene der Verführung. Liszt hatte, wie erwähnt, ein besonderes Talent für die Darstellung der Beschwörung dunkler Mächte, von Teufel und Hölle. Der zynisch-elegante lenausche Mephisto mochte eine besondere Faszination auf ihn ausgeübt haben, da er seine finstere, magische Macht über Faust durch die unwiderstehliche Kraft der Musik ausübt. Er spielt die Violine, ganz wie der Tod bei Stravinsky in der *Geschichte vom Soldaten*. Der als Jäger verkleidete Mephisto schaut mit Faust durch das Fenster der Schenke, wo eine Bauernhochzeit gefeiert wird, nimmt dem eine Geige stimmenden Dorfmusikanten das Instrument aus der Hand, und schon beginnt der Tanz. Es handelt sich um eine „espressivo amoroso"-Musik, die jedoch durch die gebrochene Melodie, hinkende Synkopen, verschobene Akzente und schmachtende Seufzer von unübertrefflich grotesk-ironischer Wirkung ist. Immer wilder, immer wirbelnder und verführerischer wird der Tanz, bis es schließlich Faust gelingt, die Bauernbraut ins Freie, in die mit süßen Nachtigall-Trillern erfüllte Nacht zu entführen. In der Orchesterversion ist der *Mephisto-Walzer* ein Meisterwerk, aber dennoch bloß ein halbes Selbstbildnis ohne den zugehörigen 1. Satz. In der Klavierfassung ist er mit Recht eines der meistgespielten, genialsten Stücke Liszts.

Fünftens schließlich der *Totentanz*. Er ist nicht nur das herausragendste Lisztsche Klavierkonzert, sondern eines seiner eindrucksvollsten Werke überhaupt. Es handelt sich um eine Komposition für Klavier und Orchester, die aus einem Thema und sechs Variationen besteht. Wenn man will, handelt es sich dabei ebenfalls um ein zyklisches Werk, in welchem das *Lento* am Anfang von Variation 4 steht, Variation 5 aber als eine Art Scherzo fungiert. Das Konzert ist eine Paraphrase über ein fremdes Thema, nämlich die einfache, ebenso markante wie wandelbare gregorianische Melodie über das jüngste Gericht: *Dies irae*. Dieselbe hatte auch Berlioz in seiner *Symphonie fantastique* bearbeitet und Liszt hatte bereits Anfang der 1830er Jahre gerne über sie fantasiert. Zu dieser frühmittelalterlichen Melodie gesellte sich ein wahrscheinlich von Tommaso di Celano (Anfang des 13. Jahrhunderts) stammendes, großartiges Gedicht. Zur Komposition wurde Liszt direkt von der überwältigenden mittelalterlichen Wandmalerei im Camposanto zu Pisa mit dem Titel *Il Trionfo della Morte* angeregt, die er 1838 mit Marie d'Agoult besichtigt hatte. Es handelt sich dabei um ein herausragendes Meisterwerk unter den vielen Totentanz-Abbildungen jener Zeit, die zur Mahnung an die Vergänglichkeit des Menschen und die Nichtigkeit der Welt diente, als *memento* über die Gewalt des Todes, welcher keine Unterschiede macht. Liszts Klavierkonzert wurde bis zur Premiere 1865 mehrfach überarbeitet. Ursprünglich sollte es, wie erwähnt, auch eine *De profundis*-Melodie enthalten. Es ist ein Meisterwerk der Variationskunst und der Darstellung einer dämonischen Welt, welches dennoch verklärt-lyrischer (man denke an Stellen wie „salve me, fons pietatis" oder „mihi quoque spem dedisti") und glitzernd-brillanter Details (Variation 4) sowie triumphierender Momente (Variation 5) nicht entbehrt. Zur Gestaltung wählte Liszt verschiedene strenge Techniken wie Ostinato, Kanon und Fugato. Besonders wichtig aber sind die neuartigen, faszinierenden Klangeffekte, die er zum Ausdruck der schrecklichen Vision benutzte. Er erreichte diese durch Ausnutzung der extremen sowohl tiefsten wie höchsten Register, durch die exponierten Schlaginstrumente und den Gebrauch auch des Klaviers als hämmerndes, metallisches Schlaginstrument, durch die bei der Schilderung des jüngsten Gerichts üblichen Blechbläser Posaune und Tuba, aber ebenso durch die schrille Piccoloflöte und die blitzartigen Glissandi des Klaviers.

*

In keiner anderen Lebensperiode konzentrierten sich Leben und Tätigkeit Liszts so sehr auf einen Ort wie in Weimar. Er verreiste nur selten. Er verbrachte einige Zeit in Heilbädern wie Bad Eilsen oder Aachen (er litt 1856/57 an einer sehr unangenehmen, langwierigen Krankheit mit Ausschlägen an den Beinen), nahm an Musikfesten teil oder dirigierte seine Werke in verschiedenen deutschen Städten, in Prag, Wien, Sankt Gallen, Pest und Gran, oder er besuchte Verwandte, Freunde in Berlin, Wien, in der Schweiz und in Paris.

In Ungarn wurde Liszt mit dem gewohnten Enthusiasmus empfangen, als er 1856 für die Uraufführung seiner *Graner Messe* zur Einweihung der Basilika von Gran (Esztergom) anreiste. Doch hatte sich auch hier seit seinem letzten Aufenthalt vieles geändert. Gerade mit diesem Werk begannen in seinem

Heimatland die Intrigen. Den Auftrag des Kardinals Scitovszky, diese Messe zu komponieren, hatte Liszt mit Freuden angenommen hielt er doch das Schaffen neuer, wertvoller kirchenmusikalischer Werke, ganz besonders für Ungarn, für seine besondere Aufgabe. Es will auch etwas bedeuten, dass er, der sich über seine Kompositionen stets mit besonderer Bescheidenheit äußerte, über dieses Werk am 11. November 1856 an seine Tochter Cosima aus Zürich schrieb: „Ma messe est très catholique et très bonne."[36] Daher schmerzte es ihn besonders, dass der Kardinal auf Anraten des Grafen Leo Festetics, den er eigentlich für einen guten Freund gehalten hatte, die Aufführung fast vereitelt hätte:

> Die Benachrichtigung der *Nicht* Aufführung meiner, den [sic!] gnädigen Auftrag Euer Eminenz gemäß, zur Einweihung des Graner Doms componirten Messe, mußte für mich eine ebenso überraschende als betrübende sein. Abgesehen von der ehrenvollen Auszeichnung die mir somit benommen wird, ersteht auch durch dieses Verhalten in der Öffentlichkeit, ein für mich sehr empfindsamer Tadel meiner künstlerischen Erstrebnisse und Leistungen welchen ich nicht zu verdienen glaubte[37],

schrieb der Künstler am 8. Juli 1856 dem Kardinal. Tief gekränkt wies er die Vorwürfe zurück, das Werk sei zu schwierig aufzuführen oder übermäßig lang. Die Situation wurde dank der Vermittlung des Barons Augusz gerettet. Am 26. und 27. August 1856 wurde im Festsaal des Pester Nationalmuseums die öffentliche Hauptprobe abgehalten, Liszt dirigierte selbst. „Jeder wollte diese vortreffliche Komposition hören, welche des Namens ihres weltberühmten Schöpfers wahrlich würdig ist" schrieb die Zeitschrift *Hölgyfutár* am 27. August.

> Der Saal war schon vor dem Anfang überfüllt, und ein Teil des Publikums konnte nur noch in der Vorhalle Platz finden […] die unvergleichlichen Schönheiten der Messe ließen Hitze, schlechte Luft und alles Leid vergessen […]. Die zwei unbegrundeten, erdichteten Beschuldigungen, dass nämlich die Messe zu sehr weltlich und sehr langatmig sei, hatte diese gestrige Hauptprobe in aller Öffentlichkeit zunichte gemacht.

Liszt selbst fand die Vorstellungen nicht perfekt, aber ausreichend. „Die Hitze" des kleinen Prunksaals war, wie er am selben Tag der Fürstin schrieb, „buchstäblich nicht zum Aushalten, und ich schwamm in Schweiß". Aber „man klatschte nach jedem Satz sehr, und rief mich am Schluß dreimal zurück"[38]. Mit der Uraufführung am 31. August in Gran zur Einweihung der Basilika, inmitten der festlich geschmückten Stadt und vor vielen hochrangigen Klerikern und sonstigen vornehmen Gästen, war der Komponist noch zufriedener. Zu Weihnachten schrieb er dem Kardinal Scitovszky: „Der 31. August 1856, an welchen [sic!] die Graner Basilica eingeweiht wurde, ist für mich als Ungar, Catholik und Componist ein Datum von höchster Bedeutsamkeit."[39] Am besten gelang die Aufführung jedoch am 4. September desselben Jahres in der auch akustisch günstigeren, mit Neugierigen reich gefüllten Stadtpfarrei in Pest. Diese bezeichnete Liszt als geradezu „bewundernswert", ihren Eindruck als „wundervoll", und berichtete Carolyne, viele Leuten hätten geweint[40]. Obwohl „Mehrere Wiener Zeitungen: *Fremdenblatt, Österreichische Zeitung*, welche mir feindselig gegenüberstehen, mich damit beschuldigen, die *Zukunftsmusik*, ja sogar den *Venusberg*[41] in die Kirche zu verpflanzen,"[42] war Liszt nach der enthusiastischen Aufnahme eines weiteren Konzerts in Pest am 8. September, bei dem er *Les Préludes* (zweimal!) und *Hungaria* dirigierte, doch hochzufrieden. So schrieb er am 16. September 1856 an Agnes Street-Klindworth:

Einerseits ist es mir zu vollem Bewußtsein gekommen, daß die Aufgabe, welche ich auf dieser Welt erfülle, wesentlich zum Nationalruhm dazugehört. Und andererseits habe ich ernstlich als katholischer Kirchenmusik-Komponist Fuß gefaßt. Nun, dies ist ein grenzenloses Feld für die Kunst und eines, das kräftig zu fördern ich mich berufen fühle.[43]

Auch seine *Messe für Männerchor* (von 1848) wurde in Pest bei einer Aufführung in der Herminenkapelle freundlich aufgenommen. Liszt plante, noch zwei weitere Messen für die ungarischen Erzbistümer Kalocsa und Erlau (Eger) zu komponieren, doch dazu kam es dann nicht mehr.

Seine erste Schlacht in Ungarn hatte Franz Liszt gewonnen. Das Publikum war ihm wohlgesinnt und gab dem Wunsch Ausdruck, er möge für längere Zeit in seinem Heimatland verweilen. Im April des Jahres 1858 besuchte er Ungarn erneut. Er gab zwei Konzerte zugunsten des Nationalkonservatoriums und wurde gefeiert wie immer, als er – nunmehr durchaus eine Seltenheit – öffentlich Klavier spielte.

Im August 1859 aber geschah etwas, was in Ungarn einen für den ahnungslosen Komponisten gänzlich unerwarteten, gegen ihn gerichteten Sturm, einen wahrhaftigen Nationalskandal auslöste. Das ursprünglich von Marie d'Agoult erfolglos erbetene kurze Vorwort zu den *Ungarischen Rhapsodien* erschien nun als von der Fürstin Carolyne von Sayn-Wittgenstein verfasstes Buch in Paris unter Liszts Namen und mit dem Titel *Des Bohémiens et de leur musique en Hongrie* (Die Zigeuner und ihre Musik in Ungarn). Das Werk enthielt zwar viele eigene Ansichten und Eindrücke Liszts über die „Zigeunermusik", so wie er sie in verschiedenen Ländern erlebt hatte sowie über die Virtuosität im Allgemeinen. Im Großen und Ganzen war es aber durch den schwülstigen Stil, die wichtigtuerischen, gänzlich unbegründeten „Weisheiten", Irrtümer und subjektiven Ansichten der Fürstin geprägt. Obwohl sie nicht das Geringste über Ungarn, ungarische Orthographie (das Buch wimmelte von einer Unzahl unidentifizierbar verzerrter Personen- und Ortsnamen!) und die Roma wusste, schrieb sie im Tonfall apodiktischer Wahrheit. Diese Tatsachen machten die Publikation zu einer Zielscheibe von Hohn und Spott. Schlimmer war, dass Liszt seine ohnehin unzutreffende Auffassung vom Ursprung der ungarischen Nationalweisen in der Zwischenzeit geändert hatte – wie, wann und warum, ist nicht bekannt. In diesem Buch aber wurde völlig unzutreffend behauptet, dass die von ungarischen Zigeunerensembles gespielten Melodien, die er bis dahin für Bruchstücke eines uralten ungarischen Nationalepos gehalten hatte (was nebenbei bemerkt keinen Anlaß für Kritik geboten hätte, da seinerzeit in Ungarn über das urwüchsige Bauernlied, über die echte folkloristische Instrumentalmusik so gut wie nichts bekant war), nicht ungarischen, sondern zigeunerischen Ursprungs seien, also Bruchstücke eines Roma-Epos. Diese falsche These einiger Fachleute in Westeuropa war längst von Seiten ungarischer Musikhistoriker widerlegt worden, deren Schriften Liszt sehr wohl kannte. Dennoch verschlimmerte er seinen Irrtum noch, indem er die Melodien nun nicht bloß als alt und volksmusikalischen Ursprungs bezeichnete, sondern sogar behauptete, sie seien von „nicht-ungarischer Abstammung". Dies geschah noch dazu in einem politisch ungünstigsten Augenblick, als Ungarn unter einer totalen absolutistischen Unterdrückung durch Wien litt, und die Vergeltungsmaßnahmen nach dem blutig niedergeschlagenen Aufstand von 1848/49, die noch bis 1867 andauerten, auf Hochtouren liefen. Zu jener Zeit ging es in Ungarn tatsächlich um Leben oder Tod der Nation. Die von den Zigeunerensembles – wortlos – gespielte volkstümliche ungarische Musik fiel nicht unter das Zensurverbot und wirkte deshalb im Kreise der lethargischen, musikalisch ungebildeten Gutsbesitzer-Patrioten, kombiniert mit Alkohol, wie ein Aufputschmittel. Und just in diesem Moment, wo ihnen von ihrem heiligen Ungartum nichts mehr übriggeblieben war als ihre vergötterte Musik, hatte ihr so gefeierter, mit dem Ehrensäbel umgürteter „Landsmann" die

Stirn zu behaupten, auch diese gehöre ihnen nicht, ja, es gäbe überhaupt kein Nationalepos und was bis dahin dafür gegolten habe, gehöre ausgerechnet der am meisten verachteten Minderheit im Land! So oder ähnlich reagierten die durchschnittlichen Gutsbesitzer auf das Buch, noch bevor sie es überhaupt gelesen hatten oder lesen konnten, denn viele von ihnen konnten überhaupt kein Französisch. In der gesamten ungarischen Presse ergoss sich sofort eine wahre Sintflut von Angriffen über Liszt. Nur ganz wenige Persönlichkeiten, etwa sein Bewunderer und Freund, der berühmte Violinvirtuose Ede Reményi, nahmen ihn in Schutz. Er wurde geradezu des Landesverrats angeklagt, wie es ihm aus anderen Gründen in Frankreich bereits geschehen war und in Deutschland ebenfalls noch geschehen sollte. Tief gekränkt wies Liszt die gehässigen, kurzsichtigen und provinziellen Attacken zurück, ohne allerdings von seinen irrigen Überzeugungen abzurücken, an denen er bis an sein Lebensende festhielt. Er fühlte sich in all seiner Ritterlichkeit und Großzügigkeit als „wahrhaftiger" Ungar und verstand gar nicht, was man ihm vorwarf. Als das unglückliche Zigeunerbuch 1861 in Pest gleichzeitig in einer sehr schlechten ungarischen und in einer guten deutschen Übersetzung erschien, hatte sich der erste Sturm der Entrüstung bereits gelegt. Peter Cornelius, der es ins Deutsche übertrug, war taktvoll genug, mit Rücksicht auf die Deutsch sprechende jüdische Minderheit in Ungarn das ganz und gar nicht in das Buch passende und auch Liszts Weltanschauung fremde Kapitel „Les Israélites" auszulassen. Dieses verlieh einzig dem gehässigen Antisemitismus der katholischen Fürstin Carloyne Ausdruck, die Cornelius natürlich die Auslassung überaus übel nahm.

Franz Liszt hatte in Weimar also mancherlei Unbill zu erdulden, und das von mehreren Seiten. Eigentlich war er, obwohl Zentrum des „Liszt-Kultes" der Fürstin und seiner Schüler, recht einsam. Einen richtigen, ebenbürtigen, guten Freund, mit dem er etwa über seine kompositorischen Probleme hätte reden können, besaß er nicht. Einer hätte es sein können: Richard Wagner. „Sein Genius ist mir eine Leuchte gewesen – ich bin ihr gefolgt", heißt es in Liszts Testament. Und weiter:

Zu einer bestimmten Zeit [...] hatte ich für Weymar eine neue Kunstperiode erträumt, ähnlich der von Carl August, wo Wagner und ich die Koryphäen gewesen wären, wie einst Goethe und Schiller. Die Engherzigkeit, um nicht zu sagen der schmutzige Geist gewisser örtlicher Verhältnisse, alle Arten von Mißgunst und Dummheit von draußen wie drinnen haben die Verwirklichung dieses Traumes zunichte gemacht [...].[44]

Dies lag jedoch nicht zuletzt an Wagner, der sich eigentlich für niemanden außer sich selbst interessierte. Die wenigen Ratschläge, die er Liszt in Bezug auf die *Faust-* und die *Dante-Symphonie* gab, wurden von diesem nicht oder nur teilweise befolgt. Bülow hatte gewiss recht, als er am 24. August 1859 an Wagner schrieb: „Einen gibts, der hätte Dir viel sein können, Du hättest ihm viel sein können, und das wäre ein anderer Grund geworden, als der der Weimarischen Ausgehauenen – es hat zu Eurer beider Entbehrung nicht sein sollen."[45]

Mit der Freundschaft der beiden Künstler hatte es wahrlich eine besondere Bewandtnis. Es war durchaus keine ausgeglichene Beziehung. Liszt war beinahe immer der Gebende und Helfende, der selbstlose Freund, während Wagner, der maßlose Egoist – das „Pumpgenie", wie ihn Thomas Mann nannte – skrupellos in einem fort forderte und nahm. Früh erkannte Liszt die überwältigende Genialität des Rigaer Kapellmeisters, der ihm 1840 in Paris erstmals vorgestellt worden war. Als Mensch sowie als Künstler stand er ihm immer dann zur Seite, wenn Wagner der Hilfe am meisten bedurfte. Ihre Freundschaft erreichte ihren Höhepunkt in den Jahren von Wagners Emigrantendasein. Liszt war es, der den wegen seiner Teilnahme am Dresdner Aufstand von 1849 steckbrieflich Verfolgten in der Altenburg aufnahm, seine Flucht vorbereitete und deren Kosten ebenso übernahm wie diejenigen von Wagners Niederlassung in Zürich. Während Wagner im Exil lebte, dirigierte Liszt im Weimarer Hoftheater drei seiner Opern. Er sammelte und spendete regelmäßig Geld für ihn, verschaffte ihm ein Klavier, verhandelte für ihn mit Intendanten und Verlegern und nutzte seine Verbindungen, um die Amnestierung des Freundes zu erreichen. Zur Verbreitung von Wagners Werken trug Liszt auch mit eigenen Klavierübertragungen und Essays bei. „Weiß Gott" schrieb Wagner am 5. Dezember 1849 an Liszt

> je mehr ich so meiner Zukunft entgegensehe, desto mehr werde ich inne, was ich an Dir habe! Wie ich nun einmal bin, und wie Du nun einmal bist, begreife ich immer mehr, welch seltener Grad von Freundschaft und Güte gegen mich Dir inne wohnen muß, daß Du trotz so vieler Seiten meines Wesens – die Dir nun gewiß unmöglich gerade gefallen können, mir dennoch die thätigste Theilnahme unter allen meinen Freunden widmest.[46]

Liszt gab Wagner auch gute praktische Ratschläge: „Du wurzelst gänzlich im deutschen Boden. – Du bist und bleibst der Glanz und Ruhm der Deutschen Kunst"[47], schrieb er ihm am 9. Oktober 1858 und riet ihm entschieden ab, seine Werke in Paris oder Mailand aufführen zu lassen. Erst recht verwarf er die absurde Idee, den *Tristan* – den Wagner „ein durchaus praktikables Opus" nannte, welches „mich bald und schnell Revenuen abwerfen und für einige Zeit mich flott erhalten wird" – „gut in das Italienische übersetzen zu lassen", um es dem König von Brasilien zu widmen und „dem Theater in Rio de Janeiro [...] als italienisches Opus zur ersten Representation anzubieten."[48] Auch in Stunden tiefer Depression, so etwa im Frühling 1859, als Wagner sich unfähig fühlte, den dritten Akt des *Tristan* zu beenden, wusste Liszt ihm seelisch beizustehen. Zu Ostern schickte er dem Freund die (geplante, schließlich bloß Wagners Namen erwähnende) Widmung zur *Dante-Symphonie*: „Wie Virgil den Dante, hast Du mich durch die geheimnißvollen Regionen der lebensgetränkten Tonwelten geleitet. – Aus innigstem Herzen ruft Dir zu: ‚Tu se' lo mio maestro e il mio autore!' und weiht Dir dieß Werk, in unwandelbar getreuer Liebe Dein F. Liszt."[49] Diese Widmung scheint dem Adressaten tatsächlich geholfen zu haben, denn in Wagners Antwort ist unter anderem Folgendes zu lesen:

> Wie jämmerlich ich mich als Musiker fühle [....] aus Herzensgrunde halte ich mich für einen absoluten Stümper [...]. Welch' innige Überzeugung von meiner eigentlichen musikalischen Lumpenhaftigkeit! Und nun kommst Du, dem es aus allen Poren herausquillt wie Ströme und Quellen und Wasserfälle, und – da soll ich mir nun noch so etwas sagen lassen wie Deine Worte. Nicht zu glauben, daß dieß völlige Ironie sei, fällt mir da sehr schwer [...].

Wagner schloss den Brief auf seine charakteristische Art: „Was wir uns sind, wissen wir, und versichern uns dieß gelegentlich zur Stärkung und Labsal von Neuem –: aber was wir der Welt sind, darüber soll sie mich -- !"[50]

In der Öffentlichkeit dagegen hatte Wagner nichts Gutes über Liszts Musik zu sagen. So verlor er sich in seinem, an Marie Wittgenstein gerichteten und unter dem Titel *Über Liszts symphonische Dichtungen* publizierten Brief in unklaren Phrasen und langatmigen Allgemeinplätzen. Gefallen fand er einzig an der *h-Moll-Sonate*, die ihm Karl Klindworth vorspielte und über die er in einem Privatbrief bemerkte: „sie ist über alle Begriffe schön; groß, liebenswürdig, tief und edel –, erhaben wie Du bist. Ich bin auf das Tiefste ergriffen."[51] Gewiß haben beide Künstler sich gegenseitig befruchtet, nicht bloß Wagner Liszt, im Gegenteil. Dieser mochte seine guten Gründe haben, als er am 7. Oktober 1859 entrüstet an Bülow schrieb: „So gibt es Vieles, was wir unter uns gern uns zugestehen, z.B. daß ich seit meiner Bekanntschaft mit

Liszt's Compositionen ein ganz anderer Kerl als Harmoniker geworden bin, als ich vordem war"[52]. So fand er es „mindestens indiscret", dass der Musikschriftsteller Richard Pohl „dieses Geheimnis sogleich à la tête einer kurzen Besprechung des Vorspiels von *Tristan* öffentlich ausplappert". Auch war es gewiss nicht als Scherz gemeint, was Cosima am 27. August 1878 in ihr Tagebuch eintrug: „R[ichard ...] welcher herrlich heiter erklärt, er habe so vieles aus den symphonischen Dichtungen gestohlen."[53] Claude Debussy war übrigens derselben Meinung: in seinem *Gil Blas. Lettre de Londres* vom 30. April 1903 schrieb er, Wagner habe Liszt „bewußt ausgeplündert, was Letzterer immer nur mit einem zustimmenden, gütigen Lächeln erwiderte"[54].

Zu einem persönlichen Treffen der beiden kam es während Wagners Schweizer Exil nur zweimal, in den Jahren 1853 und 1856. Dass dies auch besser war, fühlten wohl beide, da sie von so grundsätzlich verschiedener Natur waren. Anfang August 1861 war Wagner, der seit kurzem wieder deutschen Boden betreten durfte, unter den Gästen der Festlichkeiten des neu gegründeten Deutschen Tonkünstlervereins zu Liszts Ehren aus Anlaß seines Abschieds von Weimar. Er nahm an dem Konzert teil, bei dem Liszts *Faust-Symphonie* unter Bülows Leitung aufgeführt wurde. Damit endete die erste Periode ihrer Beziehung.

Liszts Stellung in Weimar hatte sich zunehmend schwieriger gestaltet. In ganz Deutschland wurde Hetze gegen seine Werke getrieben, im Weimarer Theater seine Rechte immer mehr beschränkt. Franz Dingelstedt, der neue Intendant und selbst ein begabter Theaterregisseur, der übrigens seine Berufung Liszt zu verdanken hatte, geizte mit Mitteln für die Weiterentwicklung der Oper zugunsten des Sprechtheaters. Auch unter dem Theaterpersonal nahmen die Intrigen beständig zu und führten schließlich, am 15. Dezember 1858 bei der Uraufführung der Oper *Der Barbier von Bagdad* von Cornelius, zum Skandal. Das Maß war voll. Am 14. Februar des folgenden Jahres schrieb Liszt dem Großherzog Carl Alexander in einem ebenso energischen wie traurigen Brief: „es ist nicht unwichtig, daran zu erinnern, daß überquoll das Wasser aus der Vase durch die letzten Tropfen der neuesten Umstände, diese allerdings schon früher bis zum Rande voll war."[55] Er präzisierte die Bedingungen für seine weitere Tätigkeit in der festen Überzeugung, der Großherzog würde sie nicht annehmen. Schließlich unterrichtete er Carl Alexander über seine Hoffnung, die nächsten Jahre von seinen bescheidenen Ersparnissen in Ruhe leben und komponieren zu können, und legte den Dirigentenstab nieder, mit dem er dem Weimarer Musikleben ein so unerreichtes Niveau gegeben hatte.

Mit dieser schweren Enttäuschung nahm eine dennoch überaus wichtige und fruchtbare Periode im Leben Franz Liszts ein Ende.

Zu der Krise hatten auch seine privaten Lebensumstände beigetragen. Die Fürstin Marie „Magnolette" Wittgenstein, die mit 18 Jahren mündig geworden war, erbte nun das bislang konfiszierte immense Vermögen ihres Großvaters Iwanowski und wurde dadurch eine sehr reizvolle Partie. Sie heiratete im Oktober 1859 den Fürsten Konstantin von Hohenlohe-Schillingsfürst, Mitglied einer sehr einflussreichen deutschen und mit den Wittgensteins verwandten Familie, den Adjutanten des Kaisers Franz Joseph I. in Wien. Im Dezember desselben Jahres folgte der plötzliche und tragische Tod von Daniel Liszt bei Cosima in Berlin. Inzwischen hatte sich bei der Fürstin Carolyne von Sayn-Wittgenstein ein polnischer Agent namens Okraszewski gemeldet, der anbot, für eine horrende Summe alle Hindernisse in Russland, Wien, Deutschland und Rom zu beseitigen und ihre Heirat mit Liszt zu ermöglichen. Die Familie Hohenlohe jedoch befürchtete dadurch Komplikationen für das Erbe Marie Wittgensteins und tat ihr Bestes, um diese Pläne zu hintertreiben. Fürst Konstantin, von dem seine Schwiegermutter Carolyne nunmehr materiell abhängig war, weigerte sich, Okraszewski das Geld auszuzahlen. Dies hatte zur Folge, dass Carolyne jahrelang ihre Beziehungen zur eigenen Tochter abbrach, während Liszt als gütlicher Vermittler auftrat. Der Bruder des Fürsten, Monsignor Gustav Hohenloh, intrigierte unterdessen im Vatikan gegen die Heirat mit Liszt.[56]

Am 17. Mai 1860 fuhr die Fürstin in Gesellschaft jenes Okraszewski nach Rom, um die Erledigung ihrer Angelegenheiten persönlich zu beschleunigen. Liszt blieb alleine in der Altenburg – Agnes Street-Klindworth lebte zu dieser Zeit in Brüssel – ohne Posten und ohne Zukunftsperspektive. Er fühlte sich verlassen, wusste bloß, dass er nicht in Weimar bleiben konnte, war aber vollständig von den weiteren Instruktionen der Fürstin abhängig und hatte keine Ahnung, wann und wohin er ihr folgen sollte und wie er sein Leben und seine Arbeit fortsetzen würde. Gewiss war einzig die Ungewissheit. Er lebte von heute auf morgen in ständiger Unruhe und in einer Atmosphäre, die durchaus nicht für kreative Arbeit geeignet war, während gleichzeitig Nichtstun die Hölle für ihn bedeutete. Tief deprimiert verfasste er am 14. September 1860 sein Testament. In diesem höchst traurigen, aussichtslosen Lebensabschnitt trat eine Frau aus dem Schatten heraus, die etwas Wärme und Freude in sein Leben brachte. Es handelte sich um die ausgezeichnete junge Mezzosopranistin Emilie Genast (die spätere Frau Merian), die den Mut hatte, seine Lieder und Psalmen öffentlich vorzutragen – noch dazu mit Erfolg – und ihn zum Komponieren neuer Lieder anregte. Es entwickelte sich zwischen ihnen eine schöne, durchaus diskrete Liaison, eine Liebe von zwei seelenverwandten Künstlern, die sich nach ihrer Heirat und Liszts Ankunft in Rom zur Freundschaft veredelte.[57] Seine Briefe aus dieser Zeit an seine intimste Freundin Agnes Street-Klindworth und an Emilie Genast sind Ausdruck des Unmuts über seine unbestimmte Zukunft, über seine Gegenwart in Abhängigkeit von anderen und über die gänzlich unfruchtbare Art, mit der er seine wertvolle Zeit vergeudete. Selbst Fürstin Carolyne gestand er am 8. Februar 1861, dass ihn die gegebenen Umstände zur Unmäßigkeit im Genuss geistiger Getränke verleiteten.[58]

Im August desselben Jahres, kurz nach der Gründung des Allgemeinen Deutschen Musikvereins, bei der seine Werke in Anwesenheit vieler Freunde sowie seiner Tochter Blandine und ihres Ehemanns Émile Ollivier (Cosima machte eine Melkkur) gefeiert wurden und nachdem er den gesamten Haushalt der Altenburg nach zwölf Jahren aufgelöst und seiner treuen Haushälterin Pauline Appel überlassen hatte, verließ Liszt Weimar. Er besuchte den Großherzog von Gotha in Reinhardtsbrunn, anschließend Carl Alexander, der ihm auch weiterhin sehr zugetan blieb, auf Schloss Wilhelmstal, den Fürsten Hohenzollern in Löwenberg und schließlich die Bülows in Berlin. Von hier aus fuhr er nach Paris, wo er sich in seinem einstigen Ruhm sonnen konnte. Napoleon III., der ihn schon 1860 zum Offizier der französischen Ehrenlegion ernannt hatte, schenkte ihm nun das Kreuz des „Commandeur de la Légion d'Honneur" – und dies ausdrücklich für seine kompositorische Tätigkeit, was Liszt besonders wohltat. Er war wieder von Aristokraten umworben, besuchte seinen Bankier Rothschild, begegnete den Großen der Künstlerwelt – und traf sogar Marie d'Agoult wieder. Mit seiner noch immer jugendlich-schönen Erscheinung und seinem unwiderstehlichen Charme erregte er großes Aufsehen. Es gelang ihm auch, seine beiden Töchter wieder zu bezaubern. So dauerte es tagelang, bis Blandine nach der Abreise des Vaters zu sich kam, und auch Cosima äußerte sich gegenüber der Großmutter entzückt über ihn. „Cosima schrieb mir letzthin ‚papa est comme le soleil', seine Gegenwart heitert alles auf"[59], berichtete Anna Liszt Blandine am 16. Oktober 1861.

Liszts lange gehegter Wunsch, Mitglied des Instituts, also der Französischen Akademie zu werden, ging jedoch nicht in Erfüllung. Er wollte eigentlich zunächst das neue Gut der Familie Ollivier in St. Tropez besuchen, musste sich aber sofort nach Rom einschiffen. Dort traf er am 21. Oktober 1861, dem Vorabend seines 50. Geburtstages, ein. Die für den nächsten Tag angekündigte Eheschließung mit Carolyne von Sayn-Wittgenstein in der Kirche San Carlo al Corso wurde jedoch durch den Papst vereitelt; die Intrigen der Familien Wittgenstein-Hohenlohe erwiesen sich als erfolgreich. Kurze Zeit darauf starb Fürst Nikolaus Wittgenstein, der sich inzwischen neu vermählt hatte. Die Ehe wäre also durchaus möglich gewesen. Doch Liszt nahm Carolyne nicht zur Frau, und sie sprachen nie wieder über das Thema. Eine Zeit lang weilten sie noch in derselben Stadt und Liszt besuchte sie regelmäßig – ihre Wege jedoch hatten sich getrennt. Die Fürstin zog sich in ihre verdunkelten Räume zurück und vertiefte sich in theologische Fragen. Franz Liszt aber nahm wieder ein ungeregeltes, unstetes, immer einsameres Leben auf. Es war ein ständiges Suchen nach Zurückgezogenheit und zugleich ein unbesiegbares Verlangen nach Gesellschaft. Er komponierte derweil großangelegte sowie kleinere Werke nach seinem eigenen Geschmack, ohne jedoch seine künstlerischen Ziele aufzugeben – und bereitete so den Weg für die Musik kommender Generationen. In einem intimen Brief an Agnes Street-Klindworth vom 16. September 1860 formulierte er seine „ars poetica": „Die Wellen des Geistes sind nicht wie die des Meeres; ihnen ist nicht gesagt worden ‚bis dahin geht ihr und weiter nicht'; ganz im Gegenteil: der Geist schwebt wie er will, und die Kunst dieses Jahrhunderts hat ihr eigenes Wort zu sprechen, ebenso, wie es die vergangenen Jahrhunderte gehabt haben – und sie wird es auch sprechen, unfehlbar."[60]

6. „Ein intensives und tiefes Gefühl für die Kirchenmusik". Rom (1861–1869)

Es ist unsagbar, was man hier für Erscheinungen sieht, was für schleichende, finstre, zerlumpte, heuchlerische und fanatische Gestalten. Die Finsterlinge, die Knechte der Despotie scheinen hierher wie Eulen aus allen Ruinen der Welt zusammengeflogen zu sein. Alle Caffés sind von ihnen voll"[1], schrieb der bekannte Schriftsteller und Historiker Ferdinand Gregorovius in seinen *Römischen Tagebüchern* am 6. Januar 1861. Neben diesen „Finsterlingen" lebten in den 1860er Jahren, abgesehen von einigen mehr oder weniger berühmten Künstlern und Gelehrten, vor allem hohe Kleriker, reiche Aristokraten, vornehme Ausländer und Diplomaten in Rom, der Hauptstadt des päpstlichen Staates – aber auch vertriebene Könige und eine Zeit lang die geisteskranke Witwe des von den Republikanern 1867 in Mexiko hingerichteten Habsburger-Kaisers Maximilian. „Rom bietet nichts Neues, es sieht aus wie eine alte Dame in einem hochgeschlossenen Gewand von Barrikaden, der bloß aus Interesse, nicht aber aus Liebe der Hof gemacht wird, von Höflingen, welcher sie sich nicht rühmen kann"[2], berichtete der aufgeklärte römische Magnat, hoch gelehrte Dante-Forscher und Reformpolitiker Michelangelo Caetani di Sermoneta seinem Freund, dem Großherzog Carl Alexander von Sachsen-Weimar-Eisenach, am 20. Mai 1868.

Der päpstliche Staat durchlebte eine kritische Zeit und rang mit dem Tod. Rom war seine letzte Insel geblieben; zwar war er um den größten Teil seiner Provinzen gebracht worden, widersetzte sich aber dennoch hartnäckig der nationalen demokratischen Bewegung, dem Risorgimento. Ganz auf den Schutz der Armee Napoleons III. angewiesen und dadurch dem Kaiser ausgeliefert, fiel Rom im Jahr 1870, nach dem Fall Louis Bonapartes und wurde zur Hauptstadt des Königreichs Italien sowie zur Residenz Viktor Emanuels II. „degradiert". Bis dahin zitterte der Vatikan um seine weltliche Macht vor den Erfolgen von Piemont, dem Sitz des nach der Krone strebenden Hauses Savoyen und den Siegen der von Garibaldi geführten nationalen Truppen.

Fast jeder Tag bringt von draußen neue Trauerkunden für den Vatikan. Die Konvention wird ausgeführt, die Residenz von Turin nach Florenz verlegt, Louis [Napoleon] bleibt fest, seine Truppen sollen abziehen, und der lang ersehnte Baron Bach[3], der endlich vor vierzehn Tagen hier eintraf, hat dem Papst keinen besseren Rat mitgebracht als den, sich eng an Frankreich anzuschließen und auf die Vorschläge einzugehen, die Louis ihm in der Konventionsangelegenheit gemacht. Ein unbeschreiblich interessanter Moment[4],

schrieb der preußische Gesandte in Rom, Kurd von Schlözer, in seinen *Römischen Briefen*, am 26. November 1864. Papst Pius IX. verschloss sich dem Gedanken des Fortschritts und verweigerte sich vollständig den nötigen Reformen, wiederholte nur ständig sein verstocktes „non possumus". Nichtsdestoweniger ließ er sich im Geheimen – sehr zum Ärger der Ultrakatholischen – auf Verhandlungen mit dem Beauftragten Viktor Emanuels ein. Im Juli 1870, verkündete er quasi im letzten Augenblick, dann noch das Dogma der päpstlichen Unfehlbarkeit.

Die Lage war gespannt und wurde immer ungewisser. „Der Hass der Pfaffen brütet Ungeheures aus," berichtete Gregorovius am 10. Juni 1866, „die Stimmung in Rom ist düster. Teuerung, Geldkrisis [...]."[5] Zudem herrschten skandalöse Zustände in der öffentlichen Sicherheit. In den Zeitungen jener Epoche wimmelt es von Berichten über den „Brigantaggio", über Plünderungen und über die Brutalität der französischen Soldaten; die päpstliche Polizei erwies sich als unfähig. „Die weltliche Macht des Papstes gleicht der Macht einer schönen Frau, welche so lange erhalten blieb wie ihre Schönheit; mit ihrem Alter und mit ihrer Hässlichkeit jedoch verschwunden ist. [...] Alles wird von der Korruption beherrscht"[6], schrieb Caetani dem Großherzog von Weimar im Januar 1861. „Täglich werden viele Leute ins Exil geschickt und eingesperrt; dadurch wird die römische Population ziemlich vermindert, die Unzufriedenheit aber wächst"[7], berichtete er ergänzend am 18. Juni desselben Jahres. In einem Brief an Hippolyte Taine vom 8. Juni 1864 verglich derselbe Caetani Rom wiederholt mit einer

alten, hässlich gewordenen und trotzdem gefallsüchtigen Frau. Ihre vergangenen Siege hatte sie durch Verführung, nicht aber durch Kraft errungen. Heute ist sie auf eine fremde Armee angewiesen, sie benötigt Zuaven, Gendarmen, Trabanten, Polizei, Kerker und allerlei derartige Mittel, von welchen keines im Evangelium zu finden ist. Ihre wahrhaftige Macht existiert nicht mehr. Der Kampf, der um sie geführt wird, ist nicht religiöser, sondern politischer Art.[8]

Die Römer sträubten sich gegen diese Macht. Die antiklerikale Zeitung *Roma dei Romani* beispielsweise deklarierte am 31. Dezember 1866:

> Die Regierung der Pfaffen mag sich, wenn es die europäische Zivilisation so will, einen anderen Sitz suchen; Rom wird ihnen nie wieder gehören. [...] Die Römer werden sich immerfort, bis in die Ewigkeit gegen den Despotismus einer Kaste verschwören, welche ihr Sklaventum zum Dogma machte. Dem hartnäckigen NON POSSUMUS setzen wir ein noch hartnäckigeres NON VOLUMUS entgegen. Und am Ende werden wir schon sehen, wer von uns beiden den Sieg davonträgt.

Vor diesem Hintergrund spielte sich das problematischste und fragwürdigste Kapitel im Leben Franz Liszts ab. Gerade in diesem kritischen historischen Augenblick, als der Vatikan nichts mehr war als ein rückständiger Staat, der sich, inmitten des sich befreienden, um seine Einheit kämpfenden Italiens darum bemühte, seine weltliche Macht mit den Mitteln der Despotie und der Hilfe fremder Soldaten zu erhalten – gerade zu jener Zeit geriet Liszt in Rom in engen Kontakt zur Kirche, zum hohen Klerus. Doch er sollte hier erneut bitter enttäuscht werden.

Was er eigentlich in diesem Rom zu suchen hatte, nachdem er die Fürstin Carolyne nicht geheiratet hatte, blieb für viele ein Rätsel. Manche Beobachter waren von seinem Verhalten geradezu schockiert, vor allem diejenige, die einst gemeinsam mit ihm die von den Lehren Saint-Simons und Lamennais' inspirierten Essays verfasst hatte: die Gräfin Marie d'Agoult.

Heute lässt sich die Frage wie folgt beantworten. Die Kirchenmusik war ihm von Jugend an ein Herzensanliegen gewesen. Mit beißender Ironie hatte er in seinen Essays über ihre Prostituierung in Frankreich und Italien berichtet und sich mit Plänen einer hehren zukünftigen Kirchenmusik getragen. Aber in Rom stand es zu jener Zeit um die Kirchenmusik nicht besser – mit der einzigen Ausnahme der Sixtinischen Kappelle, wo man sich streng an die Tradition hielt. Umsonst hatte Gasparo Spontini 1839 seinen großen *Rapporto* gegen den Missbrauch der Musik in den Kirchen Italiens eingereicht, in welchem er seine Reformpläne darlegte und Anweisungen gab, welche sakrale Musik zu erklingen habe. Auch Rossini stieß mit seinen Ratschlägen auf taube Ohren. Alles blieb beim Alten, das Repertoire ebenso wie das Niveau der kirchenmusikalischen Aufführungen. Aus dem Liszt-Nekrolog G. M. Angelinis in der Septembernummer 1886 der *Rassegna Italiana* geht hervor, dass sich bis zu diesem Zeitpunkt noch immer nichts geändert hatte: „All das, was in den Basiliken und Kirchen Roms aufgeführt wird, steht unter aller Kritik."

Franz Liszt hatte schon in Weimar angefangen, auf die Quellen der Kirchenmusik zurückzugreifen, indem er gregorianische Gesänge in seine Werke aufnahm, sich in die Modalität und Kompositionstechnik der Meister der Renaissance, Palestrina und Lassus, vertiefte und mitunter ganz einfach gehaltene Sätze nach deren Vorbild komponierte.

Monsignore Gustav Hohenlohe, der Bruder des Schwiegersohnes der Fürstin Sayn-Wittgenstein – derselbe, der bezüglich ihrer Heirat so ergebnisreich intrigiert hatte – hatte Liszt in Weimar noch wunderbare Möglichkeiten ausgemalt, indem er ihm suggerierte, er könne in Rom die entartete Kirchenmusik ganz nach seinen Vorstellungen neu gestalten. Als erstes erreichte der Kardinal, dass der Papst Liszt 1859 zum Dank für ein Exemplar der *Graner Messe*, das dieser ihm geschenkt hatte, zum „Commendatore" des Sankt-Gregor-Ordens ernannte. Liszt selbst machte sich mit großem Eifer an die Arbeit und plante bereits im Juli 1860, seine großzügigen Kirchenreformpläne dem Heiligen Vater nur ein Jahr später einreichen zu können. Dass er diese Pläne tatsächlich formuliert hat, ist unwahrscheinlich, jedenfalls ist diesbezüglich bis heute nichts zum Vorschein gekommen. In einem Brief an die Fürstin vom 5. Juni 1878[9] erwähnt Liszt bloß den Misserfolg eines halben Dutzend von anderen entworfener Reformpläne, während er die Neuerungen der Cäcilianer in Regensburg und die der Benediktiner in Solesmes rühmte. Doch hoffte er anfangs ernsthaft auf große Möglichkeiten und eine ihm entsprechende kirchenmusikalische Karriere in Rom.

Noch etwas anderes mochte Liszt dazu bewegt haben, sich stärker auf die Kirchenmusik zu orientieren: dass er nämlich auf einem von Wagner gänzlich verschiedenen Gebiet tätig sein wollte, also dort, wo er nicht den Vergleich mit dem überwältigenden, alles in den Schatten stellenden Genie des Bewunderten zu fürchten brauchte. Auf einem anderen Blatt steht freilich, dass es zuletzt Wagner war, der sich ebenfalls in diese Richtung orientierte und auch hier ein einmaliges Meisterwerk schuf, den *Parsifal*.

Liszt wechselte nun für eine Weile vom deutschen in den römischen Kulturkreis über. Mit den vornehmen Leuten, mit denen er in Rom verkehrte, konnte er auf Französisch kommunizieren und seine Italienischkenntnisse reichten aus, um sich im alltäglichen Leben zu verständigen. Seine Briefe schrieb er zu dieser Zeit wenn irgend möglich auf Französisch.

Die Pariser politische, kulturelle und künstlerische Welt hatte sich seit den 1830er Jahren, als er dort lebte und in engstem Kontakt zu ihr stand, stark

1 Franz Liszts Geburtshaus in Raiding im Burgenland.

2 Die Mutter des Künstlers Maria Anna geb. Lager, Madame Liszt genannt (1788–1866).

3 Das Wunderkind im ungarischen Anzug, der ihm von Magnaten geschenkt wurde.

4   Der junge Künstler in Paris. Zeichnung von Achille Devéria, 1832.

5   Liszt im ungarischen Anzug. Zeichnung von Kriehuber, 1839. Mit ungarischer Unterschrift Liszts.

6   In ungarischen Reisekleidern. Zeichnung von Kriehuber, 1840. Mit eigenhändiger Unterschrift und einem Zitat von Lord Byron:
>There's a sigh to those who love me,
>and a smile to those who hate,
>and, whatever sky's above me.
>there's a heart for every fate.

7 Gräfin Marie d'Agoult (1805–1876). Porträt von Henri Lehmann.

8   Hector Berlioz (1803–1869). Zeichnung von Prinzhofer, 1846, mit eigenhändiger Unterschrift.

9   Fryderyk Chopin (1810–1849). Gemälde von Rumpf.

10 Liszt und seine Freunde im Pariser Salon von Gioacchino Rossini. Von links nach rechts: Alexandre Dumas (père), Victor Hugo, George Sand, Niccolò Paganini, Rossini, Marie d'Agoult. Auf dem Flügel eine Büste Beethovens. Gemälde von Josef Dannhauser.

11 Zeichnung von Jean Auguste Dominique Ingres, 1839.

12 Fürstin Carolyne von Sayn-Wittgenstein mit ihrer Tochter Prinzessin Marie.

13 Die Altenburg in Weimar.

14 Die Geschwister Blandine, Cosima und Daniel Liszt.

15　Liszt in Weimar, 1860, mit eigenhändiger Unterschrift.

16 Die Basilika Santa Francesca Romana in Rom. Mit persönlicher Widmung für den Klavierlehrer und Komponisten Henrik Gobbi (1842–1920): „Zur Erinnerung eines sehr lieben unerwarteten Besuchs Freund Gobbis (October 71) von seinem treu ergebenen F. Liszt."

17 Das Kloster Madonna del Rosario auf dem Hügel Monte Mario in Rom.

Tafeln I **XIII**

18 Der Abbé Liszt mit kurz geschnittenem Haar, Pest 1865.

19 Die ungarische Rezeption des Buches Des Bohémiens et de leur musique en Hongrie, 1859–1860. Karikaturen von János Jankó unter dem Titel „Der Landeseroberer oder: wie Prinz Liszt Ungarn für die Zigeuner erobern möchte und wie es ihm dabei ergeht. 1. Die Landeseroberung. 2. Zum Führer ernannt. 3. Der Blutbund. 4. Die Schlacht bei Alpár. 5. Der Triumph."

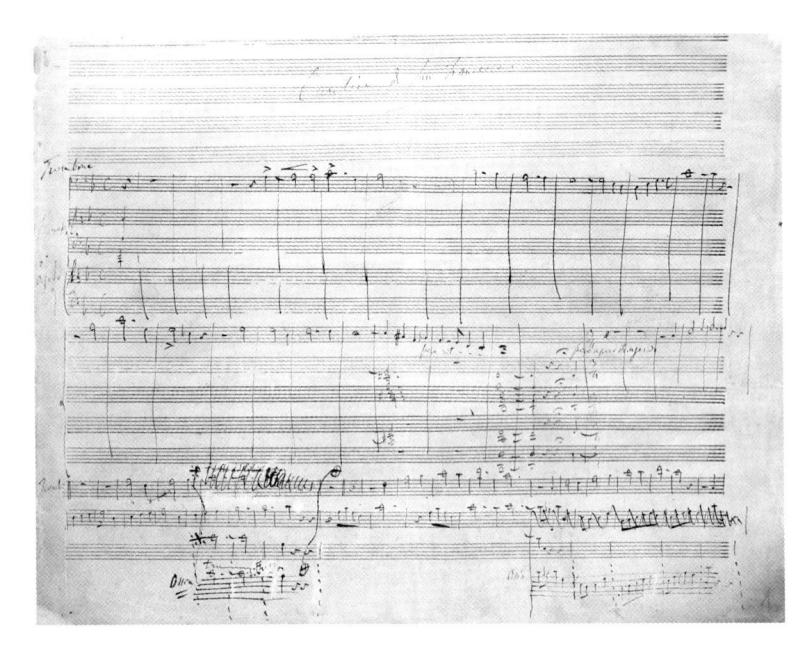

20 Notenschrift Franz Liszts. Partiturseite 1 von Cantico di San Francesco (Cantico del Sol, 1862).

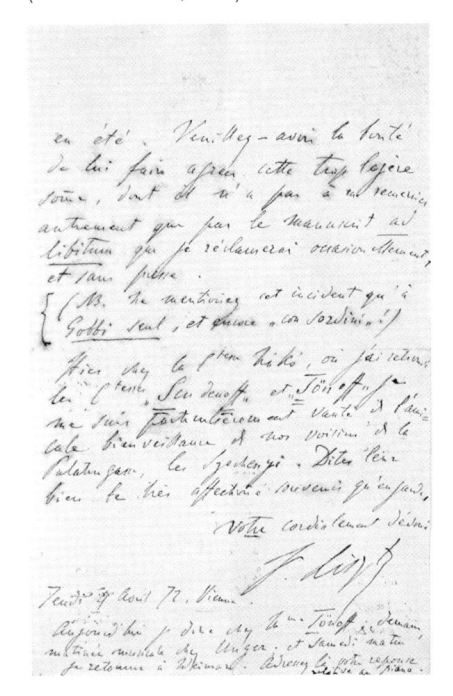

21 Liszts Handschrift. Ende eines Briefes an Ödön von Mihalovich, 1872.

22 Liszt und seine ungarischen Freunde zu seinem 50. Künstlerjubiläum, 1873. Von links nach rechts sitzend: Kardinal Lajos Haynald, Franz Liszt, die Grafen Imre Széchenyi und Guido Karácsonyi, sowie stehend: Imre Huszár, Ödön von Mihalovich, Baron Antal Augusz, Hans (János) Richter, Johann Nepomuk Dunkel.

23 Porträt des Künstlers mit Orden, 1873.

XVIII | Tafeln

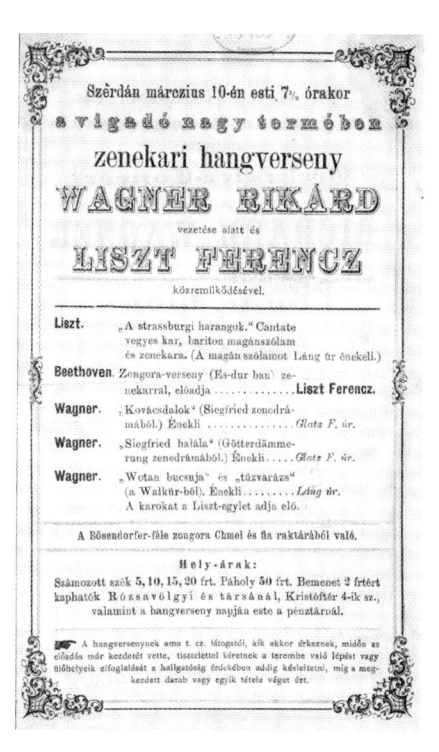

24 Plakate des gemeinsamen Konzerts von Franz Liszt und Richard Wagner in Budapest am 10. März 1875 in deutscher und ungarischer Schrift.

25 Franz Liszt und Richard Wagner am Flügel. Gemälde von Torggler.

26 Empfangstafel am Haus der Budapester Wohnung.

27 Die so genannte „Alte" Musikakademie in der Budapester Radialstraße (heute Andrássy). Dort befand sich auch Liszts letzte Wohnung. Das Gebäude ist eine Dependance der Musikuniversität „Liszt Ferenc". Auch das Liszt-Museum, die Bibliothek und die Ungarische Liszt-Gesellschaft befinden sich heute dort.

Tafeln | XXI

28 Porträt Franz Liszt, Brüssel 1882.

29 Liszt am Fenster der Hofgärtnerei in Weimar mit seinen Schülern, 1884. Daneben seine Unterschrift und der folgende Texte: „Sieht der Rückkehr von Fräulein Ilona von Krivacsy entgegen." Diese setzte nach dem Abschluss der Musikakademie in Budapest mit einem Liszt-Stipendium versehen das Studium in Weimar fort.

30 Franz Liszt und Lina Schmalhausen in der Budapester Wohnung, die heute als Museum dient.

31 Liszts Sterbehaus, das heutige Liszt-Museum in Bayreuth. Daneben die Grabkapelle, die im Zweiten Weltkrieg völlig zerstört und später wieder aufgebaut wurde.

verändert. Es war dies die Epoche des zweiten Kaiserreichs. An Stelle seiner Romantiker-Freunde waren in der Literatur und der Malerei Repräsentanten einer neuen Generation, neuer künstlerischer Richtungen erschienen. 1856 war bereits *Madame Bovary* von Gustave Flaubert erschienen, 1857 veröffentlichte Charles Baudelaire *Les fleurs du mal*, die von den heuchlerischen Sittenrichtern des Regimes in Bausch und Bogen verdammt wurden. Ende der sechziger Jahre entwarf Émile Zola seinen großen gesellschaftskritischen Romanzyklus *Les Rougon-Macquart*. 1863 wurden *Das Frühstück im Freien* und *Olympia* von Edouard Manet gezeigt, und mit Claude Monet und dessen Freunden setzte eine neue Blütezeit der Malerei ein, wie man sie in Frankreich noch nie gekannt hatte. Ihren Namen sollte sie von dem 1872 fertiggestellten Werk Claude Monets mit Namen *Impression* erhalten. Mit diesen Künstlern und künstlerischen Tendenzen verband Liszt nichts mehr. Er blieb bis an sein Lebensende Victor Hugo, dem Ideal seiner Jugend, treu. Von Baudelaire (den Victor Hugo selbst übrigens schätze, wie aus einem herzlichen Brief vom 30. August 1857 an Baudelaire aus Anlass der amtlichen Verurteilung der *Fleurs du mal*[10] hervorgeht) las Liszt die erstaunlich moderne, von Wagners Musik entzückte Broschüre über den *Tannhäuser*[11], ohne sich für seine Dichtkunst zu interessieren, obwohl dieser ihn in seinem Gedicht *Le Thyrse* (*Petits poèmes en prose*, Nr. 32) als Unsterblichen begrüßt hatte. Auch Wagner wusste übrigens von Baudelaire nur so viel, dass sich hier irgendein französischer Literat für seine Musik begeisterte. Die impressionistische Malerei berührte Liszt überhaupt nicht. Auch hierin ähnelte er Wagner, der nicht viel von jenem französischen Künstler wusste, der ihn im Alter porträtierte – und der Auguste Renoir hieß.

Für das Land selbst, für Frankreich hegte Liszt auch weiterhin eine eingestandene „passion chauvine". Sein politisches Ideal war der unter dem Namen Napoleon III. 1852 durch einen Staatsreich zum Kaiser gewordene Louis Napoléon Bonaparte. Er stand damit in krassem Gegensatz zur kritischen Stellung, die die meisten Künstler Frankreichs einnahmen, welche Louis Bonaparte für einen Verbrecher hielten und ihn verspotteten – so vor allem Victor Hugo, der sich bis zum Sturz des Kaisers weigerte, aus der Emigration heim zu kehren. Nie schwärmte Liszt so voreingenommen und blind für einen regierenden Politiker wie gerade für diesen Diktator, der Frankreich ins Verderben stürzte. Schließlich war Louis Bonaparte der erste und einzige Herrscher Frankreichs, der ihn als schaffenden Künstler zu würdigen wusste. Die beiden hatten sich 1840 in London kennen gelernt. Bereits in seinen Weimarer Jahren hatte Liszt nach dem Staatsstreich in Frankreich 1852 stets an den Feierlichkeiten zu Ehren des Namenstags Napoleons in der französischen Botschaft teilgenommen. Als er dann 1861 in Paris vom Kaiser zu einer Audienz empfangen und ausgezeichnet wurde, war er entzückt. Er war überzeugt, „dieser große Mann und sehr große Herrscher" sei so außerordentlich hervorragend, „dass nur wenige in der Geschichte ihm zu vergleichen sind", und dass „das Genie Napoleons III. das Gleichgewicht zwischen politischer Notwendigkeit und der Summe des in diesem Jahrhundert möglichen Fortschritts"[12] bedeute, wie er in einem Brief an Agnes vom 29. Mai 1867 schrieb. Von Louis Bonaparte erwartete der Komponist, dass er „die Ehre des Namens und Banners Frankreichs vermehren"[13] werde, wie er 1863 an seine Mutter schrieb. Ging es um seinen *Empereur*, so setzte er geradezu Scheuklappen auf und ließ sich in seiner Zuversicht durch nichts erschüttern: „Ich lasse von meiner Überzeugung nicht ab, dass er über alle Hindernisse siegen und allen Unglauben zunichte machen wird." Ein Tag nach dem Tod des auf englischen Boden verbannten Kaisers, am 10. Januar 1873, beweinte ihn Liszt in einem an die Fürstin geschriebenen Nekrolog:

Napoleon ist todt! Eine große Seele, eine alles umfassende Intelligenz, bewährte Lebensweisheit, ein sanfter und edler Charakter – und eine unselige Bestimmung! Es ist ein gebundener und geknebelter Cäsar, aber doch ein naher Verwandter des göttlichen Cäsar, welcher die ideale Verkörperung der irdischen Natur gewesen ist. Im Jahre 1861 sagte Napoleon in einem ziemlich langen Gespräch zu mir: ‚Manchmal kommt es mir vor, als ob ich über hundert Jahre alt wäre'. Ich antwortete ihm: ‚Sie sind eben das Jahrhundert, Sire!' – In der That glaubte ich damals aufrichtig und glaube auch noch, daß die Regierung Napoleons die den Bedürfnissen und Fortschritten unserer Zeit entsprechendste gewesen ist. Er hat hohe Beispiele gegeben und große Thaten vollführt oder unternommen: die Amnestien, welche vollständiger waren, als unter einer anderen Regierung, der Schutz der Kirche in Rom und in anderen Ländern, die Verjüngung von Paris und anderen Städten Frankreichs, der Krimkrieg und der italienische Krieg, die große Pariser Ausstellung und der Aufschwung der partiellen Ausstellungen; die eifrige Obsorge für das Loos und die Interessen der Landbevölkerung und arbeitenden Classe, die Freigebigkeit und Aufmunterung für die Gelehrten und Künstler – alles das sind historische Acte, zu denen der Kaiser die Initiative nahm und die er, trotz allen Schwierigkeiten, welche sie ihm in den Weg legten, auch durchführte. Sie werden durch die Unglücksschläge, wie schrecklich diese auch gewesen sein mögen, nicht verlöscht und einst, am Tage der Gerechtigkeit, wird Frankreich den Sarg Napoleons III. abholen und ruhmvoll neben jenen Napoleons I. stellen. Man kann ohne Liebedienerei sagen, daß der Kaiser sein Leben hindurch beständig jene hohen und eigentlich gleich bedeutenden Tugenden geübt hat, die da heißen: Wohltätigkeit, Güte, Freigebigkeit, Edelmuth, Prachtliebe und Munifizenz.[14]

Franz Liszt wurde hier keineswegs seiner früheren Weltanschauung untreu. Sein tragischer Irrtum bestand vielmehr darin, dass er voller Naivität den falschen Parolen der sich als ein „Empire libéral" erklärenden Diktatur Glauben schenkte. Neben einigen Politikern war es Liszt, der seinen Pariser Schwiegersohn Émile Ollivier, den Sohn eines verbannten, einstigen Abgeordneten von 1848, der seine politische Laufbahn als Abgeordneter der Opposition antrat, überredete, den Republikanern den Rücken zu kehren und zur Regierungspartei überzulaufen. Ollivier war ein liberaler Politiker und ein anständiger Mensch, den der frühe Tod seiner geliebten, 27jährigen Frau Blandine tief erschüttert hatte. Er blieb Liszt auch weiterhin ein guter Schwiegersohn und behielt die alte und kranke, von ihm hoch geschätzte Großmutter seiner Frau, Anna Liszt, bis zu deren Tod im Februar 1866 in seinem Hause. Seine politische Laufbahn nahm jedoch als Minister Napoleons III., der die Kriegserklärung an Preußen 1870 unterschrieben hatte, mit der Besetzung Frankreichs ein tragisches Ende.

In den 1860er Jahren, als sich die Unruhen der Aufstände und Revolutionen in Europa gelegt hatten und manche Künstler mehr und mehr in die Welt der Mythen versanken oder sich dem entrückten „l'art pour l'art" ergaben, suchte Liszt, der seinem Katholizismus immer treu geblieben war, wegen seiner in der Welt erlittenen Wunden und seinem Unmut bei der Kirche Trost. Einem guten Freund, dem Abbé und Komponisten Jacopo Tomadini (1820–1883), schrieb er am 22. November 1862 nach Cividale: „Ich fühle mich immer enger zu den sanften Banden der Religion hingezogen. Ohne sie würde es sich gewiss nicht lohnen, zu leben!"[15]

Seine humanen Ideen verschmolzen immer mehr mit seinen – nach kirchlicher Beurteilung allzu subjektiven – religiösen Gefühlen. Seine Devise wurde die Caritas, die Barmherzigkeit, und das „gran perdono di Dio", das höchste Verzeihen. Als Vorbilder verehrte er zu dieser Zeit nicht mehr Helden wie Mazeppa oder den Rebellen Prometheus, das Symbol der Aufklärung, sondern die Barmherzigen, Vergebenden wie etwa die heilige Elisabeth von Ungarn-Thüringen, den heiligen Franziskus von Paola (seinen Schutzpatron) und den „glorioso poverello di Cristo": den heiligen Franziskus von Assisi. Die Literatur behielt auch weiterhin ihren inspirierenden Einfluss auf seine Kunst.

Doch waren es nicht mehr Byron, Dante, Schiller und die französischen Romantiker, die ihn anregten, sondern das zum italienischen Volksbuch gewordene *Fioretti* des heiligen Franziskus und die Bibel selbst. Auch hoffte er, durch ein priesterhaft asketisches Leben seinen eigenen Dämon bewältigen zu können und selbstverständlich auch, dass er in Rom die versprochene Anerkennung finden würde. Die einmalige Stadt mit ihrer bezaubernd lebendigen Kontinuität der unterschiedlichen Kulturen, die wundervolle Gegend, das milde Klima und seine Pflanzenwelt übten auf Liszt wie auf viele andere Künstler auch eine verführerische Kraft aus.

Dies alles mochte dazu beigetragen haben, dass er, der nirgends eine Familie oder ein richtiges Heim hatte, sich in Rom niederließ. Im Juni 1863 zog er sich in das Kloster Madonna del Rosario auf dem Monte Mario zurück. Und was ihn seit der Zeit seiner jugendlichen Seelenkrisen schon öfters verlockt hatte, nahm ihn nun völlig ein: Am 25. April 1865 erhielt er die Tonsur und am 30. Juli die niederen Weihen von Kardinal Hohenlohe. Ohne Zweifel war dabei auch ein gutes Stück Pose mit im Spiel. Schließlich hatte er schon immer eine Schwäche für den „vestito" gehabt, für verschiedene theatralische Gewänder und Kostüme. Einmal war es der ungarische „Attila", der ihm gut zu Gesicht stand, ein andermal fühlte er sich im Habit eines Abbé wohl. Vielleicht gab es aber auch andere Gründe, die ihn zu diesem Schritt bewogen: die stille Hoffnung, sich als Abbé mit besseren Chancen um den Titel eines „neuen Palestrina", eines „Regens chori" der Sixtinischen Kappelle bewerben zu können. Dieses Amt hatten jedoch seit Jahrhunderten nur italienische Maestri inne. Mit Bitterkeit musste Liszt feststellen, dass für ihn, den Fremden und noch dazu einen, der „die Musik des Venusberges in die Kirche einführte", „der in aller Öffentlichkeit Beziehungen zu Gräfinnen und Fürstinnen aufrecht erhielt", all dies nur als eitler Wahn ausgelegt wurde. „[...] als er sich in Rom niederließ, nährte Liszt kurze Zeit lang die Illusion einer Reform der Kirchenmusik" – so schrieb G.M. Angelini, der Nekrologschreiber der Septemberausgabe 1886 der *Rassegna Italiana* – „Doch gar bald überzeugte er sich davon, daß er, der Fremde, in solch engem künstlerischem Ambiente den zum In-Angriff-Nehmen seiner Arbeit nötigen Aufschwung, welcher für ihn eng mit der Strenge und Wichtigkeit der sakralen Zeremonie verbunden schien, schwerlich erreichen könnte."

Liszt war und blieb auch in Rom ein großzügiger, engstirnigen und kleinlichen Gehässigkeiten überlegener „musicien humanitaire". Die Tatsache, dass eine von ihm geschätzte Persönlichkeit in politischen oder geistigen Fragen eine von der seinen grundsätzlich verschiedene Ansicht hegte, hinderte ihn nie daran, deren Anschauungen zu respektieren und offene, freundschaftliche Beziehungen zu ihr zu pflegen. Er, der sich so vorbehaltlos für Napoleon III. engagierte, der Werke wie den *Trauermarsch* für Klavier (*Années, III*) und ein *Requiem für Männerchor* für den in Mexiko hingerichteten Bruder Kaiser Franz Josephs schrieb, verkehrte andererseits regelmäßig und gerne im Salon der Baronin Esperanza von Schwartz, geborene Brandt, die unter dem Namen Elpis Melena als Schriftstellerin tätig war, einer leidenschaftlichen Garibaldistin, der Biografin und ehemaligen Geliebten Garibaldis. Seiner Freundin, der Sängerin Emilie Merian-Genast, die in Basel lebte, empfahl er diese Dame mit den Worten: „Ich bin überzeugt davon, dass Sie die charmante und besondere Vornehmheit und Annehmlichkeit ihres Verstandes und Charakters zu schätzen wissen werden. Wie groß auch der Unterschied unserer Anschauungen sein mag [...] verbleibe ich ihr recht herzlich zugetan."[16] Viel später, am 15. Dezember 1884, wandte sich Liszt schriftlich mit der Bitte an Victor Hugo, er möge doch die Widmung der Garibaldi-Biografie der Frau von Schwartz annehmen, die einen großen Teil ihres Vermögens für die Vereinigung Italiens geopfert habe[17]. Bei der konservativen Fürstin Carolyne von Sayn-Wittgenstein musste er sich freilich auch für diese Verbindung zu entschuldigen: „Mme Schwartz ist gescheit genug, mich nie zu genieren oder mir zu widersprechen. Man merkt schon, dass sie eine harte Schule der Gefühle von Liebe und Freundschaft mitgemacht hat im demokratischen Lager, wo man seinen Stolz durchaus nicht in irgendeine extreme Delikatesse setzt!"[18] schrieb er ihr am 27. Dezember 1866.

Auch seinen persönlichen Gönner Baron Alexander von Bach schätzte Liszt sehr. Es war der bereits erwähnte ehemalige Innenminister und „Kerkermeister" der Monarchie, nach dem die finstere Zeit der Unterdrückung, Vergeltung, Bespitzelung und Tyrannei in Ungarn, die dem gescheiterten Unabhängigkeitskrieg von 1848/49 folgte, benannt wurde. Über diesen berüchtigten Mann, der später Wiens Botschafter in Rom wurde, schrieb Liszt am 24. Juli 1860 an die Fürstin: „Es freut mich sehr, dass Sie gute Beziehungen zu Bach haben. Er ist ein Mensch von seltener politischer Intelligenz und großem Format. Nach meiner Ansicht war seine Idee einer Einigung des Österreichischen Kaiserreichs kein Irrtum. Man wird gezwungen sein, zu ihr zurückzukehren, trotz all dem augenblicklichen Lärm."[19] Und am 12. Oktober fügte er hinzu: „Könnte ich nach Rom, ich würde ihn bitten, mir die Ehre zu erweisen mein Zeuge zu sein."[20]

Trotz dieser Beziehungen hatte er seine Verbindungen zu den meist in Emigration lebenden einstigen ungarischen Freiheitskämpfern nicht gelöst.

Auch weiterhin korrespondierte er freundschaftlich mit dem Grafen Teleki, dem ehemaligen Oberst aus dem Freiheitskrieg, der ihn einst nach Russland begleitet und sich für ihn in Berlin duelliert hatte. Über diesen Herren berichtete Liszt am 7.März 1879 der Baronin Meyendorff: „Er sollte '49 in Arad in der ehrenhaftesten [...] Gesellschaft gehängt werden – in jener der Märtyrer der ungarischen Vaterlandsliebe."[21]

An seinem Lebensabend komponierte Liszt das beste Charakterstück der *Historischen Ungarischen Bildnisse* und widmete es dem Andenken des anderen Grafen Teleki: László. Dieser war einst ein hervorragender Politiker und Habsburg-Gegner, der seiner aussichtslosen politisch-moralischen Lage im Jahr 1861 nur durch Selbstmord entfliehen konnte. Als László Teleki nach dem Freiheitskrieg 1849 ungarischer Botschafter in Paris wurde, hatte der Künstler ihn Marie d'Agoult am 9. April als „vollendeten Typ des edlen ungarischen Charakters"[22] vorgestellt. Unter den ungarischen Freunden Liszts gab es noch manchen anderen, der nach 1849 eingekerkert wurde: so beispielsweise der Abt Mihály Schwendtner von der Pester Innenstädtischen Pfarrkirche, bei dem er einmal wohnte. Es gab aber auch solche, die zum Tode verurteilt worden waren, wie der spätere Ministerpräsident der Österreichisch-Ungarischen Monarchie, Graf Gyula Andrássy. Im Jahre 1869 wurde in Pest zu Ehren Liszts, im Hotel Europa eine prächtige Soirée organisiert. Gastgeber war István Türr, einstiger General Garibaldis, dessen Gemahlin eine Nichte Napoleons III. war.

Auch die Kleriker, mit denen er sich befreundete, waren von äußerst unterschiedlicher Art. Einerseits verkehrte er in den Kreisen allerhöchster Kirchenmagnaten, andererseits hörte er regelmäßig die Predigten des Père Hyacinthe in der Kirche San Luigi dei Francesi unweit der Piazza Navona, die wegen ihrer Caravaggio-Gemälde berühmt ist. Dieser Pater, der eigentlich Charles Loyson hieß, überwarf sich, ähnlich wie Liszts Jugendvorbild Félicité de Lamennais mit der Kirche, trat später aus seinem Orden aus und heiratete.

Nach dem preußischen Sieg über Napoleon III. im September 1870 und dem Verlust der weltlichen Macht des Papstes, als Rom die Hauptstadt des vereinigten Italiens geworden war, befand Liszt sich in einer schwierigen Lage. Da er sich gerade in Ungarn aufhielt und deutschen Boden aus politischen Gründen einstweilen nicht betreten wollte, blieb er, wo er war. Emilie Merian-Genast gestand er seine depressive Stimmung in einem Brief aus Pest vom 28. Januar 1871:

> Seit einigen Monaten quält mich eine unbeschreibliche Traurigkeit. [...] Wahrscheinlich behält man mich hier, auf welche Weise man mich verwenden wird, ist noch fraglich. [...] Aber nach den Septemberereignissen widerstrebte es mir, nach Rom zurückzukehren, und ich gestehe meine Unfähigkeit, mich zwischen den Klagen des einen Tiberufers und dem Jubel des anderen zu entzweien.²³

Glücklicherweise änderte sich seine Situation recht bald. Am 30. September 1871, dem ersten Jahrestag des Sieges der Truppen Garibaldis über den Kirchenstaat, konnte er seinem alten Jenaer Freund, dem Juristen Carl Gille vermelden: „Meine hiesigen Befreundeten, von beiden Seiten [!] erweisen sich freundlichst gegen mich. – Anbei ein paar Zeilen des gelesensten offiziösen Blatts *La Libertà* als Beleg meiner harmlosen Stellung."²⁴ Der „Beleg", welcher dem Brief übrigens nicht beigelegt war, befindet sich auf Seite drei der *Libertà, gazzetta del popolo* vom 21. September 1871 in der Rubrik „Cronaca di Roma" und lautet in deutscher Übersetzung wie folgt:

> Als vor ungefähr zwei Jahren der berühmte Abbé Liszt Rom verlassen hatte, um nach Deutschland zu fahren, fürchteten sich die Musikfreunde, er würde nie in unsere Mauern zurückkehren. Diese Furcht war aber zum Glück unbegründet; Liszt dachte nie daran, Rom endgültig zu verlassen. Und nun darf ich bekannt geben, dass der berühmte Maestro vor neun Tagen plötzlich wieder in unserer Stadt erschienen ist, wo er unzählige Freunde und Verehrer hat und wo er so viele herausragende Schüler ausgebildet hat, wie z. B. Fräulein Giuli und die Herren Lippi und Sgambati. Ich will hoffen, dass er in seinem Zufluchtsort Santa Francesca Romana die Ruhe findet, die für die Meditation und die Studien so unerlässlich sind. Ich zweifle nicht daran, dass unser Himmel ihm geneigt sein wird und, wie zuvor, heitere Tage und ausgezeichnete Inspirationen schenken wird.

Dieselbe Zeitung berichtet auch über die Feierlichkeiten zum 60. Geburtstags des Komponisten am 22. Oktober desselben Jahres, den er im engen Freundeskreis beging, sowie über die zu seinen Ehren am Morgen gegebenen „accademia". Das vereinigte Königreich Italien erachtete den Abbé-Commendatore Liszt, den Freund des Papstes, demnach keineswegs als seinen Feind.

Ein interessantes Dokument seiner Überzeugungen ist ein Tagebuch, welches heute in der Ungarischen Nationalbibliothek aufbewahrt wird. In dieses übertrug er Zitate aus seinen jeweiligen Lektüren ohne jeden eigenen Kommentar. Aus diesem *Mémento journalier* ergibt sich, wie sehr er sich am

Anfang seines römischen Aufenthaltes, wahrscheinlich aus Enttäuschung über die Sabotage seiner geplanten Hochzeit, empört hatte. Am 23. Oktober 1861, also zwei Tage nach seiner Ankunft in Rom, kopierte er daher harte, antiklerikale Sätze aus der Ansprache Garibaldis an die französischen Arbeiter in das Tagebuch.

Seiner großen Liebe Agnes Klindsworth gegenüber äußerte er sich zwei Jahre später, am 6. Dezember 1863, ebenfalls mit offenen Worten:

Auf die Gefahr hin, Ihnen sehr naiv zu erscheinen, muß ich Ihnen gestehen, daß ich besserer Meinung über die Nützlichkeit einiger, früher von den Schülern Saint-Simons gepredigten Gedanken bin, als heutzutage in den Salons der Staatsmänner üblich: dass die moralische, intellektuelle und physische Erhebung der zahlreichsten und ärmsten Klasse, die friedliche Exploitation der Welt, die mit der Wissenschaft verbundene Industrie, die Kunst vereint mit dem Kult und die berühmte Verteilung nach den Fähigkeiten für mich nicht bloße sinnlose Hirngespinste sind.[25]

„Ich habe Liszt kennen gelernt; auffallende dämonische Erscheinung; groß, hager, lange, graue Haare"[26] so beschrieb Gregorovius den römischen Liszt am 13. April 1862. „Diese Lebensweise ist vorläufig wohl nur eine seiner Bizarrerien – für die Welt – damit sie sich mit ihm beschäftigt"[27], stellte Kurd von Schlözer, der Verehrer des Eremiten auf dem Monte Mario, am 25. März 1864 fest. Und Fürst Michelangelo Caetani berichtete am 14. Dezember 1863 dem Großherzog Carl Alexander über ihren gemeinsamen Schützling:

Mr. Liszt hat sich ganz auf dem Monte Mario eingerichtet; und man sagt, er fühle sich recht glücklich, während er als Eremit auf diesem herrlichen Piedestal posiert. Die mönchhaften Allüren bemächtigen sich langsam seines Geistes, und er sieht sich gerne von Klerikern umringt. Einst war er das verzogene Kind der Frauen, siehe da, nun ist er der Liebling der Mönche geworden! Seitdem er sich auf dem Berge aufhält, hat er sich ganz von den Botteghe Oscure[28] entfremdet. Er wird aber bald der Mönche und der Zurückgezogenheit überdrüssig werden, sein Bedürfnis nach Bewunderern kann nicht lange Zeit durch eine Wüste verhindert werden.[29]

Und etwas später sagte er: „Ich glaube, Mr. Liszt ist vor allem auf den Monte Mario gezogen, um angenehm an seiner Musik schreiben zu können und um die Freude zu genießen, das Ziel einer angenehmen Pilgerfahrt seiner Bewunderer zu werden."[30]

Die erste kleine Kirche der Dominikaner am Monte Mario, Madonna del Rosario, war im Jahre 1628 von Vittorio de Rossi erbaut worden. 1700 wurde an ihrer Statt den Gläubigen ein neues Gebäude nach Plänen von Camillo Arcucci eröffnet. Das alte diente fortan als Wohnung der Mönche. Als Liszt sich dorthin zurückzog, wohnten dort außer ihm nur zwei Geistliche und sein Diener. Vom Kloster aus hatte man eine prachtvolle Aussicht auf Rom und die Umgebung. Der Monte Mario befand sich damals noch außerhalb der Stadt. Heute dient das Gebäude Via Trionfale Nr. 177, das mit einer Gedenktafel geschmückt ist, als Kloster für Dominikanerinnen. Längst ist die elegante Gegend mit ihren Villen, einem Hilton Hotel, breiten Straßen und vielen Autos zu einem lebhaften Stadtteil des modernen Rom geworden. Liszt lebte dort ganz bescheiden: An der Wand stand ein verstimmtes, schlechtes Pianino. „Auf einem solchen Instrument arbeitete jetzt derselbe Franz Liszt, vor dem einst die massivsten Flügel Europas zitterten und der ein halbes Menschenalter hindurch wie ein donnernder Jupiter die ganze Künstlerwelt beherrscht hat", heißt es bei Schlözer, und weiter „Mich amüsiert es immer sehr, ihn wiederzusehen".[31]

> Alles, was er sagt, trägt den Stempel der Originalität und großer Genialität an sich, und man merkt ihm stets an, dass er einstmals eine kolossale Stellung in der Welt einnahm. Die früheren historischen langen Haare trägt er noch – grau in grau – und wenn er am Klavier sitzt, so unterlässt er es nicht, während seines Spiels wenigstens einmal ganz plötzlich den Zuhörer scharf und durchdringend anzusehen, um zu wissen, ob er auch gehörig aufmerksam ist; diesen Zug – ein Überbleibsel aus seiner großen Vergangenheit – habe ich hier jedes Mal wieder bemerkt, wenn ich ihn vortragen hörte. […] Unbezahlbar ist es, wenn er in Gesellschaft zum Spielen aufgefordert wird und keine Lust hat. Er wird dann gegen die Wirte überschwänglich höflich, spricht geistreich über Musik, tritt ans Klavier, gibt einen beliebigen Akkord an. Lässt dabei sein dämonisch-sarkastisches Auge durchs Zimmer blitzen, murmelt innerlich: ‚Ihr Ochsen!', nimmt seinen Hut und schrammt ab.

So ergänzt der ausgezeichnete Beobachter Schlözer das überaus lebendig anmutende Porträt.

Man kann sich vorstellen, welches Aufsehen es erregte und welchen Stoff für Gerede und Spott es lieferte, als Liszt am 25. April 1865 in der Privatkapelle des Monsignore Hohenlohe im Vatikan die Tonsur empfing. Seine alte Mutter war schockiert. „Mein liebes Kind", schrieb sie ihm am 4. Mai aus Paris,

Dein Schreiben von 27n *avril* [...] erschütterte mich, ich brach in Thränen aus. Verzeih mir, ich war wirklich nicht gefaßt auf solche Nachricht von dir. Nach Überlegung [...] ergab ich mich in deinen, als auch den Willen Gottes, und ward ruhiger, denn alle gute Eingebungen kommen von Gott und dieser Entschluß den nun gefaßt hast ist nicht ein Entschluß *vulgaire*. Gott gebe dir Gnade Ihm zu seinen Wohlgefallen zu erfüllen.[32] –

„Die Sache war schon lange vorbereitet", notierte Schlözer am 25. April. „Man munkelte davon seit Monaten, nun, da die Bombe geplatzt ist, reibt sich doch jeder vor Verwunderung die Augen."[33] Einige meinten, es wäre das Werk der Fürstin gewesen, „die Furcht, der unberechenbare Franz könne sich noch mit einem jungen Mädchen verheiraten, habe sie dermaßen aufgeregt, dass sie den ganzen Vatikan in Bewegung setzte, um durch einflussreiche Kleriker den braven Liszt zum Übertritt in den geistlichen Stand zu bewegen", berichtet Schlözer weiter. Liszt selbst leugnete dies allerdings kategorisch. Andere wieder waren der Ansicht, es wäre die Familie Hohenlohe gewesen, die die Fürstin und nicht zuletzt ihr Erbe vor einer Mesalliance mit Liszt habe bewahren wollen. Nach einer dritten, wohl plausibelsten Version hatte es Liszt auf einen hohen kirchenmusikalischen Posten abgesehen gehabt. Carolyne versicherte Schlözer jedenfalls eilig: „Er hat es weder getan, um einer Heirat zu entwischen, noch um den Kardinalshut zu ergattern."[34] Fürst Caetani hielt es jedoch für angebracht, dem Großherzog Carl Alexander wegen der „Metamorphose eines mondänen Weltmannes zum Abbé-Höfling" zu erläutern „dass jeder Mann, der in der Römischen Kirche die niederen Weihen empfängt, den kirchlichen Stand verlassen kann, wann es ihm beliebt, und dass demzufolge ein Abbé wie Mr. Liszt – im Falle er seines schwarzen Kostüms, seiner Locken und seines Hutes à la Friedrich II. überdrüssig wird, sie allesamt nur in den Mist zu werfen braucht."[35] – „Ich fand ihn sehr vergnügt", erzählt Schlözer über seinen ersten Besuch im Vatikan beim frisch gebackenen Abbé[36]: „Die kleine Tonsur bemerkte ich nicht. Die Verkürzung seines welthistorischen Haares stand ihm sehr gut. Er trug die lange schwarze Soutane, Schuhe und Strümpfe. Der schwarze dreieckige Hut lag auf dem Tisch. Er ist ein unbeschreiblich guter Kerl. Dabei beabsichtigt er keineswegs – wie er sich ausdrückte – der Musik zu entsagen: ‚Je leur montrerai ce que c'est que la musique en soutane'[37]."

Mit diesem nicht ganz eindeutigen Bonmot spielte Liszt auf seine weiteren Pläne an. Drei Tage vor den Weihen hatte er noch vor einem eleganten Publikum im Palazzo Barberini *Erlkönig* und *Aufforderung zum Tanz* gespielt: „ein sonderbarer Abschied von der Welt" bemerkte hierzu Gregorovius.

> Niemand ahnte, dass er schon die Abbatenstrümpfe in der Tasche trug. […] Dies ist das Ende des genialen Virtuosen, einer wahrhaft souveränen Persönlichkeit. Ich bin froh, dass ich Liszt noch spielen hörte; er und das Instrument schienen mir zusammengewachsen wie ein Klavier-Centaur.[38]

Dabei konnte von einem endgültigen Abschied vom Virtuosentum keine Rede sein. Liszt ließ sich auch weiterhin hören. „Wie ein Mephisto saß er am Flügel, schleuderte triumphierend rechts und links seine Blicke"[39], berichtete Schlözer. Zu seinem römischen Freundeskreis gehörten gebildete weltliche und kirchliche Magnaten sowie Diplomaten und Wissenschaftler aus verschiedenen Ländern. Auch als Komponist wurde er in Rom von Zeit zu Zeit gefeiert. Über die Aufführung der *Dante-Symphonie* in der Galleria Dantesca schrieb Gregorovius: „Die Damen des Paradieses überschütteten ihn mit Blumen von oben herab; Frau L. hätte ihn mit einem großen Lorbeerkranz fast erschlagen."[40] Auch jetzt noch gab es fanatische Liszt-Anbeterinnen, die ihre Familien verließen, um bei ihm zu lernen, in seiner Nähe leben zu können, ja sogar solche, die den Überzug des Sessels, auf dem er einmal gesessen hatte, einrahmen ließen. Ihm aber war es darum zu tun, seine neu gewonnene Würde als Abbé zu wahren: „Ich bin bemüht, meinem Vestito Ehre zu machen"[41], vermeldete er seinem „Schutzengel" Carolyne am 13. August 1865, was immer auch einen gemäßigten Alkoholkonsum einschloss.

Liszt sehnte sich nach ruhigem Schaffen und brauchte dennoch weiterhin den Erfolg. Seine Vorliebe für Orden behielt er bei, auch ließ er sich bis zuletzt gerne gefallen, dass Männer wie Frauen ihn mit dem seiner Soutane gebührenden Handkuss begrüßten. Er selbst definierte die extremen Gegensätze seines Charakters am klarsten in einem Brief an die Fürstin, wo er den französischen Satz deutsch vollendete: „On me définirait assez bien en allemand: Zu einer Hälfte Zigeuner, zur andern Franziskaner."[42] An Dr. Carl Gille nach Jena schrieb Liszt am 10. September 1863 vom Monte Mario aus über seine neue Lebensform:

> Der römische Aufenthalt ist für mich kein beiläufiger, er bezeichnet sozusagen den dritten Abschnitt – wahrscheinlich den Abschluss – meines oft getrübten,

doch immerhin arbeitsamen und sich aufrichtenden Lebens. Ich bedarf also eine geraume Zeit um mit mehreren langwierigen Arbeiten und mir selbst ein gutes Ende zu machen. Dazu verhilft mir günstig meine hiesige Zurückgezogenheit, die fernerhin noch etwas accentuirter sein wird, und meine jetzige klösterliche Wohnung, welche mir nicht nur die herrlichste Aussicht über ganz Rom, der Campagna und den Gebirgen gewährt, sondern auch, was ich ersehne: Ruhe von außen und Friedsamkeit.[43]

Das war das Wesentliche, worum es ihm ging. Der Endzweck seines aufsehenerregenden Schrittes, dem gewiss auch etwas Theatralisches anhaftete, der aber auch sehr gut zu seiner vielfältigen Persönlichkeit und den Plänen, die er seit seiner Jugend gehegt hatte, passte, war ohne Zweifel, sich inneren Frieden, die Möglichkeit ruhigen Schaffens und nicht zuletzt eine nicht versiegende Inspirationsquelle zu sichern. Das war es, was Liszt auf dem Monte Mario in der Basilika Santa Francesca Romana sowie in Tivoli als Gast des Kardinals Hohenlohe in der wunderschönen Umgebung der Villa d'Este in einer Art priesterlichen Askese und Zurückgezogenheit suchte – ebenso wie am adriatischen Meer und in Assisi, wo er 1868 mit Abbé Solfanelli Urlaub machte, studierte und betete.

Doch der ergebnisreichen Arbeit stellten sich äußere wie innere Hindernisse in den Weg. Liszt wurde von Familiensorgen gequält. Es war noch kein volles Jahr verstrichen, seit er in Rom weilte, als ihn wieder ein schwerer Schlag traf: Am 11. September 1862 starb seine anmutige, höchst sympathische Tochter Blandine an den Folgen der Geburt ihres Sohnes. Ihr Verhältnis zum Vater hatte sich seit der Eheschließung mit Émile Ollivier vollkommen harmonisiert.

Drei Jahre später wiederum erreichten ihn schlimme Nachrichten aus München: Eine wilde Hetze wurde gegen Richard Wagner, den Liebling König Ludwigs II., angezettelt und er wurde mehrfach aus München verbannt. In diese Affäre wurde Liszts nunmehr einziges Kind, seine Tochter Cosima, immer stärker verstrickt.

Nach Liszts Ankunft in Rom hatte es einen deutlichen Bruch in seiner Freundschaft zu Wagner gegeben, nicht einmal mehr Briefe wurden gewechselt. Wagner, der zwischen 1858 und 1860 seinen *Tannhäuser* in Paris aufführen lassen wollte, hatte Blandine Liszt-Ollivier gleichsam den Hof gemacht. Ihr Gatte Émile aber hatte ihn 1861, nach den berühmten gewordenen und skandalösen Aufführungen, mit einem leidenschaftlichen Plädoyer in Schutz genommen. Doch der Komponist fand nach Blandines frühem Tod kein

Wort des Beileids für den trauernden Vater, was diesen tief verletzte. Über das Liebesverhältnis zwischen Wagner und Cosima war Liszt bereits seit 1864 informiert. Die Tatsache, dass sein Lieblingsschüler Hans von Bülow von ihr betrogen wurde und seine Tochter die Absicht hatte, ihn zu verlassen, ging ihm sehr nahe. Er war quasi der Vierte im Liebesbund, mischte er sich doch aktiv ein, um die Ehe zu retten und indem er versuchte, Cosima und Wagner zur Beendigung ihres Verhältnisses zu überreden. Er wollte sie fern voneinander wissen; deshalb lud er Cosima und von Bülow im August 1865 nach Ungarn zur Uraufführung seines Oratoriums *Die Legende von der Heiligen Elisabeth* ein. Es nützte nichts und hatte bloß zur Folge, dass der wütende, eifersüchtige Wagner in seinem erst 1975 veröffentlichten Tagebuch[44] seinem grimmigen Hass gegen Liszt freien Lauf ließ. Cosimas Verhältnis mit Wagner und die Tatsache, dass er de facto der Vater ihrer Töchter Isolde (1865–1919) und Eva (1867–1942) war, waren bald ein offenes Geheimnis. Das Dreieck Cosima-Bülow-Wagner, die Verbannung Wagners und die sich zunehmend verschlimmernde Situation der Bülows in München machten Liszt große Sorgen. Anstatt den Vater wegen der im März 1866 in Paris erlittenen Schmach um den Misserfolg der *Graner Messe* zu trösten, hatte Cosima ihm wohl einen aggressiven Brief geschickt – ihre Briefe an Liszt hat sie fast vollständig vernichtet –, denn dieser antwortete am 12. April 1866 gekränkt und lud sie ein, an der Amsterdamer Aufführung seiner *Graner Messe* teilzunehmen und sich mit ihm auszusprechen:

> Dein vorletzter Brief machte mich traurig, denn es schien mir, Du wehrtest dich gegen Vorwürfe oder Zumutungen, die mir fremd sind. Ich habe großes Vertrauen zu Dir, mein liebes Kind, entziehe mir nie das Deinige… Jetzt scheint mir der traurige Eindruck Deiner ersten, nach Paris gesandten Zeilen verwischt, und ich möchte mit Dir ganz offen über den Verbannten und über München reden. Wenn auch Hans in München festgehalten wäre, könntest du nicht drei Tage, vom 23. bis zum 29. des Monats mit mir in Amsterdam verbringen?[45]

Die Bülows reisten gemeinsam an: Hans von Bülow gab am 25. und 27. April zwei Liszt-Konzerte und erntete in seiner Eigenschaft als Dirigent und Pianist großen Beifall. Auch der Aufführung der *Messe* wohnten sie bei, doch an ihrem Leben änderte sich nichts. Cosima war kurz zuvor, am 11. März 1866, Wagner in die Schweiz gefolgt. Ende September 1867 versuchte Liszt in München und in einem geheimen Besuch bei Wagner in Tribschen ein letztes Mal sein Bestes, um die Ehe von Bülows zu retten. Schließlich machte er am

2. November 1868 Cosima in einem sehr energischen Brief auf ihre Pflichten als Frau und Mutter sowie auf die mögliche Konsequenzen der Mesalliance aufmerksam: „Ich sage Dir dies, um zu bitten, dass Du zu Dir selbst zurückfinden und meine segnende Hand nicht zurückstoßen sollst. Möge Gott mir verzeihen und möge die Erinnerung an Deinen Vater Dich wieder ein Kind Gottes werden lassen, der in alle Ewigkeit unser Vater und unser alles ist"[46]. Doch das Bitten war umsonst: 1869 brachte Cosima Wagners Sohn Siegfried († 1930) zur Welt. Ihre Scheinehe mit von Bülow bestand noch bis Juli 1870. Zwischen November 1868 und September 1871 gab es deshalb keinerlei Kontakte mehr zwischen Vater und Tochter. Doch Cosima blieb hartnäckig. Liszt musste aus den Zeitungen erfahren, dass sie Wagner am 25. August 1870 geheiratet hatte und, was ihn noch zusätzlich schmerzte, um seinetwillen zum Protestantismus übergetreten war. Dennoch sehnte ihr Vater sich nach einer Versöhnung. In dieser traurigen Zeit blieb seine älteste Enkelin, die kleine Daniela von Bülow (1860–1940) das einzige familiäre Bindeglied. Ihr durfte der Großvater schreiben, und bei ihr erkundigte er sich dann liebevoll, wie es ihrer „chère maman" und dem „oncle Richard" gehe, den die Bülow-Töchter Daniela und Blandine damals schon längst Papa nannten. Heute wissen wir genau, dass es Liszt war, der sich um den Familienfrieden bemühte, und Cosima, die ihn ablehnte – insbesondere auch, da der preußisch-französische Krieg 1870 ihre Feindseligkeit gegen „alles Französische" und damit auch gegen den Vater, noch verschärft hatte.[47] Dennoch war Liszts Begeisterung für Wagners Werk ungemindert, so dass er sich der Worte Victor Hugos über Shakespeare bediente: „Ich bewundere alles – ich bewundere wie ein Vieh."[48] Die Versöhnung zwischen den Wagners und Liszt fand erst im September 1872 statt, als sie ihn in Weimar besuchten.

Im Februar 1866, kurz vor einem geplanten Besuch in Paris, verlor Liszt seine Mutter. Anna Liszt wurde von ihrem Enkel-Schwiegersohn Émile Ollivier bis zum Ende gepflegt und auch begraben.

Während der in Rom verbrachten Jahre musste Liszt einige Reisen antreten, um Verpflichtungen nachzukommen, was ihn jedes Mal von der Arbeit ablenkte. 1864 besuchte er verschiedene deutsche Städte, im Oktober fuhr er nach Paris und kehrte über Südfrankreich nach Rom zurück. Am 15. August 1865 wurde die *Legende von der Heiligen Elisabeth* in ungarischer Übersetzung unter Mitwirkung von führenden Sängern des Nationaltheaters und unter seiner Leitung in Pest uraufgeführt. Er brachte Cosima und Hans von Bülow mit dorthin. Auch in der transdanubischen Kleinstadt Szekszárd, im Hause des Baron Augusz, verweilte er mit den von Bülows einige Tage. Obwohl sein

Oratorium bei der Premiere wie auch bei der wiederholten Aufführung ekstatischen Applaus hervorrief und er bei seinen Wohltätigkeitskonzerten als Pianist und Komponist nicht weniger bejubelt wurde – hier kam es zur Erstaufführung seiner beiden *Legenden* für Klavier in A-Dur und E-Dur: *St François d'Assise. La prédication aux oiseaux* und *St. François de Paule, marchant sur les flots* – hatte der Empfang in seinem Heimatland ein Janusgesicht: Einerseits empfing ihn fantastische, kritiklose und patriotische Begeisterung, andererseits erlebte er ungerechte Verurteilungen seiner Gesinnung und Voreingenommenheit gegenüber seinen Werken bei einem musikalisch unkundigen und teilweise engstirnigen Publikum. Das unglückselige *Zigeunerbuch* und der gewaltige Skandal, den es erst unlängst erregt hatte, waren noch nicht vergessen. Der Aufführung der *Heiligen Elisabeth* war eine Hetzkampagne vorausgegangen, die sich anhand der damaligen Pressestimmen nachvollziehen lässt. Als Liszt dann persönlich erschien, machte das Abbégewand des dirigierenden und klavierspielenden Komponisten einen befremdlichen Eindruck, auch sein weltbürgerliches Gebaren entsprach so ganz und gar nicht den Erwartungen der ungebildeten adeligen Gutsbesitzer des feudalen Ungarn, die sich am liebsten von Zigeunern unterhalten ließen. „Ausländische" Musik wurde, wie bereits erwähnt, nur in aristokratischen und kirchenfürstlichen Kreisen gepflegt, ein Musik liebendes bürgerliches Publikum entwickelte sich erst in den kommenden Jahrzehnten. Die „Zunft" geschulter Musiker hatte jedoch seit 1860 eine Monatsschrift, die „Musikalischen Blätter" (*Zenészeti Lapok*), deren Mitarbeiter große Verehrer Liszts waren, die ihn, wenn nötig, in Schutz nahmen.

Trotz aller Feindseligkeiten war in Ungarn bereits kurz nach Liszts Umzug nach Rom die Idee aufgekommen, ihm einen Posten im ungarischen Musikleben anzubieten. Im Jahr 1862 jedoch lehnte er dies entschieden ab, indem er erklärte, vor fünf oder sechs Jahren wäre so etwas viel leichter möglich gewesen. Anfang 1865, bevor er nach Pest kam, hatte er seine Bedingungen für einen Ungarnbesuch in einem Brief an Augusz, recht resolut formuliert:

> Nachdem ich weder in dem Alter bin noch Lust dazu verspüre, häufig meinen Wohnsitz zu ändern und mich bis ans Ende meiner Tage für in Rom sesshaft betrachte, wünsche ich, dass mein nächster Pester Aufenthalt einen ausgeprägteren und bestimmteren musikalischen Charakter annehme als es in den vergangenen Jahren der Fall war. Zu diesem Zweck wäre die Aufführung mehrerer meiner Werke unumgänglich, so diejenige meiner *Legende von der Heiligen Elisabeth* sowie von einigen meiner symphonischen Dichtungen.[49]

Im selben Brief deutete er auch an, wie sehr ihn als Katholik, als Ungar und als Komponist, die Auszeichnung freuen würde, wieder eine Messe für Ungarn komponieren zu dürfen. Dabei ging es ihm um einen besonders wichtigen historischen Anlass: um ein Werk, das zur Feier der endlich vollendeten Verfassung und des Ausgleichs mit dem Haus Habsburg bei der festlichen Zeremonie der Krönung von Kaiser Franz Joseph I. und Kaiserin Elisabeth zum ungarischen Königspaar aufgeführt werden sollte.

Die Tatsache, dass Liszt diesen Auftrag erhielt, war ein enormer Erfolg. Er krönte die Bemühungen ungarischer Patrioten, einer aus führenden Musikern, darunter Franz Erkel und Mihály Mosonyi und Liszts aristokratischen Freunden, vor allem Baron Augusz bestehenden Kommission. Es war ein Zugeständnis von Seiten des Hauses Habsburg, dass die *Krönungsmesse* nicht von einem Wiener Hofkomponisten, wie es die Etikette verlangt hätte, sondern bei Liszt in Auftrag gegeben wurde. Die ausführenden Musiker allerdings kamen aus Wien. Liszt selbst, der auf Einladung des Konservatoriums in Pest weilte, hatte vom Hof jedoch keine Einladung zu den Krönungsfeierlichkeiten erhalten. So sah er sich genötigt, seinem eigenen Werk und der Krönung am 8. Juni 1867 von der Orgelempore der Krönungskirche in Ofen (ungarisch Buda, bekannt als „Matthiaskirche") beizuwohnen. Diesmal wurde er in seinem Heimatland mit einem besonders patriotischen Überschwang bejubelt: „Franz Liszt ist hergekommen, er brachte seine *Krönungsmesse* mit; nie hatte eine Nation bei schöneren, erhabeneren Klängen, so ganz in den Himmel erhebenden Harmonien zu ihrem Gott beten dürfen", schrieb der Rezensent der *Zenészeti Lapok* im Leitartikel der Ausgabe vom 16. Juni. Liszt wurde ein gefeierter Teilnehmer und Teilhaber des lang ersehnten Glücks einer Nation, die nach vielen Jahren der Unterdrückung durch einen Kompromiss endlich zum ebenbürtigen Teil der k.u.k. Monarchie Österreich-Ungarn avanciert war. Die nun folgende Zeit des bürgerlichen kulturellen Aufschwungs zwischen 1867 und dem Ausbruch des Ersten Weltkrieges 1914 wird heute, trotz aller weiterhin bestehenden krassen sozialen Ungerechtigkeiten im halbfeudalen Staat und trotz aller verhängnisvollen Fehler, die in Bezug auf die ungarischen Minderheiten begangen wurden, allgemein als „goldenes Zeitalter" bezeichnet. In jedem Fall stellte sie das Beste dar, was seit dem Renaissancekönig Matthias dem leidgeprüften Land an zukunftsgerichteter Entwicklung geschah.

Die bereits angesprochene Reise nach Paris im Mai 1866 brachte Liszt eine bittere, ihn bis ans Lebensende bedrückende Enttäuschung bei. Es war schon von jeher sein größter Wunsch gewesen, in seiner Herzensstadt Paris als Komponist Anerkennung zu finden. Doch gerade als dieser wurde er trotz der persönlichen Sympathie des Kaisers und einiger guter Freunde ausgesprochen feindselig und voreingenommen empfangen und von verschiedenen Seiten zugleich angegriffen. Marie d'Agoult ließ zum Zeitpunkt seines Aufenthaltes die zweite Auflage des gegen den einstigen Liebhaber gerichteten Schlüsselromans *Nélida* erscheinen. Auch bei der Presse hatte sie großen Einfluss, den sie nun gegen ihn geltend machte. Für den 15. März 1866 war die Aufführung von Liszts *Graner Messe* in der Kirche St. Eustache angesetzt. Die Premiere wurde ein sensationeller Misserfolg. Die gesamte Pariser Presse ließ sich in spöttischen, vernichtenden Kritiken über sein Werk aus. Der bissige Artikel in *La Liberté* von Marie d'Agoults Schwiegersohn Guy de Charnacé war nur einer von vielen. Selbst der einstige Freund Hector Berlioz, für den Liszt so viel getan hatte, fand nichts Schönes mehr an der Messe. Die Rezension ließ er allerdings von einem anderen Jugendfreund Liszts, Joseph d'Ortigue, für das *Journal des Débats* verfassen. In Paris herrschte zu jener Zeit ein konservativ gesinnter und in Sachen Musik völlig ungebildeter Publikumsgeschmack vor, selbst Beethoven fand keine Würdigung. Die meisten Kritiker verstanden nicht viel von Musik, waren oberflächlich und korrupt. Auch aus einem weiteren Grund erwies sich der Zeitpunkt ungünstig für Liszt. Schließlich waren erst fünf Jahre seit dem ominösen Pariser *Tannhäuser*-Skandal verflossen und Liszts das Werk würdigende Broschüre von 1849 im *Journal des Débats* war nicht vergessen. Er wurde jetzt mit Wagner identifiziert, d.h. einfach zu seinem „Schüler" erklärt. Der größte Feind aber, gegen den er es in Paris immer wieder aufnehmen musste, war seine eigene Person, oder besser gesagt das Image, mit dem man ihn gleichsetzte. Der große Pianist, dem es immer um neue Lorbeeren zu tun ist und der immer von sich reden machen muss, war seit Jahrzehnten ein Lieblingsthema der Pariser Spöttelei. Als man ihn, den berühmten Don Juan von einst, nun im Gewand eines Abbé und als Komponisten von Messen erblickte, erinnerten sich viele, wie köstlich man sich vor 25 Jahren über seinen ungarischen Ehrensäbel amüsiert hatte. Sein neues „Kostüm" und sein geistlicher Stand wurden sofort als eine neue, verzweifelte Art von Selbstreklame missverstanden. Die meisten vernichtenden Kritiken über sein Werk wurden unter dem Titel *L'Abbé Liszt et sa messe* veröffentlicht.

Liszts Präsenz hinterließ freilich trotzdem einen außergewöhnlichen Eindruck, und er musste vielen vornehmen Einladungen folgen, was ihm schmeichelte. Die mächtige Kirche war überfüllt und die Aufführung der Messe brachte 50.000 Francs für die Stiftung der Schulen des zweiten Bezirks ein. Dabei fand das Konzert selbst unter denkbar ungünstigen Voraussetzungen statt. Die kirchlichen Behörden hatten die Teilnahme von Frauen bei dem

Kirchenkonzert, einer bereits überholten Tradition folgend, nicht gestattet. Daher wurden die oberen Chorstimmen, aber auch die schwierigen Sopran- und Alt-Soli von Knaben, Tenor und Bass hingegen von Opernsolisten vorgetragen. Das Publikum benahm sich unbeherrscht. Vollends gestört wurde die Aufführung durch das anwesende Militär. Der Lärm der Kommando-Rufe, das Knallen der bei Fuß gestellten Gewehre und die Trommelgewirbel, alle lauten Geräusche, die durchaus nicht in die Kirche, geschweige denn zur Aufführung einer Messe passen, erschwerten ein konzentriertes Zuhören, selbstverständlich auch für die Kritiker, die dann alle ihren Vorurteilen gemäß über Liszts Opus herfielen. Die ebenso schlechte Trost-Aufführung des *Credo* im Cirque Napoléon wollte Liszt sich schon gar nicht mehr anhören. Es war nur eine karge Entschädigung, dass die Messe am 29. April 1866 in Amsterdam in der Kirche „Moses und Aaron" mit den in Holland üblichen Ovationen empfangen wurde.

Resigniert und tief verletzt zog Liszt die Konsequenzen aus diesem schändlichen Empfang in seiner ehemaligen Heimatstadt. Drei Jahre später, am 25. November 1869, schrieb er an die englische Pianistin Augusta Holmès:

Um gut mit meiner Zeit umzugehen, muss ich mich von nun an zurückziehen. Dies habe ich beschlossen und werde dabei bleiben, trotz aller Versuchungen. Unter diesen wären gewiss die Pariser am stärksten; niemand weiß die Lockungen, Vorzüge, Überlegenheiten und Vorrechte der Großstadt besser zu schätzen als ich; kehrte ich jedoch zurück, müsste ich ein Kostüm anlegen, welches allzu sehr einer Livrée gleicht, und mich Servituten anpassen, welche mir widerstreben. Es wäre übrigens die reine Zeitverschwendung. Denn, abgesehen auf welche Weise man in Paris noch immer mit den von mir am höchsten geschätzten Werken umgeht (inbegriffen die *Neunte Symphonie*), wie könnte ich mir vorstellen, dass meine armseligen, geringen Sachen, im Voraus sehr suspekt, wenn nicht verrufen, auf etwas Gutmütigkeit oder Sympathie stoßen könnten? […] [Der Musikverleger] Litolff hat sich meiner Person und meiner Werke zu entledigen; erstere wäre deplaziert, die zweiten noch weit schlimmer.[50]

An seinen Verehrer und Freund Camille Saint-Saëns schrieb der tief Getroffene am 19. Juli 1869:

In meinem Alter ist der Beruf eines jungen Komponisten nicht mehr angebracht – ein anderer jedoch bliebe mir in Paris wohl nicht übrig, da ich nicht ewig jenen eines alten invaliden Pianisten weiterführen kann. So habe ich entschlossen, mich nur soweit um meine Kompositionen zu kümmern, indem ich sie schreibe, doch sie keineswegs zu propagieren.[51]

Am 21. Juni 1866, aus Paris nach Rom zurückgekehrt, durfte Liszt dem Papst Pius IX. vorspielen. Bis zum Jahresende musste er zweimal die Wohnung wechseln: am 22. Juni vom Vatikan zurück ins Kloster am Monte Mario und am 22. November von dort in die Basilika Santa Francesca Romana am Forum Romanum. Wo immer er auch wohnte, er konnte die Flut der Neugierigen nicht abwehren, welche dem „bon ton" gemäß auch den unvergleichlich Klavier spielenden, grauhaarigen Abbé zu den wichtigsten Sehenswürdigkeiten Roms zählten. Er verlohnte wohl sogar einen längeren Ausflug, als er seit 1867 regelmäßig einige Wochen als Gast des Kardinals Hohenlohe in der Villa d'Este in Tivoli weilte.

Ebenfalls im Jahr 1867 reiste er zur Krönungsfeier und Erstaufführung seiner Messe nach Pest. Ende Juli betrat er erstmals wieder deutschen Boden und kam zum Musikfest des Tonkünstlervereins nach Meiningen, wo sein *Psalm 13*, der Chor *Die Seligpreisungen* (der später in das *Christus-Oratorium* integriert wurde), die *Bergsymphonie* und die beiden *Legenden* für Klavier großen Beifall erhielten. Am 28. August dirigierte er *Die Legende von der Heiligen Elisabeth* in der Sängerhalle der Wartburg.

Zu den wichtigen Reisen dieser Jahre zählte weiterhin der erwähnte Aufenthalt des Künstlers in Assisi und Grotta Mare mit dem Abbé Solfanelli im Juli und August des Jahres 1868.

Als Abbé und Signor Commendatore schien sich Liszt zwar in Rom in seinem neuen Umfeld eingelebt zu haben, doch musste er einsehen, dass er auch von der Kirche nicht das bekommen konnte, was er erwartete. Eine hohe kirchenmusikalische Position blieb ein Wunschtraum der Fürstin. Viel später, am 14. Juni 1874, versicherte Liszt Carolyne von Sayn-Wittgenstein allerdings, er habe nie eine Stellung oder irgendwelche Titel in Rom erwartet oder angestrebt:

> Hätte der Heilige Vater mir die Sixtinische Kapelle anvertraut, hätte ich zugesagt, aus lauter Ehrfurcht für seine Güte und purer Gehorsamkeit – in der möglicherweise falschen Überzeugung, der Kirchenkunst irgendwie nützlich zu sein; hatte jedoch nie irgendwelche Illusionen, die Schwierigkeiten und Unannehmlichkeiten betreffend, die solch ein Auftrag mit sich bringt. Dass ich ihn nicht erhielt, bedeutet für mich keineswegs ein Kreuz – im Gegenteil, die Tatsache erleichtert mir, das Meinige zu tragen.[52]

Was ihn jedoch wirklich schmerzte, war die Tatsache, dass die Kirche weder etwas von seinen Reformen, noch von seiner Musik wissen wollte. Dennoch nahm durch seine bloße Anwesenheit in Rom – ähnlich wie es in Weimar und in Ungarn geschehen war – ein Entwicklungsprozess im Musikleben seinen Anfang. In Rom kannte man bis dahin außer der sakralen Musik nur die Oper. Nun begann sich ein weltliches Konzertleben mit symphonischen und kammermusikalischen Aufführungen um ihn zu entfalten. Liszt wurde schon 1839 in die päpstliche *Accademia di Santa Cecilia* aufgenommen. 1875 wurde er von der nun dem König des vereinigten Italien unterstehenden Akademie erneut als Mitglied gewählt. Er besuchte das Institut recht oft, stand ihm mit Rat und Tat zur Seite, ermutigte die Schüler und zeigte ein reges und uneigennütziges Interesse an der berühmten *Accademia*. Er war auch bei der Grundsteinlegung ihres neuen Konzertsaales zugegen und unterschrieb als erster das hier aufgenommene Protokoll. Die Römer genossen zudem das Privileg, den Pianisten Liszt noch erleben zu dürfen, denn er spielte nicht bloß in eleganten Salons, sondern auch in öffentlichen Konzerten. Mit der Zeit wurden auch einige seiner römischen Schüler selbstständig und fingen an, zu konzertieren, besonders der Pianist, Dirigent und Komponist Giovanni Sgambati erwies sich als sehr tüchtig.

Das offizielle Blatt des Vatikans, der *Osservatore Romano*, brachte anfangs regelmäßig Nachrichten über den „celebre Commendatore". Seinen Namen konnte man allerdings in Rom ebenso wenig richtig schreiben wie in Paris: er firmierte wahlweise als Lizt, Lizst oder Listz. Wenn auch nicht fachkundig, so wurde er in dieser Zeitung doch nicht nur als Pianist gewürdigt, sondern auch „einer der größten Komponisten" genannt (28. März 1863). In der Rezension des Konzertes vom 26. März 1863 im Palazzo Altieri, wo sein *Sonnenhymnus des heiligen Franziskus* und *Die Seligpreisungen* aufgeführt wurden, hieß es am Schluss der Würdigung: „Liszt ist viel mehr als bloß ein Künstler, er ist ein Maler und Poet, und wir wünschen ihm einen angenehmen und langen Aufenthalt in Rom, wo er die hier erhaltenen Eindrücke auf eine so nützliche und schöne Art entgeltet." Der erste öffentliche römische Konzertsaal, die schon seit langem nicht mehr existierende Sala Dante unweit des Trevi-Brunnens, wurde mit einer Ausstellung von 27 Illustrationen zu Dantes *Göttlicher Komödie* am 26. Februar 1866 und mit der Aufführung der *Dante-Symphonie* eröffnet, die Aufführung am 3. März wiederholt. Liszt war am 2. Dezember 1865 im *Osservatore Romano* mit aller Ehrerbietung aufgefordert worden diese Aufführung zu gestatten, wobei er als „Orfeo alemanno", also „deutscher Orpheus" apostrophiert wurde. Nach dem Konzert nannte man ihn zudem „ein(en) ungarische(n) Genius", „de(n) größte(n) zeitgenössische(n) Symphoniker" und bezeichnete sein Werk als „erhaben". Auch nach der Uraufführung des ersten Teiles des *Christus-Oratoriums* (*Weihnachtsoratorium*) am 6. Juli 1867 unter dem Dirigat Sgambatis waren Lobhymnen auf Liszt und sein Werk zu lesen. Doch mit der Zeit ließ die Berichterstattung über ihn nach und beschränkte sich dann höchstens auf Nachrichten über seine Erfolge im Ausland. Fürst Michelangelo Caetani beurteilte Liszts Situation in einem Brief an den Großherzog von Weimar vom 22. Mai 1863 Rom ganz klar: „Ich kann nicht recht herausfinden, was ihn dazu bewegt, hier zu bleiben. Er wird niemals vorwärtskommen, in keiner Angelegenheit [...]. Hier gibt es für keinerlei Ruhm irgendein Übermorgen. Alles schläft ein."[53]

In Kirchenkreisen wurde Liszts Musik als zu „transalpin", d.h. zu „deutsch" empfunden und seine Gefühlsdarstellung, seine Ausdrucksmittel als zu weltlich und nicht in die Kirche gehörend abgelehnt. Rom wusste ebenso wenig mit seinen Kirchenkompositionen umzugehen, wie Deutschland einem großen Teil seiner weltlichen Werke fremd gegenüberstand. Dies bedrückte den Komponisten sehr und trug nicht dazu bei, ihn zur Arbeit zu motivieren. Liszt hatte in seinen Fünfzigern den Kampf mit der Welt um den Erfolg seiner Werke aufgegeben. Er wunderte sich, wenn ihm eine Anerkennung zukam, und nannte den Ruhm sogar die Strafe des Verdienstes. Dennoch fühlte er als wahrer Künstler einen Drang zum Komponieren unvermindert in sich. „Wozu all der Kram?" – heißt es in einem Brief an Carl Gille vom 14. November 1882. „Und doch", fährt er fort, es gibt „manche Sonderlinge, welche eben müßen, ohne klügere Rück- und Vorsicht. Ergo, muß ich componiren, Kraft desselben Rechtes, als die Esel schreien, die Frösche quaken, und die Vögel zwitschern und singen."[54] Ein Geständnis an die auch mit Richard Wagner befreundete Jessie Laussot verrät seine inneren Kämpfe um die eigentlich für einen Künstler unmögliche Entsagung der Hoffnung auf Erfolg:

> aus Erfahrung wissend, wie wenig Sympathie meinen Werken entgegengebracht wird, musste ich mir, was sie betraf, eine Art systematischer Fahrlässigkeit und resignierter Passivität auferlegen. Dabei ist es weder Bescheidenheit noch Hochmut, scheint mir, denn ich nehme einfach Rücksicht auf die Tatsache, dass Mr. Litz fast überall willkommen ist, zeigt er sich am Klavier (– besonders seitdem er vom Gegenteil Zeugnis abgelegt –), aber dass man ihm nicht verzeiht, wenn er so denkt und schreibt wie es ihm beliebt.[55]

Es klingt wie eine Selbstbeschwörung, wenn er der Fürstin Carolyne am 30. Juli 1868 verzweifelt schrieb: „Ich brauche die Fürsten alle nicht mehr, weder nahe noch ferne, weder Kirchenfürsten noch andere Gönner, keine Gunst beweise, Erfolge, kein Lob der Zeitungen, keinen Beifall der Salons und des Publikums! All dieser Radau [...] wird mir von nun an überflüssig, lästig, quälend, langweilig, unerträglich."[56] Er behauptete gar „höchstens nur daran zu arbeiten, immer unverstandener zu werden" (Brief an Agnes vom 6. Dezember 1863).[57] „Meine 55 Jahre haben mich alt gemacht, und meine Musik ist einsam"[58], schrieb er dem ungarischen Komponisten Sándor Bertha im Dezember 1866, und notierte am 28. September 1861 als Motto die stolzen Worte Goethes in sein *Mémento journalier*: „Meine Sachen können nicht populär werden, wer daran denkt und dafür strebt, ist im Irrtum. Sie sind nicht für die Masse geschrieben." Wiederholt beteuerte er, am liebsten aufs Land ziehen und in Stille lesen und arbeiten zu wollen. Und doch litt der einst so Erfolgsverwöhnte verständlicherweise schwer unter der Erfolglosigkeit und konnte den Versuchungen der Welt, dem Cognac und den Damen nicht gänzlich entsagen. In einem Brief an Franz Brendel vom 7. September 1863 fasste er seine schweren Kämpfe mit sich selbst zusammen, indem er einen „geistreichen Mann" zitierte, der ihm „vor etwa zwanzig Jahren" schon gesagt habe:

Sie haben es eigentlich mit drei Menschen in sich zu thuen, die sich zuwiderlaufen: der gesellige Salon-Mensch, der Virtuos und der denkend-schaffende Componist. Wenn Sie mit einem von den Dreien ordentlich fertig werden, können Sie von Glück sagen. – Vedremo.[59]

Da er ohne Arbeit nicht leben konnte und auch das Geld benötigte, welches ihm die Kompositionen einbrachten, arbeitete Liszt, wenn es ihm an Inspiration mangelte, an Klavierübertragungen der Werke von Bülows, Meyerbeers, Gounods, Wagners, Berlioz', Verdis und Mosonyis. Seine besten Leistungen in dieser Gattung sind die werktreuen und doch klaviergerechten Bearbeitungen der neun Symphonien Beethovens, dessen Namen er für heilig hielt, wie er es im Vorwort formulierte. Trotz aller inneren und äußeren Hindernisse entstanden zahlreiche Kompositionen von hohem künstlerischem Gehalt in dieser wichtigen Schaffensperiode. Neben brillanten Klavierwerken mit neuen klanglichen Reizen wie etwa die beiden Konzertetüden *Waldesrauschen* und *Gnomenreigen* (für die Klavierschule von Lebert und Stark) entstand die über ein bekanntes Folia-Thema geschriebene und späterhin spanischen Komponisten sowie Ravel als Vorbild dienende *Rhapsodie espagnole*. Auch die Legende *Saint François de Paule marchant sur les flots* in E-Dur, ein aus einem einzigen Motiv gesponnenes Programmmusikstück über die sich allmählich bis zum Toben steigernde Meeresbewegung, nach einer Zeichnung des modischen sentimentalen Malers Steinle, gehört zu seinen populären Werken. Neben diesem taucht in den Programmen der Pianisten unserer Tage des Öfteren die bedeutendere Legende *Saint François d'Assise. La prédication aux oiseaux* in A-Dur auf, eine in vielen Farben schillernde „präimpressionistische" Komposition nach einem Stich von Gustave Doré, angeregt durch das Volksbuch *Fioretti di San Francesco* aus dem 14. Jahrhundert. Beide *Legenden* enden in einer Art Gebet, mit Themen aus Liszts Vokalwerk *An den heiligen Franziskus von Paula* d. h. *Cantico del Sol di San Francesco*. Noch immer unterschätzt ist das einzige, in den sechziger Jahren, genauer 1867 komponierte Stück, welches er später in den dritten Band der *Années* aufnahm und das heute höchstens als Teil des kompletten Zyklus gespielt wird. Es handelt sich um den dem ermordeten Kaiser Maximilian von Mexiko gewidmeten *Trauermarsch*. Hier ist es der raue, unheimliche Klang und die individuelle Konstruktion auf Basis einer permanenten Wiederholung im Bass (Ostinato-Technik), durch den das ergreifende Stück ein Vorbote der späten Klavierwerke zu sein scheint.

Wie schon an den erwähnten Titeln deutlich wird, war Liszt auch weiterhin Komponist von Programmmusik geblieben, nur hatten sich seine Themen verändert und seine Tonsprache hatte sich weiterentwickelt. Lieder für eine Singstimme und Klavier komponierte er nicht mehr, arbeitete hingegen einige seiner Lieder für Klavier solo um. Auch Werke für Orchester komponierte er nur selten, wenn auch die beiden *Legenden* ursprünglich als solche konzipiert worden waren. Unverdient unbekannt geblieben sind einer größeren Öffentlichkeit die drei *Traueroden*: In *Les Morts*, von Liszt als „oraison" bezeichnet, begleitet das Orchester die Rezitation eines Gedichts von Lamennais, dem „Abtrünnigen", das 1831 entstanden war und französische und lateinische Zitaten aus der *Offenbarung des Johannis* (14, 13), aus der Hymne *Te Deum* und aus Psalm 129 *De profundis* enthielt – eine ergreifende Totenklage für seinen verstorbenen Sohn. *La Notte* wiederum ist eine expressive Orchesterversion des düster-ausdrucksvollen Michelangelo-Klavierstückes *Il penseroso* (aus den *Années II*), ergänzt durch einen Mittelsatz ungarischer Prägung. *Le triomphe funèbre du Tasse* war zunächst als Epilog zur symphonischen Dichtung *Tasso* gedacht. In der posthumen Verherrlichung des zu Lebzeiten unverstandenen Dichters schwingt viel Persönliches, Autobiografisches mit.

An dieser Stelle muss über die Frage des Einflusses von Johann Sebastian Bach auf Liszt gesprochen werden. Am 10. September 1863 schrieb er an Carl Gille: „Übrigens bei aller Verehrung für Händel lässt meine Vorliebe für Bach nicht nach, und wenn ich mich sattsam an Händels Dreiklängen erbaut habe, drängt es mich nach den kostbaren Dissonanzen der *Passion*[60], der *h-Moll Messe* und anderen Bach'schen Spezereien."[61] Liszt hatte schon als reisender Virtuose Präludien und Fugen aus dem *Wohltemperierten Klavier* sowie die *Goldberg-Variationen* interpretiert, sechs *Orgelpräludien und Fugen* sowie die *Orgelphantasie und Fuge in g-Moll* auf das Klavier übertragen und gespielt. Seine eigene kompositorische Fantasie wurde vielseitig durch die Beschäftigung mit Bach bereichert, vor allem die Bachsche Variations- und Harmonisierungskunst regte ihn an. Die Inspiration des Barockmeisters ist in manchen seiner Kompositionen zu spüren: in Werken seiner römischen Zeit ganz besonders in den beiden Oratorien und in den Bach gewidmeten, groß angelegten Kompositionen für Tasteninstrumente, die er als selbstständige Fassungen für Klavier und Orgel komponierte. *Präludium und Fuge über den Namen B-A-C-H*, ursprünglich in den 1850er Jahren für Orgel komponiert, die zweite Fassung stammt von 1870, sind sozusagen zu einem Bindeglied zwischen Bach und Schönberg geworden. Das Werk ist ein ausgesprochen gutes Beispiel dafür, wie das siebenstufige „klassische" Tonsystem bei Liszt in Richtung eines zwölfstufigen erweitert wurde im Hinblick auf lineare und vertikale Kombinationsmöglichkeiten d.h. in Stimmführung und Akkordfolge. Durch bewusste Planung des ganzen Satzes entstand eine Synthese von Präludium und Fuge mit hoher Ausdruckskraft. Während in diesem Fall die Klavierversion sekundär ist, sind die grandiosen und ergreifenden *Variationen über Weinen, Klagen* die 1862 aus Anlass des Todes seiner Tochter Blandine entstanden, primär für Klavier, erst später für die Orgel gesetzt worden. Thema ist das sich chromatisch senkende Seufzermotiv der Bachkantate Nr. 12 *Weinen, Klagen, Sorgen Zagen* und zugleich das Bassmotiv des *Crucifixus* der *h-Moll Messe*. Die Variationenfolge wird von Liszt vor dem Schluss – wie bezeichnend für die großzügig „ökumenische" Gesinnung eines in Rom in hohen Kreisen der Kirche verkehrenden, zukünftigen Abbé! – ebenso wie bei Bach mit einem protestantischen Choral gekrönt: *Was Gott tut, das ist wohlgetan*. Eine Art Schwesterwerk entstand durch den tiefen Eindruck, den der mystische *Miserere*-Vortrag am Aschermittwoch in einer sich zunehmend verdunkelnden Sixtinischen Kapelle vor dem Wandbild des *Jüngsten Gerichts* von Michelangelo in Liszt wiederholt hervorrief: Dieses vom Chor der Kapelle vorgetragene *Miserere* war eine Mischung der berühmten neunstimmigen Motette von Gregorio Allegri (1582–1652) und der Ergänzungen zeitgenössischer Maestri. Das Erlebnis inspirierte Liszt zu dem zweisätzigen Werk *À la Chapelle Sixtine*, dass er in mehreren Fassungen komponierte, nämlich für verschiedene Tasteninstrumente und für Orchester. Das Opus bringt eine Vision Liszts von der wundervollen Kapelle zum Ausdruck. Der erste Satz ist eine

Heraufbeschwörung Allegris, eine individuelle Bearbeitung seines berühmten, in tiefem Register und Fauxbourdon-Technik gesetzten *Miserere*, gestaltet zu einer spätromantisch durchchromatisierten Passacaglia (eine variative Form mit einem sich beständig wiederholenden Grundmotiv) mit harten Dissonanzen und Seufzer-Motiven als Ausdruck höchsten menschlichen Leides. Der zweite Satz ist quasi eine freie Assoziation. Liszt kannte die Legende vom 14jährigen Mozart, der 1770 die hoch komplizierte Motette nach nur einmaligem Hören aufgeschrieben haben soll. Also ließ er dem auf eigene Art neu gestalteten Allegri-*Miserere* eine dem Original ziemlich treue Bearbeitung der späten Mozart-Motette *Ave verum corpus* (KV 618) folgen, dies als Ausdruck der großen Barmherzigkeit und Liebe Gottes.

Von großer Wichtigkeit – auch für Liszts kompositorische Entwicklung – war in der Zeit in Rom selbstverständlich die Kirchenmusik. So entstanden in seiner Werkstatt kleinere, doch bedeutende Kirchenchorwerke mit Orgelbegleitung. Diese hatten Vorläufer, denn einzelne Kirchenchöre (und ihre Pendants für Klavier) schrieb er schon seit den 1840er Jahren. Sie waren in recht einfachem Stil gehalten, geprägt durch gregorianische Melodik und einer von den Renaissance-Meistern erlernten und weiterentwickelten Harmonik. Nun, in den 1860er Jahren, war er bereits ein Meister des Vokalsatzes, konnte auch weniger schwierige, gut singbare Chorstimmen schreiben und mit den bescheidensten Mitteln wie beispielsweise dem des Verstummens, der Pause, jede Nuance des vertonten Textes zum Ausdruck bringen. Mit diesen expressiven, von allen Äußerlichkeiten freien, kleinen kirchlichen Chorgesängen wie dem *Pater noster* für gemischten Chor und Orgel (1869), dem *Tantum ergo* für Frauen- oder Männerstimmen (1869), dem *Mihi autem adhaerere* für Männerstimmen (1868) oder dem *Ave verum* für gemischten Chor (1871) begann eigentlich schon der „Spätstil" Liszts, die nur auf das Wesentliche konzentrierte, vollendetste Entwicklungsphase seines Schaffens.

Die große „repräsentative" Gattung der römischen Periode gehörte ebenfalls zur Kirchenmusik oder war zumindest religiösen Charakters. Liszts *Messe für Männerchor* und Orgel von 1848, von ihm „ma messe grégorienne" genannt, gewann 1869 ihre endgültige, vereinfachte und viel leichter zu singende Gestalt mittels eines durchsichtiger gewordenen Vokalsatzes. Liszt hatte sie, anstatt eines gänzlich neuen Werkes, seinem Freund Augusz für die Einweihung der neuen Kirche in Szekszárd versprochen. Obwohl die Aufführung damals nicht zustande kam, nannte Liszt das Werk in neuer Gestalt stets „ma messe Sexardique", und unter diesem Titel (*Szekszárder Messe*) wird es bis heute aufgeführt und eingespielt.

Die *Missa choralis* für gemischten Chor, Solisten und Orgel von 1865 ist ein ausdrucksvolles Werk von schlichter Einfachheit, mit gregorianischer Melodik und einer Neomodalität, die ihre Wurzeln im Stil Palestrinas hat, das aufgrund seiner individuellen, starken Chromatisierung jedoch durchaus nicht einfach zu singen ist. Liszt hatte sie dennoch für den praktischen Gebrauch bestimmt, denn etwa so stellte er sich die neue, hochreligiöse und musikalisch anspruchsvolle Kirchenmusik vor. Die Messe wurde eine Zeit lang zur Verwendung in der Kirche empfohlen und sogar in die Liste der Regensburger Cäcilianer aufgenommen. Franz Xaver Haberl jedoch widerrief seine Empfehlung im Jahr 1890 mit der Begründung, „daß die Messe über die Grenzen des kirchlich dramatischen Ausdrucks und der Liturgie hinausgeht"[62].

Mit der Komposition der *Ungarischen Krönungsmesse* kam Liszt einem recht ehrenvollen und schnell zu erfüllenden Gelegenheitsauftrag nach. Das ganz in ungarischem Stil gehaltene, ja fast „alla Zingarese" anmutende *Offertorium* mit Violinsolo und der rhythmischen Werbetanzformel des „Hackenzusammenschlagens" schrieb er allerdings erst nachträglich, das *Graduale* sogar erst zwei Jahre später. Liszt hatte sich schon am 23. April 1867 beim Komponisten Mihály Mosonyi entschuldigt: „Ob der seltenen Einfachheit [...] gemäß der unumgänglichen Vorschrift musste ich sie möglichst kurz halten und auf größere Proportionen verzichten"[63], und nicht weniger musste er sich bei der Harmonisierung, Instrumentierung und Stimmführung „auf die gewohnten Mittel" beschränken. Der Fürstin gegenüber äußerte er sich noch offener:

Musikalisch gesprochen, ist diese Messe ein ziemlich schwaches Werk. Die Notwendigkeit, die möglichst wenigste Musik zu machen, um die sehr langen Zeremonien der Krönung nicht unnötig zu verzögern, verboten mir durchaus lange Durchführungen, Episoden und allerlei Künste anzuwenden, welche in den großen Werken der großen Künstler zu finden sind. Doch glaube ich, dass die *Krönungsmesse*, so eingegrenzt sie auch sei, eher konzentriert als verkürzt ist – und dass die zwei wichtigsten Intonationen: die des Nationalgefühls und des katholischen Glaubens sich von Anfang bis ans Ende auch miteinander harmonisierend zum Ausdruck kommen[64].

Der Stil der Messe ist nicht einheitlich. Das Credo beispielsweise hatte Liszt fast unverändert aus einer *Messe Royale* von Henri Dumont aus dem Jahre 1669 übernommen.

Zur Huldigung des ermordeten Habsburger Kaisers Maximilian von Mexiko komponierte Liszt 1867 außer dem *Trauermarsch* für Klavier ein weiteres, bislang unverdient vernachlässigtes Werk, das 1871 noch mit einem infernalen *Libera* ergänzt wurde: Ein *Requiem* für Männerchor und vier (männliche) Solisten, mit Begleitung durch die Orgel, zwei Trompeten, zwei Posaunen und Pauken. Es ist geprägt von einem „post-weimarischen", durchchromatisierten, dennoch bereits etwas transparenteren Stil, mit häufigen, durch die Intervalle der „ungarischen Skala" entstehenden, expressiven Dissonanzen. Obwohl Liszt selbst die lyrischen Momente seines *Requiems* auf das Höchste schätzte und vor allem „der milden, erlösenden Stimmung des Todes Ausdruck zu verleihen"[65] suchte, macht das Werk in einer überzeugenden Interpretation primär als eine der für ihn charakteristisch, faszinierenden Höllenvisionen Eindruck.

Zwei groß angelegte Oratorien schuf bzw. beendete Liszt in Rom. *Die Legende von der Heiligen Elisabeth*, bereits 1857 in Weimar begonnen, schloss er hier im Jahre 1862 ab. Er wurde dabei vor allem durch Reproduktionen der Fresken Moritz von Schwinds auf der Wartburg inspiriert. Die Handlungsskizze entwarf Carolyne von Sayn-Wittgenstein, während das Textbuch von dem deutschen Dichter Otto Roquette stammte.

Die Szenen aus dem Leben der barmherzigen ungarischen Königstochter aus dem Haus der Árpáden (1207–1231), die schon als Kind dem sehr jung in einem Kreuzzug gefallenen thüringischen Landgrafen Ludwig vermählt wurde und kurz nach der Nachricht von seinem Tod ihrer Kinder und allen Eigentums beraubt und von der bösen Schwiegermutter verjagt wurde, die sich aber auch in ihrer Armut um die Hilfsbedürftigen kümmerte und schon zu Lebzeiten als Heilige verehrt wurde – dieses Leben erschien Liszt, der mit vielen Banden an Ungarn und auch Thüringen gebunden war, als ein ansprechendes Thema. Die Uraufführung plante er am Ort der Handlung: auf der Wartburg; doch kam dieser im Jahre 1867 die ungarische Premiere um zwei Jahre zuvor. Das zweiteilige Werk mit einer Aufführungsdauer von etwa drei Stunden besteht aus sechs Tableaus, die sich jeweils aus verschiedenen Nummern zusammensetzen. Hauptperson ist die jung verstorbene Elisabeth (Sopran). Sie ist mit Sicherheit die durchdachteste unter den liebevoll gestalteten, poetischen Frauenfiguren Liszts neben Gretchen oder der Heiligen Jungfrau Maria. Er stellt sie in verschiedenen Charakteristika vor: als heimlich Spenden verteilende Landgräfin, als sich selbst in Armut noch für andere aufopfernde Barmherzige, als leidenden Menschen, als klagende Frau und Mutter. Für Augenblicke erscheint sie auch als betont ungarische Königstochter mit majestätischer Haltung. Die dämonische Schwiegermutter Sophie (ein Mezzosopran mit opernhaften Zügen, die stark an Wagners Ortrud gemahnt) tritt bloß in einer einzigen Szene im vierten Bild auf, und auch der Landgraf Ludwig nur episodisch. Wichtig hingegen ist der Chor, der unterschiedliche Charaktere und Situationen darstellt.

Musikalisch basiert das Werk auf fünf Hauptmotiven. Um das Zeitalter, das Milieu und die Personen genauer schildern zu können, versuchte Liszt diese aus alten und philologisch durchaus unzuverlässigen Quellen zu schöpfen. Am Ende der Partitur zählte er die Hauptmotive auf und auch die Nummern, in denen sie verwendet wurden. Die Motive, die er von Verehrern aus Ungarn und Weimar zugeschickt bekam, sind musikalisch gesehen von ungleichem Wert. Unter ihnen sind schöne, alte liturgische Melodien wie die 5. Antiphon *Quasi stella matutina*, die sich eigentlich auf eine andere heilige Elisabeth, die portugiesische nämlich, bezieht oder ein ungarischer Gesang über die heilige Elisabeth aus dem Haus der Árpáden aus einem alten Gesangsbuch aus dem Jahre 1685 in dorischer Tonart, das von Liszt entsprechend archaisierend harmonisiert wurde. Schließlich das für ihn charakteristische, sogenannte „Kreuz-Thema", ein bereits erwähntes dreitoniges, gregorianisches Motiv (etwa: g-a-c), das hier von ihm ausdrücklich als „tonisches Symbol des Kreuzes" definiert wird. Weniger wertvoll ist eine als mittelalterliches Pilgerlied ausgegebene deutsche Melodie, die in Wirklichkeit ein seit dem 18. Jahrhundert in vielen Varianten verbreiteter Schlesischer Gesang ist. Und geradezu frivol mutet das fünfte Motiv an, ein recht weltliches ungarisches volkstümliches Lied, das er zum Ausdruck eines lokalen Kolorits nutzte.

Lieblich ist der Kinderchor im ersten Bild, effekt- und schwungvoll der Marsch der Kreuzritter im dritten. Die schönsten Stellen der Partitur sind die delikat und poetisch instrumentierte Einleitung und das Rosenwunder im zweiten Bild sowie der dorisch gesetzte Chor der Armen und das instrumentale Intermezzo im fünften Bild, sowie nicht zuletzt die ergreifenden Soli der Elisabeth im vierten und fünften Bild. Liszt hatte sich zwar des Öfteren gegen eine szenische Aufführung ausgesprochen, doch wurde das Werk manchmal dennoch so interpretiert.

Jeder Künstler möchte in seinem Leben wohl wenigstens ein selbstständiges, monumentales Werk zustande bringen: *den* großen Roman oder *das* gewaltige musikalische Opus, ehe er ein Versiegen der Quellen der Inspiration verspürt. Obwohl er bis dahin wahrlich schon einiges vorgelegt hatte, wurden Franz Liszt solche Leiden zu jener Zeit nicht erspart. Zu entschädigen suchte er sich, wie gewöhnlich, mit Gesellschaft und geistigen Getränken. Kurd von Schlözer hat uns eine ergreifende Episode über den als Pianist gefeierten „römischen" Liszt übermittelt:

> Wir gingen abends nach einem von ihm herrlich arrangierten Wohltätigkeitskonzert nach Hause. Die stürmischen Ovationen [...] hatten kein Ende nehmen wollen. Ich sprach ihm aus, wie wundervoll es doch sein müsse, die Welt in solche Begeisterung zu versetzen. Da blieb er, noch erregt von den vorangegangenen Beifallsstürmen, stehen, legte mir die Hände auf die Schultern und sagte mit Tränen in den Augen: ‚Mein Freund, glauben sie mir, allen Jubel, alle Begeisterung würde ich hingeben, wenn ich nur einmal ein wirklich schöpferisches Werk hervorbringen könnte'.[66]

Wenn irgendein Werk diese Charakterisierung verdient, so kann es nur Liszts noch immer nicht hoch genug geschätztes, 1866 vollendetes und im darauffolgenden Jahr durch zwei weitere Sätze ergänztes *Christus-Oratorium* sein. Es ist ein bedeutendes dreistündiges Opus von großem Format, unverkennbar seiner „römischen" Periode entstammend. Es besteht aus drei Teilen: *I. Weihnachtsoratorium, II. Nach Epiphania, III. Passion und Auferstehung*, welche wiederum aus fünf bzw. vier Sätzen aufgebaut sind. Der lateinische Text wurde von Liszt aus den Evangelien nach Lukas, Matthäus und Markus und aus Texten der katholischen Liturgie zusammengestellt.

Die herausragendste Eigenschaft dieses gewaltigen Werkes ist seine Heterogenität im Gesamtbau ebenso wie in den einzelnen Komponenten, in der Besetzung, im Satz, der Harmonik, in Form, Rhythmik und Melodik. Es gibt Sätze für großes Orchester, für Orchester mit Chor und Soli, aber auch einige für den ausschließlich von der Orgel- oder vom Harmonium begleiteten Chor. Man findet groß angelegte Sätze von monumentalem Bau sowie asketische und puristische – und vielerlei zwischen diesen beiden Extremen. Es gibt durchsichtig und farbenreich instrumentierte, duftige Pastoralsätze (Teil I, Nr.1: *Einleitung*, Nr.2.: *Pastorale und Verkündigung* und Nr.4: *Hirtenspiel an der Krippe*) sowie schwung- und effektvolle Orchestersätze (Nr.5: *Marsch der Heiligen Drei Könige* mit ungarisch-rhythmischer Prägung). Auch gibt es mächtige, mit Chor kombinierte, mal mit Lisztscher monothematischer Textur, anderswo mit an Bach erinnernden fugierten Details konstruierte Tutti-Tableaus, „dick aufgetragen", mit vielen Blechbläsern und Schlagwerk (Teil II, Nr. 10: *Einzug in Jerusalem* und Teil III, Nr. 14: *Resurrexit*). Der gregorianischen Sequenz *Stabat mater dolorosa* mit dem Text von Jacopone da Todi, die zu einem gewaltigen Variationssatz für Orchester, Orgel, gemischten Chor und Soloquartett gestaltet ist (Teil II, Nr. 12), steht ein viel bescheideneres Pendant in Teil I, Nr. 3 gegenüber, die Hymne *Stabat mater speciosa* für gemischten Chor und Orgel. Teil II, Nr. 8: *Die Gründung der Kirche* ist eine

Art Synthese eines vom Männerchor unisono deklamierten, wuchtigen musikalischen Materials und einer recht melodiösen Chorhymne, Teil II, Nr. 9: *Das Wunder* hingegen ein faszinierender Lisztscher Programmmusiksatz für Orchester, in welchem die Erzählung des Matthäus „Et ecce motus magnus" von dem nach Christi Worten sich allmählich beruhigenden fürchterlichen Meeressturm, von der Angst und der Beruhigung der Jünger verbildlicht wird. Hier und in dem im Garten von Gethsemane angesiedelten, höchstes Leid ausdrückenden Satz Teil III, Nr. 11: *Tristis est anima mea* lässt Liszt Christus selbst zu Wort kommen (Bariton solo). Teil II, Nr.6: *Die Seligpreisungen* und Nr. 7: *Pater noster* gehören zu den einfachen, im Neo-Palestrinastil gehaltenen Chorsätzen mit Orgelbegleitung, Nr. 6 dabei in traditioneller Zwiesprache-Form (Responsorium) zwischen Bariton solo und Chor. Der vorletzte Satz, Teil III, Nr. 13: die später eingefügte, gregorianische Osterhymne *O filii et filiae*, absichtlich zwischen zwei gewaltigen Tutti-Sätzen platziert, macht einen ganz besonders rührenden Eindruck durch seine zarte Einfachheit, seinen ökonomischen Satz (für zweistimmigen Frauen- oder Kinderchor mit höchstens 8–10 Sängerinnen, begleitet von Harmonium oder hohen Holzbläsern) und seinen fast schwebenden Klangcharakter (ohne Bass).

Auch in der Harmonik ist die Verschiedenartigkeit charakteristisch. Es gibt pentatonische und den Kirchentonarten nachgehende, auf Lisztsche „neomodale" Weise gesetzte, sowie hochromantische, durchchromatisierte Stellen; die „ungarische Tonleiter" spielt ebenfalls eine wichtige Rolle. Die Rhythmik ist vergleichbar vielfältig und entspricht der Melodik, die gregorianische Intonationen, jüngere religiöse Gesänge, an Bach anknüpfende Fugenthemen und noch manches Andere in sich einschließt. Liszt besaß die Kraft, diese unterschiedlichen stilistischen Eigentümlichkeiten des *Christus-Oratoriums* zu einem einheitlich-ausdrucksvollen musikalischen Idiom höchst persönlicher Prägung zu gestalten und die Satzarchitektur des gewaltigen Baus durch thematische Zusammenhänge, vermittels der Wiederkehr einiger gregorianischer Melodien zu sichern.

*

Die römische Periode der kompositorischen Tätigkeit Liszts wurde von der Musikwissenschaft lange Zeit als Beginn eines Verfallsprozesses beurteilt. Erst nachdem der enorme Wert seines Spätwerks ins rechte Licht gerückt war, wurde es möglich, auch die römische Schaffensperiode, eine Art „Après-midi d'un Faune", genauer einschätzen zu können. So wurde es möglich, sie als den wichtigen Übergang zwischen den grandiosen, brillanten, doch viel Äußerliches aufweisenden Werken der Weimarer Periode und jenen späten zu würdigen, die in ihrer sich auf das Wesentliche reduzierenden und konzentrierenden Art und in ihrer persönlichen Aufrichtigkeit eine intensivere Ausstrahlung auf den heutigen Hörer ausüben, und die – gerade durch ihre Unabgeschlossenheit – neue Horizonte für die Musiker des 20. Jahrhunderts erschlossen haben.

Liszts Musik war während dieser Zeitspanne reicher, weil vielseitiger, geworden. Seine in den 1860er Jahren komponierten Klavier- sowie kirchenmusikalischen und religiösen Kompositionen gehören zu den bedeutendsten Kunstwerken der europäischen Romantik. Zu ihren wichtigen Merkmalen gehörte die Schöpfung einer in bis dahin unbekannten „impressionistischen" Farben schillernden Klangwelt, zugleich eine Vereinfachung durch die Wiederbelebung der Harmonik und Satztechnik der Renaissance, und nicht zuletzt eine, die Krise der Klassik durch die Gleichberechtigung der zwölf chromatischen Töne, wie sie sich auch bei Richard Wagner durchsetzte, überwindende expressive Harmonik. Zur individuellen Stileigentümlichkeit Franz Liszts wurde die immer stärker abstrahierte Verarbeitung der Intervalle der „ungarischen" Tonleiter – ein wesentlicher Bestandteil seiner Harmonik. Die ungarischen Elemente galten nun immer stärker als Ausdrucksträger von Leid und Tod, die sein Spätwerk intensiv prägen sollten. Auch die charakteristische ungarische Rhythmik wurde sehr wichtig für ihn. Selbst für seine eigene Trauerzeremonie plante er eine solche Musik. Auf dem Titelblatt der drei *Traueroden* (mit dem Datum: Rom, November 1866) ist folgendes in französischer Sprache zu lesen: „Sollte bei meiner Beisetzung Musik gespielt werden, würde ich es schätzen, wenn man dafür die zweite dieser *Traueroden* wählte [*La Notte*, nach Michelangelo], wegen des Motivs mit magyarischer Kadenz, Seite 3, 4, 5 und 6 der Partitur." Über die „magyarische Kadenz" *Sempre lento* aber schrieb der Komponist ein Vergil-Zitat aus den *Aeneis*, mit dem er seine Heimatgefühle zum Ausdruck brachte: „Dulces moriens reminiscitur Argos" („Der Sterbende entsinnt sich des süßen Argos"). Auch der Weg des alternden, in Rom noch weniger als in Weimar heimischen, immer einsamer werdenden Liszt führte in diese Richtung: nach Hause, seinem Argos entgegen – nach Pest.

Rom | 175

7. In- und außerhalb des Dreiecks Weimar – Rom – Pest (1869–1886)

Das letzte Kapitel vom Leben und Schaffen Franz Liszts umfasst siebzehn Jahre und deckt damit den längsten Zeitabschnitt ab. Als er im Januar 1869 Rom verließ, um endlich dem Ruf des Großherzogs Carl Alexander zu folgen und seine Arbeit in Weimar fortzusetzen, war er siebenundfünfzig. Als er Ende Juli 1886 in Bayreuth starb, hatte er das fünfundsiebzigste Lebensjahr beinahe erreicht. Die meisten Durchschnittsmenschen, aber auch die Mehrzahl der Künstler, die dieses Alter erreichen, haben ihre kreativsten Jahre weit hinter sich gelassen. In dieser Hinsicht waren Liszt, wie auch Richard Wagner und Giuseppe Verdi, Ausnahmen im 19. Jahrhundert. Seine reifsten und ergreifendsten Werke, die auf unterschiedliche Arten die Musik des kommenden Jahrhunderts vorbereiteten, entstanden, den zahlreichen erlittenen Enttäuschungen, physischen und seelischen Leiden zum Trotz in dieser letzten Lebensperiode. Anders als bei Verdi ist aber unter Kulmination des Schaffens hier keineswegs ein großartiger Höhepunkt und Abschluss voll frischer, kraftvoller Inspiration bzw. Selbstironie zu verstehen, wie sie etwa dessen *Otello* und *Falstaff* darstellen, noch weniger eine Selbstapotheose, wie im Falle von Wagners *Parsifal*. Bei Liszt bedeutete ganz im Gegenteil dieser Kulminationspunkt in großen Teilen seines Spätwerks eine gewollte „Zurücknahme"; eine Reduktion auf das Wesentliche, das Entsagen von allem alten Flitterwesen und Bombast und jeder Art von Äußerlichkeit. Es beinhaltet zugleich das Auftauchen verschiedener neuartiger Kompositionsmethoden unter Einbezug neuer Gestaltungsfaktoren in das Netzwerk von Tönen. Anstatt einer grandiosen Synthese manifestiert sich dieser späte Höhepunkt, den zugleich eine Verinnerlichung und Intensivierung des Ausdrucks charakterisiert, bei Liszt im Fragmentarischen und Unabgeschlossenen. Dass dies nicht unvorbereitet geschah, sondern als Resultat eines langjährigen Entwicklungsprozesses zutage trat, haben bereits die vorhergehenden Kapitel angedeutet.

Auch in seiner Lebensart unterschied sich Liszt von anderen großen Komponisten seines Alters und seiner Zeit. Während jene in einem bequemen Heim, in Luxusvillen und Hotels, in vollem Komfort und wohlbehütet sorglos arbeiten konnten, hatte der alte, unvermögende Abbé – der doch einst Riesensummen mit seinen Konzerten verdient hatte – eigentlich nirgendwo ein richtiges Zuhause. Er sehnte sich zwar immer nach Einsamkeit und ruhiger Arbeit, klagte über die Strapazen des Reisens und beteuerte, zumindest gegenüber der Fürstin Carolyne: „[…] es ist mein heißester Wunsch, mehr denn je, isoliert, fern von der Welt, außerhalb der Dinge zu leben"[1]. Doch gelang es ihm nicht, wie eine Art fliegendem Holländer, an einem Fleck für längere Zeit Ruhe zu finden. Er vertrug Gebundenheit in keiner Weise und war stets froh, der dauerhaften Nähe Carolynes zu entkommen und wieder selbstständig über sich verfügen zu können. „Glaub mir", schrieb Hans von Bülow am 19. Dezember 1881 über ihn an seine Tochter Daniela, „Locomotion ist ihm Bedürfnis, Medizin, gehört zu seiner Diät."[2] Jedesmal, wenn er die so heiß ersehnte Schaffensruhe und Einsamkeit hätte genießen können, litt er schwer an ihr. „Das erstemal, als ich ihn in Tivoli besuchte, legte er eine Freude an den Tag, aus der mir klar wurde, wie schrecklich die Einsamkeit auf diesem leidenschaftlichen Liebhaber der Gesellschaft und der Huldigungen lastet"[3], berichtet seine berüchtigte polnische Schülerin, die exaltierte Abenteurerin Olga Zielinska-Piasecka. Sie war die „Kosakin" „Olga Janina", die Liszt mit ihrer, anfangs durchaus erwiderten Liebe verfolgte und ihm dann mit dem Skandal um den Attentatsversuch in Pest am 25. November 1871, wie auch mit ihren auf französisch erschienenen Büchern schwere Unannehmlichkeiten bereitete: Eine tragische Figur, da sie doch eigentlich eine hochbegabte Pianistin und aufgeklärte, modern denkende junge Frau und ausgezeichnete Beobachterin war.

Während dieser letzten Lebensphase gab es drei fixe Punkte im Leben Liszts. In Weimar, in der vom Großherzog zur Verfügung gestellten „Hofgärtnerei" verbrachte er die Sommermonate. Den Herbst über weilte er meist in Rom: mal im Vicolo de' Greci, entweder in der Via del Babuino Nummer 65 (die Fürstin wohnte in der Hausnummer 89 derselben Straße) oder im Hotel Alibert in derselben Gegend, oft auch außerhalb der Ewigen Stadt, meist in der Villa d'Este in Tivoli als Gast des Kardinals Gustav Hohenlohe. Sein häufigster und längster Wohnort wurde die Hauptstadt seines Vaterlandes, Pest, das 1873 durch die Fusion der Städte Ofen (Buda), Alt-Ofen (Óbuda) und Pest an beiden Ufern der Donau zur Großstadt Budapest geworden war. Hier lebte er alljährlich zwischen November und April, hatte Wohnungen in der

Palatingasse Nummer 20, am Fischplatz Nummer 4 (dem ersten Sitz der neuen Musikakademie), im Hotel Hungaria am Donaukai, und schließlich in der Radialstraße (heute: Andrássy-Straße, der sogenannten „Alten Musikakademie"). Diese drei Städte ergaben die Achse seiner *„vie trifurquée"*, wie er sie nannte und in die er regelmäßig zurückkehrte. Doch gab es natürlich auch Ausnahmen: Nach dem Sieg Preußens über Frankreich im September 1870 betrat er bis Mai 1871 keinen deutschen Boden mehr. 1871 mied er Weimar für einige Zeit, da er es dem Großherzog übel nahm, nicht genug Patronatsscheine für Wagners Theater in Bayreuth erworben zu haben. 1872, 1876, 1882 und 1883 mied er wiederum Rom, da seine Beziehungen zur Fürstin Carolyne äußerst angespannt waren: In den siebziger Jahren hauptsächlich wegen ihrer ständigen Intrigen gegen Cosima und Richard Wagner, in den Achzigern u.a. wegen ihres 1881, ohne sein Wissen neugefassten und zum zweiten Mal herausgegebenen *Zigeunerbuches*, welches für ihn die Ursache so schwerer Unannehmlichkeiten geworden war.

Außerhalb des „Dreiecks" besuchte er regelmäßig, meist zu Ostern, für einige Tage seinen Wiener „Onkel-Cousin", Justizrat Dr. Eduard Liszt. Von 1873 an war er meist im August bei den Wagners in Bayreuth zu Gast. Auch war er oft zu Gast bei königlichen und herzoglichen Familien in Deutschland und Holland oder nahm an Musikfesten in Deutschland und der Schweiz teil. Im Juni 1878 kehrte er als Vertreter Österreichs und Juror der Klasse 13 für Musikinstrumente und Noten auf der Weltausstellung nach Paris zurück, diesmal in Gesellschaft des ihm und Wagner feindschaftlich gesinnten, angesehenen Wiener Musikkritikers Eduard Hanslick. Zuweilen besuchte er auch Freunde und Bekannte in Italien, Österreich und Ungarn. In den Jahren 1881, 1882 und 1885 wurden ihm zu Ehren *Hommages à Liszt*-Musikfeste in Belgien gestaltet, während seines letzten Frühlings wurde er mit unvorstellbarem Erfolg in Paris und London gefeiert. Hätte ihn der Tod nicht daran gehindert, wäre er gewiß noch einer Einladung nach St. Petersburg gefolgt.

In den 1870er Jahren war Liszt noch ein stattlich anzusehender, höchst anziehender, großer und schlanker Mann mit weißer Haarpracht und blitzenden hellen Augen. Gegen 1880 wurde seine Erscheinung, stets im schwarzen Abbégewand, dann unansehnlicher, und er wirkte vernachlässigt, fast schäbig. Die Fürstin Wittgenstein beklagte bitter, er sähe aus wie ein armer Organist, und man könnte in seinen Schuhen eine Schifffart von Neapel nach Città Vecchia unternehmen. Letzteres hatte allerdings physische Gründe. Seine von Wassersucht (d.h. einem Herzleiden) angeschwollenen Füße wollten nicht mehr in die modischen Schuhe passen, also verzichtete er wenn irgend möglich auf diese. Im Bayreuther Liszt-Museum, das sich in seinem Sterbehaus befindet, sind mehrere Paare seiner Textil-Hausschuhe ausgestellt, die er daheim ständig trug und die seinen charakteristischen lautlosen, schlürfenden Gang hervorriefen.

Der physische Verfall Franz Liszts begann laut Alan Walker mit dem Treppensturz in der Hofgärtnerei am 2. Juli 1881. Durch diesen Unfall kamen bisher latente Krankheiten und Schwächen zum Vorschein, so „unter anderem Wassersucht, Asthma, Schlaflosigkeit, Katarakt des linken Auges, chronische – schließlich tödliche – Herzkrankheit."[4] Walker zitiert (in englischer Übersetzung) die Diagnose von Liszts Arzt Dr. Richard Brehme:

1. Entzündung der mittleren Zähe. – 2. Geschwollene Knöchel. – 3. Appetitlosigkeit. – 4. Ständiger Brechreiz am Morgen. – 5. Eine ernste, täglich zu behandelnde offene Wunde an der rechten Lende. – 6. Zwei gebrochene Rippen, möglicherweise die Lungen beschädigend. – 7. Rippenfellentzündung.[5]

Anders als Alan Walker und manche anderen Liszt-Forscher ist die Autorin dieses Buches davon überzeugt, dass sein trauriger und sich weiter verschlimmernder physischer Zustand ebenso wenig wie die ständigen Depressionen und das Eisamkeitsgefühl nicht auf eine Ermattung der Geisteskraft des Meisters zurückzuführen ist, im Gegenteil. Er behielt, trotz aller Leiden, bis zuletzt seine besondere magische Ausstrahlung. Gewiss war und blieb er eine der Ausnahmeerscheinungen des ausgehenden 19. Jahrhunderts: Der noch immer unvergleichlich Klavier spielende und auf ganz individuelle Art dirigierende, geistreiche Künstler im Abbégewand, mit den bestechenden Manieren und dem mephistophelischen Lächeln blieb bis zuletzt ein Idol seiner Schüler und Schülerinnen.

Er war der einzigartig großzügige, hilfreiche Mensch geblieben. Auch jetzt kam er jedem mit bewundernswerter Güte und gänzlich selbstlos entgegen: Kollegen ebenso wie Armen oder Waisen. Insbesondere galt dies für seine Schüler. Er nahm keinen Heller für den Unterricht, sondern steckte den darauf Angewiesenen heimlich noch Geld zu und vertuschte es, wenn einige von ihnen beim Diebstahl ertappt wurden. Um trotz seiner bescheidenen Einkünfte auch weiterhin karitative und kulturelle Zwecke, in erster Linie natürlich die Bayreuther Festspiele, unterstützen zu können, setzte er sich noch des Öfteren selbst ans Klavier, wenn auch eher ungern. Allein seine Wohltätigkeitskonzerte brachten in Ungarn für damalige Begriffe horrende Summen ein, beispielsweise 6.000 Gulden für die Vereinigung der Hausfrauen. Auch ein beträchtlicher Teil der laufenden Kosten der neuen ungarischen Landesmusikakademie wurde von ihm gedeckt. Liszt sah im Geld nur ein lästiges Mittel zum Zweck. Einzig bei der Hochzeit seiner Enkelin Blandine von Bülow (1863–1941), die 1882 den Grafen Biagio Gravina ehelichte, stellte er sich, allerdings eher beiläufig die Frage „Warum bemühte ich mich nicht, reich zu werden?"⁶

In seinen Umgangsformen blieb Liszt bis an sein Ende „der feine Hofmann, der nie *faux pas* machte"⁷, wie es sein treuer Schüler August Stradal ausdrückte. „Zu der Güte kam noch die Gabe, sich in jeder Lage zu beherrschen, der Etikette sich anzuschmiegen und gesellschaftlich immer auf der Höhe zu sein." Manierenloses Betragen junger Leute war ihm aus tiefster Seele verhasst, und er versäumte es nicht, dem Betreffenden eine harte Lektion zu erteilen. „[...] wehe dem Missetäter, der eine Kartoffel anstatt mit der Gabel mit dem Messer zerlegte [...]." Er, der sich vornehme Manieren statt im Elternhaus in der feinen Gesellschaft angeeignet hatte, hielt streng darauf. Er wusste, was er seinem Künstlertum und seiner Tracht als Abbé schuldig war. Es entging ihm durchaus nicht, dass die Fürstin Wittgenstein in Weimar ein wahres Spitzelsystem um ihn organisiert hatte. Ihre Beauftragte, das Hoffräulein Adelheid von Schorn, die Liszt seinen „Schutzengel" nannte, beobachtete ihn aus dem gegenüberliegenden Haus fleißig durch ein Teleskop und sandte regelmäßig Meldungen nach Rom. Der *„Fainéant"*, *„Umilissimo Sclavissimo"*, *„Vieux sclavichon"*, *„Dismas, der brave Schächer"* oder wie er sich sonst in den Briefen an die Fürstin nannte, musste über sein *„contegno"*, sein Benehmen, bis zum letzten Tag Rechenschaft ablegen. Nicht genug damit, dass er aus aller Welt mit einer wahren Flut von Bitten überhäuft wurde und es keine aufopfernd liebende und für ihn sorgende Frau gab, die diese Zudringlinge ferngehalten hätte, erschwerte Carolyne ihm das Leben noch beträchtlich. Manchmal riss ihm der Geduldsfaden: „Mehrere Ihrer von mir erhaltenen Briefe haben mir ganze Vormittage und Abende geraubt"⁸, klagte er am 12. Oktober 1872. Seine Biographin Lina Ramann weiß von einem erschütternden Ausbruch Liszts gegen die Fürstin in ihrer Gegenwart am 06. August 1876 zu berichten, als er sie, außer sich vor Wut, anschrie, er dulde keine Bevormundung.⁹ In Rom kam es manchmal zu stürmischen Szenen zwischen den beiden, deren Zeugin Daniela von Bülow wurde, als sie von Oktober 1881 bis Mitte Januar 1882 beim Großvater lebte, und auch Adelheid von Schorn wurde Augenzeugin von einigen Auseinandersetzungen.

Weshalb Liszt sich an seinem Lebensabend mit einer „Sibylle Nummer zwei" – so ein treffender Ausdruck Bülows – verband, verstand eigentlich niemand. Die Neue war die junge Witwe des aus Rom nach Weimar versetzten russischen Botschafters Baron Felix von Meyendorff, eine geborene Fürstin Olga Gortschakowa. Sie glich einem ausgebrannten Vulkan, war eine gebildete und gut Klavier spielende, höchst arrogante, stets in Schwarz gekleidete Frau, die jede neue Schülerin durch das Lorgnon streng musterte und dem Meister derentwegen von Zeit zu Zeit peinliche Szenen machte. Wenn sie gerade in Weimar weilte, musste Liszt ihr genau wie Carolyne ausführliche Briefe schreiben, die zwar für die Forschung recht aufschlussreich sind, ihn aber über Gebühr belasteten. Niemand wusste, womit Frau Olga ihn in ihrer Macht hielt. Außer ihr gab es noch die vielen, häufig seit der ersten Weimarer Zeit mit ihm gealterten Schwärmerinnen, die „pensionierten Mätressen", wie Olga Janina sie nannte, die ihm scharenweise folgten, seine halbgerauchten, stinkenden Zigarrenstummel seit zwanzig Jahren an ihrem Busen bewahrten und darum losten, wer als erste in die Fußstapfen des *„grand Cher"* treten dürfe. Und vor allem gab es um ihn die vielen jungen Schülerinnen, deren Anblick seine zwanzigjährige Enkelin Daniela verwirrte, weil sie ihren Großpapa umschwirrten.

Fürstin Carolyne fühlte sich in Rom, wo sie bis zu ihrem Tode sesshaft wurde und ihre verdunkelten Zimmer nur selten verließ, von ihrem ehemaligen Lebensgefährten verschmäht und war darüber tief verletzt. Am 30. Mai 1875 wandte sie sich in ihrem Leid nach Wien, an ihren Vertrauten, den Justizrat Dr. Eduard Liszt. Sie flehte ihn an, er solle doch Liszt zu einem Akt der Reue ihr gegenüber anregen und dann endlich mit seinen Weibergeschichten aufhören. Es genüge, so meinte sie, „daß ein Mann eine Frau besessen hat, [um] um ihretwillen allerlei Dummheiten zu begehen." Eduard solle doch den Künstler zur besseren Einsicht bringen, ihn überreden, seine Verbindungen „wenigstens nicht auszubreiten." Sie bat ihn, doch Liszt gegenüber zu betonen, dass „die *Meinung* der Welt [...] solch ein Benehmen keines *Kavaliers,* keines Ehrenmannes für würdig erachtet." „Sagen Sie ihm" – fuhr sie fort – „daß die Welt alle geheimen Treulosigkeiten entschuldigte, aber sich gegen die Öffentlichkeit dieser Rücksichtslosigkeit gegen eine Frau empört, von der er *alles* angenommen hat und deren Ehemann er sein Müßte."[10]

Liszts früher sorgfältig verhüllte und fast schon überwundene Eitelkeit zeigte sich nun manchmal ungehemmter. Obwohl er Carolyne gegenüber wiederholt beteuerte, er habe die Welt mit all ihren Erfolgen und all dem Lärm satt, „das Ewig-Weibliche zieht mich nicht weiter hinan"[11], fühlte er sich auch weiterhin recht wohl in den aristokratischen Salons verschiedener Länder und ließ sich gern von den Damen verwöhnen. Auch die sich häufenden Auszeichnungen wie Orden und Ehrentitel bereiteten ihm Freude, obwohl er sie laut einer Bemerkung seines Schülers Lachmund[12] nicht anlegte. Hinzu kam, dass ihm „der unwiderstehliche Charme des großen Verführers"[13] und seines Klavierspiels nach wie vor großes Vergnügen bereiteten. „Die Damen drängten sich an ihn und bedeckten sein Gesicht, seine Hände, ja seine Soutane mit Küssen", erzählt der berühmte ungarische Violinkünstler Jenő Hubay über einen gemeinsamen Musikabend in Belgien im Jahre 1882. „Liszt fühlte sich unaussprechlich wohl in der Flut von Küssen und setzte sich zum Dank abermals ans Klavier [...]".[14] Die Zeitgenossen wunderten sich nach Aussage seiner Landsmännin Janka Wohl darüber, „mit welcher Freude er die banalsten Huldigungen, die abgeschmacktesten Komplimente entgegennahm".[15] Die Ambiguität von Bescheidenheit und Selbstgefälligkeit gehörte gewiss zu seiner Persönlichkeit – oder war erstere nichts als das gewohnte Schauspiel der Fürstin gegenüber? Denn er selbst schrieb ihr zu diesem Thema: „In Sachen der Bescheidenheit kenne ich eigentlich keinen besseren Ratgeber als den Erfolg. Solange man heftig von außen angegriffen wird, ist man geneigt, seinen eigenen, relativ kleinen Wert zu überschätzen. Der Beifall des Publikums flößt mir eine schlechte Meinung über mich selbst ein – und läßt mich meine Fehler besser fühlen."[16] Er war und blieb ein Künstler, ein „Spielmann". Sein „klassischer Biograph" Peter Raabe nannte ihn, der von Kindheit an viel Schmach erlitten und unerhörte Erfolge geerntet hatte, ein durch und durch geselliges Wesen. So erteilte er sogar an dem Tag Unterricht in Budapest, als er die Nachricht von Wagners Tod erhielt. „Heute er – morgen ich", sagte er. „[...] seine innerliche Erregung überwindend schenkte er unserem Spiel die größte Aufmerksamkeit und befaßte sich vielleicht noch eingehender mit uns als andermals"[17], so berichtet sein bedeutender ungarischer Schüler István Thomán, der spätere Lehrer Ernst von Dohnányis und Béla Bartóks. Nach dem Unterricht begab sich der Meister sogar zu einer Soirée, die aber wegen der Todesnachricht abgesagt worden war. Man hatte verabsäumt, ihm dies mitzuteilen, so dass er nur enttäuscht seine Visitenkarte überreichte und ging.

Seine Depressionen, die ihn seit seiner Jugend öfter befallen hatten, nahmen im Alter zu, wie es bei vielen Menschen der Fall ist. Er litt nun fast beständig unter ihnen. Am 28. November 1877 schrieb er dazu an die Baronin Meyendorff:

Lassen Sie es mich wiederholt sagen: Ich bin äußerst lebensmüde; doch da ich daran glaube, daß das Fünfte Gebot Gottes ‚Du sollst nicht töten' auch für Selbstmord gilt, fahre ich fort, mit tiefster Reue und Buße erfüllt zu leben, habe ich doch einst prahlerisch gegen das Neunte Gebot verstoßen; es geht jedoch nicht ohne Anstrengung und Demut.[18]

Nie war er mit sich zufrieden und beklagte öfters sein Leid gegenüber seiner Tochter und seinen Freundinnen. In einem Brief vom 10. November 1877 an Cosima aus Rom heißt es beispielsweise über die sehr schönen Stücke des dritten Bandes der *Années*: „Während der Monate September und Oktober (in der Villa d'Este), machte ich nichts als Noten kritzeln. Es gibt da *Zypressen, Wasserfälle* und andere kleine Lappalien, großartig vorgestellt, aber schwach ausgeführt, da es mir an Talent fehlt, adequat auszudrücken, was mich ergreift."[19] In ähnlichem Sinne spielte er seine Begabung in einem Brief an Carolyne herunter: „Der größte Teil der Sachen, die ich schreiben könnte, scheint mir nicht der Mühe wert."[20] Oder: „Ich schmeichle mir, einen zu guten Geschmack dazu zu haben, mir in meinen eigenen Werken zu gefallen."[21] An Olga von Meyendorff schrieb er am 04. Februar 1876, während der Arbeit an Werken wie dem *Weihnachtsbaum*-Zyklus für Klavier und das Oratorium *Via crucis*:

Ehrlich gesagt habe ich eine immer schlechtere Meinung über meine Sachen, und es ist nur durch eine Art Reaktion auf die Nachsicht anderer Leute, daß ich es fertigbringe, sie annehmbar zu finden. Andererseits bewundere ich viele Kompositionen meiner Kollegen und Meister. Sie bieten mir einen reichlichen Ersatz für die Langweiligkeit und die Unzulänglichkeiten meiner eigenen.[22]

Franz Liszt hatte in seinem langen Leben im 19. Jahrhundert so manches politische Regime überlebt. Seine letzte und längste Lebensperiode spielte sich auf dem Schauplatz eines sich entschieden wandelnden und „modernisierten" Europas ab. Frankreich, das 1870 durch Preußen besiegt worden war und Elsaß-Lothringen verloren hatte, war zu einer Republik geworden. Deutschland war nun ein geeintes Reich unter Kaiser Wilhelm I. von Preußen und dem allmächtigen Kanzler Otto von Bismarck. Der Papst hatte seiner weltlichen Macht entsagen müssen und herrschte nur noch im Vatikanstaat. Italien wurde ebenfalls zu einem geeinten Königreich unter der Herrschaft Viktor Emanuels II. und mit der Hauptstadt Rom. Ungarn wurde 1867 zum weiterhin halbfeudalen und seine Minoritäten unterdrückenden Staat innerhalb der k.u.k. Doppelmonarchie Österreich-Ungarn, in dem sich jedoch kapitalistische Institutionen und eine bürgerliche Kultur ausbildeten. In Großbritannien regierte immer noch Königin Victoria. Im zurückgebliebenen Russland, wo Millionen hungerten, der Frondienst erst 1861 aufgehoben wurde und

Judenverfolgungen auf der Tagesordnung standen, herrschte bis 1881 Zar Alexander II., gefolgt von Alexander III. Diese europäische Mächtekonstellation mit ihren innen- und außenpolitischen Geschehnissen, den ungelösten Problemen, der kolonialen Expansion und der mächtigen und sich beschleunigenden Entwicklung von Gesellschaft, Wissenschaft und Technik, enthielt bereits die Keime, aus denen die fürchterlichen Früchte im 20. Jahrhundert erwachsen sollten.

Im vorigen Kapitel wurde bereits über Liszts *„passion chauvine"* für Frankreich und seine bizarre Begeisterung für Kaiser Napoleon III. berichtet, sowie darüber, dass sein Schwiegersohn Émile Ollivier an der Spitze jenes Kabinetts gestanden hatte, das Preußen den ebenso fatalen wie überflüssigen Krieg erklärt hatte. Der preußische Sieg, der Fall von Paris und Rom, hatten Liszts Aversion, in dieser politischen Situation nach Deutschland zurückzukehren, bestärkt und seinen einstweiligen Verbleib im relativ friedlichen und freundlichen Ungarn motiviert. Er entschloss sich nun sogar, entgegen seiner früheren Aussagen, regelmäßig für längere Zeit seine Tätigkeit der Heimat zu widmen. Dies auch, da ihm der neu errungene politische Status des Landes und die liberal gesinnte Regierung sympathisch waren. Seine Vorliebe für Frankreich war so bekannt, dass er 1871 tatsächlich als Antideutscher beim Großherzog von Weimar angezeigt wurde. „Ich habe mich vor allem mit der Großherzogin und mit Monseigneur [dem Großherzog] ausgesprochen, ohne ihnen zu verbergen, daß der Sturz des Kabinetts Ollivier für mich einen persönlichen Schmerz bedeute. Ich hielt meine dankbare Bewunderung für Kaiser Napoleon aufrecht – trotz seines letzten, leider nur zu gut vorbereiteten, schrecklichen Fehlers"[23], schrieb er am 07. Mai an die Fürstin.

Der Meister blieb den liberal-demokratischen, christlich-humanitären Ideen seiner Jugend bis zuletzt treu. Dies auch dann, wenn er es für unvereinbar mit seinem Status eines Abbé erklärte, zu einer Statue des hochverehrten Jean-Jacques Rousseau finanziell beizutragen[24], oder wenn er einer neuen Freimaurerloge in Budapest nicht mehr beitrat, wozu ihn Ferenc Pulszky, der Direktor des Nationalmuseums, eingeladen hatte.

> Was ist es doch für ein schrecklicher und herzzerreißender Gedanke, daß 18 Jahrhunderte des Christentums und sämtliche Jahrhunderte der Philosophie, der intellektuellen und moralischen Kultur Europa nicht von der Geißel des Krieges befreien konnten! [...] Ah, daß doch Gott sich der kommenden Generationen erbarmte und die Qualen des Todes, der Duelle und der Kriege für immer verschwänden![25]

Weimar – Rom – Pest | **185**

So schrieb er am 04. März 1877 an die Fürstin. In seinem literarischen Geschmack blieb er seinen Jugendidealen treu: Victor Hugo, George Sand, Alfred de Musset. Für die „Modernen" wie seinen Verehrer, den unlängst verstorbenen Charles Baudelaire, fand er kein Verständnis. Doch kannte er Schopenhauer und Nietzsche, *Die Geburt der Tragödie* las er sogar zweimal und beglückwünschte ihren Autor, welcher seinerseits Liszt zunächst ebenfalls zu schätzen wusste, ihn später jedoch verspottete und missachtete, parallel zu seiner in Hass umschlagenden Verehrung für Wagner. Der Meister las regelmäßig französische Zeitschriften. Er lobte die *Italienische Reise* von Hippolyte Taine, kannte die *Briefe einer Unbekannten* von Prosper Mérimée. Auch Werke von Gustave Flaubert waren ihm nicht fremd, wenn auch nicht gerade die *Madame Bovary*. Am 27. April 1874 teilte er Carolyne mit: „[V]orgestern ließ ich mich von der *Versuchung des heiligen Antonius* versuchen. Es ist ein ganz besonderes Werk, völlig verblüffend durch seine Farben und seine Gelehrsamkeit."[26] Später, nach der Lektüre des „sehr bemerkenswerten" Essays von Zola über Flaubert, fand Liszt sogar die Arbeitsmethode des großen französischen Schriftstellers seiner eigenen verwandt: „Was mich besonders interessiert", schrieb er an Olga von Meyendorff am 25. Dezember 1880, „ist das lange Arbeitsverfahren Flauberts, die Suche nach dem rechten, passenden, ausdrucksvollen und einzigen Worte. In der Musik ist mir ähnliche Qual vertraut. Irgendein Akkord oder gar irgendeine Pause hat mich Stunden von oft vergeudeter Mühe gekostet. Diejenigen, die um die Bedeutung des S t i l e s wissen, sind dieser seltsamen Qual ausgesetzt."[27] Dieses Geständnis ist besonders aufschlussreich, da Liszt selten über seine Arbeitsweise sprach. Allerdings verraten uns seine oftmals verbesserten, überklebten und durchstrichenen Handschriften viel von „dieser seltsamen Qual".

Auch das große Aufblühen der französischen Malerei im letzten Jahrhundertdrittel, der Impressionismus, berührte ihn nicht. Hingegen gefielen ihm die Werke seines mit ihm befreundeten Landsmannes, des in Paris berühmt gewordenen Mihály Munkácsy, dem er seine *Ungarische Rhapsodie Nr. 16* widmete und der ihn an seinem Lebensabend porträtierte. Liszt beschrieb Carolyne den phantastischen Pariser Erfolg des Gemäldes *Christus vor Pilatus* in allen Einzelheiten und meinte, das Bild sei „sehr imposant und von großer Maestria"[28]. Das Werk Munkácsys machte tatsächlich solch ein Furore in Paris, dass Maupassant seine Vernissage zum dramatischen Höhepunkt seines Romans *Bel ami* gestaltete; hier heißt der Maler allerdings Carl Markowitsch, und das Gemälde *Christus, auf den Wogen schreitend*. Liszt fand im genannten Brief die „feine Einfachheit" Munkácsys sympathisch, er lobte den Maler, weil dieser „die außerordentlichen Ovationen, die ihm hier von allen Seiten dargebracht werden, mit einer, alle Albernheit und Abgeschmacktheit entbehrenden Bescheidenheit entgegennimmt". „Sein Haar ist mit seinen 38 Jahren schon grau – und irgendeine innere Traurigkeit spiegelt sich manchmal in seinem Gesicht", stellte er mit feiner Menschenkenntnis weiter fest, indem er früh die Symptome der bald zutage tretenden Geisteskrankheit des Malers erkannte. Liszt fühlte sich noch an der Schwelle des Todes recht wohl in der Gesellschaft des ungarischen Künstlers und seiner französischen Gattin Cécile, die ihn bei seinem letzten Pariser Aufenthalt in ihrem herrlichen Anwesen, das an „Luxus dem Wahnfried in Bayreuth bei weitem überlegen ist"[29], wie er Carolyne berichtet, mit liebenswürdiger Aufmerksamkeit umsorgte. Auch der Aufenthalt in ihrem eleganten Schloss zu Colpach in Luxemburg in den letzten Wochen seines Lebens, wo „die Munkácsys fürstlich hausen"[30] behagte ihm sehr, obwohl er sich dort tödlich erkältete. Rein künstlerisch interessierte Liszt jedoch ein anderer Maler weit mehr: Der russische Künstler Wassili Wassiljewitsch Wereschtschagin, dessen Werke er auf einer Budapester Ausstellung kennenlernte. Er schwärmte Olga von Meyendorff über ihn vor[31], schickte der Fürstin Wittgenstein Reproduktionen seiner Werke und befasste sich eingehend mit deren Analyse. Er war entzückt von der Atmosphäre, den Lichteffekten und Farben seiner Bilder, von „seinem Realismus (wie es heutzutage heißt)"[32] – so fasst es ein Brief vom 04. Februar 1883 zusammen. Der Meister, der sich stets als Ungar bekannte und als erster eine weltweit gültige Kunst aus dem musikalischen Idiom seiner Heimat schuf, hatte eine allgemeine Vorliebe für die jungen Russen und für ihre künstlerischen Ambitionen, die den seinen verwandt waren. Im soeben zitierten Brief an Olga von Meyendorff schrieb er weiter: „Wereschtschagin wird gewiß einer Ihrer glorreichen Landleute bleiben; und Sie kennen meine starke Sympathie für die großen musikalischen Talente Ihres großen Landes, welche es jedoch nicht gebührend zu schätzen weiß." Diese Aufgeschlossenheit, sein Interesse für alles Neue, Unverbrauchte in der Musik und seine Vorliebe insbesondere für die russischen Künstler waren allgemein bekannt. Janka Wohl erinnerte sich folgendermaßen: „Liszt hatte eine entschiedene Vorliebe für alles Russische. [...] Er folgte den Fortschritten des jungen Rußlands, sowohl auf dem Gebiete der Literatur als auch der Kunst, mit großem Interesse." Der Meister behauptete,

> ‚in Rußland habe man noch kaum das erste Wort gesagt von alldem, was das übrige Europa nahezu erschöpft hat. Dieses Riesenland habe noch mehr geistige Horizonte zu entdecken als Strecken zu explorieren. Von dort würden uns

alle möglichen Neuerungen kommen, auf dem Felde der Wissenschaft, Literatur und Kunst.[33]

Dies bezeugen auch Liszts in den 1870er und -80er Jahren an und über russische Komponisten geschriebene Briefe, sowie die Memoiren Alexander Borodins. Liszt war fest überzeugt davon, dass die Werke von Rimski-Korsakow, Balakirew, Borodin, Cui und Ljadow wichtiger für die Zukunft seien „als die der verspäteten Nachahmer Mendelssohns und Schumanns"[34], wie er am 30. Juli 1879 an Carolyne schrieb. Er setzte sich für sie ein, spielte ihre Werke und ließ sie von seinen Schülern spielen. Borodin, der Chemiker von Beruf war, durfte ihn in Weimar besuchen und wurde dort mit großer Wärme und Sympathie empfangen. Dem größten Genie des sogenannten „mächtigen Häufleins" und der russischen Musikgeschichte überhaupt, Modest Mussorgski, war es dagegen unmöglich, sein Försteramt für die ersehnte Reise nach Weimar zu verlassen; tragischerweise blieben seine Kompositionen, ja sein Name Liszt völlig unbekannt.

In Weimar wohnte Liszt in seiner letzten Lebensphase in der ihm vom Großherzog Carl Alexander zur Verfügung gestellten „Hofgärtnerei". Einen amtlichen Posten nahm er nun nicht mehr an. Sowohl aus den 1870er wie den 1880er Jahren sind zahlreiche einander ergänzende Aufzeichnungen verschiedener Schüler erhalten, die uns über seine Persönlichkeit, seine Lebensweise und die Art seines Unterrichts in der großherzoglichen Residenzstadt unterrichten. Aus den siebziger Jahren sind besonders die Tagebücher der Amerikanerin Amy Fay aufschlussreich. So berichtet sie am 01. Mai 1873, Liszt sei immer noch

der denkbar interessanteste Mann und macht sofort den bedeutendsten Eindruck auf jeden, der ihn sieht. Hoch und schlank, mit tiefliegenden Augen, zottigen Brauen und langem, in der Mitte gescheiteltem, eisgrauem Haar. Seine Mundwinkel sind nach oben gebogen, dies verleiht seinem Lächeln einen verschmitzt-mephistophelischen Ausdruck. Seine ganze Art und Erscheinung hat etwas von jesuitischer Leichtigkeit und Eleganz [...] Aber das merkwürdigste an Liszt ist der wunderbare Wechsel seines ausdrucksvollen Mienenspiels. Einen Moment sieht er dichtend, träumerisch, tragisch aus, den nächsten einschmeichelnd, liebenswürdig, ironisch, sarkastisch; immer dieselbe fesselnde Grazie seiner Manieren. Er ist eine vollkommene Studie [...].[35]

Andere, etwa Alexander Borodin, berichteten[36], er säße keine Minute lang auf einem Fleck, ginge beim Unterricht auf und ab und gestikuliere dabei ständig.

Aus den achtziger Jahren gibt es weitere Aufzeichnungen von verschiedenen Schülern. So fand 1883 Felix von Weingartner, der spätere große Dirigent „[...] die hagere, hohe Gestalt [...] nicht mehr; er war beleibt, und sein Rücken war ziemlich gekrümmt, was ihn kleiner erscheinen ließ als er war. Auffallend helle Augen blitzten aus dem mächtigen Kopfe hervor, von dem langes, schneeweißes Haar in unverminderter Fülle herabfiel."[37] Von besonderem dokumentarischen Wert sind wohl die unlängst von Alan Walker authentisch edierten englischen Tagebücher des von deutschen Eltern in Amerika geborenen Carl Lachmund, der von 1882 bis 1884 bei Liszt studierte[38].

Die Schüler seiner Meisterklassen kamen jedes Jahr aus Europa und Amerika, ja aus aller Welt nach Weimar. Ihre Zahl schwankte zwischen 29 und 40. In den 1880er Jahren erdreisteten sich viele Neugierige, Liszt ohne Voranmeldung zu besuchen; wer aber am Klavier nichts vorspielen konnte, wurde ausgewiesen. So wurde des Meisters Güte von so manchem missbraucht. Von Bülow, der Liszt manchmal vertrat, nannte die Schülerschar geradezu einen Schweinestall, den er zu reinigen versuchte. Aber es gab auch gute und ganz große Pianisten unter ihnen, so wie es in den fünfziger Jahren von Bülow, Bronsart und Carl Tausig gewesen waren. Hierzu zählten nach 1882 z.B. Eugène d'Albert, Conrad Ansorge, Walter Bache, Arthur Friedheim, August Göllerich, Aladár Juhász, Carl Lachmund, Frederic Lamond, Sophie Menter, Alfred Reisenauer, Martha Remmert, Moritz Rosenthal, Marfa Sabinina, Emil von Sauer, Alexandr Siloti, Bernhard Stavenhagen, August Stradal, István Thomán, Vera Timanowa, José Vianna da Motta und Juliusz Zarębski. Unter den Unbegabten gab es auch solche, die der Meister im Geheimen unterstützte. So vor allem die von allen unbeliebte Lina Schmalhausen, die ihn vergötterte, in Weimar und Budapest treu und intim für ihn sorgte, deren Fehltritte – sie hatte angeblich in einem Geschäft Spitzen und von ihm selbst Geld gestohlen – er großzügig deckte und die er bis zuletzt gern um sich behielt. Sie wurde nicht ohne Grund zum Gespött der anderen. Philipp Scharwenka machte sich sogar in einem Gedicht über sie lustig[39]:

>Andern etwas wegzumausen,
>In der Kunst recht schmal zu hausen,
>Ohn' Begriff von Noten, Pausen
>Nur zu klimpern – oh, welch Grausen!

Weimar – Rom – Pest | **189**

Von seiner jungen internationalen Schülerschar umringt, nahm Liszt auch nach 1880 gern an gut gelaunten Ausflügen nach Erfurt, Sondershausen und Jena teil. Diese waren meist laut und lustig und wurden unter reichlichem Konsum von Wein und Bier zelebriert. Bei seinem langjährigen Freund, dem Justizrat Dr. Gille in Jena gab es hoch beliebte „Wurstkonzerte": Die dort organisierten Musikabende wurden stets mit den obligaten Getränken und Würstchen gefeiert. Auch in Weimar bewirtete der „liebe Meister" gern seine Meisterklasse, die in der stillen Stadt für gehöriges Aufsehen sorgte, handelte es sich doch um junge Damen und Herren, von denen sich einige öfters betranken. Liszt selbst aß stets sehr bescheiden, trank aber viel. Wein und andere geistige Getränke hatte er neben Zigarren schon seit früher Jugend zur Stimulation gebraucht. Im späteren Alter steigerte sich jedoch sein Alkoholkonsum zu ungewöhnlichen Mengen. Carl Lachmund verfasste recht aufschlussreiche Beobachtungen über dieses Thema. Der Herausgeber von Lachmunds Tagebuch, Alan Walker, schreibt in seinem Vorwort:

Öfters nahm er [Lachmund] wahr, wie Liszt aus dem Musiksalon entschwand, um im nebenan liegenden Schlafzimmer schnell mal ein Glaß seines Lieblingscognacs zu verschlingen. Als er dann, einige Sekunden später zu seiner Klasse zurückkehrte, wischte er sich die nassen Lippen ab. Dies beeinflußte jedoch augenscheinlich weder sein Klavierspiel noch seine Konversation, wirkte eher stimulierend auf beide.[40]

Im Juli 1882 notierte Lachmund:

Ich höre von Achille [Diener Liszts], der Meister trinke viel, um bei vollen Kräften zu bleiben. Ich fürchte jedoch, er töte sich dadurch, ist er doch ohnehin schon ganz angeschwollen von der Wassersucht. Liszt trinkt täglich eine Flasche Cognac und zwei oder drei Flaschen Wein. Manchmal sogar zwei Flaschen Cognac und ebensoviel Wein. Neuerdings hat er sich in Bayreuth in den Kopf gesetzt, er müsse auch Absinth haben. Was wird das nur für ein Ende nehmen. Sehr lange kann er dieses schreckliche Zeug gewiß nicht vertragen.[41]

Sein unwiderstehlicher Charme wirkte auf die gesamte Schülerschar bis zuletzt bezaubernd. Amy Fay notierte am 07. Mai 1873: „An die Magier alter Zeiten gemahnte er mich, und es war mir, als könnte er uns alle mit einer Berührung seines Zauberstabes verwandeln."[42] Und am 19. Juni 1873 ergänzte sie:

> Ich kann wohl sagen, daß in Liszt mein Ideal endlich in gewisser Weise realisiert ist. Er geht weit über alles, was ich erwartet hatte. […] Er hat die Macht, jedes Menschen beste Seite hervorzukehren und er findet diese beste Seite mit überraschender Leichtigkeit und Schnelligkeit. Wenn irgend etwas in euch steckt, so könnt ihr sicher sein, Liszt wird es wecken.[43]

Über sein bis ans Ende unübertreffliches Klavierspiel schrieb Amy Fay am 29. Mai 1873: „Sein Spiel bedeutete eine totale Revelation für mich, und er gab mir eine vollständig neue Einsicht in die Musik."[44] Über seinen Vortrag von Beethovens *Hammerklavier-Sonate* (B-Dur, Op. 106) nahezu ein Jahrzehnt später, lohnt es sich erneut, Carl Lachmund zu zitieren. Dieser erzählt, wie der Meister sich an Stelle von Emil Sauer beim Scherzo ans Klavier setzte und diesen Satz und das darauf folgende Adagio spielte:

> So wie wir ihn beobachteten, im Raum auf- und abschreitend, sahen wir, daß das Alter ihm seinen Stempel aufgedrückt hatte, und seine Hände schienen schwach – er war jetzt zweiundsiebzig; doch als er sich ans Klavier setzte, war das Alter im Nu vergessen, er schien wie umgewandelt, verjüngt. Das Feuer und die Kraft seiner jüngeren Tage wurde lebendig. Als er zum Adagio gelangte – dessen Vorschrift lautet *appassionato e con sentimento*, und er hatte eine Vorliebe für diese Beethovenschen langsamen Sätze – ermatteten seine Lider und sein Atem ging hörbar schwerer. Wir alle standen da wie verhext, bewegungslos, kaum wagten wir zu atmen, um ja nicht den Zauber zu zerstören. Es schien uns ein historischer Augenblick. Was wäre das für ein Bild für einen großen Maler gewesen: der Meister mit der weißen Mähne und dem markanten Profil, und die faszinierten Schüler in ihrer kontrastierenden Jugend. Sein Spiel erinnerte mich an seine eigenen, etwas früher über das Adagio der *7. Symphonie* geäußerten Worte: ‚Wie das schwebt! Wie es auf Erden nicht ist.'[45]

Seine Unterrichtsmethode war ebenso großzügig wie seine Persönlichkeit. Er leitete ausdrücklich Meisterklassen, die „Lisztianer" waren fertige Künstler. Jeder brachte Stücke nach Belieben mit, legte seine Noten auf den Tisch, dann traf der Meister seine Wahl. Er beeinflusste den Geschmack seiner Schüler nicht, demzufolge waren die vorgetragenen Stücke von unterschiedlichem Wert. Neben Werken von Bach und Beethoven, inklusive der späten *Sonaten* und der *Diabelli Variationen*, standen Werke von Schubert, Weber, Chopin und Mosonyi. Doch bei Liszt wurden auch Werke der romantischen „Gegenpartei", Kompositionen von Schumann und Brahms, studiert. Haydn und

Mozart fehlten gänzlich, gleichwie in seinem eigenen Repertoire – sie waren Ende 19. Jahrhundert nicht „in Mode". Von seinen eigenen Werken, ganz besonders den unlängst entstandenen, riet er den jungen Leuten geradezu ab. Jeder seiner Schüler sollte seine Individualität frei entfalten, er drängte ihnen seinen eigenen Geschmack keineswegs auf, half aber gerne mit eigenen klaviertechnischen Kniffen, Probleme zu lösen, wenn es nötig war. Das Wichtigste für den Meister war die individuelle Wiedergabe eines Werkes, die allerdings dem Wesen der Musik entsprechen sollte. Der Brite Frederic Lamond erinnerte sich folgendermaßen an den Unterricht:

Das rein mechanische Erlernen einer Klaviertechnik bedeutete in seinen Augen recht wenig. Die einfache Geschwindigkeit an sich, wie sie doch von den Pianisten heutzutage so häufig an den Tag gelegt wird, verachtete er. Ich erinnere mich an einen Pianisten, der Chopins *Polonaise As-Dur* mit viel Geschmack vortrug. Als er die Oktavenpassage der linken Hand erreichte [es handelt sich um dieselbe Stelle, die große Steigerung, welche er mit seinem eigenen Stück *Funérailles* verglichen hatte], wurde er von Liszt unterbrochen. Der Meister sagte: ‚Es interessiert mich nicht, wie schnell Sie Oktaven spielen können. Was ich hören will ist der Galopp der polnischen Kavallerie, bevor sie ihre Kräfte sammelt und den Feind vernichtet.' Diese paar Worte sind höchst charakteristisch. Liszt schwebte stets eine poetische Vision vor Augen, ob es nun um eine Beethovensche *Sonate*, eine Chopinsche *Nocturne* oder gar eine seiner eigenen Kompositionen ging: Für ihn gab es keine Interpretation, ausschließlich eine künstlerische Reproduktion.[46]

„Was kümmert ihn die Genauigkeit des Vortrages, wenn nur Leben darin steckt, [...] weg mit der pedantischen Schulmeisterei!"[47] So bemerkt ein anderer britischer Liszt-Schüler, der geniale Eugène d'Albert. „Je dämonischer gespielt wurde, um so zufriedener war er"[48], erzählt August Stradal. Für das wichtigste Moment des Klavierspiels hielt Liszt jedoch das Singen, das Cantabile auf dem Klavier, dessen unerreichbarer Meister er selbst war.

Er sparte nicht mit Lob, konnte aber auch schneidend ironisch werden. Unter der weltmännischen Maske des „gütigen Meisters" brach manchmal auch die vulkanische Heftigkeit der Künstlernatur hervor. So mancher seiner Schüler weiß von diesen schrecklichen Szenen zu berichten, wenn er ihn als „Jupiter tonans" erleben mußte, „wo jede Beherrschung verschwunden und der Anblick furchtbar war; die sonst so gütigen Augen funkelten zornig, die hohe Stirn war umwölkt [...] Meistens kam nach einer so heftigen Aufregung ein Nervenzusammenbruch mit Schüttelfrost, der aber wieder vorüberzog."⁴⁹

Was ihn am meisten reizte, war die „anständige Mittelmäßigkeit", für deren Brutstädte er die pedantische Schulmeisterei der Konservatorien hielt. Des Öfteren wurde jemand von ihm auf ein Konservatorium verwiesen, gleichwie Ophelia von Hamlet ins Kloster. Aber auch das unvorbereitete Spiel und das Nichteinhalten von Vorschriften der Komponisten machten ihn wütend. Mehrere Schüler haben seine gallige Redensart von der Schmutzwäsche, die man Zuhause waschen solle, aufgezeichnet. Ebenso „malträtiert" wurden bei ihm „starke Techniker, die daneben musikalisch Unbedeutendes"⁵⁰ produzierten, wie wir von Bernhard Stavenhagen erfahren.

Ansonsten aber war der Ton zwischen dem Meister und seinen Schülern frei und ungezwungen, ganz wie der Umgang insgesamt. Er küsste sie auf die Stirne und streichelte ihnen das Gesicht. Mit seinen Lieblingen verbrachte der Einsame auch nach dem Unterricht gern die Zeit. In Weimar sowie in Rom und in Pest frönte man oft seiner späten Leidenschaft, dem Whistspiel. Die Schüler respektierten lächelnd seine wohlbekannte Schwäche und ließen ihn absichtlich gewinnen, obwohl nicht um Geld gespielt wurde.

Anders als in Weimar gab es in Rom keinen großen Auflauf um ihn, das Unterrichten war hier angenehmer und intimer. Der Meister nahm nur einige auserlesene Schüler mit, in der allerletzten Zeit Stavenhagen, Lamond, Göllerich, Ansorge, Thomán und schließlich Lina Schmalhausen. Dazu kamen noch die jungen Römer, vor allem Giovanni Sgambati, Luigi Gulli, Luisa Cognetti, Gilda Perini. Die Nicht-Römer wohnten gewöhnlich im selben Hotel wie er, und so verbrachten sie auch über die Unterrichtsstunden hinaus, die jeden Tag von vier bis sechs Uhr dauerten, viel Zeit in des Meisters Gesellschaft. Wenn er in Tivoli wohnte, besuchten sie ihn zweimal wöchentlich.

In Rom verbrachte Liszt seine Abende meist in den schwülen Räumen und in der immer weniger angenehmen Gesellschaft der Fürstin Wittgenstein. Von Zeit zu Zeit ließ er sich in Soirées sehen. Er besuchte die Salons seiner Schülerin Nadine Fürstin Schachowskaja, der Gattin des deutschen Archäologen Wolfgang Helbig, ebenso wie die der vornehmen russischen Familien Boutenieff, Bobrinsky, Bariatinska. Auch verkehrte er bei Frau Laura Minghetti, der Gattin eines italienischen Politikers und ihrer Tochter, der Gräfin Marie Dönhof. Er wurde Pate eines der Enkelkinder des Fürsten Michelangelo Caetani und war auch mit dessen Sohn, dem Prinzen von Teano gut befreundet. Außerdem besuchte er häufig die französische und die deutsche Botschaft in der Ewigen Stadt.

Weimar – Rom – Pest | 193

Gelegentlich zeigten sich die musikalischen Kreise Roms dankbar für alles, was Liszt dort, wo „weltliche Musik" bis dato alleine die Oper bedeutet hatte, für die Verbreitung und den Vortrag klassischer Instrumentalmusik getan hatte. Es wurden ihm offizielle Ehrungen zuteil. So wurde beispielsweise anlässlich seines siebzigsten Geburtstages von der nun bereits königlichen Accademia di Santa Cecilia eine musikalische Feierlichkeit zu seinen Ehren veranstaltet. Im Palazzo Caffarelli, der deutschen Botschaft in der Nähe des Capitols, wurde von der neu gegründeten „Società del Quintetto" *Die Wiege,* der erste Satz seiner letzten symphonischen Dichtung *Von der Wiege bis zum Grabe,* uraufgeführt. Die Zeitschrift der Accademia, *La Palestra musicale,* berichtete am 31. Oktober 1881 eingehend und mit vielen Glückwünschen über dieses Konzert, über die Ehrung des Meisters und seine lorbeerbekränzte Büste. Um 2 Uhr am Nachmittag des 06. Dezember desselben Jahres wurde dem *„illustre Maestro"* in der Sala Dante gehuldigt. Diesmal war es die Società Orchestrale Romana unter seinem Freund Ettore Pinelli, die dort ein Liszt-Konzert zu Gunsten der Darlehenskasse der Accademia gab. Über die Werke auf dem Programm (den *Goethe-Marsch,* das *Klavierkonzert A-Dur* mit dem Solisten Sgambati, die *Dante-Symphonie* und die *Ungarische Rhapsodie Nr. 14*) wurde in derselben Zeitung am 17. Dezember eine lange Würdigung veröffentlicht. Liszt war erfreut und zufrieden, sowohl mit der Aufführung wie mit deren Aufnahme beim Publikum. „Als Sie vor etwa fünfzehn Jahren, in der gleichen Sala Dante, meine *Dante-Symphonie* hörten, erschien das Werk für die Mehrzahl des Publikums als extravagant. Man versichert mir, es sei nicht mehr der Fall. Sgambati spielte mein *A-Dur Konzert* auf wundervolle Weise"[51], so berichtete er der Baronin Olga am 06. Dezember.

Eigentlich war es nur ein recht enger, weltlicher, fachmusikalischer Kreis, von welchem Liszt in Rom verehrt wurde. Sgambati beklagte sich noch in der Jubiläumsnummer der *Nuova Musica* im Jahre 1911, recht bitter: „[...] in Italien, wo sich das Publikumsinteresse bis heute noch fast ausschließlich auf die Oper konzentriert, hat sich noch nicht Gelegenheit genug dazu gefunden, ihn den anderen Nationen gleich zu würdigen." Noch viel schlechter stand es dort seit langen Jahren um seine Herzensangelegenheit, die Kirchenmusik. Obwohl er als Komponist seine Werke durch die Tradition der Cappella Sistina bereicherte und persönlich um die Gunst der dortigen Meister wie auch jener der Cappella Giulia von San Pietro bemüht war, hatte der Rezensent der Zeitschrift *Roma musicale* wohl seine guten Gründe, als er am 20. Oktober 1871 aus Anlaß der Rückkehr Liszts nach Rom schrieb:

> Francesco Liszt hätte sich gern hier in unserem Rom niedergelassen, welches er von Herzen liebt, und wo er der Kunst der Musik so viel hätte nützen können, doch statt eines freundlichen Empfangs, den er mit Recht hätte erwarten dürfen, stieß er auf dieselbe Zurückweisung, welche Spontini anwiderte als er 1836 [richtig: 1839] Pius VII. seine Dienste anbot. Der päpstliche Hof will keinerlei Reformen, nicht einmal auf dem Gebiete der Musik, wo doch eine Reform so dringend nötig wäre, Liszt weilt aber unter uns; und obzwar er auch keine amtliche Stelle bekleidet, bleibt er keineswegs untätig. Er schreibt und erteilt den jungen Leuten männlichen wie weiblichen Geschlechts – wie auch früher schon –, denjenigen, denen er schon während seines früheren Aufenthalts den Geschmack und die Hände zu bilden die Güte hatte, so manchen wertvollen Rat mit einer Freundlichkeit und Selbstlosigkeit, die gar zu selten bei den heutigen Meistern ist.

Der hohe Klerus Roms machte sich nicht viel aus der Musik. Die vornehmen Kleriker waren, auch wenn sie Liszt persönlich mochten, musikalisch ungebildet, ganz wie in Ungarn, und hatten deshalb kein Verständnis für seine Ambitionen. Ihn schmerzte dies zutiefst. „Neulich sagte ich, meine Kirchenmusik gefiele der Kirche nicht", klagte er gegenüber Carolyne, „für weltliche Ohren klänge sie jedoch als heterogen. Ich werde dennoch fortfahren zu schreiben, so wie es mir zu fühlen gegeben ist."[52] „Die Musik kommt in der Kirche nicht in Betracht", heißt es am 11. Oktober 1876 „sie ist dort gleichsam das Aschenbrödel der Künste."[53]

Die wachsende Entfremdung gegenüber Liszt lässt sich recht gut im offiziellen Blatt des Vatikans, dem *Osservatore Romanno*, beobachten, wo er Anfang der 1860er Jahre noch als einer der größten Komponisten Europas gegolten hatte. Später wurde er immer seltener gelobt, ja sein Name kam kaum noch vor. Nach dem Geburtstagskonzert im Palazzo Caffarelli 1881 kam es sogar zur offenen Feindseligkeit. Die Art der Beschuldigung klingt vertraut: Die Kirche griff den großen Europäer im Namen eines blinden italienischen Nationalismus an, aus demselben Grund, aus dem er in Ungarn, in Frankreich und Deutschland angefeindet worden war. Ausgelöst wurde der Angriff durch das Programm der Società del Quintetto, welches neben dem I. Satz der Lisztschen symphonischen Dichtung und einem Stück von Sgambati aus Werken von Schubert und Schumann bestand. Der *Osservatore Romano* schrieb am 21. Oktober über dieses Programm, also noch bevor das Konzert stattgefunden hatte:

Wir können dieser Institution [d.h. der Società del Quintetto] nur applaudieren Aber... – und dieses Aber ist ein recht gewichtiges – es bedeutet, daß der werte Professor Sgambati sich *a priori* versichert hat, indem er die italienische Musik verbannt, die Deutsche hingegen verherrlicht. Diese Tendenz wird immer schlimmer und schadet dem guten Geschmack des Publikums und der künstlerischen Erziehung der Jugend; es ist ein Verstoß gegen Italien und eine Beschädigung seines Primats vor allen zivilisierten Nationen in dem Bereiche der Musik.

Die Entfremdung ging so weit, dass der Tod des Meisters schließlich im Presseorgan des Vatikans in einem wahrlich nicht als Nekrolog zu bezeichnenden kleinen Artikel kundgegeben wurde. Dieser war zudem mit Fehlern gespickt (das Geburtsjahr z.B. wurde mit 1309 angegeben) und bezeichnete ihn schlicht als „*celebre pianista e compositore*". Wo waren all die enthusiastischen Lobpreisungen, schön geschwungenen Worte und hochtrabenden Apotheosen geblieben? Was war aus all der Dankbarkeit, Verehrung und Anerkennung geworden?

Der Vatikan empfand die Kirchenmusik Franz Liszts nicht nur wegen ihrer zu „weltlichen" Qualität als verdächtig, sie erschien ihm auch als zu „deutsch". Liszt selbst dagegen verfolgte die viele Jahrhunderte alte und edle Traditionen pflegende Aufführungspraxis der Cappella Sistina und ihrer Leitung mit ebenso regem Interesse wie die verschiedenen Reformbewegungen und Bemühungen um eine erneuerte, wertvolle Kirchenmusik und ihren richtigen Vortrag – egal, ob es sich um die Quellenforschung der französischen Benediktiner in Solesmes handelte oder um die Publikationen und Kongresse der deutschen Cäcilianer, vor allem Haberl, Witt und ihren Verleger Pustet in Regensburg. Letztere, die mit der Zeit auch der Verbreitung der sensationellen Ergebnisse der Solesmeser im Wege standen, erwiderten Liszts Sympathie jedoch nicht. Er hatte einige seiner Werke – wie etwa *Via crucis, Septem Sacramenta, Rosario, Sicut cedrus* – im Jahre 1884 in einem höchst respektvollen Brief der Firma Pustet zur Veröffentlichung angeboten, mit der Bemerkung, das Honorar sei Nebensache, da es für ihn um eine Herzensangelegenheit ginge. Er wurde aber von Seiten der Cäcilianer zurückgewiesen, da auch ihnen seine Kirchenmusik zu weltlich erschien. Der Meister war sich jedoch im Klaren, worum es in Wahrheit ging: „Da liegt ein anderer, tieferer Beweggrund vor", schrieb er der Fürstin am 30. Juli 1885, „die können meine Kompositionen nicht verkaufen."[54]

Um 1870 fühlte sich Liszt noch recht wohl in seinem friedlich gedeihenden Heimatland. Mit der allgemeinen Entspannung und dem Aufschwung, die der Ausgleich zwischen Ungarn und Österreich mit sich brachte, hatten sich auch der durch sein *Zigeunerbuch* ausgelöste Sturm und das gegen ihn aufbrausende Ressentiment gelegt. Bei der brisanten politischen Lage in Europa hatte er eigentlich zu dieser Zeit kaum eine andere Wahl, als der Einladung seiner Landsleute Folge zu leisten. Überdies erreichten ihn hier die Augen der als „Providence" maskierten Spione der Fürstin nicht.

Cosima, sein einziges lebendes Kind, hatte wie erwähnt zwischen 1869 und 1872 jeden Kontakt zum Vater abgebrochen. Sie ließ ihre Älteste, die kleine Daniela von Bülow, zu seinen Geburtstagen Gratulationsbriefe schreiben. Obwohl Liszt sich 1871 und 1872 öfters Cosima anzunähern versuchte, erhielt er keine Antwort, bis schließlich Wagner am 18. Mai 1872 seinen berühmten Versöhnungsbrief[55] verfasste. Zu einer persönlichen Wiederbegegnung kam es dann im September 1872, als das Ehepaar Wagner Liszt anlässlich der Aufführung seines *Christus-Oratoriums* in Weimar besuchte. Liszts wachsende vaterländische Gefühle für Ungarn und sein regelmäßiger Aufenthalt dort missfielen den Wagners durchaus. Dies war einer der wenigen Punkte, in der das Ehepaar mit der Fürstin einig war, wenn auch aus anderen Motiven.

„Sie werden jedoch verstehen, daß es für mich nicht schicklich wäre, jetzt ein Land zu verlassen, in welchem man mir eine zu schätzende Sympathie bezeigt und welches das meinige ist", schrieb der Meister am 13. Oktober 1870. „Jetzt allerdings muß ich dem Strom des ungarischen Wohlwollens nachkommen und bezeigen, was ich wert bin."[56] Er fühlte sich in diesem Herbst wohl aufgehoben und verwöhnt im Hause seines treuesten ungarischen Freundes Baron Antal Augusz, in der kleinen transdanubischen Stadt Szekszárd. Dort genoss er die Gesellschaft seiner Schülerinnen Olga Janina und Sophie Menter, des ihm ergebenen berühmten Violinvirtuosen Ede Reményi, der befreundeten Komponisten Ödön von Mihalovich und Mihály Mosonyi sowie des nach ihm benannten Cellisten Franz Servais, dem Sohn einer befreundeten belgischen Familie. Es schmeichelte dem Meister, wenn Leute wie der ungarische Justizminister ihm zu Ehren die von dem Nationaldichter Vörösmarty geschriebene Ode *An Franz Liszt* auswendig deklamierten. Dass Kaiser Franz Joseph I. ihn zum „Königlich ungarischen Rat" ernannte und ihm einen Ehrensold von jährlich 4.000 Gulden bewilligte, bereitete ihm ebenfalls eine nicht geringe Genugtuung.

Ganz glücklich fühlte er sich auch in Ungarn, als dort im Jahre 1873, aus Anlass seines fünfzigjährigen Künstlerjubiläums, glänzende Festlichkeiten veranstaltet wurden. „Diese Feier gelang wirklich außerordentlich und vollständig" und: „Man hat mir ein unerhörtes Jubiläum in Pest veranstaltet."[57] berichtete er Cosima überglücklich. Im Januar und März wurden Liszt-

Konzerte in Buda und Pest veranstaltet, die noch im selben Jahre zur Hauptstadt Budapest vereinigt wurden. Im April wurde die *Graner Messe* in Preßburg, am 9. November das *Christus-Oratorium* unter Hans Richter in der Redoute zu Budapest aufgeführt. Am selben Vormittag wurde er mit einem goldenen Lorbeerkranz, einer *Liszt-Kantate* von Henrik Gobbi, und der Stiftung eines Liszt-Stipendiums der ungarischen Hauptstadt gefeiert. Es wäre ein sehnlicher Wunsch des einsam Lebenden gewesen, seine Tochter zu solchen glänzenden Anlässen als „Hausdame" an seiner Seite zu wissen. Doch ließ Wagner Cosima nicht zu ihm reisen. Und der gütige Liszt fand sogar hierfür Verständnis, auch wenn er tief enttäuscht gewesen sein muss.

Am 30. Oktober 1873 bezog der Meister seine erste Wohnung in Budapest, am Pester Donau-Ufer, Fischplatz 4. Wohnung und Heizung erhielt er gratis vom Kultusministerium. Dem Gedanken an eine permanente Ansiedelung konnte er allerdings noch nicht näher treten, wohl aus Furcht vor den damit verbundenen Abhängigkeiten und Unbequemlichkeiten.

Siehe da, nun werde ich mitten in eine äußerliche Aktivität gejagt, und meine Freunde laden mir die schwere Bürde auf, für das Gedeihen und den Ruhm der gesamten kirchlichen und weltlichen Musik in Ungarn zu sorgen. Wie soll ich das bloß anfangen? Apollo selber käme in Verlegenheit, es mir beizubringen![58]

So klagte er am 27. Oktober 1870 gegenüber der Fürstin. Seine Befürchtungen erwiesen sich nicht als grundlos. Im Jahre 1873 wurde er mit dem Aufbau einer ungarischen Musikakademie betraut, für die ihm schon im Vorjahr eine gewisse Summe bereitgestellt worden war. „Dies wird mir eine schwere Bürde auflegen und viel lästige Einzelheiten – und dennoch kann ich die mir von meinen Landsleuten zugewiesene Ehre nicht einfach ablehnen [...]"[59] berichtete er Baronin Olga. Erleichtert erfuhr er von Kultusminister Trefort, dass die Organisation des Instituts, das Liszt seinen „Strick um den Hals" nannte, aus materiellen Gründen auf die lange Bank geschoben wurde. Auch war er wenig erfreut über die lächerlich kleine Summe, die für diese Institution zur Verfügung stand und wie schwer es war, sich mit den ungarischen Behörden zu verständigen. Von Mitstreitern wie Franz Witt für das Fach Kirchenmusik und Bülow für das Fach Klavier aber wurde er im Stich gelassen. Er selbst wollte die Meisterklasse übernehmen. Als ihm klar wurde, dass es kein Zurück mehr gab, bat er verzweifelt um Aufschub. Dem Baron Augusz schrieb er am 09. Dezember 1874: „Gäbe es irgendeine andere Möglichkeit für mich, dem Vaterland meine völlige Hingabe zu erweisen, wäre mir dies viel lieber."[60] Und weiter am 14. Juni 1875: „Versuchen Sie doch, seine Exzellenz Trefort zu meinen Gunsten zu bewegen, er möge sich meiner erbarmen, damit ich mir nächsten Winter noch ein wenig selber gehören mag und friedlich, ohne Akademie und Pädagogik in Budapest arbeiten kann".[61] Der Fürstin gegenüber klagte er: „Bis zur Zeit ist diese Akademie für mich bloß eine entsetzliche Sammlung von Damokles-Schwertern, welche in Form von Klavieren und belästigenden Kompositionen über meinem Haupte schweben."[62] Am 21. März 1875 wurde er trotzdem zum Präsidenten der Königlichen Ungarischen Musikakademie ernannt, das Insitut selbst am 14. Oktober eröffnet. Liszt war und blieb ein Ehrenmann, der zur einmal angenommenen Aufgabe stand, wie aus einem Schreiben an Carolyne ersichtlich wird:

> Dieser letzte Aufenthalt hat über meine Fixation in Pesth entschieden, an die ich nicht gedacht hatte, – nachdem sich aber die vox populi energisch geäußert hatte, nehme ich die Ehre und die Bürde an. Die Hauptsache läßt sich für mich folgendermaßen zusammenfasssen: In Ungarn geboren ist es angemessen, daß ich dort durch mein musikalisches Talent zu etwas diene, sei es noch so wenig. Ohne meinen Patriotismus durch Phrasen zu demonstrieren suche ich ihn durch praktische Aufgaben auszuüben – ich hoffe also, daß die neue Musikakademie in Pesth in zwei Jahren auf festem Fuße steht.[63]

Dieser „feste Fuß" stand freilich anfangs recht wacklig, denn die neue Zitadelle der ungarischen Musikpädagogik war noch recht unerfahren und unorganisiert. Nach der ersten Saison war selbst ihr Überleben fraglich. Sie hatte ihre Existenz sowohl in geistiger wie auch in pekuniärer Hinsicht (denn er steuerte bedeutende Summen bei) im Grunde ihrem ersten Präsidenten Franz Liszt zu verdanken. Es gab anfangs weder einen Stunden- noch einen Studienplan, auch keine Schulbücher. Außer Liszt waren nur der bekannte Opernkomponist und Autor der ungarischen Nationalhymne Ferenc Erkel und Robert Volkmann zu ordentlichen Professoren ernannt worden. Erkel, der auch als Direktor fungierte und in Abwesenheit Liszts seine Schüler übernahm, unterrichtete Klavier, Volkmann Kompositionslehre und Musiktheorie. Außer ihnen gab es noch einige Hilfslehrer. Mit der Zeit wurden Liszt die administrativen Aufgaben von einem Vizepräsidenten abgenommen. Zunächst hatte die Musikakademie nur 39 Schüler, von denen Liszt neun unterrichtete. Seine bekannteren ungarischen Lieblingsschüler waren Károly Aggházy, Ilona Ravasz, Árpád Szendy, István Thomán, Rafael Joseffy und Róbert Freund. Bereits 1879 wurde das Domizil zu eng, denn es kamen von Jahr zu Jahr mehr Schüler. Als das neue Gebäude an der eleganten neuen Allee, Sugár út 67 (Radialstraße, heute Andrássy-Straße), neben der Hochschule für Schöne Künste fertiggestellt wurde, übersiedelte das Institut – und Liszt ebenfalls. Die heutige „moderne" Akademie, welche Liszts Namen trägt, ein Jugendstil-Gebäude von besonderer Schönheit, wurde 1908 auf der Ringstraße fertiggestellt. Das obige Gebäude, „Alte Musikakademie" genannt, gehört seit 1986 wieder zur Musikhochschule, die jetzt Musikuniversität Ferenc Liszt heißt. Außerdem wurde hier ein Liszt-Forschungszentrum und in seiner einstigen Wohnung ein Liszt-Museum eingerichtet. Auch die Ungarische Franz Liszt Gesellschaft hat ihren Sitz in diesem Haus.

Liszt war nicht ohne Grund vor der allzu großen Belastung durch seine für das Land so segensreiche Tätigkeit zurückgeschreckt, denn sie kostete ihn viel Zeit und Energie. Am meisten verbitterte ihn das mangelnde Verständnis seitens der Behörden und einiger Kollegen. Der Unterricht dagegen machte ihm Freude: „Meine besten Stunden sind diejenigen, die ich als Professor an der neuen Musikakademie verbringe", berichtete er der Fürstin am 07. März 1877, „ich unterrichte von 4 bis 6, 4 mal in der Woche."[64] Er gab auch weiterhin Hauskonzerte, die, als er noch am Fischplatz wohnte, in seinen Gemächern, später im großen Saal des Instituts in der Radialstraße, unmittelbar neben seiner Wohnung stattfanden.

Liszt nahm auch in Budapest wie zuvor in Weimar und Rom aktiv am Musikleben teil. Besonders in der ersten Zeit erschien er oft im Konzertsaal und war auch bei Hauskonzerten zugegen. Bis 1880 trat er oft vor die Öffentlichkeit, spielte viel für Wohltätigkeitszwecke und dirigierte auch. So gab er beispielsweise am 16. Dezember 1870 ein Konzert zu Beethovens hundertstem Geburtstag in der Redoute, am 05. April 1871 führte er Werke ungarischer Komponisten im Festsaal der Akademie der Wissenschaften, am 25. März 1872 seine *Missa choralis,* am 26. März 1874 seine *Krönungsmesse* und am 03.März 1877 die *Heilige Elisabeth* in der Redoute auf. Immer mehr ausländische Schüler reisten dem Meister nach, und auch diese gaben Konzerte. So unter anderen Olga Janina, Konrad Ansorge, August Göllerich, Maria Majewska, Sophie Menter, Tony Raab, August Stradal, Vera Timanowa.

„Des Meisters Ankunft war immer ein Fest für Budapest", schreibt Janka Wohl. „Er brachte eine vibrierende Note in das mehr oder weniger monotone, apathische Leben der Hauptstadt, die uns wohltat [...]"[65]. Die Erwartungen aber, Liszt würde ganz auf sich gestellt und unverzüglich die sehr im argen liegende Musikkultur Ungarns auf Vordermann bringen, konnte sich nicht erfüllen:

> Während der ersten Jahre seines hiesigen Aufenthaltes schienen sich die Hoffnungen unserer Kunstfreunde verwirklichen zu wollen, doch bald gewann wieder unsere nationale Gleichgültigkeit die Oberhand [...] Alles blieb beim alten. Und doch gab er uns sein Bestes! Sein Herz, sein Talent, seine unerschöpfliche Liebenswürdigkeit, sein reges Interesse für jedes Streben. Er war zu jedem Opfer bereit, tat persönlich alles, was in seiner Macht lag und spielte in einem Zeitraum von neun Jahren nicht weniger als vierzehnmal öffentlich, zu wohltätigen Zwecken.[66]

Auch in seiner Heimat gab es viele, die Liszt nicht mochten, schlecht gesinnte, musikalisch ungebildete Leute, die der europäischen, und erst recht der neuen Musik feindlich gegenüberstanden. Man nahm ihm übel, dass er nicht das ganze Jahr hindurch hier weilte, dass er nicht ungarisch sprach (obwohl er am Lebensende einige Stunden bei einem Geistlichen nahm) und dass er auch andernorts Wohltätigkeitskonzerte gab. Auch war das alte Ressentiment, das das *Zigeunerbuch* ausgelöst hatte, nicht gänzlich verschwunden. In der nach Liszts eigenen Worten „im Schlamm steckengebliebenen"[67] kulturellen Lage und der dumpfen Atmosphäre des noch immer halbfeudalen Landes, das der Dichter Endre Ady als „ungarisches Brachland" bezeichnete, schien es unmöglich, in kurzer Zeit eine Musikkultur von europäischem Niveau zu entwickeln. Selbst gebildete und sogar Klavier spielende Menschen wie etwa Liszts Gönner Kardinal Haynald äußerten: „Lieber Liszt, ich liebe Ihre Person, verstehe aber nichts von Ihren Werken [...]"[68] Und noch fast fünfzig Jahre nach seinem Tode wurde in der Zeitschrift *Muzsika* ein Artikel des längst verstorbenen, mit Liszt befreundeten Vizepräsidenten der Akademie, János Verebi Végh veröffentlicht, in dem er erklärte, es sei „im Interesse von des Meisters Ruf als Komponist geradezu ein Glück, daß der *Csárdás macabre* unveröffentlicht blieb". Kein Wunder also, dass sich Liszt in der um ihn herum wachsenden Öde und Entfremdung mit der Zeit vereinsamt und vernachlässigt fühlte.

Freilich hatte er auch Freunde in Ungarn, die ihn nicht im Stich ließen. Zu ihnen zählten der Ministerpräsident Andrássy, der Kritiker und Ästhetiker Kornél Ábrányi, der Musikverleger Ferdinand Táborszky, der Komponist Ödön Mihalovich, Graf Guido Karácsonyi und dessen Schwiegersohn, der einarmige Klavierkünstler Graf Géza Zichy, der nach Liszts Tod als Intendant der Budapester Oper den jungen Gustav Mahler als Operndirektor verscheuchen sollte, sowie der spätere Politiker Graf Albert Apponyi. Außer dem Ministerpräsidenten waren inzwischen auch weitere Freunde aus der Emigration zurückgekehrt: So der altvertraute Graf Sándor Teleki und Ferenc

Pulszky, der Direktor des Nationalmuseums. Selbstverständlich gab es auch wieder ein Kränzchen vornehmer Damen um Liszt. Dennoch bedeutete der Tod seines ergebensten Freundes Baron Augusz am 09. September 1878 für ihn einen empfindlichen Verlust.

Mitte März 1879 verbrachte er einige recht angenehme Tage in Klausenburg (ungarisch: Kolozsvár, heute: Cluj in Rumänien), in Gesellschaft der Grafen Sándor Teleki und Géza Zichy. Er gab zwei Konzerte und fühlte sich ausgezeichnet. „Der transylvanischen Gastfreundlichkeit ist eine besondere Art von Noblesse und Herrlichkeit eigen"[69] schrieb er an Baronin Olga am 15. März. „Sie hat noch etwas von längst vergangenen Zeiten beibehalten. Die Leute ließen mich ihren Reiz kosten während dieser Wochen und wer ihn einmal erfahren hat, vergißt ihn nie mehr." Dort und danach auch in der Budapester Redoute gab er Konzerte zugunsten der Hochwassergeschädigten der an der Theiß liegenden Stadt Szeged.

Die Armstühle und Kissen, die seine Wohnung schmückten, waren zwar von Damen der höchsten Kreise gestickt, doch stellte Franz Liszt, seitdem er sich öfter und für längere Zeit in Ungarn aufhielt, keine Sensation mehr dar. „Weilt er zwischen uns, wird er – auf recht charakteristische und zugleich traurige Weise – kaum beachtet" schrieb die Musikzeitschrift *Zenelap* am 01. April 1886. Die Liszt-Schüler Göllerich und Stradal stellten besonders in den letzten Jahren verwundert, ja empört fest, wie wenig seine Werke in Ungarn aufgeführt wurden, und dass er auch hier – „ausgenommen die vielen Ansprüche, die an ihn für den Dienst der Charitas gestellt wurden – ziemlich unbeachtet und aller bedeutenden Mittel beraubt" blieb, um „sein Wollen manifestieren zu können".[70] Einzig an der Musikakademie wurden außer Klavierstücken und Liedern auch Werke für größeres Ensemble aufgeführt, so die letzte symphonische Dichtung *Von der Wiege bis zum Grabe,* die Kantate *Die heilige Cäcilia,* das Klavierkonzert *Es-Dur* und die *Ungarische Phantasie.* In Deutschland und in Wien dagegen wurden, wenn auch nicht die allerneuesten, so doch wenigstens die der Weimarer Periode entstammenden Kompositionen regelmäßig und mit wachsendem Erfolg aufgeführt. Selbst Leipzig, die Hochburg des musikalischen Konservatismus huldigte seinem Genie. Im Juli 1882 wurde in Zürich, aus Anlass der Tonkünstlerversammlung des Allgemeinen Deutschen Musikvereins, ein Liszt-Festival veranstaltet, mit zahlreichen Aufführungen seiner Werke, mit Jubel und Feuerwerk auf dem See. Seine Musik wurde in Warschau und Sankt Petersburg und dank dem Dirigenten Leopold Damrosch sogar in New York gespielt. Während seiner letzten Monate huldigten dem greisen Meister neben dem immer freundlich gesinnten Holland und Belgien sogar Paris und London. In der ungarischen Metropole aber umgab ihn nach 1880 eine immer intensivere Feindseligkeit. Mit dieser hatte es eine besondere Bewandtnis – aber darüber später.

Seit der Versöhnung mit Cosima und Richard Wagner durfte er wieder ganz der gütige und liebende Vater und Großvater sein und seine langjährige, immer hilfsbereite Bewunderung für das Genie Wagners nun dadurch zum Ausdruck bringen, dass er der emsigste Propagator, Sponsor und „Fundraiser" der Sache Bayreuths wurde. Anfang der siebziger Jahre, als der für Liszt in Ungarn herrschende Enthusiasmus noch in voller Blüte stand, beeilte er sich, die günstige Atmosphäre im Interesse Wagners und die Lobbyarbeit für das im Aufbau befindliche Theater in Bayreuth zu nutzen. Seit 1873 war er bemüht, ein gemeinsames Wagner-Liszt-Konzert in Budapest zu veranstalten, weil er sich davon Einnahmen für das Festspielhaus in Bayreuth erhoffte. Es lag nicht bloß an den ungarischen Behörden, dass die Vorbereitungen sich über Jahre hinzogen. Auch Wagner konnte sich schwer zu diesem Konzert entschließen und willigte schließlich einzig um der Einnahmen willen ein. Am 10. März 1875 kam es in der Redoute zu diesem wichtigen Ereignis. Bis dahin hatten die beiden Künstler nur ein einziges gemeinsames Konzert gegeben, und zwar in Sankt Gallen am 23. November 1856. Für das Konzert war die Uraufführung eines Lisztschen Werkes, der nach dem Prolog von Longfellows *Goldener Legende* für großes Orchester, Chor und Bariton Solo geschriebenen Kantate *Die Glocken des Straßburger Münsters* geplant. Da das Programm so nicht reizvoll genug erschien, war Liszt bereit, Abstand von der Aufführung seiner Komposition zu nehmen und stattdessen einmal mehr seine zehn Finger zur Verfügung zu stellen. Er setzte sich also als Solist des Beethovenschen *Klavierkonzert Es-Dur* unter Hans Richter an sein Instrument. Schließlich dirigierte er aber doch sein neues Werk. Die Mitwirkenden waren die ungarischen Philharmoniker, der Chor des damals schon aktiven Liszt-Vereins und der Bariton Fülöp Láng. Im zweiten Teil des Abends dirigierte dann Wagner eigene Werke, so die „Schmiedelieder" aus *Siegfried*, „Siegfrieds Tod" aus der *Götterdämmerung* mit dem Solisten Ferenc Glatz und „Wotans Abschied" und „Feuerzauber" aus der *Walküre* mit dem Solisten Fülöp Láng. Der Abend wurde zu einem musikgeschichtlichen Ereignis ersten Ranges für Ungarn und erbrachte auch Einnahmen für Wagner. Cosima allerdings notierte in ihrem Tagebuch schlimme Eindrücke über die Stadt, die Leute, den Saal, das Musikleben und die Möglichkeiten ihres Vaters in Ungarn. Von seinem Klavierspiel waren jedoch sie und ihr Mann geradezu verzaubert.[71] Was die örtlichen Verhältnisse anging, war Cosima wohl einigermaßen voreingenommen, denn sie hatte beispielsweise kein Verständnis dafür, dass im kaum selbständig gewordenen Land nicht gerne deutsch gesprochen wurde. Die Lage ihres Vaters beurteilte sie allerdings leider ziemlich zutreffend. Während seine Werke größeren Formats, also die symphonischen Dichtungen, Oratorien und Konzerte in den siebziger Jahren noch recht häufig auf dem Programm der ungarischen Philharmonischen Gesellschaft gestanden hatten, verschlimmerten sich die Umstände nach 1880 merklich. 1876 wurde die *Hunnenschlacht,* 1877 *Die Legende der Heiligen Elisabeth* unter Leitung des Komponisten aufgeführt. Im Jahr 1878 führte der Liszt-Verein *Die heilige Cäcilie* und die Philharmoniker unter Sándor Erkel (dem Sohn des Komponisten Ferenc) den ersten Satz der *Dante-Symphonie* auf. Doch gerade die Philharmoniker gaben sich keine besondere Mühe, das Publikum mit den Lisztschen Werken bekannt zu machen. 1880 spielten sie *Mazeppa,* 1881 den *2. Mephisto-Walzer.* Im selben Jahr gab Bülow einen Liszt-Abend in Budapest. Das sich zaghaft entwickelnde, musikliebende Großstadt-Publikum hätte einer systematischen Bildung bedurft, um für die neuartige Musik empfänglich zu werden. Stattdessen wuchsen die Indolenz und das Schweigen um den Meister beständig. Für den Frühling 1883 – zu dieser Zeit verließ Liszt alljährlich Ungarn – war ein Abschiedskonzert mit seinen Werken vorgesehen. Es kam aber nicht dazu, angeblich aufgrund des Todes von Richard Wagner. Stattdessen wurde ein ärmliches „Liszt-Mahl" in einem schlecht geheizten Saal abgehalten. Immerhin aber protestierten manche ungarische Zeitungen gegen die Vernachlässigung Liszts in seinem Vaterland.

Unter den schmerzlichen Enttäuschungen, die den Meister in Ungarn trafen, nahm der Skandal um das *Ungarische Königslied* einen besonderen Platz ein, der auch tiefe Einblicke in die damalige politische Situation zulässt. Liszt war amtlich aufgefordert worden, zur Eröffnung des Budapester Opernhauses eine Ouvertüre zu komponieren. Doch, wie die Tageszeitung *Pesti Hírlap* (Pester Journal) am 25. September 1884 empört berichtete,

noch bevor jemand das Werk gekannt hätte, flüsterte man sich bereits wie eine unumstößliche Tatsache zu, es werde nicht aufgeführt. Das Eröffnungsprogramm der Oper war nämlich schon vor zwei Monaten festgesetzt worden, Liszt übersandte der Intendantur die Partitur seines *Königsliedes* aber erst vor kaum 10 Tagen.

Für „dieses Vorgehen, die Schmach, die man dem ergrauten Meister diesmal angetan hat" fand die Zeitung „keine Entschuldigung".

Im Hintergrund stand die Politik. Liszt hatte das Werk „nach einer alten ungarischen Melodie" komponiert. Es war aber jene des sogenannten *Rákóczi-Liedes*, das aus der Zeit des 1711 von Österreich niedergeschlagenen ungarischen Freiheitskampfes stammte und bei Freunden wie Feinden der Monarchie als revolutionär galt. Liszt hatte der bekannten Melodie königsfreundliche Worte unterlegt, gehörte doch der Texttausch in der kirchlichen und weltlichen Musik seit dem Mittelalter zur normalen Praxis. Er war naiv genug, sich vorzustellen, die Melodie, die seit 1840 verboten gewesen war, sei nun zu Ehren Kaiser Franz Josephs geeignet. Allein der eben erst ernannte Intendant der Budapester Oper und des Nationaltheaters, Baron Frigyes Podmaniczky, begann seine Tätigkeit damit, die Aufführung des Werkes zu verbieten.

> Zu unserem Bedauern steht dem Vortrage des *Königsliedes* ein unüberwindliches Hindernis im Wege, da deren Melodienmotive einem allgemein bekannten und gegen das allerhöchste Herrscherhaus gerichteten revolutionären Liede entnommen sind,

schrieb er am 17. September 1884 an Liszt.

> Der Ursprung dieses Liedes macht uns den Vortrag des genannten *Königsliedes* in Gegenwart des allerhöchsten Hofes und anläßlich der Eröffnung einer der Freigebigkeit seiner Majestät zu verdankenden Kunstanstalt unmöglich.

Der Brief wurde auch von Operndirektor Sándor Erkel unterzeichnet.

Das Opernhaus – ein schönes Gebäude im Stile der Neo-Renaissance, erbaut von Miklós Ybl und unter anderem mit einer Liszt-Statue des Bildhauers Alajos Stróbl geschmückt – wurde am 27. September 1884 ohne Liszts Musik eingeweiht. Das *Königslied* erklang im März des Folgejahres erstmals und zwar in einem Philharmonischen Konzert. Der resignierte Meister erklärte, dass er nicht böse sei, und erhob keinen Einspruch gegen diesen Trostpreis. Aber bitter erzählte er Stradal von den Enttäuschungen, die er „in seinem Ungarland" erlitten habe. Auch mit dem Budapester Musikverlag Rózsavölgyi hatte er seine Beziehungen abgebrochen, nachdem dieser bei der Pariser Weltausstellung 1878 keines seiner Werke ausgestellt hatte.

Im Jahr 1881 drohte neue Unbill, diesmal von außerhalb des Landes. Für Liszt wurde die Unannehmlichkeit eine zum ungünstigsten historischen Moment explodierende Zeitbombe. Die Detonation war so minutiös geplant, dass es wahrlich schwer fällt, dahinter keine Absicht, keine Bosheit, keine persönliche Vergeltung zu vermuten. Kaum war das unselige *Zigeunerbuch* einigermaßen vergessen und wurde dem Meister deshalb nicht mehr vorgehalten, da erschien in Leipzig, im renommierten Musikverlag Breitkopf und Härtel, unter seinem Namen eine „zweite Auflage" jenes unglücklichen Werkes, erneut in französischer Sprache.[72] Die Fürstin Carolyne von Sayn-Wittgenstein betrachtete sich als alleinige Eigentümerin der Lisztschen Schriften und meinte, nach eigenem Gutdünken über sie verfügen zu können. War sie schon größtenteils die Verfasserin der ersten Pariser Ausgabe von 1859 gewesen, so hielt sie es nun für angebracht, auf eigene Faust eine erweiterte Fassung zu veröffentlichen. Über diese hatte sie Liszt einige Monate zuvor lediglich geschrieben, sie würde das Buch etwas erweitert neu herausgeben. Weder erbat sie seine Erlaubnis, noch zeigte sie ihm das umgestaltete Manuskript und die Korrekturen. Sie hatte es eilig, wollte sie doch Lina Ramann zuvorkommen. Diese Musiklehrerin und Biographin Liszts war nämlich dabei, seine Essays in deutscher Übersetzung in den Bänden der *Gesammelten Schriften* zu veröffentlichen und tat dies einzig in Rücksprache mit dem Meister selbst. Der Vergleich der beiden Fassungen des *Zigeunerbuches* beweist, dass die Fürstin in ihrem charakteristischen, umständlichen Stil und ihrer veralteten französischen Ortographie das Buch sorgfältig umgearbeitet sowie kleinere und größere Änderungen und Umgruppierungen vorgenommen hatte. Stark erweitert wurde nur ein einziges Kapitel. Liszt wurde also 1881 de facto mit einer neuen Version des Werkes in gedruckter Form konfrontiert, das ihn als alleinigen Autor auswies.[73] Dem Meister, dem man so viele schwere Aufgaben im ungarischen Musikleben aufgebürdet hatte, wurde in diesem Buch der seine Landsleute tief empörende, alte Irrtum erneut aufgetischt, ja mit neuen Argumenten unterstützt. Die Fürstin hatte sich keinerlei Mühe gegeben, die von der Presse seinerzeit mit Recht höhnisch kommentierten, bis zur Unkenntlichkeit entstellten ungarischen Personen-, Ortsnamen und Wörter zu verbessern. Sie wurden gänzlich unverändert übernommen. Das einzige, stark angeschwollene Kapitel, das, verglichen mit der ersten Auflage, wesentlich Neues brachte und um welches es ihr augenscheinlich besonders zu tun war, trägt den Titel „Les Israélites". Eigentlich hatte es auch schon in der Urfassung nichts in einem Buch über ungarische Zigeunermusik zu suchen. Es war einzig aus dem Grunde mit einbezogen worden, um ihrem polnisch-katholischen Antisemitismus Ausdruck zu verleihen. Damals hatte Liszt es mit seiner eigenen Würdigung des Wiener Kantors Sulzer ausbalancieren wollen. Peter Cornelius aber hatte es, wie erwähnt, aus der in Pest 1861 erschienenen deutschen Ausgabe mit

Rücksicht auf die deutschsprachigen Juden einfach eliminiert, was die Fürstin sichtlich erboste.

Die Fürstin war inzwischen zu einer älteren, einsamen und verbitterten Frau geworden, die den größten Teil ihres Reichtums verloren hatte und, eingeschlossen in ihren dumpfen, abgedunkelten Räumen in der Via del Babuino in Rom, über die „Inneren und äußeren Gründe der Schwäche der Kirche" nachgrübelte (*Des causes intérieures de la faiblesse extérieure de l'Église*; dieses Kompendium in 24 Bänden wurde vom Vatikan auf den Index gesetzt). Es wurde ihr zur fixen Idee, dass der mangelhaften Ausgabe von Cornelius unbedingt eine neue, in dieser Frage erweiterte und auf den neuesten Stand gebrachte folgen müsse. Versucht man, sich in ihre wahrlich nicht angenehme Lage zu versetzen – schließlich hatte Liszt sie quasi in Rom „sitzen gelassen", und sie hatte als Folge ihrer Scheidungsaffäre jahrelang den Umgang mit der eigenen Tochter abgebrochen – und sucht man nach den Gründen für ihr Schreiben, so wird schnell deutlich, dass weder „ein" Jude noch gar „die" Juden etwas mit ihrem Lebensschicksal und ihren Schwierigkeiten zu tun hatten. In ihrer Umgebung gab es nämlich überhaupt keine Juden. Also warum? Und wenn schon, warum nicht unter ihrem eigenen Namen? Der arme Meister hatte wahrlich Pech mit den ihm nahe stehenden literarisch tätigen Damen, die sich an ihm rächen wollten! Aber was war das abstoßende Porträt im Roman *Nélida* von Marie d'Agoult, die ihr Werk immerhin unter ihrem allbekannten Pseudonym Daniel Stern publiziert hatte, verglichen mit dem, was die Fürstin Carolyne nun gegen ihn beging: Eine Hetzschrift einem anderen Menschen unter dessen weltberühmtem Namen, ohne sein Wissen unterzuschieben, statt die Verantwortung dafür selbst zu übernehmen, ist, freundlich ausgedrückt, unfair oder schlicht gesagt ein gemeines Verbrechen.

Das „Judenkapitel" in der zweiten Auflage des *Zigeunerbuches* ist zugleich eines der ersten manifesten Dokumente der politischen Rassentheorie und Judenhetze, die sich damals schnell in Deutschland, Österreich und Frankreich ausbreitete. Zur selben Zeit, als in Russland die Pogrome gegen die Juden an der Tagesordnung waren, als in Ungarn und Deutschland antisemitische Parteien gegründet wurden, die internationale Kongresse hielten und Hetzkampagnen organisierten, erschien in diesem „Liszt-Buch" über Zigeunermusik die Karikatur des bösen, hässlichen, krummnasigen Juden mit den „gekrümmten Fingern", der nicht bloß aller Kreativität unfähig sei (wie noch in der Buchausgabe von 1859), sondern als der für alles Schlimme, alle sozialen Mängel verantwortliche Sündenbock. Wie die zeitgenössischen antisemitischen Hetzflugblätter behauptet das Buch, diese Missgeburt der Menschheit strebe gierig nach der Weltmacht, halte das Monopol in Presse, Kapital und Handel in Händen und sei gleichzeitig der Ur-Umstürzler und Motor aller gesellschaftlichen Unruhen. Die scheußliche Rasse sei die Verkörperung des Hasses, deren höchstes Ziel es ist, den Christen zu schaden: Ein Blutsauger, unfähig zur Assimilation an die Völker, unter denen er lebt. Folglich müsse der Kampf gegen diesen entsetzlichen, nicht zu erduldenden Parasiten, durch den die Völker in ihrem eigenen Land bedroht seien, auf Leben und Tod geführt werden. Die Judenfrage sei demnach einzig durch ihre zwangsmäßige und wenn nötig gewaltsame Deportation nach Palästina zu lösen.[74] All dies klingt uns Heutigen nach Auschwitz nur allzu bekannt, und tönt uns aus den Parolen der Rechtsextremisten entgegen, mit der Ausnahme, dass sie den Juden heutzutage auch das Existenzrecht in Israel absprechen.

Die Fürstin musste sich vollkommen im Klaren darüber sein, was für Konsequenzen ein solcher Text für Liszt in der ungarischen Presse (und, wie Alan Walker nachgewiesen hat: auch in der Wiens,[75] wo die Juden eigentlich seit 1849 gleichberechtigt waren) haben würde. Die ungarischen wie die deutschsprachigen Budapester Zeitungen waren nun voll von dem neuen Liszt-Skandal. Überall bildete diesmal sein bis dahin unbekannter Antisemitismus das Hauptthema. Sie beurteilten die Frage je nach ihrer politischen Ausrichtung. Als Beispiel mögen einige Zeilen aus der gemäßigten Besprechung „Franz Liszt über die Juden" aus dem deutsch-jüdischen Blatt *Neues Pester Journal* genügen:

Wenn das Buch von einem Unbekannten herrührt, ist es einfach ein schlechtes Buch; wenn es von einem Künstler herrührt, ist es ein unwürdiges; wenn es von einem Priester herrührt, ist es ein niedriges; und da es von Franz Liszt herrührt, ist es ein trauriges.[76]

Ähnlich wie heutige Leser wollten viele Zeitgenossen es nicht wahr haben, dass solche Zeilen von demselben gütigen und toleranten Meister stammen könnten, der große Summen und manches Wohltätigkeitskonzert für jüdische Zwecke in seiner Heimat gegeben hatte und zu dessen Ehren 1878 eine Gedenktafel an der Wand des jüdischen Mädchenwaisenhauses enthüllt worden war. Manche Beobachter vermuteten, sein Schwiegersohn Richard Wagner stecke dahinter, andere vermuteten mit Recht die Fürstin. Jedenfalls bot dies einen willkommenen Anlass, sich über seine Werke herzumachen.

Die Emanzipation der Juden war in Ungarn nach dem Ausgleich mit Österreich 1867 vollzogen worden. Aufgeklärte jüdische Bürger hatten sich bereits um 1848 als ungarische Patrioten mosaischen Glaubens bekannt und wurden dafür nach der Niederschlagung des Freiheitskrieges doppelt bestraft. Nun vertauschten sie häufig ihre deutschen Namen mit ungarischen, wechselten von der deutschen zur ungarischen Sprache und passten sich auch sonst in Sitte, Mode und Lebensweise an die ungarische Umgebung an. Sie bildeten neben der deutschen diejenige Minderheit im Land, die sich am eifrigsten zu assimilieren versuchte. Dies erwies sich nicht zuletzt als wichtig für Großungarn selbst, dessen ungarische Bevölkerung zu jener Zeit unter nach Selbständigkeit strebenden Slawen und Rumänen eine Minderheit bildete und deshalb auch von der Regierung unterstützt wurde. Das bewegliche und fleißige, durch keinerlei feudale Traditionen gehemmte ungarische Judentum nahm nach seiner Gleichberechtigung regen Anteil an der Modernisierung und Entwicklung von Wirtschaft, Handel, Technik und Kultur und tat sich ebenfalls in den nun zugänglich gewordenen intellektuellen Berufen hervor. Diesem gründerzeitlichen Impuls verdankte das bis dahin ein eigenes Bürgertum entbehrende Land einen schnellen Aufschwung und eine Annäherung an Europa.

Auf der anderen Seite erfolgte zeitgleich eine zunehmende Verarmung und Verschuldung des konservativen, feudalen niederen und mittleren Adels, der sich oftmals genötigt sah, Besitztümer an Juden zu verpachten, selbst die modernen Unternehmungen, Produktionstechniken und -kreisläufe von Wirtschaft und Handel aber tief verabscheute. Demzufolge wuchs die Eifersucht und der Hass auf die erfolgreichen, sich in *ihrem* Lande ausbreitenden „Fremden". Einen weiteren Faktor der Irritation bildete der Zustrom von orthodoxen Juden aus dem Osten. Diese Erfahrungen bildeten den Nährboden für eine aggressive, auf einer modernen Rassentheorie beruhende antisemitischen Bewegung, ähnlich wie in Deutschland, Österreich und Frankreich. In Ungarn stand sie unter der Leitung des Abgeordneten Stuhlrichters Győző Istóczy. Seit 1875 verschaffte sie sich im Parlament Gehör, und 1883 kam es zur Gründung einer antisemitischen Partei. Dabei handelte es sich im Grunde genommen um eine marginale, von den anderen Abgeordneten nicht ernst genommene Gruppe. Dennoch gelang es Istóczy, mit seinen sich immer wilder gebärdenden Hetzschriften, die das ganze Land als „verjudet" darstellten und mit Parolen wie „Juden raus aus Ungarn" die gewaltsame Deportation nach Palästina forderten, bis ihm gerichtlich Einhalt geboten wurde, antisemitische Unruhen zu schüren. Im Jahre 1882 gelang es sogar, einen Ritualmord-Prozess gegen einen kleinen unschuldigen Schächter namens József Scharf aus dem ost-ungarischen Dörflein Tiszaeszlár anzuzetteln. Dieser wurde beschuldigt, ein junges, im Fluß Theiß ertrunkenes Christenmädchen aus rituellen

Gründen ermordet zu haben. Sein Sohn Móric wurde zum Meineid gegen den Vater gezwungen. Der Prozess dauerte bis 1884, dann kam die Wahrheit ans Licht. Dennoch war es einer der ersten Prozesse dieser Art im modernen Europa, etwa zehn Jahre vor der Dreyfuss-Affäre in Frankreich. Vor diesem Hintergrund nimmt es nicht Wunder, dass der Begründer des Zionismus, Theodor Herzl, der 1860 in Pest geboren worden war, eine Heimstätte für die Juden in Palästina forderte.

Mitten in diese gährenden Konflikte wurde ein Europäer und Künstler wie Franz Liszt durch die Fürstin Carolyne hineingestoßen. Ritterlich wie er war, ließ er den Hagel von Boshaftigkeiten und vernichtenden Kritiken klaglos über sich ergehen, ohne ein Wort darüber zu verlieren, dass er das unter seinem Namen erschienene Buch erst fertig gedruckt zu sehen bekommen hatte. Er wollte sein Märtyrertum tragen und ließ als eigensinniger *vieillard terrible* die um ihn besorgte Lina Ramann selbst an der deutschen Übersetzung dieses Kapitels in Band VII der *Gesammelten Schriften* von 1883 nichts ändern. Auch auf die wildesten Angriffe der Presse, etwa das berüchtigte Pamphlet von Sagittarius (d.i. Max Schütz, dem Musikkritiker des deutschsprachigen *Pester Lloyd*) mit dem Titel *Franz Liszt über die Juden* von 1881 reagierte er nicht. Der Fürstin machte er nicht den leisesten Vorwurf. Er übersandte ihr einfach die Broschüre gegen „*notre livre*" (man beachte den Plural!) mit der Unterschrift „*Umilissimo Sclavissimo*" und erklärte, die Beschuldigungen träfen ihn zu Unrecht, da sie dem Evangelium und seiner eigenen Gesinnungsart widersprächen.[77] Wiedersehen mochte er die Fürstin allerdings eine Zeit lang nicht. Anfang Februar 1883, als der Ritualmord-Prozess gegen József Scharf in vollem Gange war und die antisemitische Hetzkampagne in Ungarn ihren Höhepunkt erreichte, erklärte Liszt öffentlich, er sei ein Freund, kein Feind der Juden – ohne freilich seine Nichtautorschaft des „Judenkapitels" offen zu legen. Die in Ungarn in französische Sprache erscheinende *Gazette de Hongrie* veröffentlichte am 08. Februar 1883 Liszts Erklärung und seinen Brief an Chefredakteur Saissy. Später wurde dieser dem Wunsch des Meisters gemäß auch auf Deutsch in der *Allgemeinen Deutschen Musikzeitung* und anderswo veröffentlicht. Der Text lautet wie folgt:

‚Nach dem Sprichwort ist Schweigen zwar Gold, allein unter den gegebenen Umständen, angesichts der Judenfrage in Ungarn, ist es besser, sich des Silbers der Sprache zu bedienen. Ich werde Ihnen einige Zeilen Schreiben.'

Geehrter Herr Redacteur!

Mit einem gefühl des Bedauerns richte ich diese Zeilen an Sie, da hier jedoch geflissentlich das Gerücht von meiner angeblichen Judenfeindlichkeit verbreitet worden ist, so halte ich es für meine Pflicht, den Irrthum dieses falschen gerüchtes zu berichtigen.

Es ist allgemein bekannt, daß ich mit vielen in der Musikwelt hervorragenden Israeliten, Meyerbeer obenan, Beziehungen der gegenseitigen Achtung und Freundschaft unterhielt, gleichwie aus literarischen Kreisen mit Heinrich Heine und Anderen.

Es erscheint mir überflüssig, die mannigfachen Beweise aufzuführen für die Gerechtigkeit, die ich während einer fünfzigjährigen Laufbahn talentvollen und befähigten Israeliten gegenüber bethätigt habe, wie ich mich auch enthalten darf von den freiwilligen Spenden zu sprechen, die ich während dieser Zeit in den verschiedensten Ländern den Wohltätigkeitsanstalten des Judentums zugeführt habe.

Der Wahlspruch meines Schutzpatrons, des hl. Franziskus von Paula, ist ‚Charitas', ich werde demselben mein Lebenlang getreu bleiben.

Wenn man mich durch einige verstümmelte Citate aus meinem Buche über ‚Die Zigeuner in Ungarn' in derartige, vom Zaun gebrochene Streitigkeiten (*querelle d'allemand*) zu verwickeln trachtet, so kann ich mit gutem Gewissen versichern, daß ich mich keiner anderen Frevelthat schuldig fühle, als derjenigen, die Idee eines ‚Königreiches Jerusalem' zart wiederholt zu haben, die vor mir durch d'Israeli (Lord Baconsfield [Ministerpräsident Englands]) – Georges Elliott (Mme Lewis [d.h. George Elliot, ihrem richtigen Namen nach hieß die englische Schriftstellerin Ann Evans und war nicht die Ehefrau von G.H. Lewes. Auch hielt sie Liszt irrtümlicherweise für eine Israelitin, vielleicht auf Grund ihres 1876 erschienenen Romans *Daniel Deronda*]) – und Crémieux [Adolphe, französischer Politiker, Minister], drei Israeliten von hohem Range, ausgesprochen worden ist.

Genehmigen Sie u.s.w. Budapest, 6. Februar 1883

Franz Liszt.

Freilich waren die Zitate in der Broschüre von Max Schütz durchaus nicht „verstümmelt" und auch ihre deutsche Übersetzung ist – abgesehen von einigen Kleinigkeiten – korrekt. Das musste die Fürstin so gewollt haben. Und es war absehbar, dass die öffentliche Erklärung Liszts konservative Kritiker kaum beeindrucken würde. Der viel jüngere Schütz erlaubte sich dem weißhaarigen Meister gegenüber einen gehässigen, voreingenommenen Ton, der nichts mit kultivierter Musikkritik zu tun hatte. Die *Hunnenschlacht* bezeichnete er im *Pester Lloyd* vom 12. März 1884 als einen „wahren musikalischen Massenmord", eine „symphonische Mißgeburt", über das *Ungarische Königslied* schrieb er ebenda am 26. März es sei „nichts als ein unerträgliches Unisonogebrüll", „die Mißgeburt einer Nation", „ein Hohn auf menschlichen Gesang", der „eine Kavallerie-Division in die Flucht jagen" könne.

Richard Wagner zeigte den oben zitierten Brief Liszts am Tag vor seinem Tod Cosima, die darüber in ihrem Tagebuch notierte: „[...] der Brief ist sehr gut geschrieben, aber wir bedauern, daß er sich bewogen fühlte, ihn zu schreiben. Er [R.W.] denkt daran, daß die Fürstin ihn [F.L.] in all das Elend hineingebracht hat und sagt: ‚Dein Vater geht noch aus lauter Cavalerie zu Grunde!'"[78]

Das Verhältnis Richard Wagners zu seinem Schwiegervater in dieser letzten Lebensperiode, also nach der Versöhnung, muss als ambivalent bis ins Hysterische bezeichnet werden. Wenn er dazu aufgelegt war, beteuerte er gegenüber Liszt seine Dankbarkeit und Liebe, umarmte ihn und ermunterte ihn, seinem Nomadenleben ein Ende zu bereiten und zu ihm und Cosima zu ziehen. Wenn er aber tatsächlich regelmäßig zu längeren Besuchen in Bayreuth oder Italien weilte, machte Wagner Cosima stets heftige Eifersuchtsszenen. Der alte, einst so gepriesene Freund ging ihm dann schnell auf die Nerven. Die vielen Gehässigkeiten, die er über Liszt Ende der 1860er Jahre in seinem *Braunen Buch* niedergeschrieben hatte, hinterließen ihre Spuren. Alles störte ihn dann an seinem Schwiegervater. Sein Wesen, seine Lebensart, seine profranzösischen Gefühle und nicht zuletzt sein Katholizismus. Vor allem jedoch – und dies ist das Traurigste – wandte er, der eigentlich nie viel für Liszts Musik übrig gehabt hatte, obwohl er davon reichlich profitierte, sich angewidert von Liszts Spätwerk ab. Für die dem Tod zugewandte, in ihrer experimentellen Unabgeschlossenheit so bedeutende Spätlese hatte Wagner ebenso wenig Verständnis wie seine Zeitgenossen, im Gegenteil: Er hielt sie einfach für ein Symptom der Altersschwäche und Senilität. Gegenüber Cosima machte er vernichtende Bemerkungen über Werke wie den Klavierzyklus *Weihnachtsbaum* oder das Oratorium *Via crucis*. An einem der letzten gemeinsamen Abende im Palazzo Vendramin in Venedig, dem 28. November 1882, trug Cosima in ihr Tagebuch ein:

Am späten Abend wie wir allein sind, ergeht sich R. über die jüngsten Kompositionen meines Vaters, er muß sie durchaus sinnlos finden und drückt das

> eingehend und scharf aus. Ich bitte ihn, mit meinem Vater darüber zu sprechen, um ihn von den Irrwegen zurückzuführen, ich glaube aber nicht, daß R. dies tut.[79]

Und am nächsten Abend hieß es:

> Er beginnt heute abermals und gar schroff in seiner Wahrhaftigkeit über den Vater zu sprechen, als ‚keimenden Wahnsinn' bezeichnet er die Arbeiten.[80]

Kurz vor seinem Tode, als er sich in seiner Heimat zunehmend isoliert und vernachlässigt fühlte, wurde Liszt in Westeuropa, quasi zur Entschädigung für alle früher dort erlittenen Kränkungen, noch ein später Triumph zuteil. Zu den ihm stets freundlich gesonnenen Ländern Holland und Belgien gesellte sich nun die Schweiz, insbesondere Zürich mit seinem Liszt-Festival 1882 und schließlich, im Frühling 1886, Frankreich und England. 1881 war er endlich zum korrespondierenden Mitglied der Französischen Akademie ernannt geworden. Überglücklich nahm der 74jährige an all den Empfängen, Soiréen und Konzerten teil, die ihm zu Ehren in der französischen und der englischen Metropole veranstaltet wurden, nahm die Ehrungen und den nicht endenwollenden Applaus entgegen, wobei er bei den Festlichkeiten gelegentlich einnickte. Strahlend berichtete er der Fürstin Carolyne und der Baronin Olga über seine Erfolge. Alles dies galt, so meinte er, nun nicht mehr dem unvergleichlichen Virtuosen und seiner „liebenswürdigen Persönlichkeit"[81] (den deutschen Ausdruck benutze er in seinem Brief an Carolyne vom 27. Mai 1881), sondern nunmehr in erster Linie dem Komponisten und seinen Werken.

In Frankreich hatte sich das Musikleben nach 1870 rasch fortentwickelt. Für die Förderung der nationalen Musik wurde 1870 die *Société nationale de Musique* gegründet. Eine neuere Generation von antikonservativen Musikern meldete sich zu Wort, etwa die Dirigenten Jules Étienne Pasdeloup, Charles Lamoureux, Edouard Colonne und Auguste Vianesi. Es gab geschulte Musikkritiker und ein Publikum, das der neuen Musik aufgeschlossen gegenüberstand. Auch unter den Komponisten hatte Liszt Anhänger, so Ambroise Thomas, Charles Gounod, Jules Massenet und vor allem Camille Saint-Saëns, der sich bemühte, seine Werke in Paris durchzusetzen. Er selber verdankte dem Meister die Weimarer Aufführung seiner Oper *Samson et Dalilah* (1877) und widmete seine *Symphonie Nr. 3, c-Moll* seinem Andenken.

In England, das Liszt seit mehr als vierzig Jahren nicht betreten hatte, waren es der in Ungarn geborene Dirigent Hans Richter und der Liszt-Schüler

Walter Bache, die viel für die Verbreitung seiner Musik in Kreisen mit konservativem Geschmack getan hatten. In London wurde die *Heilige Elisabeth* unter Charles Mackenzie mit Emma Albani in der Titelrolle zweimal vortrefflich aufgeführt; die St. James's Hall, die Grosvenor Gallery und der Crystal Palace hallten von seinem Ruhm wider. Er wurde von Königin Victoria und dem Prinzen von Wales empfangen. In Paris wurde u.a. die *Graner Messe* unter Colonne, zweimal am Ort der ehemaligen Schmach, in der Kirche St. Eustache aufgeführt. *Die Heilige Elisabeth* erklang unter Vianesi im riesengroßen Saal des Trocadéro, der 7.000 Personen Platz bot. Doch es gab auch weiterhin Liszt-Konzerte in Privat-Soiréen wie öffentliche Aufführungen unter den genannten ausgezeichneten Dirigenten. Munkácsy, in dessen Palais er nach seiner Rückkehr aus London wohnte, malte ein Porträt des Meisters. Überall wurde er umjubelt und verwöhnt. Er genoss dieses letzte Geschenk des Lebens in vollen Zügen.

Doch nur wenige Monate darauf, nachdem er die Augen für immer geschlossen hatte, erwies sich all das als bloßes Strohfeuer. Der Nekrolog des *L'Art musical* von A. Landely stellte unumwunden die Unsterblichkeit seiner Musik in Frage.[82] Der vormalige Enthusiasmus erschien nun als wenig mehr denn eine Abschiedsgeste für den greisen Künstler. Dieser hatte einer Person mit einzigartiger Ausstrahlung gegolten, die seit Jahrzehnten Sensationen erregte. Sobald er nicht mehr lebendig präsent war, wurde Liszt wieder zu einem missachteten und unverstandenen Komponisten. Dies gilt für das konservative Wien ebenso wie für das provinzielle Budapest und das für Wagner und Brahms schwärmende Deutschland. In Paris hatte er zwar neben Saint-Saëns jüngere Verehrer und Nachfolger wie Gabriel Fauré und besonders Claude Debussy, öffentlich wurden seine Werke jedoch nicht aufgeführt. Und in England, das ganz unter dem Einfluß von Joachim und Clara Schumann stand, waren Liszt und seine Nachfolger gleichsam mit einem Bannfluch belegt.[83] Den großen Liszt-Bewunderer und Interpreten Ferruccio Busoni kostete es um die Jahrhundertwende einen harten Kampf, bis es ihm gelang, „ein ganzes Liszt-Recital", „extraordinär für London"[84] geben zu können. Seinen Schülern August Göllerich und August Stradal ging es auch in Wien nicht besser, als sie einen Liszt-Zyklus zum Andenken ihres Meisters veranstalteten. Dies belegt eine Kritik des Komponisten Hugo Wolf aus dem *Wiener Salonblatt*, erschienen am 14. November 1886:

Wie weit man hier auch in der Mißachtung des großen Franz Liszt schon vorgeschritten, wie absurdisch auch das oberste Ketzergericht gegen alles, was neu, kühn, großartig ist, gebärdet, in wie kindischer Weise auch unser ‚Elite-Publikum' in den philharmonischen und Gesellschafts-Concerten den Standpunkt unserer conservativen, heuchlerischen Kritik vertritt [...], wie schlimm es mit einem Worte auch um die Anerkennung der Werke Liszt's, gegenwärtig und seit Langem schon steht, so finden sich doch immer noch Leute, die, der drohenden Constellation am kritischen Horizont unerachtet, muthig auf ihren Posten eilen und unerschrocken der öffentlichen Meinung und ihren Organen den Handschuh vor die Füsse werfen.[85]

Nach seinem siebzigsten Geburtstag war der stattliche, schöne und von ernsthaften Krankheiten sein Leben lang verschonte Künstler sichtlich gealtert. Er litt am Star, konnte kaum mehr lesen, hatte eine zittrige, ungelenke Handschrift mit großen Buchstaben und ließ sich lieber vorlesen oder diktierte. Das berühmte weiße Haupthaar allerdings blieb voll. Über Zahnschmerzen hatte er schon früh geklagt, nun ließ er sich zwar künstliche Gebisse anfertigen, nachdem er die Zähne verloren hatte, trug diese aber nicht immer. So zeigt ihn das späte Portrait von Munkácsy. Charakteristisch waren die vielen Warzen im Gesicht, wie auch die angeschwollenen Füße. Sein Klavierspiel und die Lust zu improvisieren wie zu geistvoller Konversation waren und blieben jedoch bis ans Lebensende überwältigend. Dies erwies sich vor allem deshalb als recht nützlich, weil ihn das Gedächtnis häufig im Stich ließ. Der Abbé Liszt, der seit 1879 den Rang eines Titulardomherren von Albano bekleidete, blieb in seiner Persönlichkeit und Lebensweise durchaus der bezaubernde Mann von Welt. Nie wurde er, allen Versprechungen an die Fürstin Carolyne zum Trotz, zum Eremiten.

Erstaunlich ist, dass er an seinem Lebensabend im Stande war, in seiner Kunst den Zugeständnissen an den Geschmack des Publikums zu entsagen und so die radikalen Schlussfolgerungen aus seinen musikalischen Neuerungen zu ziehen. „Die Nichterfüllung von Normen und Erwartungen"[86] nennt Dorothea Redepenning diesen Prozess. Bezeichnend für seine letzte Schaffensperiode ist, dass seine Kompositionen weniger denn je als abgeschlossene, einmalige Kunstwerke erscheinen. Hatte er schon immer an seinen Werken weitergefeilt, so verfertigte er sie nun von vorne herein in verschiedenen Fassungen und Besetzungen. „Unabgeschlossen" sind viele von ihnen auch in rein musikalischem Sinn, nämlich dadurch, dass sie anstelle der früheren, oft auftrumpfenden Abschlüsse im Nichts enden, gleichsam verwehen oder aphoristisch offen bleiben. Die von Anfang an vorhandene Tendenz zu Neuerungen in Klangfarbe, Form-, Satz-, Melodie- und Harmoniebildung erfährt nun ihre endgültige Konsequenz: Mit Tonleitermodellen und Harmonien neuer, in keinen konventionellen Rahmen passenden Strukturen, die auf den gleichberechtigten zwölf chromatischen Tönen basieren sowie mit der Dehnung und Verengung der Intervalle. Neben der, in manchen Stücken mit systematischer Strenge auftretenden Monothematik und organischen Variation bzw. dem hartnäckigen Ostinato-Bass, werden neue Faktoren als formbildende Elemente angewendet, wie Verdichtung und Verdünnung der Textur, der Stimmen und der Töne unter Einbeziehung der Pausen und der Richtung der Stimmen. Andernorts operiert der Komponist mit der Klangfarbe an sich. Neue, scharfe Dissonanzen entstehen durch autonome, auf den vertikalen Zusammenklang keine Rücksicht nehmende Stimmführung. Der Tonsatz ist recht vielgestaltig. Liszt konnte immer noch schwer spielbare und neue Arten von Klangzauber heraufbeschwörende Stücke schreiben, in der Mehrzahl der Kompositionen jedoch herrscht jetzt Konzentration und asketische Ökonomie vor. So greift eine absichtliche Entsagung von aller Art alter Virtuosität um sich, eine Reduktion der Faktur bis ans Skelettartige. Manchmal finden sich knappe Motive von wenigen Tönen in kleinem Abstand, oft ein ganz einfacher Rhythmus, eine zurückhaltende Dynamik von *mezzoforte* bis zum dreifachen *pianissimo*. Das Seltsame aber ist, dass diese auf das Wesentliche reduzierte, experimentelle, ja gelegentlich fratzenhaft erscheinende Musik des alten Liszt auf den Hörer von heute (auf die Autorin dieses Buches jedenfalls) aufrichtiger und ergreifender wirkt als seine groß angelegten, abgerundeten Werke. Diese seine späte Musik wurde durch die skizzierten Eigenschaften zum wichtigen Ausgangspunkt für verschiedenste nachgeborene Komponisten, auch wenn ein großer Teil der Werke erst lange Jahre nach Liszts Tod, vieles sogar erst nach dem Zweiten Weltkrieg veröffentlicht wurde. Béla Bartók lernte als Mitarbeiter der Liszt-Gesamtausgabe einige dieser spätesten Arbeiten kennen; Arnold Schönberg war noch weniger davon zugänglich. Bezeichnend ist jedoch, dass beide Meister in Bezug auf Neuerungen Liszts in ihren durchaus kritischen Essays von 1911 und 1912 darin übereinstimmten, dass sie Liszt mehr Anregungen verdankten als Wagner.

Liszt selbst war sich völlig darüber im Klaren, dass seine Zeitgenossen, wenn sie ihn bisher nicht verstanden hatten, seine späten Werke erst recht nicht verstehen würden, ja er wollte sie sogar ausdrücklich damit schockieren. Mit bitterem Hohn machte er sich über die konservativen Eselsohren lustig oder bemerkte wiederholt resigniert: „Wir können warten..." Bezüglich des *3. Valse oubliée* sagte er am 08. August 1885 zu Göllerich: „Ich habe nurmehr vergessene Sachen, *Valse, Romance oubliée* etc. – nächstens wird eine *Polka oubliée* kommen."[87] Auch seine ironisch-wehmütigen Bemerkungen über seine „Spitalstücke" und „Totenkammer-Stücke" bekamen die Lisztianer oft zu hören.

Zu seiner Depression trugen die erlittenen Enttäuschungen und Beleidigungen, die physischen Leiden und der Verlust alter – treuer und untreuer – Kameraden und Bezugspersonen bei. In der zweiten Hälfte der 1860er Jahre waren dies nach dem Tod seiner Mutter der Kritiker d'Ortigue, der Maler Ingres und die Komponisten Rossini und Berlioz; 1870 starb Mihály Mosonyi, der Landsmann, der ihn tief verehrt hatte; 1871, viel zu jung, sein genialer Schüler Carl Tausig; 1872 seine erste Liebe Caroline d'Artigaux; 1874 die treue Freundin Marie Mouchanoff-Kalergis und der ihm treu ergebene Peter Cornelius; zwei Jahre darauf Marie d'Agoult und George Sand; 1878 Baron Augusz; 1882 Joachim Raff; 1883 Wagner; 1885 Victor Hugo... Kein Wunder, dass ihn hauptsächlich das Vergängliche und der Tod beschäftigten, die nun in Form von Klageliedern (französisch *thrénodie*), Trauermärschen und Totentänzen im Mittelpunkt seines Schaffens standen, nur hie und da durch einen Strahl seines Glaubens und seiner Mystik verklärt.

Nachdem Liszts bedeutende Spätlese noch immer kaum gespielt und größtenteils wenig bekannt ist, sollen die wichtigsten Werke hier etwas detaillierter vorgestellt werden, um die Aufmerksamkeit der Leser auf sie zu lenken. Viele dieser Kompositionen erschienen erst lange Jahre nach dem Druck erstmalig auf Tonträgern. Auf den Konzertpodien sind einige von ihnen inzwischen ab und an zu hören.

Groß angelegte Werke schrieb Liszt nicht mehr. Ein Opus von größerem Format ist die Ende der 1870er Jahre vollendete Passion *Via crucis* für Soli, Chor mit Orgel- oder Klavierbegleitung, die aus einer Einleitung und Vertonungen der 14 Stationen des Kreuzweges besteht. Es handelt sich um eine „Hommage à Johann Sebastian Bach", da die Töne seines Namens mit ihren Intervallen, die in vertikalen und horizontalen Kombinationen neuartige Klänge hervorrufen, konkret in der sechsten Station „Sancta Veronica" auftauchen. Die *Via crucis* ist eine erschütternde, sehr individuelle, hochdramatische, zugleich subjektiv-verinnerlichte, „ökumenische" Musik, die Worte der Bibel, Texte und Melodien zweier frühchristlicher lateinischer Hymnen und zweier Bachscher protestantischer Choräle verarbeitet. Das Werk atmet aufrichtiges Bekenntnis und Humanität, Mitgefühl für die Verfolgten, Gedemütigten, Betrübten und Leidenden. Auch dieses Werk entstand in verschiedenen Versionen. Im „Budapester Manuskript" steht bezeichnenderweise, in Liszts Handschrift, nach der zehnten Station (Jesus wird entkleidet) ein *Parsifal*-Zitat:

„Durch Mitleid wissend". Von Monumentalität allerdings findet sich in der knapp gefassten Passion – die Spieldauer beträgt etwa 30 Minuten; man vergleiche dies mit den dreistündigen älteren Oratorien! – keine Spur mehr. Der bescheidenen Besetzung entsprechend ist das Werk äußerst zurückhaltend in Farbe, Klang, Melodik und Rhythmik. Neben archaisierenden, andachtsvollen Kirchentonarten erscheinen neuartige, das diatonische Dur-Moll-System sprengende, auf Gleichberechtigung der zwölf chromatischen Töne basierende, schneidende Dissonanzen. Sie werden meistens als Ausdruck tiefen Leides aus den Intervallen und abstrahierten Kombinationen der so genannten ungarischen Skala (mit zwei übermäßigen Sekunden) abgeleitet. Die Konstruktion ist außerordentlich organisch und ökonomisch, mit einem wahren Netz von Leitmotiven durchwoben, welche alle aus einem einzigen Intervall-Kern, dem sogenannten fallenden Tritonus des *„Eli, Eli, lamma Sabacthani?"*(Mein Gott, mein Gott, warum hast Du mich verlassen?) entwickelt werden. Jede Regung, jede Nuance hat ihre Funktion im Ganzen und steht im Dienst des dramatisch-musikalischen Gesamtausdrucks.

In den Jahren 1881/82, dreizehn Jahre nach der letzten, entstand eine „verspätete" symphonische Dichtung, inspiriert von einer Federzeichnung des Malers Mihály Zichy mit dem Titel *Von der Wiege bis zum Grabe*. Im Gegensatz zu den früheren ist dies ein Werk in drei Sätzen, die allerdings durch wiederkehrende Themen zu einem organischen Ganzen gestaltet sind. Der erste Satz, „Die Wiege", ist besonders anmutig und fein gesetzt, mit sordinierten Violinen, zwei Flöten, Harfe und als tiefster Stimme Violen, was dem Stück einen schwebenden Charakter verleiht. Der zweite Satz ist ein stürmischer, jedoch ganz kurzer „Struggle for life" – eher nur eine Episode zwischen Wiege und Grab. Das Finale „Das Grab" bildet eine Art Synthese der bereits erklungenen Themen und weist die charakteristische Lisztsche Dramaturgie auf, indem es schmerzvoll beginnt und verklärt endet, diesmal im Sinne eines tatsächlich an die Schwelle des Jenseits gelangten, gläubigen Menschen.

Von den späten Liedern sollen hier nur zwei besonders ergreifende Vertonungen französischer Dichter erwähnt sein; beide sind thematisch wie musikalisch und im absoluten Respekt gegenüber dem Text charakteristisch für das Spätwerk Liszts. Zum einen *Tristesse (J'ai perdu ma force et ma vie)*, ein sehr schönes Sonett von Alfred de Musset, vertont 1872; es endet mit folgenden Worten: „Le seul bien qui me reste au monde/Est d'avoir quelquefois pleuré" („Das einzge Gut, das mir bleibt im Leben,/es sind Tränen, die ich einst geweint." Übersetzung Alfred Meissner.). Zum anderen eine zwar gedruckte, jedoch nicht auf Tonträger verfügbare, rührende Spätkomposition aus den

1880er Jahren: Ein Vierzeiler von Victor Hugo, den Liszt für Altstimme mit Klavier- oder Harmoniumbegleitung dreimal nacheinander, als Mini-Zyklus in drei ganz kurzen Sätzen mit den knappsten und bescheidensten Mitteln in Musik setzte. Das Gedicht Hugos erschien mit dem Titel *Écrit au bas d'un Crucifix* (Am Fuße eines Kreuzes); bei Liszt heißt es einfach *Le Crucifix*. Der Text lautet folgendermaßen:

> Vous qui pleurez, venez à ce Dieu, car il pleure.
> Vous qui souffrez, venez à lui, car il guérit.
> Vous qui tremblez, venez à lui, car il sourit.
> Vous qui passez, venez à lui, car il demeure
>
> Leidender, komm, denn dies ist dein Gott, der dich heile.
> Weinende, schaut im Tränentau sein göttlich Bild.
> Fühlt, die ihr ach, verzagen wollt, wie er so mild.
> Eilender du, vertraue ihm, daß er verweile.[88]

Der wichtigste Klavierzyklus Liszts überhaupt entstand größtenteils um 1877 und erschien 1883, unter dem Titel *Années de pèlerinage, Band III*. Im Gegensatz zu den vorigen Bänden (*Suisse, Italie*) erhielt er keinen Untertitel, obwohl Liszt ursprünglich einen recht schönen geplant hatte: *Feuilles de cyprès et de palmes* (Zypressen- und Palmenblätter).[89] Das ist schade, denn er hätte den Charakter dieser expressiven Musik treffend ausgedrückt. Der Zyklus ist aus sieben Nummern aufgebaut. Den Rahmen bilden zwei „religiöse" Stücke. (1) *Angelus* malt den Zusammenklang der vielen Abendglocken Roms, mit typisch Lisztschen Klavierfarben und (7) *Sursum corda* (Erhebet eure Herzen), ein melodiöses Stück; beide sind in derselben Tonart, nämlich E-Dur, gesetzt. Im Mittelpunkt steht dagegen ein durchaus weltliches, in tausend „praeimpressionistischen" Farben schillerndes und Ravel antizipierendes Werk, das die alte pianistische Bravour in einen neuartigen Klangzauber umwandelt: (4) *Les jeux d'eaux de la Villa d'Este* (Die Wasserspiele der Villa d'Este). Es ist das populärste Stück des Zyklus. Um dieses sind je zwei Trauermusiken gruppiert, zunächst die beiden dunklen Zypressen-Klagelieder (2) *Aux cyprès de la Villa d'Este, I.* und (3) *Aux cyprès de la Villa d'Este, II*. Liszt empfand das Wort Elegie als nicht ausdrucksvoll genug für diese Kompositionen; sie sind aus rauhen Harmonien und trostlosen Motiven konzipiert, welche sich höchstens in den Mittelteilen zu klagenden Gesängen ausdehnen. Das zweite Klagelied mutet post-*Tristan*haft an, klingt aber noch öder, noch düsterer.

Gefolgt werden die Wasserspiele von zwei weiteren Trauersätzen. Zunächst (5) *Sunt lacryme rerum en mode hongrois*, einer ungarischen Nänie, ganz aus Tönen und Intervallen der ungarischen Moll-Tonleiter aufgebaut. Den Titel bildet ein Vergil-Zitat, das aber auch bei Victor Hugo aufzufinden ist. Es wird gefolgt von einem Trauermarsch (6) *Marche funèbre*. Dieses erstaunliche Stück, das bereits 1866 zum Andenken an Kaiser Maximilian von Mexiko verfasst worden war, ist mit seinem ungarischen Rhythmus und seiner neuartigen, harte Dissonanzen erzeugenden Strukturierung der Töne über einem Ostinato-Bassmotiv, ein Vorläufer der spätesten Trauermärsche. Der Ausklang ist klagend, aber verklärt.

Ebenfalls hauptsächlich in den 1870er Jahren entstand der Klavierzyklus *Weihnachtsbaum*, ein ausnahmsweise heiteres Werk der letzten Periode. Gleichzeitig repräsentiert es die verschiedensten radikalen Neuerungen des Lisztschen Idioms. Einige Stücke sind ganz unklaviermäßig einfach gesetzte Bearbeitungen von alten Weihnachtsliedern, mit volksmusikalischen pentatonischen Harmonien: (1) *Psallite.* (2) *O heilige Nacht!* (3) *Die Hirten an der Krippe (In dulci jubilo)* (4) *Adeste fideles* (8) *Altes provenzalisches Weihnachtslied*, mit vielfachen Unisoni, vereinsamten, verdünnten, im Nichts verwesenden Abschlüssen. Neben diesen asketischen Sätzen gibt es auch funkelnde, brillante Kompositionen neuer Art. Das Ende des bunt schimmernden *Scherzoso: Man zündet die Kerzen des Baumes an* (5) ist ein Beispiel dafür, auf welche Weise Liszt den musikalischen Text verdünnen und planmäßig abbauen konnte: Durch Vergrößerung der Intervalle und der Tondauer. Die Glocken und das Glockenspiel hatten seit seiner Jugend eine wichtige, neue Klangqualitäten erzeugende Rolle in seinen Kompositionen gespielt. Das taten sie auch im Alterswerk: Entweder als religiöse Klänge in Pastell- oder feierlichen Farben oder als Todesglocken. In (9) *Abendglocken* ist es das Zusammenklingen von hartnäckig sich wiederholenden Bass-Motiven mit den oberen Stimmen, durch welche es zum simultanen Ertönen von ganzen pentatonischen (oder auch diatonischen) Tonleitern, mit Effekten wie bei Debussy kommt. In (6) *Carillon* wird die Thematik als solche durch die Farbe an sich ersetzt. Auch sonst zeigt dieses Stück neue Methoden musikalischen Organisierens: Richtung und Dichte der Stimmen, Verlangsamung oder Beschleunigung der Bewegung und des Rhythmus werden zu Gestaltungsfaktoren der Musik. Ein an Chopin gemahnendes Stück ist (7) das *Schlummerlied*. Der Walzer (10) *Ehemals* weist Verwandtschaft mit der herben, resignierten Nostalgie der späten vier *Valses oubliées* auf. An den Schluss des Zyklus setzt Liszt je ein Selbstporträt (*Ungarisch*), bei dem es sich in Harmonien, Technik (Dehnung und

Verkleinerung der Intervalle) und klapperndem Klang um ein typisches Stück seines ungarischen Spätstils handelt– und um ein Porträt der Fürstin Carolyne, *Polnisch*, eine Mazurka.

Die Stileigentümlichkeiten der im Satz in hohem Maße vereinfachten, an kühnen Dissonanzen reichen, späten Klavierwerke sind auch für seine einstige Bravourgattung, die Opernparaphrase, bezeichnend. Dies gilt auch für die letzte von ihnen, welche die späte Fassung (1881) von Verdis *Simon Boccanegra* paraphrasiert und die im Jahr darauf entstand.

Einen wesentlichen Teil der Lisztschen Spätlese bilden die ausdrücklich „ungarischen" Kompositionen: Lauter Klagelieder und Totentänze, die aus Kombinationen und Abstraktionen der „ungarischen" Moll-Tonleiter gebaut sind. Im Satz gemahnen sie hier und da noch an den alten Virtuosenstil, in der Form an den gewöhnlichen Langsam-Schnell Aufbau der Rhapsodie. Doch im Klang wirken sie meist asketisch-skeletthaft, verdünnt und düster, von knappen Motiven getragen. Obwohl es im 19. Jahrhundert in Ungarn durchaus üblich war, in der Kunstmusik die melodischen und rhythmischen Formeln der volkstümlichen Nationalmusik zu nutzen, war Liszts Musik jenseits aller Zigeuner- oder sonstigen Klischees zu ganz neuen, radikalen harmonischen Konsequenzen dieses sonst verbrauchten Idioms gelangt. Diese ungarischen Todesstücke sind vielmehr in Klang und Konstruktion der Klaviermusik des frühen, noch nicht mit der echten ungarischen Bauernmusik vertrauten Béla Bartók verwandt, sie sind sozusagen die *Allegri barbari* des alten Liszt.

So gibt es vier „verspätete" *Ungarische Rhapsodien, (Nr. 16, 17, 18, und 19)* aus den achtziger Jahren, die mit Ausnahme von *Nr. 19* eigene Themen aufnehmen und von übermäßigen Dreiklängen und Quart-Akkorden sowie hartnäckig sich wiederholenden Rhythmen geprägt sind. Herausragend unter ihnen ist die *Rhapsodie Nr. 17*, die aus einem traditionellen langsamen (Csárdás) und einem schnellen Satz besteht. Doch wie sehr unterscheiden sich Liszts Werke von den alten Stücken dieses Genres! Der schnelle Teil wird nach einer Steigerung bis zum fff nach und nach abgebaut, bis zum Unisono-Satz verdünnt, in immer tiefere Register verlegt und immer verlangsamt. Er besteht dann nurmehr aus zwei Intervallen, schließlich aus einem einzigen wiederholten Ton (einem ziemlich fremden in der Tonart) und bleibt am Ende offen.

Daneben gibt es drei dämonische *Csárdás*-Stücke: Einen wilden *Csárdás macabre* von 1880–82 mit überraschenden, skelettartig klappernden Quintenparallelen sowie ein zusammengehörendes Paar von Tänzen, *Csárdás* und *Csárdás obstiné* von 1884. Letzterer weist eine in der europäischen

Kunstmusik jener Zeit unbekannte Art der hartnäckigen, fortwährenden Wiederholung und tödlich-wahnsinnigen Steigerung auf.

Schließlich existiert noch eine Art „ungarisches Pantheon", die *Historischen ungarischen Bildnisse*, die größtenteils 1885 entstanden. Diese sind ein thematisch durchaus organisch zusammengehörender, streng geprägter Zyklus aus lauter Trauermusiken voller dramatischer Kraft und mit asketischem, aufs unklaviermäßigste reduziertem, rauh hämmerndem Satz. Er weist knappe, unmelodische Motive und Teile in unheilvollem Csárdás-Rhythmus und manchmal heroischen Fanfaren auf. Hinzu treten scharfe Dissonanzen, die auf Grund der ungarischen Tonleiter entstehen, sowie aphoristisch offen bleibende Schlüsse. Die Stücke des Zyklus repräsentieren die letzten Konsequenzen des einstigen magischen Klavierzauberers. Sie sind die letzten Kinder eines seinen Zauberstab zerbrechenden Prospero. Welten trennen sie von den einstigen entzückend-brillanten Kompositionen. Herausragend in dieser Serie ist das Stück *Teleki*, eine Bearbeitung des *Preludio funebre*. Wie bereits erwähnt, machte Liszt in seinen Trauerstücken auch schon früher gerne von der Ostinato-Technik, also dem hartnäckigen Wiederholen eines kurzen (Bass-)Motivs, Gebrauch, so in den *Funérailles,* in den Variationen über *Weinen, Klagen* und im *Maximilian-Trauermarsch* der *Années III*. Hier nun, im *Teleki*, erreicht diese Technik in ihrer Ausdruckskraft wie in der Variabilität der Bearbeitung ihren Höhepunkt. Aufgebaut ist das Stück auf einen viertönigen Ostinato-Bass, der der ungarischen Skala entnommen wird: g-b-cis-fis, jeweils verschiedenartig akzentuiert. Simultan erklingen in den oberen Stimmen Töne, die ebenso streng nach neuen Prinzipien konzipiert sind und mit dem Bass schneidende Dissonanzen bilden. Die ganze, düstere Komposition ist von hinreißender, elementarer Kraft. Sie ist ganz auf das System der gleichberechtigten zwölf Töne aufgebaut, die sich auf keinen traditionellen „Grundton" mehr beziehen und steigert sich in einem meisterhaften Aufschwung zu einem absoluten Höhepunkt, um dann ebenso streng wieder abgebaut zu werden.

Dem alten Liszt bereitete es wahrscheinlich Vergnügen, wenn man ihn einen „als Abbé verkleideten Mephisto" oder ähnlich bezeichnete. Seine Phantasie wurde noch immer durch den Lenauschen, Violine spielenden, die Gewalt der Musik verkörpenden Satan angeregt. Gerne intonierte er nach wie vor seinen zwanzig Jahre zuvor komponierten großartigen *Mephisto-Walzer* und ließ ihm nach 1880 noch manches neue Stück folgen. So sein letztes Orchesterwerk, den *Mephisto-Walzer Nr. 2* und einige höchst interessante Klavierkompositionen wie den *Mephisto-Walzer Nr. 3*. Dieser ist durchaus nicht asketisch im Satz, im Gegenteil. Im Teil „B" entfaltet sich ein wahrhaftiger Klingsorscher

Zaubergarten mit verführerischen Trillerketten und Mixturen-Kaskaden, mit Quartenakkorden und Ganztonleiter, der wie die Vorwegnahme des musikalischen Impressionismus tönt. Aber auch hier schneidet Liszt noch eine kühne Grimasse: Sein Walzer-Metrum ist nämlich gerade 4/4, bzw. 12/8. – Der *Mephisto-Walzer Nr. 4/b* wurde vom Komponisten eine *Bagatelle ohne Tonart* genannt. Weder Melodie noch Harmonik wollen mehr in den Rahmen der Wiener Klassik hineinpassen. Liszt wendet stattdessen selbst erfundene Tonleiter-Strukturen und von diesen abgeleitete Akkorde an und präsentiert das unerhört kühne und moderne Stück mit der Eleganz eines unübertrefflichen Kavaliers von Welt.

Sehr wichtige Spätwerke sind die vier, dem Andenken Richard Wagners gewidmeten Stücke *Die Trauergondel Nr. 1* und *Nr. 2, R.W. Venezia* und *Am Grabe Richard Wagners*. Alle entstanden um Wagners Tod, manche gleich für verschiedene Besetzungen. *Die Trauergondel Nr. 1* datiert verblüffenderweise auf Dezember 1882, also sechs Wochen vor Wagners Tod, während Liszt bei Richard und Cosima im Palazzo Vendramin, im winterlichen, bedrückenden Venedig wohnte und entstand wohl unter dem Eindruck eines schlimmen Vorgefühls. Die anderen drei Kompositionen entstanden zwischen 1883 und 1885. Sie alle repräsentieren in ihren Stileigentümlichkeiten das späteste, die traditionelle Tonalität zersprengende, durchchromatisierte Idiom Liszts mit rauhen Dissonanzen und spartanischem Notenbild. Sie wirken noch persönlicher, noch aufrichtiger als die anderen Spätkompositionen, da sie den Schmerz um seinen langjährigen Freund und großen, über alles bewunderten Kollegen zum Ausdruck bringen, dem er längst alles vergeben hatte, selbst den Umstand, dass er sein Schwiegersohn geworden war. Bei den beiden *Trauergondeln* handelt es sich offensichtlich um ebenbürtige Varianten. Beide basieren auf einem Ostinato-Bass in tragisch-schaukelndem Barcarola-Rhythmus, beide enthalten einen schmerzvollen „Canto" und sequenzartig „verschobene" Wiederholungen. In *Trauergondel Nr. 2* erklingt ein wehmütiges, an Wagners *Tristan* gemahnendes, einstimmiges Rezitativ. Beide entsagen einem klaviermäßigen Satz doch noch nicht (*Die Trauergondel Nr. 2* auch in Bearbeitung für Violine bzw. Violoncello und Klavier) und zählen definitiv zu den restlos beeindruckenden, herausragenden Werken des Meisters.

Am Grabe Richard Wagners entstand aus Anlass von dessen 70. Geburtstag, den er nicht mehr erlebte. Man wird es wohl als das von allem äußeren Effekt am konsequentesten entsagende, allem Weltlichen entrückteste, dem Klang nach geradezu immateriellste der vier Wagner-Stücke bezeichnen dürfen. Höhepunkt der Dynamik bildet das *mezzoforte* am Anfang, später gibt es nurmehr *piano* und *pianissimo* Nuancen.

Kompositorisch am interessantesten ist *R.W. Venezia*. Dem Aufbau nach verwandt mit dem *Trauermarsch* für Kaiser Maximilian und den Stücken der *Historischen Ungarischen Bildnisse*, setzt es mit einem auf ein ganz neuartiges, streng konstruiertes Bass-Ostinato aufgebauten Trauermarsch ein. Die Fortsetzung bildet eine lose gestaltete Apotheose. Der Schweizer Musikologe Jürg Stenzl, der die lange verschollene zweite Seite des Autographs ausfindig gemacht hat, stellte fest, dass Liszt das Stück ursprünglich anders beenden wollte, diese Apothose also erst später hinzugefügt wurde.[90]

Diese vier „in memoriam Richard Wagner" geschriebenen Kompositionen hat Liszt mit einem gemeinsamen „Schlüssel-Motiv" zusammengeknüpft. Es besteht aus einem übermäßigen Dreiklang und einer sich an einen seiner Töne anschmiegenden kleinen Sekunde. Diese Töne können linear, d.h. sukzessiv aufeinander folgen oder akkordmäßig, also simultan erklingen. Die Erklärung dafür gab der Meister selbst. Auf dem Autograph von *Am Grabe Richard Wagners* hat er nämlich Folgendes vermerkt: „Wagner erinnerte mich einst an die Ähnlichkeit seines Parsifal Motivs mit einem früher geschriebenen – „*Excelsior*"(Einleitung zu den *Glocken von Strassburg*). Möge diese Erinnerung hiermit verbleiben. Er hat das Große und Hehre in der Kunst der Jetztzeit vollbracht." Es handelt sich um das Abendmahl-Motiv, das von gleicher Struktur wie das Lisztsche *Excelsior* ist. In den vier Wagner-Trauerstücken des Meisters wird es, schmerzlich verzerrt, zum gemeinsamen „Schlüssel-Motiv."

Auf zwei, aus dem gesamten Lisztschen Oeuvre herausragende Klavierstücke, die eine tiefe, aussichtslose Niedergeschlagenheit suggerieren, muss hier noch hingewiesen werden. Beide sind auf eine bis dahin unbekannte, großartig-neue und individuelle Art konzipiert. *Nuages gris – Trübe Wolken* entstand 1881, erschien aber erst 1927 im Druck. Das Werk ist sehr symmetrisch und rhythmisch einfach und durchsichtig aufgebaut. Es besteht aus erstaunlich wenigen Tönen, im Ganzen sind es nur zweimal 24 Takte. Die Töne jedoch (die zwölf gleichberechtigten chromatischen, versteht sich), ihr Vorkommen oder Fehlen im Text, sowie die Pausen, der Pedalgebrauch: Alles hat seine konsequent durchdachte, fixe strukturelle Funktion im Ganzen. Der Meister führt hier eine völlig neue Art der musikalischen Logik des systematisch und organisch aufgebauten Komponierens ein.

Unstern, komponiert um 1885, erschien ebenfalls erst 1927. Es handelt sich um ein etwas längeres Werk mit dichterem Satz und von einer dämonischen, furchterregenden Gewalt, die durch schärfste Dissonanzen erzielt wird, welche sich manchmal zu Türmen und unerbittlichen Fanfaren und Rhythmen des Jüngsten Gerichts aufhäufen. Um seine schauerliche Vision auszudrücken, bedient sich der Komponist aller Arten von neuartigen Kompositionsmethoden. Einem Gipfelpunkt der höchsten Angst folgt ein scheinbar ruhigerer Teil. Der Abschluss jedoch ist nichts weniger als beruhigend, er führt sozusagen ins Nichts. Es kann als symbolisch gelten, dass Liszt, der seine Werke so oft und so gerne verklärt ausklingen ließ, nun, am Ende seines Lebens, mit dieser skeptischen Geste Abschied nimmt.

*

Die Weise von Krankheit und Tod des Meisters Franz Liszt kann nicht anders denn als unwürdig bezeichnet werden. Erschöpft von seinen großen Erfolgen in Westeuropa, kam er Mitte Mai 1886 in Weimar an, nahm noch an dem Konzert mit seinen Werken in Sondershausen teil und ließ seine Augen in Halle untersuchen: Eine Staroperation durch Dr. Graefe wurde für den September terminiert.

Liszt war, dies wurde bereits betont, durchaus kein guter Vater gewesen, besonders als Lebensgefährte der Fürstin Carolyne in Weimar. Das hatte sich jedoch nach der Heirat seiner Töchter gänzlich geändert. Vor allem seinem einzigen überlebenden Kind Cosima wurde er, besonders nach der Versöhnung 1872, ein gütiger, toleranter und immer hilfsbereiter Vater. Traurig, aber verständnisvoll nahm er zur Kenntnis, dass sie nach Wagners Tod am 13. Feburar 1883 die Beziehungen zum Vater wieder gänzlich abgebrochen hatte. Er korrespondierte, wie ehedem, einzig mit seiner nun bereits erwachsenen Enkelin Daniela, die ihm wegen der gemeinsam in Rom verbrachten Monate besonders nahe stand. Auch sehen wollte die trauernde Cosima den Vater nicht mehr. Im verdunkelten Bayreuther Festspielhaus erblickte er sie einmal von Weitem, Daniela war es, bei der er sich über das Befinden der Mutter erkundigte. Sie musste er bitten, Unterkunft in der Nähe der Villa Wahnfried und Karten für die Vorstellungen zu besorgen. Im Mai 1886 meinte er, wohl in diesem Jahr nicht nach Bayreuth reisen und folglich auch nicht an ihrer für den 03. Juli geplanten Hochzeit mit dem Kunstwissenschaftler Henry Thode teilnehmen zu können.[91] Zu seinem größten Erstaunen erschien Cosima jedoch am 18. Mai in Weimar, um den Vater persönlich zu ihrer Hochzeit einzuladen; da ließ er sich überreden und kam doch. Zwei Tage danach fuhr er nach Colpach in Luxemburg, um dort seinen Landsmann, den Maler Munkácsy zu besuchen. Am 19. Juli fand sein letzter öffentlicher Auftritt in der Hauptstadt Luxemburg statt. Er wurde von Cécile Munkácsy verwöhnt wie immer, die aber nicht daran dachte, den bereits erkälteten alten Mann sofort zu Bett zu bringen. Seine Krankheit verschlimmerte sich bei der Rückreise nach Bayreuth, da sein Schüler Stavenhagen und sein Diener Mischka die Zugfenster für nicht verschließbar erklärten. Schwer hustend, gewiss schon an Lungenentzündung leidend, traf er am 21. Juli wieder in Bayreuth ein, nahm am 23. noch an der Vorstellung des *Parsifal* und am 25. an der Premiere des *Tristan* teil. Da sein Zustand sich stetig verschlechterte, musste er fortan das Bett hüten und sich das Essen von Haus Wahnfried herüberschicken lassen. Alkohol wurde fortan verboten und auch essen mochte er kaum. Sein Quartier lag, wie zuletzt 1883, gegenüber von Wahnfried in der Siegfriedstraße 1 bei Oberforstmeister Fröhlich. Heute ist die Straße nach Liszt benannt und seine Sterbewohnung als Museum eingerichtet.

Die Wahrheit über die letzten Lebenstage Liszts, die Umstände seines Todes und Begräbnisses, sowie viele Tatsachen über das Verhältnis zwischen Liszt, Wagner und der Familie wurde Jahrzehnte lang von Cosima manipuliert, ja verfälscht. Ein großer Teil der Dokumente wurde vernichtet, überklebt, verändert, wobei ihr die Töchter behilflich waren. Dies diente der Mythisierung der Person und der Werke Wagners und dazu gehörte auch, dass der Komponist Liszt von ihr systematisch in den Schatten gestellt wurde, obwohl Wagner dies durchaus nicht nötig hatte. Fast fünfzig Jahre mussten nach ihrem Tode verstreichen, bis ab 1975 nach und nach wichtige, zuverlässig restaurierte und korrekt edierte Dokumente aus ihrem Nachlass erschienen.[92] Erst in allerjüngster Zeit wurden einige Dokumente veröffentlicht, welche schlaglichtartig die Unversorgtheit und Einsamkeit sowie die unwürdigen Umstände von Liszts Krankheit und Tod beleuchten.[93]

Cosima kamen die Krankheit und der Tod ihres Vaters Ende Juli 1886 in Bayreuth zweifellos höchst ungelegen, denn diese fielen in die Festspielzeit, um deren Überleben es ihr vor allem ging und bei denen sie das erste Mal als Regisseurin des *Tristan* selbst hervortrat. Dem Patienten selbst, der sein Leben lang ein Muster der Rücksicht gewesen war, müssen seine Leiden ebenfalls überaus peinlich gewesen sein. „Es ist ja lästig daß ich mir gerade Bayreuth ausgesucht habe um krank zu sein, mich gerade den Leuten auf die Nase zu setzen, es ist wirklich zu ungeschickt"[94], sagte er am 25. Juli zu Lina Schmalhausen, die er hatte kommen lassen. Und zwei Tage darauf: "[W]äre ich nur woanders krank geworden, aber hier gerade auf der Nase zu sitzen, wo alles zusammenströmt ist wirklich zu dumm."[95]

Liszt hustete krampfhaft, hatte Fieber und fühlte sich miserabel. Eine Lungenentzündung stellte bis zur Erfindung des Penicillin in der zweiten Hälfte des 20. Jahrhunderts eine Krankheit dar, bei der der Patient selbst bei bester ärztlicher Betreuung nur minimale Überlebenschancen hatte – und besonders ein geschwächter Greis von 75 Lebensjahren. Hinzu kamen die groben Fehler, die begangen wurden, da sich niemand richtig um ihn kümmerte. Eigentlich hätte er strenge Bettruhe halten müssen, aber die vielen Neugierigen, die ihn tagsüber sehen wollten, ermüdeten ihn zusätzlich. Andererseits fühlte er sich einsam und vernachlässigt. Er hatte weder einen zuverlässigen Arzt noch einen ausgebildeten Pfleger an seiner Seite. Was dem schwer Leidenden am meisten fehlte, war eine fachkundige und liebevolle Tag- und Nachtpflege: Regelmässige kalte Umschläge, frische Taschentücher, das Abtupfen des Gesichtes, Essen und Trinken nach seinem Wunsch und dabei ein mitfühlendes Wort oder ein ermunterndes Streicheln. Cosima duldete keine Fremden um ihn, seien es seine Schüler Göllerich, Stavenhagen Thomán oder andere Personen, am wenigsten die aus dem Haus verwiesene Lina, seine ergebene Versorgerin, die ihm angenehm gewesen wäre. Sie durfte ihren angebeteten Meister nur im Geheimen besuchen, zuletzt übernachtete sie hinter der geschlossenen Glastür des Krankenzimmers auf der Treppe zum Garten. Der überbeanspruchten Cosima selbst blieb kaum Zeit für den Vater, auch wenn sie bei ihm übernachtete. Ihre Kinder interessierte der leidende Großvater recht wenig. Vor den Festspielgästen musste seine Krankheit wie in einem Badeort oder Sanatorium verheimlicht werden. Tag und Nacht hatte der Kranke bloß seinen Diener Mischka oder das Dienstmädchen der Fröhlichs um sich, die nicht zur Pflege taugten. Zu dem behandelnden Landgerichtsarzt Dr. Landgraf hatte er kein Vertrauen. Erst am 28. Juli ließ die Tochter den bekannten Arzt Professor Dr. Fleischer aus Erlangen kommen. Dieser konnte auch wenig mehr tun als die Lungenentzündung zu diagnostizieren, die schweren Leiden des Patienten besonders in der Nacht zu lindern, vermochte er jedoch nicht. Selbst die Dame des Hauses, Frau Fröhlich, beklagte sich am Tag darauf:

> [S]ie sind zu herzlos zu dem alten Herrn, ich kann die Nächte nicht schlafen, mein Schlafzimmer ist über dem des alten Herrn und sein Stöhnen und Röcheln geht mir durch Mark und Bein, und ich bin doch nur eine Fremde. Er hat diese Nacht wieder schrecklich gejammert...[96]

Um zwei Uhr in der Nacht des 30. erlebte Lina von der Steintreppe aus das Folgende:

Weimar – Rom – Pest | 227

Meister sprang wie ein Rasender aus dem Bett, schrie so entsetzlich, daß man es Häuser weit gehört und faßte sich ans Herz, er bekam keine Luft und glaubte zu ersticken.[97]

Am 31. Juli – es sollte der letzte Lebenstag des Meisters sein – fand Cosima es endlich angebracht, wenigstens einen Pfleger, den Bader Bernhard Schnappauf, der Wagner seit 1872 als Butler gedient hatte, ab neun Uhr früh bei ihrem Vater anzustellen. Aus seinem unlängst zum Vorschein gekommenen „Bericht über den letzten Lebenstag, Tod und Beerdigung des Abbé Dr. von Liszt", dem er eine Rechnung für die Ausgaben beilegte,[98] wissen wir nun die Details der traurigen und unwürdigen Begebenheiten um die letzten Stunden seines Lebens und den Verbleib seiner sterblichen Überreste. Für sein unwürdiges Ende, seine entsetzlichen Leiden, seine Unversorgtheit und Einsamkeit trägt Cosima die alleinige Verantwortung, wie auch für die Tatsache, dass ihrem tief gläubigen Vater, dem Abbé Liszt, die heiligen Sakramente vorenthalten blieben, da sie keinen katholischen Geistlichen zu ihm kommen ließ.

Am 31. gegen fünf Uhr Nachmittags hielten die beiden behandelnden Ärzte ein Konsilium, wobei festgestellt wurde, dass sich die Entzündung der Lunge auf die ganze hintere Hemisphäre ausgebreitet hatte. Der Kranke hatte beinahe 40 Grad Fieber und einen rasenden Puls. Nach acht Uhr erhielt er Kampferöl und Schwefeläther-Spritzen, außerdem bestrich man Brust und Waden mit Senf. Trotz allem wurde laut Schnappauf „der Puls immer schwächer, die Respiration immer kürzer, das durch das Bronchialsecret entstehende Rasseln erschwert, so trat gegen 11 ¼ der Tod ohne irgendeine Aufregung oder Kampf ein."[99] Cosima war anwesend, außerdem der Diener Mischka. Die Schüler Göllerich und Stavenhagen befanden sich im Nebenzimmer.

Schnappauf assistierte beim Anziehen des Toten und bei der Abnahme der Totenmaske durch den Bildhauer Weißbrod und Peter Kästner. Das Sterbezimmer wurde schwarz ausgeschlagen und mit Blumen geschmückt, der Tote auf das Paradebett gelegt, zu dessen Seiten Kerzen, am Fußende eine Büste Wagners und am Kopfende ein Kreuz aufgestellt. Schnappauf bat Herrn Korzendorfer zum Einsegnen und Dr. Gumein zur Leichenschau. „Geistlicher Rat Korzendorfer sprach seine Verwunderung darüber aus, daß dem Verlebten nicht die Sterbesacramente gereicht worden sind"[100], schrieb er in seinem Bericht.

Am nächsten Morgen drohten die Fröhlichs mit der Polizei, wenn die bereits in Verwesung übergehende Leiche nicht sofort aus dem Hause geschafft würde. So beauftragte denn Schnappauf in aller Eile einen Bildhauer, die

Leichenfrau, Handwerker und Leichenbestatter. Er ließ den Sarg kommen, legte den Toten mit Unterstützung der Leichenfrau und Dr. Gumeins in den Sarg und half, diesen schleunigst durch eine Seitentüre in die Halle der Villa Wahnfried hinüber zu tragen, wo er auf ein improvisiertes Gerüst gestellt und mit schwarzem Tuch bedeckt wurde. Danach desinfizierte er das Sterbezimmer und organisierte alles Weitere.

Die Bestattung fand am Dienstag, den 3. August statt. Der Meister wurde nicht neben Wagner im Garten der Villa Wahnfried begraben, das blieb einzig für die Hausherrin vorbehalten. Er fand die letzte Ruhe auf dem städtischen Friedhof Bayreuths.

Liszt hatte nie eindeutig geäußert, wo er begraben werden wollte. So meldete sich der Großherzog von Weimar mit dem Anspruch, seinen langjährigen Freund in der Klassikerstadt begraben zu dürfen. Viele von Liszts Landsleuten meinten, seine sterblichen Überreste gehörten in die Krypta der Franziskaner in Budapest, wo er seit 1857 Confrater war. Der ungarische Ministerpräsident Graf Kálmán Tisza jedoch war gegen eine Überführung nach Ungarn, weil Liszt behauptet hatte, die „Zigeunermusik" sei keine ungarische Musik.

Cosima wollte die ganze Affäre schnell hinter sich bringen, ihr mochte ein langer Trauerzug durch die festlich geschmückte Stadt wohl peinlich erscheinen. Obwohl es der Größe Wagners schwerlich geschadet hätte, wenn sein Schwiegervater als großer Komponist verabschiedet worden wäre, wurde von Franz Liszt bloß als Vater der großen Frau, als Freund des einzigen Meisters oder als „Teilnehmer an dem Werke von Bayreuth" gesprochen. Der Bürgermeister Muncker zitierte bei der Begräbnisfeier „Todgeweihtes Haupt, todgeweihtes Herz" aus *Tristan* und beim Requiem am nächsten Tag improvisierte Anton Bruckner über Motive aus *Parsifal*.

Von Seiten der ungarischen Regierung wurde seither des Öfteren die Heimführung seiner sterblichen Überreste angeregt, doch dazu kam es nicht. Die unschöne Kapelle im Stil der Zeit, die man über Liszts Grab errichtet hatte, wurde im Zweiten Weltkrieg zerstört, später aber rekonstruiert. Heute können die Bewunderer des Meisters ihm auf dem schön gepflegten städtischen Friedhof von Bayreuth ihre Aufwartung machen.

*

Franz Liszt hat, als echter Romantiker, sein Leben mit voller Absicht dazu beigetragen, dass er zur Legende wurde. In allen wesentlichen Dingen jedoch blieb er sich und seiner angenommenen Attitüde eines Missionars der Kunst selbstlos treu. „Erlauben Sie mir, Sie an die von meinem edlen Landsmann Étienne [sic!] Széchenyi gewählte Devise zu erinnern, der große und nützliche Sachen in Ungarn machte"[101], schrieb er am 02. Juni 1876 an die Fürstin Wittgenstein. Darauf folgt ein deutsches Zitat in dem französischen Brief: „Reine Seele, reine Absicht – ob erfolgreich oder nicht!" Diese Devise verwirklichte auch Liszt in seiner Kunst.

Ebenso hielt er sich an das, was er Carolyne am 09. Februar 1874 aus einem älteren, gemeinsam geschriebenen Artikel zitiert hatte: „Meine einzige Ambition als Musiker war und wird es sein, *meinen Speer in den unendlichen Raum der Zukunft* zu schleudern [...]".[102] Und er blieb sein Leben lang der Aussage treu, die er als 26jähriger Virtuose in der *Gazette Musicale* vom 30. April 1837 mit Hilfe der Feder der Madame d'Agoult veröffentlicht hatte:

Es ist sicher traurig, in einer Zeit undankbarer Mühen geboren zu sein, wo der Säende nicht erntet, der Sammelnde nicht genießt. Wo derjenige, welcher segensreiche Pläne ersinnt, ihre Verwirklichung nicht erleben soll, vielmehr gleich einer Mutter, die in den Wehen der Entbindung dahinstirbt, ihr Kind nackt und schwach der Nachwelt vermachen muß. Aber was sind dem Gläubigen die langen Tage des Harrens.[103]

Danksagung

Es sei mir erlaubt, hier meinen aufrichtigsten Dank auszusprechen. Er gilt allen denjenigen, ohne deren Hilfe dieses Buch nicht zustande gekommen wäre.

In der Vergangenheit: Meinen Eltern, die mich in schweren Zeiten haben Fremdsprachen und Musik studieren lassen. Sodann meinen einmaligen, herausragenden Professoren an der Budapester Ferenc Liszt Hochschule (heute: Universität) für Musik, im Fach Musikwissenschaft: Dénes Bartha, Lajos Bárdos, Zoltán Gárdonyi, Rudolf Kókai, Bence Szabolcsi.

In der Gegenwart: Frau Evelyn Liepsch, Wissenschaftliche Mitarbeiterin der Musikabteilung des Goethe- und Schiller-Archivs in Weimar, für die freundliche Genehmigung der Zitate aus den – in deutscher Sprache noch unveröffentlichten – Tagebuchaufzeichnungen von Lina Schmalhausen. Den Mitarbeitern des Budapester Forschungszentrums und der Bibliothek „Liszt", für ihre kollegiale Hilfe und der Genehmigung der Veröffentlichung ihrer Bilder. Meinem Mann, Musikkritiker Iván Kertész, der mir mit Geduld und manchem guten Rat beistand. Professor Dr. Detlef Altenburg, Weimar, dem ich den Kontakt zum Böhlau Verlag verdanke. Und vor allem Herrn Harald S. Liehr, Lektor des Verlages, von dem ich das Angebot erhielt, das Buch zu schreiben und der meinen – sprachlich durchaus nicht druckfähigen – deutschen Text mit einem die normale redaktionelle Arbeit weit übertreffenden Aufwand, sowohl mit besonderer Einfühlung wie feinem Respekt bearbeitet hat.

Klára Hamburger
Budapest, im Frühjahr 2010

Anmerkungen

1. Wer war Franz Liszt?

1   Vgl. LBLMH, S. 280–281. Für die Auflösung der Siglen vgl. das Literaturverzeichnis.
2   Thomas Mann: *Leiden und Größe Richard Wagners*. Gesammelte Werke, Band 10, „Adel des Geistes", Berlin: Aufbau 1956, S. 357.

2. „Aus Liebe für mein Kind opferte ich Ruhe und Vermögen"

1   VLAC, S. 134 (im Original frz.).
2   HLBM, S. 421.
3   HLBM, S. 509.
4   Hamburger: *Madame Liszt*, Stud.mus 27, S. 349.
5   CZEL, S. 27.

3. „Den Künstlern ist eine große religiöse und soziale Mission auferlegt"

1   BHLE, S. 46.
2   *Saltimbanque*, S. 53.
3   Vgl. Nicolas Dufetel: *I rapporti tra Paër e Liszt*.
4   NHQ 27/103 (im Original frz.).
5   LSS/1, S. 93.
6   HLBM, S. 41.
7   LSS/1, S. 93.
8   *Saltimbanque*, S. 27.
9   PLBUS, S. 50 (im Original frz.).
10 HLBG, S. 167 (im Original frz.).
11 Vgl. Victor Hugo: *Odes et ballades. Préface*, Paris: Garnier-Flammarion 1968, S. 35–37. Vgl. *Les Orientales. Préface*, Paris: Garnier-Flammarion 1968, S. 319–323.
12 Victor Hugo: *Cromwell. Préface*, Paris:. Garnier-Flammarion 1968, S. 61–109.
13 Vgl. LSS/1, S. 3–66, S. 67–75.
14 GB, S. 131 (im Original frz.).

15 LSS/1. S. 121.
16 LSS/1, S. 385.
17 LLB/1, S 7 (im Original frz.).
18 LSS/1, S. 338.
19 Möglicherweise ist es das unveröffentlichte *Große Konzertstück über Mendelssohns ‚Lieder ohne Worte'* von 1834.
20 Vgl. KLAPC, Part 2, S. 10.
21 So in seinen Briefen vom 26. Januar 1835, 24. Mai 1836 und 2. September 1836. – Die Briefautographe Lamennais' an Liszt befinden sich in der Handschriftensammlung der Bibliothèque Nationale, Paris, N.a.fr.25.180, ff.187–194.
22 HLBM, S. 60.
23 HLBM, S. 61.
24 HLBM, S. 88.
25 GB, S. 218 (im Original frz.).
26 Vgl. LSS/1, S. 351–357.
27 GB, S. 316 (im Original frz.).
28 RGM, 12. Juni 1836 (im Original frz.).
29 LSS/1, S. 95.
30 LSS/1, S. 199.
31 GB, S. 318 (im Original frz.).
32 WUPW, S. 458.
33 HLBM, S. 142.
34 Vgl. GB, S. 446: Brief an Marie d'Agoult. Wien, 6. Dezember 1839 (im Original frz.).
35 Die entzückten Berichte über Liszts Wiener Konzerte sind nachzulesen bei LUPW.
36 GB, S. 448 (im Original frz.).

4. „Ich brauche Reputation und Geld"

1   LLB/1, S. 25 (im Original frz.).
2   GB, S. 825 (im Original frz.).
3   Mitgeteilt in WFL/1, S. 358.
4   Ebd.
5   Vgl. Bellas: „F.L. en tournée dans le Sud-Ouest en 1844". In: *Saltimbanque*. S. 206–209.
6   Nicolas Dufetel: „A la conquête de l'Ouest". In: *Saltimbanque*. S. 320.
7   Chrétien Urhan (eigentlich: Auerhahn, 1790–1845), Violin- und Violakünstler und Alexandre Batta (1815–1902), Cellist, spielten in Paris zu jener Zeit mit Liszt Klaviertrios von Beethoven, Schubert und Weber.
8   Wahrscheinlich ein Nervenspezialist.
9   Anspielung auf Liszts Klavierstück *Le Contrebandier* (Der Schmuggler) nach dem spanischen Lied *Yo que soy contrabandista*; Wortspiel mit „Kontrapunktist".
10 KLAPC/1, S. 13.
11 OADL, S. 173 (im Original frz.).

12 *La Sylphide*. Bd. 4, 1842, S. 59. Mitgeteilt in Emil Haraszti: *Franz Liszt*. S. 119.
13 HLBM, S. 154 (im Original frz.).
14 VLAC, S. 66–69 (im Original frz.).
15 Vgl. VLAC, S. 83 (im Original frz.).
16 Vgl. VLAC, S. 66–69 (im Original frz.).
17 Vgl. SAFEI, S. 114.
18 SLIG, S. 279.
19 SLIG, S. 280.
20 ORCS, S. 270.
21 ORCS, S. 274.
22 KAPP, S. 86.
23 GB, S. 878 (im Original frz.).
24 LMZK, S. 288–289 (im Original ungar.).
25 GB, S. 974 (im Original frz.).
26 GB, S. 878 (im Original frz.).
27 Vgl. GB, S. 879 (im Original frz.).
28 OADL, S. 182 (im Original frz.).
29 Vgl. SLIG, S. 97.
30 Vgl. OADL, S. 182 (im Original frz.).
31 Vgl. BGA.
32 Vgl. SLCP, S. 67.
33 SAFEI, S. 121, Anm. 44.
34 SAFEI, S. 121.
35 GB, S. 498 (im Original frz.).
36 LSS/1, S. 200.
37 GB, S. 483 (im Original frz.).
38 GB, S. 472 (im Original frz.).
39 GB, S. 498–499 (im Original frz.).
40 GB, S. 456 (im Original frz.).
41 GB, S. 479 (im Original frz.).
42 CSLA, S. 43 (im Original frz.).
43 GB, S. 532–533 (im Original frz.).
44 PLBUS, S. 50 (im Original frz.).
45 CSLA, S. 42 (im Original frz.).
46 OAD, S. 203 (im Original frz.).
47 LSS/1, S. 201.
48 GB, S. 1148 (im Original frz.).
49 Vgl. GB. S. 1178 (im Original frz.).
50 GB, S. 95 (im Original frz.).
51 GB, S. 996 (im Original frz.).
52 GB, S. 1010 (im Original frz.).
53 OADL, S. 193 (im Original frz.).
54 LBCA, S. 8 (im Original frz.).
55 LBCA, S. 1 (im Original frz.).

56 LBCA, S. 7 (im Original frz.).
57 Vgl. OADL, S. 192, 194, 199 (im Original frz.).
58 HLBM F/60, S. 195.
59 OADL, S. 194 (im Original frz.).
60 HLBM, S. 207 (im Original frz.).
61 HLBM, S. 408.
62 HLBM, S. 232 (im Original frz.).

5. „Wagner und ich wären die Koryphäen gewesen, wie einst Goethe und Schiller"

1 LSS/5, S. 4.
2 LLB/8, S. 126–127 (im Original frz.).
3 WML/3, S. 120–121.
4 HLBM, S. 431–433.
5 Katalog Sotheby Sale: 28.–29. Mai 1992. „Continental Printed Books & MSs.", No. 676. Ich erhielt das Blatt mit dem französischen Zitat von meiner verstorbenen Kollegin und Freundin Pauline Pocknell.
6 HLBM, S. 431–433.
7 EK, S. 18–20 (im Original frz.).
8 WCT/1, 08. Mai 1871, S. 386.
9 HLBM, S. 452.
10 KLWB/1, S. 209.
11 KLWB/2, S. 260.
12 LGS/5, S. 1–109.
13 LGS/3, S. 145.
14 KLWB/1, S. 293.
15 CSLA, S. 49–50 (im Original frz.).
16 LLB/3.
17 PLAK, S. 302 (im Original frz.).
18 PLAK, S. 337 (im Original frz.).
19 PLAK, S. 338 (im Original frz.).
20 PLAK.
21 Weiteres über das Thema in WFL/2, S. 209–226 und in PLAK.
22 WBB, S. 81.
23 LGS/5, S. 232.
24 Das Zitat (in anonymer deutscher Übersetzung) wurde dem Vorwort der Partitur der symphonischen Dichtung Nr. 1 *Ce qu'on entend sur la montagne* (Bergsymphonie) entnommen. London Zürich Mainz New York: Edition Eulenburg, o.J.
25 LGS/4, S. 29.
26 *Allgemeine Musik-Zeitung* XXXVIII, 1912 [Wien], S. 1008–1010.
27 HLBUA, S. 118–121.
28 HLBUA, S. 126.

29 Die Zitate sind Liszts Vorworten zu den *Symphonischen Dichtungen* in der deutschen Übersetzung von Peter Cornelius entnommen.
30 So beschrieb er den ursprünglich geplanten Ausklang der *Faust-Symphonie*. WML/3, S. 120.
31 JGLK, 16. Juni 1885, S. 61.
32 D.h. der dorischen, phrygischen, lydischen, mixolydischen, aeolischen und ionischen Tonarten.
33 HLBG, S. 379(im Original frz.).
34 HLBU, S. 125.
35 LLB/8, S. 148.
36 HLCD, S. 15 (im Original frz.).
37 PLBUS, S. 87.
38 LLB/4, S. 326 (im Original frz.).
39 PLBUS, S. 96.
40 LLB/4, S.331 (im Original frz.).
41 Anspielung auf Richard Wagners *Tannhäuser*.
42 LLB/4, S. 331 (im Original frz.).
43 PLAK, S. 330 (im Original frz.).
44 *Liszts Testament*, 14. September 1860, S. 9.
45 DMEBB, S. 436.
46 KLWB/1, S. 42.
47 KLWB/1, S. 222.
48 KLWB/1, Brief vom 28. Juni 1857, S. 172.
49 KLWB/2, S. 264.
50 KLWB/2, S. 266, und 267.
51 KLWB/2, S. 65.
52 WBB, S. 125–126.
53 WCT/2, S. 165.
54 Claude Debussy: *Monsieur Croche et autres écrits*. Introduction et notes François Lesure, Paris: Gallimard 1920, S. 166 (im Original frz.).
55 LBCA, S. 67–71 (im Original frz.).
56 Ausführliches zum Thema siehe WFL/2, „Of Marriage and Divorce", S. 514–528 und WLCV.
57 Weiteres über das Thema siehe HBG.
58 LLB/5, S. 129 (im Original frz.).
59 Hamburger, *Madame Liszt*. Stud.mus 27, S. S. 342.
60 PLAK, S. 351–352 (im Original frz.).

6. „Ein intensives und tiefes Gefühl für die Kirchenmusik"

1 GRT, S. 155.
2 BLMC, S. 186 (im Original frz.).

3 Alexander von Bach (1813–1893), der berüchtigte und gefürchtete frühere Wiener Innenminister, der in Ungarn nur „der Kerkermeister" genannt wurde, hier in seiner Funktion als römischer Gesandter der Habsburger-Monarchie.
4 SRB, S. 171.
5 GRT, S. 327.
6 BLMC, S. 82 und 86 (im Original frz.).
7 BLMC, S. 98–9 (im Original frz.).
8 BLMC, S. 153 (im Original frz.).
9 LLB/7, S. 221 (im Original frz.).
10 Victor Hugo: *Correspondance*, Oeuvres Complètes, Tome X, Paris: Ollendorff, S.163.
11 „Baudelaire [...] von dem man erzählt, er habe noch in der Agonie, in der Lähmung und halben Verblödung seiner letzten Tage vor Freude gelächelt, wenn der Name Wagners genannt wurde – il a souri d'allégresse". (Thomas Mann: *Leiden und Größe Richard Wagners. Gesammelte Werke, Band 10, „Adel des Geistes"*, Berlin: Aufbau 1956, S. 356.
12 PLAK, S. 372 (im Original frz.).
13 VLAC, S. 124 (im Original frz.).
14 In deutscher Übersetzung nach dem Artikel in *Signale*: LLB/2, S. 178–179. Das französische Original: LLB/7, S. 2–3.
15 „Par toutes les aspirations de mon cœur, comme aussi mes plus chers souvenirs et cette souffrance latente qui est comme le fond de mon existence, je m'attache de plus en plus aux doux biens de la Religion. Sans elle, certes, ce ne vaudrait pas la peine de vivre!" Archivio e Biblioteca di Cividale del Friuli, Archivio Museo, busta n. 43 (AM I 43) Eigentum der Collegiata di Cividale – Parrochia di S. Maria Assunta. – Mitgeteilt nach dem französischen Original mit der freundlichen Erlaubnis von Dr. Paolo Casadio, Direktor der Archivi e Biblioteca di Cividale del Friuli, für die ich mich herzlich bedanke. K.H.
16 HLBG/2, S. 164 (im Original frz.).
17 LLB/8, S. 414 (im Original frz.).
18 LLB/6, S. 128 (im Original frz.).
19 LLB/5, S. 34 (im Original frz.).
20 LLB/5, S. 76 (im Original frz.).
21 WLBM, S. 339 (im Original engl.).
22 GB, S. 1201 (im Original frz.).
23 HLBG/2, S. 177 (im Original frz.).
24 SLBG, S. 14.
25 PLAK, S. 362–363 (im Original frz.).
26 GRT, S. 201.
27 SRB, S. 18.
28 Hier befindet sich heute noch der Palazzo Caetani.
29 HLMC, 14. Dezember 1863, S. 256 (im Original frz.).
30 HLMC, 31. Januar 1864, S. 257 (im Original frz.).
31 SRB, 1. Juni 1864, S. 72–73.
32 HLBM, S. 504.
33 SRB, S. 211.
34 SRB, 5. Mai 1865, S. 214.

35 HLMC, 21. Mai 1865, S. 261 (im Original frz.).
36 SRB, 5. Mai 1865, S. 215.
37 „Ich werde ihnen schon zeigen, was eine Musik in Soutane bedeutet."
38 GRT, 30. April 1865, S. 298–299.
39 SRB, 26. Mai 1865, S. 218.
40 GRT, S. 321–322.
41 LLB/6, S. 84 (im Original frz.).
42 LLB/4, 13. August 1856, S. 316 (im Original frz.).
43 SLBG, S. 11–12.
44 *Das Braune Buch. Tagebuchaufzeichnungen 1865 bis 1882*. Hrsg. von Joachim Bergfeld, Zürich: Atlantis 1975.
45 HLCD, S. 56 (im Original frz.).
46 Eine Kopie des französischen Briefes ist unter der Signatur VMA, MS. F 859, I/3, in der Bibliothek von Versailles aufbewahrt. Der Brief wurde auszugsweise zuerst von der amerikanischen Siloti-Schülerin Alice Hunt Sokoloff zitiert, in: *Cosima Wagner. Extraordinary Daughter of Franz Liszt. A Biography*, London: Macdonald 1970, S. 194–195. Die deutsche Übersetzung ist von Margarete Bormann: *Außergewöhnliche Tochter von Franz Liszt,* Hamburg Düsseldorf: Marion von Schröder 1970, S. 227—228. (In dieser Übersetzung sagt Liszt anstatt „vous" „Du" zu seiner Tochter.) Vollständig, im französischen Original in Alan Walker: *Franz Liszt, tome II, traduit par Odile Demange*. Paris: Fayard 1998, S. 155–156.
47 HLCD, S. 193–195; Brief an Marie von Schleinitz, Annexe 1, S. 220–222.
48 PLAK, 13. Juni 1868, S. 376 (im Original frz.).
49 CSLA, 20. Februar 1865, S. 100 (im Original frz.).
50 Unveröffentlicht. Paris, Bibliothèque Nationale, Dpt. des Manuscrits, Na.fr.16262, vol.V/136, Papiers Augusta Holmès (im Original frz.): „Or afin de bien employer mon temps désormais, je dois me réclure. J'ai pris ce parti et le maintiendrai à l'encontre de toutes les tentations. Celles de Paris seraient certes le plus pressantes, personne plus que moi n'apprécie les attraits, avantages, supériorités et prérogatives de la grand'ville; cependant si j'y retournais il me faudrait nécesseraiement endosser un costume fort approchant d'une livrée, et me plier à des servitudes qui me répugnent. En outre, ce serait en pure perte: car à voir la façon dont on traite encore à Paris les oeuvres que je m'honore d'admirer le plus (y compris la neuvième Symphonie) comment se figurer que mes pauvres menues choses, très suspectées sinon décriées à l'avance, rencontrent quelque bienveillance ou sympathie? [ ] Lirolff n'a à s'embarasser soit de ma personne, soit de mes oeuvres; l'une serait déplacée, les autres pires encore."
51 LLB/2, S. 148 (im Original frz.).
52 LLB/7, S. 73 (im Original frz.).
53 HLMC, S. 256 (im Original frz.).
54 SLBG, S. 10.
55 LLB/2, 6. März 1865, S. 78 (im Original frz.).
56 LLB/6, S. 177 (im Original frz.).
57 PLAK, 363 (im Original frz.).
58 PLBUS, S. 363 (im Original frz.).

59 LLB/2, S. 51.
60 Liszt meint die *Matthäus-Passion,* welche seit der von Mendelssohn geleiteten Aufführung im Jahr 1829 der Ausgangspunkt der Bach-Renaissance geworden war.
61 SLBG, S. 12.
62 *Musica Sacra,* Regensburg, 1. Juli 1890.
63 CSLA, S. 128 (im Original frz.).
64 LLB/4, 9. August 1868, S. 181 (im Original frz.).
65 RLEL, 22. Februar 1883, S. 203.
66 SRB, 11. Februar 1865, S. 187.

7. In- und außerhalb des Dreiecks

1   LLB/6, S. 264, Brief vom 04. September 1870 (im Original frz.).
2   DMEBB, S. 577.
3   OJSC, S. 164 (im Original frz.).
4   WFL/3, S. 203–204.
5   WFL/3, S. 204.
6   Brief an Carolyne vom 06. August 1882, LLB/7, S. 352 (im Original frz.).
7   SEFL, S. 63.
8   LLB/7, S. 388 (im Original frz.).
9   RLEL, S. 118.
10 EK, S. 66–69 (im Original frz.).
11 LLB/7, S. 137, Brief vom 02. Mai 1876 (im Original frz.).
12 WLLL, S. 318.
13 Vincent d'Indy: „Franz Liszt en 1873", in: *S.I.M.* VIIe année, Paris, novembre 1911, zitiert in: HUKNE, S. 539.
14 HVLF, S. 30.
15 WLMC, S. 16.
16 LLB/6, S. 221, Brief vom 06. Mai 1869 (im Original frz.).
17 TELF, *Muzsika,* 1929, 18.
18 WLOM, S. 299 (im Original engl.).
19 HLCD C84, S. 147 (im Original frz.).
20 LLB/7, S. 388, Brief vom 29. September 1883 (im Original frz.).
21 LLB/7, S. 420, Brief vom (28. Februar 1885 (im Original frz.).
22 WLOM, S. 229 (im Original engl.).
23 LLB/6, S. 298 (im Original frz.).
24 Brief an den Pariser Musikverleger Theodor Michaelis vom 25. Juni 1883. LLB/7, S. 407 (im Original frz.).
25 LLB/6, S. 290 (im Original frz.).
26 LLB/7, S. 68 (im Original frz.).
27 WLOM, S. 391 (im Original engl.).
28 LLB/7, S. 355–356, Brief vom 05. März 1883 (im Original frz.).
29 LLB/7, S. 439, Brief vom 29. April 1886 (im Original frz.).

30 PLAK, S. 382, im letzten Brief an Agnes Street vom 07. Juli 1886 (im Original frz.).
31 WLOM, S. 445–446 (im Original engl.).
32 LLB/7, S. 372–373 (im Original frz.).
33 WLSC, S. 43.
34 LLB/7, S. 261 (im Original frz.).
35 FMSG, S. 205–206.
36 BVL.
37 WEGL, zitiert bei KAPP, S. 244.
38 WLLL.
39 WLLL, S. 320.
40 WLLL, S. XLI-XLII.
41 Ebd.
42 FMSG, S. 207.
43 FMSG, S. 273.
44 FMSG, S. 219.
45 WLLL, S. XI. Des Meisters Worte notierte Lachmund auf Deutsch. Er irrte sich übrigens, denn der langsame Satz der *7. Symphonie* ist ein Allegretto.
46 ILCQ, Nr. 9–10, 1974–75 (im Original engl.).
47 „Franz Liszt und der heutige Klavierunterricht", ungarisch, *Népművelés*, 1911, Liszt-Nummer.
48 SEFL, S. 160.
49 SEFL, S. 64.
50 Zitiert bei KAPP, S. 245.
51 WLOM, S. 412 (im Original engl.)
52 LLB/6, S. 250, Brief vom 07. Juli 1870 (im Original frz.)
53 LLB/7, S. 161 (im Original frz.).
54 LLB/7, S. 427 (im Original frz.).
55 KLWB, S. 307–308.
56 LLB/6, S. 268–269 (im Original frz.).
57 HLCD, S. 108 und 110, Briefe vom 12. November 1873, bzw. am 16. Januar 1874 (im Original frz.).
58 LLB/7, S. 270–271 (im Original frz.).
59 WLOM, S. 82 (im Original engl.)
60 CSLA, S. 204 (im Original frz.).
61 CSLA, S 213 (im Original frz.).
62 LLB/7, S. 118, Brief vom 18. November 1875 (im Original frz).
63 LLB/7, S. 163, Brief vom 26. Oktober 1876 (im Original frz.).
64 LLB/7, S. 177 (im Original frz.).
65 WLMC, S. 22 (im Original frz.).
66 WLMC, S. 22–23 (im Original frz.).
67 HLMSW, S. 253 (im Original engl.).
68 LLB/7, S. 376–377 (im Original frz.).
69 WLOM, S. 340 (im Original engl.).
70 GFL, S. 84.

71 WCT/1, S. 901.
72 Ausführlicher über das Thema siehe HDBAWU.
73 Dies bezeugen u.a. die Recherchen der deutschen Musikwissenschaftlerin Dr. Bettina Berlinghoff, die die Korrespondenz zwischen der Fürstin und dem Verlag eingehend studiert hat und über ihre Ergebnisse bei der Internationalen Liszt-Konferenz der Ungarischen Liszt-Gesellschaft, Budapest 1996 ein Referat hielt.
74 Quellenangabe der Seiten nach dem für die Ausgabe der *Sämtlichen Schriften* vorbereiteten französischen Manuskript des Kapitels „Les Israélites" der 2. Auflage von *Des Bohémiens..., 1881*: Parasiten S. 15, Presse und Kapital S. 24, 38, Unfähig zur Assimilation S. 37–38, Aufruhr S. 38, Ausrottung der Parasiten, Schuld an allem Schlimmen S. 39, Deportation mit Gewalt, Frage von Leben und Tod S. 40–41.
75 WFL/3, S. 407.
76 10. Jg., 23. November 1881, Nr. 324, Unterschrift: G. Schw.
77 LLB/7, S. 335, Brief vom 09. Februar 1882 (im Original frz.).
78 WCT/2, S. 1112.
79 WCT/2, S. 1059.
80 WCT/2, S. 159.
81 LLB/7, S. 318–319 (im Original frz.).
82 Nr.15, 15. August 1886, S. 115–116. Fragmente auf deutsch in HPU, S. 117–118.
83 Edward J. Dent: *Ferruccio Busoni*. London, Eulenburg 1974, S. 122.
84 Ferruccio Busoni: *Briefe an seine Frau*. Hrsg. Friedrich Schnapp. Zürich/Leipzig, Erlenbach, 1935, Brief vom 22.01.1903.
85 Mitgeteilt in GFLK, S. 22–23.
86 RSB, S. 241.
87 JGKL, S. 8.
88 Der Name des Übersetzers wird in der GA nicht angegeben.
89 HLCD, S. 183 (im Original frz.).
90 STEFL in ACTES, S. 127–135.
91 HLCD, S. 216 (im Original frz.).
92 WBB, WCT.
93 Als erstes in RLEFL, dann in Band 3 von WFL, in WDLS, die beiden Letzteren auch in französischer und englischer Übersetzung und in HUDLT.
94 GSA 59/362, 28. Das Tagebuch Lina Schmalhausens über Liszts letzte Tage und seinen Tod, aus welchem diese Zitate stammen, wurde bis jetzt nur in englischer und ungarischer Sprache (in WDLS) veröffentlicht. Ich möchte Frau Evelyn Liepsch, wissenschaftlicher Mitarbeiterin des Goethe und Schiller-Archivs, Weimar, meinen herzlichen Dank aussprechen, dass ich aus dem dort aufbewahrten deutschen Autograph dieses Tagebuches zitieren darf.
95 GSA 59/362, 46.
96 GSA 59/362, 53.
97 GSA 59/362, 69.
98 HUDLT.
99 HUDLT, S. 409.
100 HUDLT, S. 410.

101 LLB/7, S. 141 (im Original frz.).
102 LLB/7, S. 58 (im Original frz.).
103 *Lettres d'un bacheler en musique. II. An George Sand.* LSS/1 , S. 109.

Zeittafel

1811 22. Oktober: Franz Liszt wird in Raiding (Burgenland, damals: Doborján, Ungarn, Komitat Sopron) geboren.
1820 Oktober: Der Neunjährige spielt zum erstenmal öffentlich Klavier im Casino von Sopron.
26. November: Konzert im Palais Esterházy in Pressburg (heute: Bratislava, Slowakei). Ungarische Magnaten gewähren eine Unterstützung zur Ausbildung.
1821 Liszt zieht mit den Eltern nach Wien. Klavierunterricht bei Carl Czerny, Musiktheorie bei Antonio Salieri. Erste Erfolge in aristokratischen Salons, dann auch in öffentlichen Konzerten.
1823 Mai: erste Konzerte in Pest. Familie Liszt zieht nach Paris, kommt dort im Dezember an. Unterwegs Konzerte in München, Stuttgart usw. Kompositionsstudien bei Paër.
1824 Erfolge in Paris. Erste Konzertreise mit dem Vater nach England.
1825 Konzertreise durch Frankreich. Zweite Reise nach England.
1826 Zweite Reise durch Frankreich. Konzertreise in die Schweiz.
1827 Dritte Reise nach England. Seelenkrise. Tod des Vaters, Ankunft der Mutter.
1828 Liszt gibt Klavierstunden in Paris. Liebe zu Caroline de Saint-Cricq. Seelenkrise, schwere Krankheit.
1830 Bekanntschaft mit den Dichtern der Pariser Romantik und mit Berlioz. Er verkehrt in Kreisen der Saint-Simonisten. Die Julirevolution hinterläßt einen tiefen Eindruck bei Liszt.
1831 Das Paganini-Erlebnis. Begegnung mit Chopin.
1833 Schüler und Jünger des Abbé de Lamennais.
1834 Beginn der Beziehung zur Gräfin Marie d'Agoult. Beim Abbé de Lamennais zu Gast in Lachesnaye.
1835 Flucht mit der schwangeren Marie in die Schweiz. Professor am Genfer Konservatorium.
18. Dezember: Geburt von Blandine Liszt.
1836 Konzerte in Lyon und Paris. Wettspiel mit Sigismund Thalberg.
1837 Kammerkonzerte in Paris mit Urhan und Batta.
Ab September: in Italien mit Marie.
24. Dezember: Geburt von Cosima Liszt in Como.
1838 Liszt reist allein nach Wien. Acht sehr erfolgreiche Konzerte zu Gunsten der Pester Hochwassergeschädigten.

1839 Mit Marie in Rom.
9. Mai: Geburt von Daniel Liszt. Das Baby wird Fremden anvertraut, Marie kehrt mit den Mädchen nach Paris zurück. Die Kinder leben bei Liszts Mutter Anna, später kommt auch Daniel in die Obhut der Großmutter. Liszt gibt sechs Konzerte in Wien, dann Rückkehr nach Ungarn.

1840 4. Januar: Liszt wird in Pest ein Ehrensäbel überreicht. Konzerte in Ungarn.
März-April: Konzerte in Wien, Prag, Dresden, Leipzig, Metz, Paris.
Mai-Juni: Erste England-Tournee.
Sommer: Brüssel, Baden-Baden, Wiesbaden, Frankfurt, Rheinland, Hamburg.
August -November: Zweite. England-Tournee (auch Schottland und Irland.).

1841 Konzerte in Brüssel, Lüttich, Paris.
Mai-Juli: Dritte England-Tournee.
Juli: Hamburg, Kiel, Kopenhagen.
Sommer auf der Insel Nonnenwerth mit Marie und den Kindern.
18.September: Beitritt in die Freimaurerloge „Einigkeit" in Frankfurt.
26. November: Erster Auftitt in Weimar. Konzerte in Jena, Dresden, Leipzig, Halle, Berlin usw.

1842 Konzerte in Berlin. Ehrendoktor der Universität Königsberg. Konzerte in Mitau (Jelgava, heute: Litauen), Dorpat (Tartu, heute: Estland), Riga, St. Petersburg, Lüttich.
September: Wieder Insel Nonnenwerth.
Oktober: Konzertreise durch Thüringen.
November, Weimar: Hofkapellmeister in ausserordentlichen Diensten. Konzertreise mit Rubini in Deutschland und Holland.

1843 Januar: Konzerte in Berlin, Breslau (heute. Wrocław, Polen), Schlesien.
April-Mai: Konzerte in Warschau, St.Petersburg, Moskau, usw. Das letzte Mal mit der Familie auf Nonnenwerth.
Herbst: Konzerte in Süddeutschland.
Zweite Dezemberhälfte: Weimar.

1844 Konzerte in Weimar, Norddeutschland, Paris, Südfrankreich, Zürich.

1845 Januar-April: Konzerte in Spanien, Portugal, Frankreich, der Schweiz
August: Bonn, Beethoven-Feier. Konzerte: Brühl, Koblenz, Köln. Erholung in Baden-Baden.
Herbst: Konzerte in Freiburg, Ostfrankreich.

1846 Konzerte in Frankreich, Frankfurt, Weimar, Wien, Brünn, Prag.
30. April–14.Mai: Pest.
Sommer: Wien und Umgebung.
August: Ehrenrichter des Komitats Sopron.
September: Ehrenbürger der westungarischen Stadt Kőszeg (Güns). Bis Jahresende in Ungarn und Transylvanien sowie in Bukarest.

1847 Konzertreise in Rumänien, in der Ukraine, wo er im Februar in Kiew die Fürstin Carolyne von Sayn-Wittgenstein kennenlernt. Konzerte in Lemberg (heute: Lwiw, Ukraine), Czernowitz (heute: Tscherniwzi, Ukraine), Jassy (heute: Laşi, Rumänien),

	Konstantinopel, Odessa. Das letzte Konzert seiner Virtuosenzeit in Elisabethgrad. Ab September Gast der Fürstin auf ihrem Gut in Woronince.
1848	Lemberg, Krakau, Ratibor (Ratiborz, Polen), dann Weimar, wohin auch die Fürstin mit ihrer Tochter flüchtet.
1849	Gemeinsames Leben in Weimar auf der Altenburg. Liszt in Großherzoglichen Diensten als Kapellmeister tätig. Mai: der am Dresdener Maiaufstand beteiligte Wagner auf der Flucht bei Liszt. September-Dezember: Helgoland, Hamburg, Bad Eilsen.
1850	28. August: Uraufführung des *Lohengrin* unter Liszt.
1851	Hans von Bülow wird Liszts Schüler in Weimar.
1852	Erste Berlioz-Woche in Weimar.
1853	Herbst: Agnes Klindworth (Frau Denis-Street), wird Liszts große und heimliche Liebe in Weimar. Aufführungen: *Der fliegende Holländer, Ce qu'on entend* (neue Fassung). 1. Juni: Uraufführung in Pest der *Fantasie über Motive aus Die Ruinen von Athen* und der *Ungarischen Fantasie* mit Bülow als Pianist und Ferenc Erkel als Dirigent. Juli: Liszt bei Wagner in Zürich. 3.–5. Oktober: Musikfest in Karlsruhe. Danach wieder bei Wagner, in Basel, gemeinsam nach Paris. Erste Begegnung Wagners mit der 16jährigen Cosima.
1854	Aufführungen in Weimar: *Orpheus, Les Préludes*. Juli: Holland, Belgien, Norddeutschland.
1855	Februar: Zweite Berlioz-Woche in Weimar. Berlioz dirigiert, u.a. Liszts *Klavierkonzert Es-Dur,* mit Liszt als Solist. Aufführung von *Psalm 13* in Berlin. Carl Tausig wird Schüler Liszts. Zar Alexander II. entzieht der Fürstin ihren Rang und belegt ihr Vermögen mit Beschlag. Die drei Liszt-Kinder werden nach Weimar geladen, dann die Töchter nach Berlin abgeschoben.
1856	Januar: Liszt dirigiert in Wien beim Mozart-Zentenarfest. Februar-März: Dritte Berlioz-Woche in Weimar. August-September: Pest. 26–27. August: Öffentliche Aufführung der *Graner Messe* im Prunksaal des Nationalmuseums. 31. August: Uraufführung der *Graner Messe* unter Liszt in Gran (Esztergom) bei der Einweihung der neuen Basilika. 8. September, Pest, Nationaltheater: Aufführung von *Les Préludes, Hungaria*. Liszt-Aufführungen in Wien und Prag. Oktober-November: Besuch bei Wagner in Zürich. 23. November, St.Gallen: erstes gemeinsames Konzert Liszts mit Wagner.
1857	Januar: Liszt erkrankt an einem unangenehmen Ausschlag an den Beinen und muß das Bett hüten. Eine Badekur in Aachen lindert das Leiden. Uraufführung der 1. Fassung des *Klavierkonzerts A-Dur* in Weimar unter Liszt. Solist ist sein Schüler Hans von Bronsart. 22. Januar, Berlin: Uraufführung der *h-Moll Sonate* durch Bülow.

Februar, Mai: Liszt dirigiert seine Werke in Leipzig und beim Niederrheinischen Musikfest, Angriffe, ablehnende Kritiken.
18. August: Hochzeit Cosimas mit Hans von Bülow in Berlin im Beisein Liszts.
22. Oktober: Hochzeit Blandines mit Émile Ollivier in Florenz im Beisein Marie d'Agoults.
5. September: Uraufführung der *Faust-Symphonie* und der *Ideale* in Weimar unter Liszt.
10. November: Uraufführung der *Héroïde funèbre* in Breslau.
29. Dezember: Uraufführung der *Hunnenschlacht* in Weimar. Zunehmende Schwierigkeiten und Unannehmlichkeiten in Weimar.

1858 März, April: Liszt dirigiert eigene Werke in Prag und Pest.
15. Dezember: Uraufführung des *Barbier von Bagdad* von Cornelius in Weimar unter Liszt. Aufgrund der fortgesetzten Anfeindungen legt er sein Kapellmeisteramt nieder.

1859 Sommer, Paris: Erscheinen von Liszts Buch *Des Bohémiens et de leur musique en Hongrie*. In Ungarn patriotische Empörung gegen Liszts Fehler bezüglich der ungarischen und der sogenannten „Zigeunermusik."
2. Oktober: Uraufführung von *Les Béatitudes* in Weimar.
13. Dezember, Berlin: Tod des als Student in Wien erkrankten Daniel Liszt in Cosimas Wohnung im Beisein des Vaters. Die Fürstin bei Hof und Gesellschaft in Ungnade, die Lage Liszts wird immer schwieriger.

1860 März: Manifest gegen die neue Musik, besonders gegen Liszt, von Brahms, Joachim, J.O. Grimm, B. Scholz, im *Berliner Echo*.
Mai: die Fürstin fährt nach Rom, um ihre Scheidung voranzutreiben. Liszt einsam und aussichtslos in Weimar. Diskrete Liaison mit der jungen Mezzosopranistin Emilie (Mitzi) Genast.
25. August: Liszt wird Offizier der französischen Ehrenlegion.
September: Liszt verfasst tief deprimiert sein Testament.

1861 Mai: mit Bülows in süddeutschen Städten.
31. Mai: Liszt wird Kommandeur der französischen Ehrenlegion.
August: Gründung des Allgemeinen Deutschen Musikvereins in Weimar, gelegentlich des Tonkünstlerfestes, bei dem u.a. seine *Faust-Symphonie* aufgeführt wird. Unter den Gästen Wagner, das Ehepaar Ollivier, Bülow, Cornelius, Emilie Genast. Liszt löst allein seinen Haushalt in der Altenburg auf und verlässt am 17. Weimar. Paris, Begegnung mit alten Bekannten und mit Marie d'Agoult. Spielt in den Tuilerien vor Napoleon III. und Kaiserin Eugénie.
21. Oktober: Ankunft in Rom, Vorbereitungen zur Hochzeit mit der Fürstin am nächsten Tag, seinem 50. Geburtstag. Die Hochzeit wird im letzten Augenblick vom Vatikan vereitelt.

1862 11. September: Tod Blandine Liszt-Olliviers in St. Tropez.

1863 20. März, Rom, Palazzo Altieri: Uraufführung des *Sonnenhymnus* (Cantico del Sol, 1. Fassung) und der *Seligkeiten*.
Juni: Liszt zieht sich ins Dominikanerkloster Madonna del Rosario auf dem Monte Mario zurück. Hier besucht ihn Papst Pius IX.

1864 März: Liszt spielt zu wohltätigen Zwecken in Rom.
Juli: einige Tag bei Kardinal Hohenlohe in der Villa d'Este in Tivoli zu Gast. Spielt vor dem Papst in Castelgandolfo.
August: Karlsruhe, Tonkünstlerversammlung des Allgemeinen Deutschen Tonkünstlervereins. Bei Wagner am Starnberger See. München, Weimar, Löwenberg, Berlin, Wilhelmsthal.
Oktober: Paris, Südfrankreich, Rom.

1865 23. März, Rom, Campidoglio, Palazzo Senatorio: Aufführung der *Seligkeiten*.
April: Treffen mit Cosima und Hans in Den Haag; Uraufführung des *Totentanz* mit Bülow als Solist.
25. April, Rom, Vatikan: Liszt empfängt vom Großalmosiner Gustav Hohenlohe die Tonsur. Umzug in den Vatikan.
Mai: in der Villa d'Este.
30. Juli: Die nächsten drei Weihen.
August-September: Pest. Am 14. öffentliche Hauptprobe der *Heiligen Elisabeth* unter Liszt. Am 15. Uraufführung des Oratoriums, am 23. Wiederholung in der neuen Redoute. Am 29. Uraufführung der beiden *Legenden* für Klavier, Liszt am Flügel. Ausflüge nach Gran, Szekszárd, usw.

1866 4. Januar, Rom, Basilika Ara coeli: Uraufführung des *Stabat mater speciosa*.
6. Februar: Tod der Mutter in Paris.
26. Februar, 3. März, Rom, Galleria Dantesca: Aufführung der *Dante-Symphonie*.
15. März, Paris, Kirche St. Eustache: Aufführung und Misserfolg der *Graner Messe*.
Ende April: Liszt-Konzerte in Amsterdam, aufgeführt wird u.a. der *13. Psalm* und in der Kirche Moses und Aaron die *Graner Messe*.
Mai: Rom.

1867 8. Juni: Uraufführung der *Ungarischen Krönungsmesse* in der Matthiaskirche in Buda bei der Krönung des Kaisers Franz Joseph I. und der Kaiserin Elisabeth zum Königspaar von Ungarn.
6. Juli, Rom, Galleria Dantesca: Uraufführung von Teil I. (*Weihachtsoratorium*) des *Christus-Oratoriums* unter Sgambati.
August, Meiningen, Weimar: Aufführung der *Heiligen Elisabeth* auf der Wartburg. Bei Wagner in Tribschen.
Oktober: Rom.

1868 21. Juni: Liszt spielt vor dem Papst.
Juli-August: In Grottamare und Assisi mit Don Antonio Solfanelli, anschließend in der Villa d'Este.

1869 Wieder in Weimar. Liszt wohnt und unterrichtet in der Hofgärtnerei.
April: Die *Heilige Elisabeth* wird in Wien unter Herbek in Gegenwart Liszts aufgeführt.
21. April–4. Mai, Pest: Liszt dirigiert eigene Werke.
Winter: Villa d'Este.
Abbruch der Beziehungen zu Cosima wegen ihrem Verhältnis mit Wagner.

1870 29. Mai: Beethoven-Feier in Weimar. Liszt dirigiert seine *2. Beethoven-Kantate* (Uraufführung) und die *9. Symphonie*.

Zeittafel | **249**

September: Preußischer Sieg über Frankreich, Flucht Napoleons III., Ende der päpstlichen Herrschaft in Rom.

1. August–16. November: Liszts längster Aufenthalt im Hause Augusz', in Szekszárd.

25. August: Wagner und Cosima heiraten in Luzern.

1871 Beginn der „Vie trifurquée", dem Pendeln im „Dreieck"zwischen Weimar, Pest und Rom.

25. März, Pest: Konzert im Redoutensaal unter Mitwirkung Olga Janinas und von Reményi.

26. März: Konzert unter Liszt im Prunksaal der Ungarischen Akademie der Wissenschaften.

5. April: Konzert der Ungarischen Philharmonischen Gesellschaft. Liszt dirigiert Werke ungarischer Komponisten.

13. Juni: Liszt wird zum Königlichen Ungarischen Rat ernannt.

16. November–16. Dezember: Erste ständige Wohnung in Pest in der Palatingasse 20.

25. November: Attentatsversuch Olga Janinas auf Liszt.

1872 12. Januar–1, April: Pest, zwischendurch auch in Pressburg.

September: Wagner und Cosima in Weimar, Versöhnung.

Oktober: Erster Besuch in Bayreuth, ab November in Ungarn.

1873 Januar, März: Konzerte in Buda und Pest.

April: *Graner Messe* in Pressburg.

29. Mai, Weimar: erste vollständige Aufführung des *Christus* unter Liszt.

Ab 30. Oktober: Liszt wohnt in Budapest am Fischplatz 4. Festlichkeiten aus Anlass seines 50jährigen Künstlerjubiläums.

9. November: Aufführung des *Christus* in der Redoute unter Hans Richter. Am Vormittag desselben Tages: Aufführung einer *Liszt-Kantate* von Henrik Gobbi, Überreichung eines goldenen Lorbeerkranzes, Stiftung eines „Liszt-Stipendiums". Gran, Pressburg.

1874 Wohltätigkeitskonzerte in Wien, Sopron und Budapest.

15. März, Budapest: Uraufführung des Jókai-Lisztschen Melodramas *Des toten Dichters Liebe*.

25. März: Liszt dirigiert die *Krönungsmesse*.

21. Mai–9.-Februar 1875: Rom.

1875 11. Februar–1. April: Budapest.

10. März: gemeinsames Konzert Liszts und Wagners in der Redoute. Uraufführung der Kantate *Die Glocken des Straßburger Münsters*. Beethoven: *Klavierkonzert Es-Dur* unter Hans Richter mit Liszt als Solist. Wagner dirigiert eigene Werke. Wohltätigkeitskonzerte

30. März: Liszt wird zum Präsidenten der Ungarischen Musikakademie ernannt.

Juli-August: Er nimmt an den Proben in Bayreuth teil.

14. November: Eröffnung der Budapster Landes-Musikakademie am Fischplatz.

1876 15. Februar–30. März: Budapest.

5. März: Tod der Gräfin d'Agoult.

	Juli: *Hamlet* in Sondershausen.

Ab Oktober in Budapest, unterbrochen durch einen Aufenthalt in Szekszárd bei Augusz und bei Kardinal Haynald in Kalocsa.
August: Bayreuth.

1877 Bis 15. März: Budapest. Konzerte.
5. März: *Heilige Elisabeth* in der Redoute unter Liszt.
12.–22. März: Wien, dort gibt Liszt am 16. ein Benefiz-Konzert zugunsten eines Beethoven-Denkmals. Anschließend in Bayreuth und Weimar.
Ab November: Budapest.

1878 20 Januar, Budapest: *Die Heilige Cäcilia*. Matinée an der Musikakademie zur Jubiläumsfeier des Kardinals Haynald.
März: am 27. *Dante-Symphonie*, 1. Satz. Konzert der Philharmonischen Gesellschaft unter Sándor Erkel. Sein Verehrer Saint-Saëns veranstaltet in Paris ein Liszt-Konzert mit Sätzen aus *Dante* und *Christus*.
Ab April: Wien, Weimar, Hannover.
9–19. Juni: Juror bei der Pariser Weltausstellung als Vertreter Österreich-Ungarns, zusammen mit Eduard Hanslick.
August: Bayreuth.
Mitte September: Villa d'Este.

1879 17. Januar–2. April: Budapest.
12., 14. März: Konzerte in Klausenburg (heute: Cluj, Rumänien).
26. März: Konzert in der Budapester Redoute zugunsten der Hochwassergeschädigten von Szeged. In Wien, Hannover, Weimar, Wiesbaden, Sondershausen Aufführung verschiedener Lisztscher Werke.
10. Juli: Aufführung der *Septem Sacramenta* in Weimar.
August: Bayreuth.
Ab Anfang September: Villa d'Este. Liszt wird Ehrenkanonikus von Albano.

1880 Januar: Venedig, Budapest. In Rom Aufführung des *Tasso*.
13. Februar, Budapest: die Budapester Philharmoniker führen *Mazeppa* auf.
11. März: Erstes Konzert der Liszt-Schüler in der neuen Musikakademie in der Radialstrasse.
März: Aufführung Lisztscher Werke in Wien. Liszt in Weimar und in Baden-Baden beim Tonkünstlerfest des Allgemeinen Deutschen Musikvereins.
Ab September: Villa d'Este. Ende des Monats in Siena (Torre Fiorentina) bei Wagners.

1881 8.–15. Januar: Rom. Dann über Florenz und Venedig nach Budapest.
20. Januar–3. April: Budapest, Radialstrasse.
22. Januar, Rom, Sala Dante: Aufführung des *Angelus* für Streicher.
14. Februar: Konzert Bülows in Budapest.
9. März, Redoute: Uraufführung des *2. Mephisto-Walzers* durch die Philharmoniker unter Sándor Erkel.
April: Konzerte in Pressburg und Sopron. Raiding: Enthüllung einer Gedenktafel an Liszts Geburtshaus. In Berlin, Köln, Antwerpen und Weimar Aufführung Lisztscher Werke in Gegenwart des Komponisten.

7. Mai: Liszt wird korrespondierendes Mitglied der Académie des Beaux-Arts, Paris.
2. Juli: Sturz auf der Treppe der Weimarer Hofgärtnerei.
September-Oktober: Bayreuth, Rom. Konzerte mit seinen Werken in Rom zu Ehren seines 70. Geburtstages. Im Oktober erscheint die 2., erweiterte Auflage des *Zigeunerbuches* in Leipzig. Erneut Empörung und schwere Angriffe gegen Liszt in Ungarn.
22. Oktober, Rom, Palazzo Caffarelli: *Von der Wiege bis zum Grabe*, 1. Satz.
6. Dezember, Sala Dante: *Goethe-Marsch, Klavierkonzert A-Dur, Dante-Symphonie*, sowie eine *Ungarische Rhapsodie* unter Pinelli.

1882   Januar: Venedig.
4. Februar–14. April: Budapest.
25. Februar: Liszt spielt seine *16. Ungarische Rhapsodie* am Festabend zu Ehren des Malers Munkácsy.
Ostern: bei Kardinal Haynald in Kalocsa. Weimar, Brüssel, Antwerpen, Freiburg, Baden-Baden.
8.–18. Juli, Zürich, Tonkünstlerversammlung: Aufführungen Lisztscher Werke im Beisein des Komponisten.
August: In Bayreuth bei der Uraufführung des *Parsifal*.
Bis Mitte November: Weimar, dann bei Wagners im Palazzo Vendramin in Venedig.

1883   14. Januar–2. April: Ungarn.
13. Februar: Tod Wagners in Venedig.
14. März: Liszts *Es-Dur Klavierkonzert* wird in Budapest von den Philharmonikern aufgeführt, Solist ist sein Schüler Aladár Juhász.
18. März, Pressburg: Liszt dirigiert die *Heilige Elisabeth*. Anschließend nach Wien und Weimar.
22. Mai, Weimar: Erinnerungsfeier an Wagners 70. Geburtstag: Liszt dirigiert Teile aus dem *Parsifal*. Bis Jahresende in Weimar.

1884   4.Februar–21. April: Ungarn.
8. März: Aufführung der *Hunnenschlacht* mit den Philharmonikern.
April: Wien, Weimar.
Mai: Tonkünstlerfest des Allgemeinen Deutschen Musikvereins. Liszt dirigiert zum letzten Mal in Weimar.
Juli: Bayreuth: *Parsifal*.
August: München, Weimar.
27. September: Eröffnung des Budapester Opernhauses, Liszts *Ungarisches Königslied* wird aus politischen Gründen verboten.
Oktober: Leipzig, Wien, Budapest.
Dezember: Rom.

1885   30. Januar–13. April: Budapest. Besuche in Gran, Kalocsa, Pressburg.
27. Februar, Budapest: Aufführung des *Tasso* in der Redoute.
25. März: verspätete Aufführung des *Ungarischen Königsliedes* im neuen Budapester Opernhaus.
28. März: Liszt spielt zum letzten Mal in Budapest. Anschließend nach Wien, Weimar, Mannheim, Karlsruhe, Strassburg, Antwerpen, Aachen.

1886 Bis September: Weimar, dann München, Innsbruck, Rom.
Zum letzten Mal in Rom, dann Florenz, Venedig.
30. Januar–12. März: Budapest.
6. März: Letzter Unterricht an der Musikakademie.
10. März: Abschiedskonzert in der Musikakademie. Im März: Liszt-Konzerte in Lüttich, Paris.
April: London, Liszt-Konzerte. Empfang bei Königin Victoria.
April-Mai: Weitere Konzerte in Antwerpen und Paris. Liszt erkrankt.
Mitte Mai: Weimar.
Juni: Sondershausen: Musikfest. In Halle ärztliche Untersuchung der Augen.
3. Juli: Liszt nimmt an der Hochzeit seiner Enkelin Daniela in Bayreuth teil. Danach in Colpach (Luxemburg), zu Gast bei Munkácsys.
19. Juli: Letztes öffentliches Konzert in Luxemburg. Liszt erkaltet sich, kommt am 21. mit Lungenentzündung nach Bayreuth.
23. Juli: krank beim *Parsifal* im Festspielhaus.
25. Juli: bei *Tristan und Isolde* im Festspielhaus.
31. Juli: Liszt stirbt.
3. August: Beisetzung im Bayreuther Stadtfriedhof.

Quellen- und Literaturverzeichnis

A. Briefe und Dokumente

Altenburg, Detlef, Kleinertz, Rainer (Hrsg.): *Franz Liszt Tagebuch 1827*. Wien: Paul Neff 1986.

BLMC Bartoccini, Fiorella: *Lettere di Michelangelo Caetani Duca di Sermoneta. Cultura e politica nella Roma di Pio IX*. Rom: Istituto di Studi Romani 1974.

BüBr Bülow, Marie von (Hrsg.): Hans von Bülow. *Briefe und Schriften*. Bände 1–8. Leipzig: Breitkopf & Härtel 1895–1908.

Cornelius, Carl Maria (Hrsg.) Peter Cornelius. *Ausgewählte Briefe nebst Tagebuchblättern...* Bände 1–2. Leipzig: Breitkopf & Härtel 1904–1905.

CSLA Csapó, Vilmos (Hrsg.) *Liszt Ferenc levelei báró Augusz Antalhoz*. [Franz Liszts Briefe an Baron Antal Augusz]. Budapest 1911.

Dalmonte, Rossana: „F. Liszt. Nuove lettere da Weimar." Raccolte, trascritte e commentate da --. In: Quaderni 5, 2006.

DMEBB Du Moulin, Eckart, Graf, Richard (Hrsg.) Hans von Bülow: *Neue Briefe*. München: Drei Masken 1927.

EK Eckhardt, Mária, Knotik, Cornelia (Hrsg.): *Franz Liszt und sein Kreis in Briefen und Dokumenten aus den Beständen des Burgenländischen Landesmuseums*. Eisenstadt: Burgenländisches Landesmuseum 1983 (Wissenschaftliche Arbeiten aus dem Burgenland Band 66).

GB Gut, Serge, Bellas, Jacqueline (Hrsg.): *Franz Liszt – Marie d'Agoult*. Correspondance. Paris: Fayard 2001 (Deutsche Übertragung der Ausgabe von Daniel Ollivier 1933: Käthe Illich. Berlin: Fischer 1933.).

HLBG Hamburger, Klára (Hrsg.): *Franz Liszts Briefe an Emilie (Merian)-Genast*. In: St.mus. Teil 1: 48/3–4, 2007, S. 143–192; Teil 2: 49/1–2, 2008, S. 143–192.

HLBM Hamburger, Klára (Hrsg.): *Franz Liszts Briefwechsel mit seiner Mutter*. Eisenstadt 2000.

HLCD Hamburger, Klára (Hrsg.) *Franz Liszt Lettres à Cosima et à Daniela*. Sprimont: Mardaga 1996.

HLMSW Hugo, Edward H. (Hrsg.): *The Letters of Franz Liszt to Marie zu Sayn-Wittgenstein*. Cambridge, Mass: Harvard UP 1953.

HUKNE Huré, Pierre-Antoine, Knepper, Claude: *Liszt en son temps*. Documents choisis, présentés et annotés par --. Paris: Hachette 1987 (Collections Pluriel).

JLB Jung, Hans Rudolf (Hrsg.): *Franz Liszt in seinen Briefen*. Berlin: Henschel 1987.

KLWB Kloss, Erich (Hrsg.): *Briefwechsel zwischen Wagner und Liszt*. 3, erw. Aufl. Leipzig: Breitkopf & Härtel 1911.

Knepper, Claude: *La correspondance entre Franz Liszt et Daniel Ollivier*. In: Quaderni 6, 2007.

LLB La Mara [Marie Lipsius] (Hrsg.): *Franz Liszts Briefe*. Bände 1–9. Leipzig: Breitkopf & Härtel, 1893–1905.

LBCA La Mara [Marie Lipsius] (Hrsg.): *Briefwechsel zwischen Franz Liszt und Carl Alexander, Großherzog von Weimar*. Leipzig: Breitkopf & Härtel 1909.

LBLB La Mara [Marie Lipsius] (Hrsg.) *Briefwechsel zwischen Franz Liszt und Hans von Bülow*. Leipzig: Breitkopf & Härtel 1898.

LBLMH Liszt, Franz: *Des Bohémiens et de leur Musique en Hongrie*. Réédition de l'édition Bourdillat 1859. Paris [1973] (Éditions d'Aujourd'hui).

LBZL La Mara [Marie Lipsius] (Hrsg.): *Briefe hervorragender Zeitgenossen an Liszt*. Bände 1–3. Leipzig: Breitkopf & Härtel 1895–1904.

LGS/3 Liszt, Franz: *Gesammelte Schriften*. Band 3. *Dramaturgische Blätter*. Hrsg.v. Lina Ramann. Leipzig: Breitkopf & Härtel 1881.

LGS/4 Liszt, Franz: *Gesammelte Schriften*. Band 4. *Aus den Annalen des Fortschritts*. Hrsg. v. Lina Ramann. Leipzig: Breitkopf & Härtel 1882.

LGS/5 Liszt, Franz: *Gesammelte Schriften.* Band 5. *Streifzüge.* Hrsg. v. Lina Ramann. Leipzig: Breitkopf & Härtel 1882.

Liszts Testament Aus dem Französischen ins Deutsche übertragen und hrsg. v. Friedrich Schnapp. Weimar: Hermann Böhlaus Nachfolger 1931.

LSS/1 Liszt, Franz: *Sämtliche Schriften*. Band. 1 *Frühe Schriften*. Hrsg. v. Rainer Kleinertz und. Serge Gut. Wiesbanden etc.: Breitkopf & Härtel, 2000.

LSS/5 Liszt, Franz: *Sämtliche Schriften*. Band 5 *Dramaturgische Blätter*. Hrsg.v. Dorothea Redepenning und Britta Schilling. Wiesbaden etc.: Breitkopf & Härtel 1989.

LUPW Legány, Dezső: *Franz Liszt Unbekannte Presse und Briefe aus Wien 1822–1886*. Budapest: Corvina 1983.

OADL Ollivier, Daniel (Hrsg.): *Autour de Mme D'Agoult et de Liszt*. Paris: Grasset 1941.

OCLB Ollivier, Daniel (Hrsg.): *Correspondance de Liszt et de sa fille Mme Émile Ollivier, 1842–1862*. Paris: Grasset 1936.

ORCS Ortheil, Hanns-Josef (Hrsg.): *Robert und Clara Schumann. Briefe einer Liebe*. Eingeleitet v. Dietrich Fischer-Dieskau. Königstein: Athenäum 1982.

PLAK Pocknell, Pauline (Hrsg.): *Franz Liszt and Agnes Street-Klindworth. A Correspondence 1854–1886*. Hillsday, N.Y.: Pendragon 2000 (Franz Liszt Studies Series No. 8).

PLBUS Prahács, Margit (Hrsg.) *Franz Liszt. Briefe aus ungarischen Sammlungen 1835–1886*. Budapest Kassel: Bärenreiter 1966.

Pocknell, Pauline: „Liszt's Unpublished Pocket-Diary for 1832 – A Guide to His Memories." In: Liszt 2000, S. 52–77.

Short, Michael (Hrsg.): *Liszt Letters in the Library of Congress*. Hillsday, N.Y.: Pendragon 2003.

SLBG Stern, Adolf (Hrsg.): *Liszts Briefe an Carl Gille*. Leipzig: Breitkopf & Härtel 1903.

SLCP Suttoni, Charles: „Liszt Correspondence in Print. An Expanded, Annotated Bibliography." In: JALS 25, January-June 1989. A Special 25th „Silver" Volume, S 1–157.

Suttoni, Charles: „Franz Liszt's Published Correspondence. An Annotated Bibliography." In: *Fontes Artis Musicae*, 26/3, 1979, S. 191–234.

Suttoni, Charles: „Liszt's Correspondence in Print. A Supplementary Bibliography." In: JALS 46. Fall 1999, S. 1–43.

Suttoni, Charles: „Unpublished Liszt Letters at Yale. The Horowitz Papers." In: JALS 49, Spring 2001, S 1–9.

Troisier de Diaz, Anne (Hrsg.): *Émile Ollivier – Carolyne de Sayn-Wittgenstein. Correspondance1858–1887*. Paris: Presses Universitaires 1984.

Valkó, Arisztid: „A Liszt-család a levéltári iratok tükrében" [Die Familie Liszt im Spiegel archivalischer Dokumente], Teil 1–2. *Magyar Zene* [Ungarische Musik] I/45. Budapest 1961, S. 3–15.

VLAC Vier, Jacques: *Franz Liszt. L'Artiste. Le Clerc. Documents inédits*. Paris: Les Éditions du Cèdre 1950.

Waldberg, Max von (Hrsg.): *Cosima Wagners Briefe an ihre Tochter Daniela von Bülow 1866–1885*. Stuttgart Berlin: Cotta 1933.

Williams, Adrian: *Portrait of Liszt By Himself and His Contemporaries*. Oxford: Clarendon,1990.

WBB Wagner, Richard: *Briefe an Hans von Bülow*. Jena: Diederichs 1916.

WLOM Waters, Edward N. (Hrsg.): *The Letters of Franz Liszt to Olga von Meyendorff 1871–1886 in the Mildred Bliss Collection at Dumbarton Oaks*. Transl. by William R. Tyler. Dumbarton Oaks: Harvard UP 1979.

B. Erinnerungen, Tagebücher, Memoiren

BHLE Berlioz, Hector: *Lebenserinnerungen*. Ins Deutsche übertr. u. hrsg. von Dr. Hans Scholz. München: Beck 1914.

Boissier, Mme Auguste: *Liszt pédagogue: Leçons de piano données à Mlle Valérie Boissier en 1832*. Paris 1927.

BVL Borodin, Alexandr Porfirewitsch: *Wospominanija o F. Liszte* [Erinnerungen an Franz Liszt.]. Moskau 1953.

CZFL Czerny, Carl: *Erinnerungen aus meinem Leben*. Hrsg. von Walter Kolneder. Strassbourg Baden-Baden: Heitz 1968.

D'Albert Jeno [Eugène]: „Liszt Ferenc és a mai zongoratanítás." [F.L. und der heutige Klavierunterricht.] *Népművelés* [Volksbildung], hrsg. Ödon Weszely. Budapest 15,Oktober 1911 [Liszt-Nummer]. Jg.6, Nr.17–18. S. 355–358.

Dunkel, Norbert: *Milyen volt Liszt Ferenc?* [Wie war Franz Liszt?] Budapest 1936.

Dupêchez, Charles F, D'Agoult, Marie („Daniel Stern"): *Mémoires, Souvenirs et Journaux*. Présentation et notes de --. Bände 1–2. Paris: Mercure de France 1990.

FMSG Fay, Amy: *Music Study in Germany. From the Home-Correspondence of --*. With a new Introduction by Frances Dillon. New York: Dover 1965.

GRT Gregorovius, Ferdinand: *Römische Tagebücher*. Hrsg. von Friedrich Althaus. Stuttgart: Cotta 1892.

GSA Goethe- und Schiller-Archiv, Weimar.

Helbig, Nadine: *Franz Liszt in Rom. The International Liszt Center Quarterly,* hrsg. von Lennart Rabes., Nr. 9/10, London 1974–75.

HVLF Hubay, Jenő: „Visszaemlékezés Liszt Ferencre." *Liszt Ferenc.* Budapest: Dante 1936.

JGLK Jerger, Wihelm (Hrsg.): *Göllerich, August: Franz Liszts Klavierunterricht 1884–1886.* Regensburg: Bosse 1974.

La Mara [Marie Lipsius]: *Durch Musik und Leben im Dienste des Ideals.* Bände 1–2. Leipzig: Breitkopf & Härtel 1917.

La Mara [Marie Lipsius]: *Liszt und die Frauen.* 2., neu bearb. Aufl. Leipzig: Breitkopf & Härtel, 1917.

Lamond, Frederic: „Liszt as Teacher and Pianist." *The International Liszt Center Quarterly.* Ed. by Lennart Rabes. London 1975, Nr. 9–10, S. 2–6.

Lewald, Fanny: *Zwölf Bilder nach dem Leben.* Berlin 1888.

OJSC Janina, Olga [Zielinska, Olga] („Robert Franz"): *Souvenirs d'une Cosaque.* Paris: Lacroix 1874.

Ollivier, Émile: *Journal.* Band.1 1846–1860. Band. 2 1861–1869. Texte choisie par Théodore Zeldine et Anne Troisier de Diaz. Paris: Jullard 1961.

RLEL Ramann, Lina: *Lisztiana. Erinnerungen an Franz Liszt (1873–1886/87).* Hrsg. von Arthur Seidl. Textrev. Friedrich Schnapp. Mainz: Schott 1983.

Sagittarius [Schütz, Max]: *Franz Liszt über die Juden.* Budapest: Pesti Könyvnyomda R.t. 1882.

Schorn, Adelheid von: *Das nachklassische Weimar.* Weimar: Kiepenheuer 1911.

Schorn, Adelheid von: *Zwei Menschenalter.* Berlin: Greiner 1913.

SEFL Stradal, August: *Erinnerungen an Franz Liszt.* Bern: Haupt 1929.

SRB Schlözer, Kurd von: *Römische Briefe. 1864–1869.* Stuttgart: Deutsche Verlagsanstalt 1926.

Thomán, István: „Emlékezések Liszt Ferencről." [Erinnerungen an Franz Liszt] *Muzsika.* Budapest 1929, Februar- März. Jg. I. Nr. 1–2. S. 17–21.

Végh von Vereb, János: „Liszt Ferencről." [Über Franz Liszt] *Muzsika,* ebenda, S. 73–77.

WBB Wagner, Richard: *Das braune Buch. Tagebuchaufzeichnungen 1865 bis 1882.* Hrsg. von Joachim Bergfeld. Zürich: Atlantis 1975.

WCLG Wagner, Cosima: *Franz Liszt. Ein Gedenkblatt von seiner Tochter.* 2. Aufl. München: Bruckmann 1911.

WCT Wagner, Cosima: *Die Tagebücher. Band 1 1869–1877. Band 2. 1878–1883.* Hrsg. und komm. von Martin Gregor-Dellin und Dietrich Mack. München Zürich: Piper 1976–1977.

WDLS Walker, Alan: *The Death of Franz Liszt. Based on the Unpublished Diary of His Pupil Lina Schmalhausen.* Introduced, Annotated, and Edited by --. Ithaca London: Cornell UP 2002. (Unveröffentlichtes, handschriftliches deutsches Original in: Goethe-Schiller-Archiv, Weimar, Ramann's Liszt-Bibliothek No. 330).

WLLL Walker, Alan: *Living with Liszt. From The Diary of Carl Lachmund An American Pupil of Liszt 1882–1884.* Edited, Annotated, and Introduced by --. Stuyvesant, N.Y.: Pendragon 1995 (Franz Liszt Studies Series No. 4).

WLMC Wohl, Janka: *François Liszt. Mémoires d'une compatriote.* Paris: Ollendorf 1987.

WML Wagner, Richard: *Mein Leben.* München: Bruckmann 1911.

C. Bildbände

Bory, Robert: *La vie de Franz Liszt par l'image*. Genève: Édition du Journal de Genève 1936.
Burger, Ernst: *Franz Liszt. Eine Lebenschronik in Bildern*. München: Paul List 1986.
László, Zsigmond, Mátéka, Béla: *Franz Liszt. Sein Leben in Bildern*. Budapest Kassel Basel: Corvina Bärenreiter 1967.

D. Monographien, Biographien

Dupêchez, Charles F.: *Marie d'Agoult*. 2e éd. corr. Paris: Plon 1994.
GFL Göllerich, August: *Franz Liszt*. Berlin: Marquardt 1908.
Gut, Serge: *Franz Liszt. Les éléments du langage musical*. Paris: Klincksieck, Paris 1975. 2., verb. und erw. Aufl. Zurfluh: Éditions Aug 2008.
Gut, Serge: *Franz Liszt*. Paris: Éd. Fallois L'Age d'Homme 1989. Deutsche Ausgabe: *Franz Liszt*. Sinzig: Studio Verlag 2009 (Musik und Musikanschauung im 19. Jahrhundert Band 14).
Haine, Malou (Hrsg.) *Fanz Servais et Franz Liszt. Une amitié filiale*. Sprimont: Mardaga 1996.
Hamburger, Klára: *Franz Liszt*. Deutsche Übertragung v. d. Verfasserin. 2., erweiterte, verbesserte Aufl. Budapest: Corvina 1987.
Hamburger, Klára: *Liszt kalauz* [Konzertführer der Werke Liszts]. Budapest: Zeneműkiadó 1986.
Haraszti, Emil: *Franz Liszt*. Paris: Picard 1967.
Hunt Sokoloff, Alice: *Außergewöhnliche Tochter von Franz Liszt. [Extraordinary Daughter of Franz Liszt*. New York: Dodd, Mend & Comp. 1969.] Deutsch von Margarete Bormann. Hamburg Düsseldorf: Marion von Schröder 1970.
Huschke, Wolfram: *Musik im nachklassischen Weimar 1756–1861*. Weimar: Hermann Böhlaus Nachfolger 1982.
KAPP Kapp, Julius: *Franz Liszt*. Berlin: Schuster & Loeffler 1916.
Kapp, Julius: *Richard Wagner und Franz Liszt. Eine Freundschaft*. Berlin: Schuster & Loeffler 1908.
Legány, Dezső: *Liszt and His Country 1869–1873*. Transl. by Gyula Gulyás. Budapest: Corvina 1983.
Legany, Dezső: *Liszt and His Country 1873–1886*. Transl. by Elizabeth Smith. Budapest: Occidental Press 1992.
LMZK Legány, Dezső: *A magyar zene krónikája* [Chronik der ungarischen Musik]. Budapest: Zeneműkiadó 1962.
Moulin Eckart, Graf du: *Cosima Wagner*. Bände 1–2. München: Drei Masken 1929, 1931.
Newman, Ernest: *The Man Liszt*. London: Cassell 1934.
Raabe, Peter: *Franz Liszt. Sein Leben und Schaffen*. Bände 1–2. Erg. Aufl. Tuting: Hans Schneider 1968.

Ramann, Lina: *Franz Liszt als Künstler und Mensch*. Bände 1–3. Leipzig: Breitkopf & Härtel 1880–1894.
SLIG Saffle, Michael: *Liszt in Germany 1840–1845. A Study in Sources, Documents, And The History of Reception*. Stuyvesant, N.Y.: Pendragon, 1994 (Franz Liszt Studies Series No. 2).
Searle, Humphrey: *The Music of Liszt*. 2nd. rev. Ed. New York: Dover 1966.
WFL Walker, Alan: *Franz Liszt*. Band 1. *The Virtuoso Years 1811–1847*. New York: Knopf, London: Faber & Faber 1983. Band. 2. *The Weimar Years 1848–1861*. New York: Knopf 1989. Band 3. *The Finnal Years 1861–1886*. New York: Knopf 1996.
WLCV Walker, Alan, Erasmi, Gabriele: *Liszt, Carolyne and the Vatican. The Story of a Thwarted Marriage*. Stuyvesant, N.Y.: Pendragon 1991 (Franz Liszt Studies Series No. 1).

E. Studien, Essays

Bárdos, Lajos: „Ferenc Liszt, The Innovator". In: St.mus. 17, 1975, S 3–38.
Bárdos, Lajos: „Modale Harmonien in den Werken von Franz Liszt". In: Beiträge, S.133–167.
Bárdos, Lajos: „Die volksmelodischen Tonleitern bei Liszt." In: Beiträge, S. 168–196.
Bartók, Béla: „Die Musik Liszts und das Publikum von heute", 1911. In: Beiträge, S. 118–121.
Bartók, Béla: „Liszt-Probleme", 1936. In: Beiträge, S.122–132.
Batta, András: „Die ‚Glockenspiel'-Idee bei Liszt. Ein Problem der Lisztschen Kompositionstechnik." In: Liszt-Studien 2, S. 25–25.
Beghelli, Mario: „Nuove lettere par Madame Helbig." In: Quaderni 2, 1998, S.73–92.
Beghelli, Marco: „Lettere di Carolyne von Sayn-Wittgenstein a Nadine Helbig." In: Quaderni 4, 2004, S. 7–42
Békefi, Ernő: „Franz Liszt. Seine Abstammung, seine Familie." In: Beiträge, S. 7–48.
BGA Bozó, Péter: „Liszt's Plan for a German *Années de pèlerinage*.,Was ist des Deutschen Vaterland?'" In: St.mus. 47/1, 2006, S. 19–38.
Bozó, Péter: „Fragmente nach Dante, Lamenti nach Tasso: Beiträge zur Genese des italienischen Jahrganges der *Années de pèlerinage*." In: St.mus. 48/1–2, 2007, S. 61–78.
Bozó, Péter: *A Buch der Liedertől a Gesammelte Liederig. Liszt összegyűjtött dalainak első négy füzete és előfutárai*. [Vom Buch der Lieder bis zu den Gesammelten Liedern. Die ersten vier Hefte von Liszts gesammelten Liedern und ihre Vorboten.] Phil. Diss. der Musikuniversität Ferenc Liszt, Budapest, 2009.
Cannata, David B.: „Perception and Apperception in Liszt's Late Piano Music." *The Journal of Musicology*, 15/2, 1997.
Charnin Mueller, Rena: *Liszt's Tasso Sketchbook. Studies in Sourses and Revisions*. PhD Diss. Ann Arbor, Michigan, 1986. In: Stud.mus. 28/1986, S. 18–293.
Charnin Mueller, Rena: „Le cahier d'esquisses du *Tasso* et la composition des *Harmonies poétiques et religieuses*. In: ACTES, S. 11–28.
Dahlhaus, Carl: „Liszts Idee des Symphonischen". In: Liszt-Studien 2, S. 36–42.

Dahlhaus, Carl: *Zwischen Romantik und Moderne.* München: Katzbichler 1974 (Berliner Musikwiss. Arbeiten Band 7).

Domokos, Zsuzsanna: „Liszt's Roman Experience of Palestrina in 1839: The Importance of Fortunato Santini's Library." In: JALS 54–56. Festschrift Laires. Hrsg. von David B. Cannata, 2003–2005, S. 45–56.

Domokos, Zsuzsanna: „The *miserere* Tradition of the Cappella Sistina, Mirrored in Liszt's Works. In: Liszt 2000, S. 117–134.

DRPR Domokos, Zsuzsanna: *A római 19. századi Palestrina-recepció hatása Liszt művészetére.* [Der Einfluß der Palestrina-Rezeption des 19. Jahrhunderts auf die Kunst Liszts.] Phil. Diss. der Musikuniversität Ferenc Liszt, Budapest 2008.

Dufetel, Nicolas: „I rapporti tra Paër e Liszt: *Blanche de Provence et Don Sanche.*" *Ferdinando Paër tra Parma e l'Europa.* Ed. Paolo Russo. Parma: Casa della Musica. Venezia: Marsilio Ed. 2008.

Dufetel, Nicolas; Haine, Malou (Hrsg.): *Franz Liszt. Un saltimbanque en province.* Lyon: Symétrie, 2007 (Collection Perpetuum mobile).

Eckhardt, Mária: „Liszt in His Formative Years. Unpublished Letters 1824–1827." In: NHQ 27/103, S. 93–107.

Eősze, László: „Unbekannte Liszt-Handschriften und -Dokumente aus Rom." In: Liszt-Studien 2, S. 55–62.

Gárdonyi, Zoltán: *Die ungarischen Stileigentümlichkeiten in den musikalischen Werken F. Liszts.* Berlin: de Gruyter 1931.

Gárdonyi, Zoltán: „Nationale Thematik in der Musik F. Liszts bis zum Jahre 1848." In: St.mus. 5/1–4, 1963, S. 77–86.

Gárdonyi, Zoltán: „Neue Ordnungsprinzipien der Tonhöhen in Liszts Frühwerken." In: Beiträge, S. 226–273.

Gárdonyi, Zoltán: „Neue Tonleiter und Sequenztypen in Liszts Frühwerken." In: *B. Szabolcsi Septuagenario.* Budapest: Akadémiai Kiadó 1969.

Gárdonyi, Zoltán: „Paralipomena zu den ungarischen Rhapsodien Franz Liszts." In: Beiträge, S. 197–225.

Hamburger, Klára: „Franz Liszt und die Zigeuner." In: *Liszt und die Nationalitäten.* Bericht über das Internationale Musikwissenschaftliche Symposion, Eisenstadt, 10.–12. März 1994. Hrsg. von Gerhard J. Winkler. Eisenstadt 1996 (Wissenschaftliche Arbeiten aus dem Burgenland Band 93), S. 62–73.

Hamburger, Klára: „Aus der Korrespondenz der Familie Liszt." In: St.mus. 31, 1989, S. 441–463.

Hamburger, Klára: „Dem Andenken Richard Wagners." In: *Liszt Saeculum* 52/1, The International Liszt Center for 19th Century Music. Hrsg. von Lennart Rabes. S. 13–19.

Hamburger, Klára: „Documents Liszt à Rome." In: St.mus. 21/2–4, 1978, S. 319–344.

Hamburger, Klára. „Franz Liszt: 1811–1886." In: Arnold, Ben (Hrsg.): *The Liszt Companion*, S. 3–28.

Hamburger, Klára: „Liszt and Émile Ollivier." In: St.mus. 28, 1986, S. 65–77.

Hamburger, Klára: „Liszt and French Romanticism: his Lieder on Poems by Victor Hugo and Alfred de Musset." In: *Liszt the Progressive.* Ed. by Hans Kagebeck and Johan Lagerfelt.

Lewiston Queenston Lampeter: The Edwin Meller Press 2001 (Studies in the History and Interpretation of Music Band 72), S. 55–76.

Hamburger, Klára: „Liszt et Pauline Viardot-Garcìa (dans l'optique de sept lettres inédites)." In: St.mus. 34, 1992, S. 187–202.

Hamburger Klára: „Madame Liszt. Versuch eines Bildnisentwurfs auf Grund von unbekannten Dokumenten." In: St.mus. 27, 1985, S. 325–378.

Hamburger, Klára: „Musicien humanitaire." NHQ 27/103, 1986, S. 85–92. Außerdem erschienen in: *The Liszt Society Journal* 20, ed.by Michael Short. London 1995, S. 62–69.

Hamburger, Klára: „,Ob sich ihm wohl je die Pforte der Unsterblichkeit erschließt'. Über die Pariser Presse während Liszts letzter Anwesenheit 1886." In: *Weimarer Liszt-Studien 1*. Red. Uta Eckardt, Wolfram Huschke, Wolfgang Marggraf. Hrsg. vom Kulturbund der DDR. Erfurt 1986.

Hamburger, Klára: „Program and Hungarian Idiom in the Sacred Music of Liszt." *New Light on Liszt and His Music*. Essays in Honor of Alan Walker's 65th Birthday. Analecta Lisztiana 2. Ed. by Michael Saffle and James Deaville. Stuyvesant N.Y.: Pendragon 1997 (Franz Liszt Studies Series No. 6), S. 239–252.

Hamburger, Klára: „Three Unpublished Letters by Liszt to Saint-Saëns." In: NHQ 29/111, 1988, S. 222–229.

Hamburger, Klára. „Unpublished Liszt Letters in Munich." In: JALS 29, January–June 1991, S. 12–26.

Hamburger, Klára: „Zur Bedeutung der unveröffentlichten Familienbriefe für das thematische Werkverzeichnis Franz Liszts." In: St.mus. 34, 1992, S. 435–443.

HDBAWU Hamburger, Klára: „Aufnahme und Wirkung in Ungarn der verschiedenen Fassungen (1859, 1861, 1881) von Liszts Buch *Des Bohémiens et de leur musique en Hongrie*." Geschrieben für den letzten Band von LSS. Unveröffentlicht. Stark gekürzte Fassung: „Understanding the Hungarian Reception History of Liszt's *Des Bohémiens et de leur musique en Hongrie (1859/1881)*." In: JALS 54–56. Festschrift Laires. Hrsg.von David B. Cannata, 2003–2005. S. 75–84.

HLCA Hamburger, Klára: „Franz Liszt, Carl Alexander Grand-duc de Weimar et Michelangelo Caetani, duc de Sermoneta." In: St.mus. 25, 1983, S. 145–158.

HLMC Hamburger, Klára: „F. Liszt e Michelangelo Caetani, duc de Sermoneta." In: St.mus. 21/2-4 1978, S. 241–265.

HUDLT Hamburger, Klára: „Ein unbekanntes Dokument über den Tod Franz Liszts." In: St.mus. 46/3-4, 2007, S. 403–412.

Kaczmarczyk, Adrienne: „Die vergessene Symphonie." In: St.mus. 41/4, 2000, S. 375–388.

Kaczmarczyk, Adrienne: „Liszt, Lamennais und der *Totentanz*." In: St.mus. 43/1-2, 2002, S. 53–72.

Kaczmarczyk, Adrienne „Liszt: *Marie, Poème*. A Planned Piano Cycle." In: JALS, Jan.-June 1997, S. 88–101.

Kaczmarczyk, Adrienne: „The Genesis of *Funérailles* (The Connection Between Liszt's *Symphonie Révolutionnaire* and the Cycle *Harmonies poétiques et religieuses)*". In: St.mus. 35/4, 1993–94, S. 361–398.

KLAPC Keeling, Geraldine: „Liszt's Appearences in Parisian Concerts, 1824–1844". Part 1: 1824–1833. Part 2: 1834–1844. In: *The Liszt Society Journal,* 11, 1986, S. 22–34. 12, 1987, S. 8–22.

Kókai, Rudolf: *Franz Liszt in seinen frühen Klavierwerken.* 1933. Neue Aufl. Budapest Kassel: Bärenreiter 1969.

Kovács, Sándor: „Formprinzipien und ungarische Stileigentümlichkeiten in den Spätwerken von Liszt." In: Liszt-Studien 2, S. 114–122.

Kroó, György: „*Années de pèlerinage* 1e Année: Version and Variants. A challenge to the Thematic Catalogue." In: St.mus. 34/3–4, S.405–426.

László, Ferenc: „Die ‚Walachische Melodie' in der *Ungarischen Rhapsodie Nr. 20* von Franz Liszt." In: Liszt 2000, S. 232–240.

Legány, Dezső: „Liszt in Rom – nach der Presse." In: St.mus. 19, 1979, S 85–107.

Levi, Emanuele: *Da San Sisto sull'Appia al SS. Rosario a Monte Mario.* Roma: Monastero Domenicano Via trionfale 177 o.J. (Monasteri Domenicani d'Italia Band 1).

Merrick, Paul: *Revolution and Religion in the Music of Liszt.* Cambridge: Cambridge UP 1987.

Nagler, Norbert: „Die verspätete Zukunftsmusik". In: *Musik-Konzepte 12. Franz Liszt.* Hrsg. v. Heinz-Klaus Metzger und Rainer Riehn. München 1980, S. 4–41.

Nagler, Norbert: „Das Liszt-Bild – ein wirkungsgeschichtliches Mißverständnis." In: *Musik-Konzepte 12. Franz Liszt,* S. 115–127.

Papp, Márta: „Liszt and Musorgsky. The Genuine and False Documents of the Relationship between the two Composers." In: St.mus. 29, 1987, S. 267–284.

Prahács, Margit: „Franz Liszt und die Budapester Musikakademie." In: Beiträge, S. 49–94.

RSB Redepenning, Dorothea: *Das Spätwerk Franz Liszts. Bearbeitungen eigener Kompositionen..* Hamburg: Verlag d. Musikalienhandlung Karl Dieter Wagner 1984 (Hamburger Beiträge zur Musikwissenschaft Band 27).

Riehn, Rainer: „Wider die Verunglimpfung des Andenkens Verstorbener. Liszt soll ein Antisemit gewesen Sein." *Musik-Konzepte 12. Franz Liszt,* S. 100–114.

SAFEI Saffle, Michael: „Liszt und die Deutschen, 1840–1845." In: *Liszt und die Nationalitäten.* Bericht über das Internationale Musikwissenschaftliche Symposion, Eisenstadt, 10.–12. März 1994. Hrsg. von Gerhard J. Winkler. Eisenstadt 1996 (Wissenschaftliche Arbeiten aus dem Burgenland Band 93), S. 62–73.

Saltimbanque S. Dufetel, Nicolas, Haine, Malou.

Sárosi, Bálint: *Zigeunermusik...* Budapest: Corvina 1977.

Sárosi, Bálint: „Ungarische Zigeunermusik." In: Beiträge, S. 95–117.

Sárosi, Bálint: *Sackpfeiffer, Zigeunermusikanten... Die instrumentale ungarische Volksmusik.* [Übertr.] Ruth Futaky. Budapest: Corvina 1996.

Schwarz, Peter: *Studien zur Orgelmusik Franz Liszts. Ein Beitrag zur Geschichte der Orgelkomposition im 19. Jh.* München: Katzbichler 1973 (Berliner Musikwissenschaftliche Arbeiten Band 3).

Searle, Humphrey: „Liszt and 20th Century Music." In: St.mus. 5/1–4, 1963, S 277–282.

Somfai, László: „Die Gestaltwandlungen der *Faust.-Symphonie* von Liszt." In: Beiträge, S. 292–324.

Stenzel, Jürg: „L'énigme Franz Liszt. Prophéties et conventions dans les oeuvres tardives: R.W.Venezia (1883)." In: ACTES, S. 127–138.
SZLL Szabolcsi, Bence: *Franz Liszt an seinem Lebensabend*. Budapest: Akadémiai Kiadó 1959.
Szelényi, István: „Der unbekannte Liszt." In: Beiträge, S. 274–291.
Winkler, Gerhard: „*Der traurige Mönch* (1860). Considérations archéologiques sur les oeuvres tardives de Liszt." In: ACTES, S. 105–118.
Wright. William: „More Light on Young Liszt – London, 1824–1825." In: Liszt 2000, S. 35–51.
WUP Winkler, Gerhard: *Franz Liszt. Unbekannte Presse aus Wien 1838–40. Eine Nachlese*. Eisenstadt 2001 (Wissenschaftliche Arbeiten aus dem Burgenland Band 105).

F. Zeitschriften und Sammelbände

ACTA Acta Academiae Artis Musicae de Francisco Liszt Nominate Ed. József Ujfalussy, György Kroó. Red. János Kárpáti. Budapest: Liszt Ferenc Zeneművészeti Főiskola.
ACTES Actes du Colloque International Franz Liszt, tenu dans le cadre de l'Université de Paris IV-Sorbonne sous la présidence de Serge Gut 27–30 octobre 1986. Textes rassemblés et présentés par Serge Gut. *La Revue musicale,* triple numéro 405–406–407. Paris: Édition Richard Masse 1987.
Arnold, Ben (Hrsg.): *The Liszt Companion*. Mit Studien von Ben Arnold, James Deaville, Klára Hamburger, Marilyn Kielniarz , Jay Rosenblatt, Michael Saffle, Charles Suttoni, Kristin Wendland, William Wright. Westport, CT London,: Greenwood Press 2002.
Beiträge *Beiträge von ungarischen Autoren*. Hrsg. v. Klára Hamburger. Budapest: Corvina 1978.
JALS *Journal of the American Liszt Society*.
Liszt 2000 *The Great Hungarian and European Master at the Threshold of the 21st Century*. Selected Lectures given at the International Liszt Conference in Budapest, May 1999. Hrsg.von Klára Hamburger. Budapest: The Hungarian Liszt Society 2000.
Liszt-Studien 2. *Liszt-Studien 2*. Hrsg. vom European Liszt-Centre (ELC). Kongreßbericht Eisenstadt 1978. Referate des 2. Europäischen Liszt-Symposiums. Hrsg. v. Serge Gut. München Salzburg: Katzbichler 1981.
NHQ *The New Hungarian Quarterly*. Hrsg. von István Boldizsár. Budapest.
Quaderni Quaderni dell'Istituto Liszt. Dir. da Rossana Dalmonte. Milano: Rugginenti.
St.mus. *Studia musicologica Academiae Scientiarum Hungaricae*. Hrsg.von József Ujfalussy. Budapest: Akadémiai Kiadó.
Walker, Alan (Hrsg.): *Franz Liszt. The Man and His Music*. Mit Studien von Robert Collet, Christopher Headington, Arthur Hedley, Louis Kentner, John Ogdon, Sacheverell Sitwelll, Alan Walker, David Wilde. London: Marrie & Jenkins 1970.

G. Bibliographien, Kataloge

Auman, Elizabeth H., White, Raymond A., etc. (Hrsg.): *The Music Manuscripts, First Editions, and Correspondence of Franz Liszt (1811–1886) in the Collections of the Music Division, Library of Congress.* Washington: Library of Congress 1991.

Charnin Mueller, Rena, Eckhardt, Mária: „Work List" (WL) in the Entry „Franz Liszt" (by Alan Walker). In: *The New Grove Dictionary of Music and Musicians.* Band 14. 2nd ed. by Stanley Sadie. London: McMillan, 2001, S. 51–71.

Czernin, Martin: *Franz Liszt und das Schottenstift.* Katalog zur Ausstellung im Museum im Schottenstift 27. November 2008 bis 28. März 2009. Bearb. und hrsg. von --. Wien 2008.

Eckhardt, Mária: *Liszt's Music Manuscripts in the National Széchényi Library.* Budapest: Akadémiai Kiadó 1986 (Studies in Central and Eastern European Music Band 2).

Eckhardt, Mária (Hrsg.) *Franz Liszt's Estate at the Budapest Academy of Music. I. Books.* ACTA 1, 1986.

Eckhardt, Mária (Hrsg.) *Franz Liszt's Estate at the Budapest Academy of Music. II. Music.* ACTA 3, 1993.

Eckhardt, Mária, Liepsch, Evelyn: *Franz Liszts Weimarer Bibliothek.* Laaber: Laaber Verlag 1999 (Weimarer Liszt-Studien, Band 2).

Saffle, Michael: *Franz Liszt. A Guide to Research.* New York London: Garland 1999 (Garland Composer Resource Manuels Band 29). 2nd ed. New York London: Routledge 2004 (Routledge Music Bibliographies).

Short, Michael, Howard, Leslie: „Franz Liszt List of Works. Elenco delle opere. Comprehensively expanded from the Catalogue of Humphrey Searle as revised by Sharon Winklhofer." In: Quaderni 3, 2001.

H. Musikalische Werke Liszts

GA *Franz Liszts musikalische Werke.* Großherzog Carl Alexandersche Gesamtausgabe. Bände 1–33. Hrsg. von der Franz Liszt Stiftung. Leipzig: Breitkopf & Härtel 1907–1936.

Abbildungsnachweis

Sämtliche Abbildungen entstammen den Beständen des Ungarischen Liszt-Museums in Budapest.

Werkregister

1. Literarische Werke

Berlioz und seine „Harold-Symphonie" 113
Reisebriefe eines Bakkalaureus 32, 50
    An George Sand 32, 33 51
    An Adolphe Pictet 52
    An Lambert Massart 55, 68–69, 87
    Des Bohémiens et de leur musique
      en Hongrie (Die Zigeuner und ihre Musik in Ungarn) 88, 133, 248
Ein Brief über das Dirigieren 111
Fr. Chopin 45
Mémento Journalier 151, 166
Noch einige Worte... 39
Paganini. Ein Nekrolog 43–44
Thalbergs „Grande fantaisie" op. 22
    und „Caprices" op. 15 51
Vorwort zu den Symphonischen Dichtungen 112
Webers „Euryanthe" 99
Zur Goethe-Stiftung 39, 98, 105
Zur Situation der Künstler 39

2. Musikalische Werke

A la Chapelle Sixtine 168
Ab irato 73
<u>*Album d'un voyageur*</u> 46, 49
    I. Impressions et poésies 46, 49
    II. Fleurs mélodiques des Alpes 49
    III. Paraphrases 49
Allegro di bravura 29
Am Grabe Richard Wagners 223–224
An den Heiligen Franziskus von Padua (Chor) 164, 167
An die Künstler 118

Années de pèlerinage. 1. Suisse
    Au bord d'une source 125
    Chapelle de Guillaume Tell 49
    Cloches de Genève, Les 49, 125
    Lac de Wallenstadt, Le 49, 125
    Vallée d'Obermann 49
Années de pèlerinage. 2. Italie
    Après une lecture du Dante (s.Dante-Sonate) 54, 125, 167
    Penseroso, Il 54, 125, 167
    Petrarca-Sonette 54, 74
    Sposalizio, Lo 54
Années de pèlerinage. 2. Italie. Supplément
    Venezia e Napoli 56
    Gondoliera 123
    Tarantella 73, 123
Années de pèlerinage. 3.
    Angelus 219
    Cyprès de la Villa d'Este, Les 1 und 2 219
    Jeux d'eau à la Villa d'Este, Les 219
    Marche funèbre (Für Max. von Mexiko) 220
    Sunt lacrymae rerum 220
    Sursum corda 219

Apparitions 47
Arbeiterchor 110
Ave Maria (Chor) 75, 124
B-A-C-H Präludium und Fuge 168
Bach-Übertragungen
    Orgelphantasie und Fuge, g-Moll 168
    Sechs Orgelpräludien und Fugen 168
Beethoven-Kantate, 1. 75

Beethoven-Übertragungen
    Symphonien 1, 2, 3, 4, 5, 6, 7, 8, 9 52, 166

Berlioz-Übetragungen
    Francs-Juges, Les 52
    Harold en Italie 52, 112
    Lelio 52
    Roi Lear, Le 52
    Symphonie phantastique 39, 41, 42, 52, 62, 112, 119, 129

Ce qu'on entend sur la montagne (Bergsymphonie) 116, 117
Chanson du Béarn 73

Christus. Oratorium   9, 163, 165, 173, 174, 197, 198
Contrebandier, Le   234
Corsaire, Le   69, 117
Crucifix, Le   168, 219
Csárdás   89, 221
Csárdás macabre   201, 221
Csárdás obstiné   221
Dante-Sonate   54, 125
Dante-Symphonie   9, 101, 107, 113, 121–124, 127, 128, 135, 136, 155, 164, 194
Dantesque, Fragment   118
De profundis. Klavierkonzert   46, 74, 124, 130, 167
Deux mélodies russes   73
Don Sanche. Oper   30
Drei Zigeuner, Die   123
Etüden
    Études en 48 exercises
    (12 frühe Etüden)   999
    Grandes Études   31, 52, 53
Études d'exécution transcendante
    Harmonies du soir   53, 125
    Mazeppa   53, 117, 123, 204
    Wilde Jagd   53, 123
Konzertetüden, 2
    Waldesrauschen   166
    Gnomenreigen   166
Konzertetüden, 3
    As-Dur: *Il Lamento*   113
    f-Moll: *La Leggierezza*   113
    Des-Dur: *Un sospiro*   113
Paganini-Etüden   44, 52, 53, 113

Excelsior   224
Fantaisie espagnole   73
Fantaisie romantique sur deux mélodies suisses   49
Fantaisie sur une valse de Schubert   47
Faribolo Pastour   73
Faust-Symphonie, Eine   9, 38, 101, 113, 116, 118, 121–123, 126–129, 135, 137
Forgeron, le   46
Galopp, a-Moll   73
Glanes de Woronince   73
Glocken des Strassburger Münsters, Die   203
Goethe-Marsch   194
Grand galop chromatique   51, 62, 81
Grande fantaisie sur la Clochette de Paganini   44, 53

Graner Messe 43, 113, 120–124, 130–132, 144, 157, 161, 198, 214
Hamlet 38, 118, 119
Harmonies poétiques et religieuses (einzelnes Stück) 46
<u>*Harmonies poétiques et religieuses*</u> (Zyklus) 46, 47, 85 113
    Funérailles 85, 116, 121, 192, 222
    Invocation 124
    Pensées des Morts 46

Heilige Cäcilia, Die 202
Héroïde funèbre 40, 116
Heroischer Marsch in ungarischem Stil 89
Historische Ungarische Bildnisse 150, 224
Hungaria 89, 116, 123, 132
Hungaria-Kantate 116, 123
Hunnenschlacht 116, 119, 124, 204, 212
Ideale, Die 107, 116–119
Impromptu über Themen von Rossini und Spontini 29
Klavierkonzert A-Dur 107, 113, 119, 120, 194
Klavierkonzert Es-Dur 113, 119, 120, 202
Krönungsmesse, Ungarische 10, 160, 163, 170, 200
Legende, A-dur: Saint-François d'Assise. La prédication aux oiseaux 159, 167
Legende, E-Dur: Saint-François de Paule marchant sur les flots 159, 166
Legende von der Heiligen Elisabeth, Die 9, 124, 157, 159, 163, 171, 204
Lenore 123

<u>Lieder, Vertonungen von</u>
    Petrarca 54, 74
    Béranger 74
    Dumas 74
    Hugo 38, 44, 74, 76, 117, 219, 220
    Musset 74, 218
    Tennyson 74
    A.Tolstoi 74
    Petőfi 74
    Goethe 49, 74, 77 117
    Freiligrath 74
    Hebbel 74
    Heine 74, 77
    Herwegh 68, 74, 77
    Hoffmann von Fallersleben 74
    Lenau 74, 122, 123
    Rellstab 71
    Rückert 74

Magyar dalok, Magyar Rhapsodiák   73, 86
Malédiction. Klavierkonzert   74
Mazeppa (Symphonische Dichtung)   117, 123, 204
Mélodies hongroises d'après Schubert   52, 58, 85
Mephisto-Polka   118
Mephisto-Walzer 1   113, 118, 129, 222
Mephisto-Walzer 2   204, 222
Mephisto-Walzer 3   222
Mephisto-Walzer 4/b (Bagatelle ohne Tonart)   223
Messe für Männerchor   124, 132, 169
Mihi autem adhaerere   169
Missa choralis   170, 200
Morts, Les (Trauerode 1)   47, 124, 167
Notte, La (Trauerode 2)   167, 175
Nuages Gris (Trübe Wolken)   224
<u>*Opernfantasien über Themen von*</u>
    Auber, Bellini, Donizetti, Gounod, Halévy, Meyerbeer, Mozart, Pacini, Verdi   51, 58, 73
Orpheus   119
Pater noster (Chor)   75, 124, 169, 174
Polka oubliée   216, 217
Préludes, Les   13, 116, 117, 132
Preludio funebre   222
Prometheus   117, 121
Prometheus-Chöre   117
Psalm 13 (Herr, wie lange)   113, 121, 163
Rákóczi-Marsch (Ung. Rhaps. Nr. 15)   40, 81–84, 205
Reiterlied   68, 77
Requiem für Männerchor   149–171
Revolutionssymphonie   42
Rhapsodie espagnole   73, 166
Rheinweinlied   77
Romance oubliée   216
Rondo di bravura   29
Rosario   196
Rossini: Soirées musicales – Bearbeitung   49
Rossini: Wilhelm Tell Ouverture – Übertragung   59, 62, 63, 113
R.W. Venezia   223, 224
Sardanapale   69, 117
Schubert-Übetragung: Erlkönig   82, 155
Seligpreisungen, Die   163, 164, 174
Septem sacramenta   196
Sicut cedrus   196
Sonate h-Moll   113, 119, 121–127, 136
Sonnenhymnus des Heiligen Franziskus von Assisi (Cantico del Sol)   164, 167

Werkregister | 271

Studentenlied 77
Symphonische Dichtungen 1–12 100, 112, 113
Szekszárder Messe 169
Tantum ergo 169
Tasso 56, 117, 123, 167
Teleki (Historische Ungarische Bildnisse) 150, 222, 224
Triomphe funèbre du Tasse, Le (Trauerode 3) 167
Totentanz 56, 74, 113, 119, 121, 123, 125, 129
Trauergondel, Die 1 223
Trauergondel, Die 2 223
Traurige Mönch, Der 122, 123
Tristesse 218
Ungarische Nationalmelodien 73, 86, 88
Ungarische Fantasie 113
Ungarische Rhapsodien 1–21 73, 82, 86–89, 113, 116, 123, 133, 186, 194, 221
Ungarisches Königslied 204, 205, 212
Unstern 224
Valses oubliées 220
Variationen
    Acht Variationen 29
    Variation über ein Thema von Diabelli 25, 191
    Variationen über eine Rossini-Arie 29
    Variationen über Themen von Beethoven 62
    Variationen über Themen von Chopin 62
    Variationen über Themen von Mendelssohn 62

Via crucis 9, 184, 196, 212, 217
Von der Wiege bis zum Grabe 194, 202, 218
Was ist des Deutschen Vaterland 77
Weihnachtsbaum 184, 212, 220
Weinen, Klagen Variationen 168, 222
Zwei Episoden aus Lenaus Faust 113, 118, 128

Personenregister

Ábrányi, Kornél 77, 201
Achille (Diener Liszts) 190
Agházy, Károly 199
Aghte, Rosa (s. Milde, Rosa von)
Agoult, Charles Graf d' 47
Agoult, Marie Gräfin d' 32, 40, 46–51,
  54–58, 61, 68, 72, 73, 76, 77, 79,
  81–84, 87–89, 92–95, 102, 103,
  118, 130, 132, 139, 143, 150, 161,
  207, 217, 230
Albani, Emma 214
Albert, Eugène d' 189, 192
Alexander II., Zar 108, 185
Alexander III., Zar 185
Allegri, Gregorio 168–169
Amadé, Tádé Graf 23
Andrássy, Gyula Graf 150, 201
Angelini, G.M. 143, 148
Ansorge, Konrad 189, 193, 200
Apponyi, Albert Graf 23, 201
Arcucci, Camillo 153
Arndt, Ernst Moritz 76–78
Artigaux, Caroline Gräfin d' (geb. Saint-
  Cricq) 34, 217
Auber, Daniel François 29, 41, 73, 112
Augusz, Antal Baron 81–84, 106, 131,
  158–160, 169, 197–198, 202, 217
Autran, Joseph 117

Bach, Alexander Baron 142, 149
Bach, Johann Sebastian 23, 31, 44, 62,
  63, 167–168, 173–174, 191, 217
Bache, Walter 189, 214
Balakirew, Milij 188

Ballanche, Pierre-Simon 34
Balzac, Honoré de 35, 40, 54
Barabás, Miklós 83
Bartók, Béla 13–14, 87–88, 114, 121,
  124–127, 183, 216, 221
Batta, András 65–66
Batthyány, Lajos Graf 79
Baudelaire, Charles 145, 186
Becker, Nikolaus 76
Beethoven, Ludwig van 11, 23, 25, 37,
  40, 42, 44, 51–52, 57, 62–63, 67,
  70, 75–76, 86, 98, 101, 112, 121,
  123, 161, 166, 191–192, 200, 203
Belgiojoso, Cristina Fürstin 51, 59, 61,
  65–66, 76–77, 90, 92
Bellini, Vincenzo 41, 52, 59, 62, 73, 112,
  123
Belloni, Gaetano 68
Béranger, Pierre Jean de 74
Berlioz, Hector 11, 29, 34–45, 50–52,
  62, 67, 82, 111–115, 119, 124, 126,
  129, 161, 166, 217
Berry, Fürstin von 29
Bertha, Sándor (Alexandre de) 166
Bezerédy, Imre 79
Biharí, János 23
Bismarck, Otto Eduard Leopold von 184
Blanche, Dr. 66
Bobrinsky, Familie 193
Boccaccio, Giovanni 56
Borodin, Alexandr 188–189
Boutenieff, Familie 193
Bösendorfer, Ludwig 12
Brahms, Johannes 53, 86, 107, 191, 214

Brehme, Dr. Richard 180
Breitkopf und Härtel 206
Brendel, Franz 106, 166
Bronsart, Hans von 107, 189
Bruckner, Anton 229
Buffalmacco, Bonamico 56
Bull, Ole 63
Bülow, Blandine von (Gräfin Gravina) 181
Bülow, Daniela von (Frau Thode) 158, 181, 197
Bülow, Franziska von 103
Bülow, Hans von 104, 107, 111–112, 135–139, 157–158, 166, 178, 181, 189, 198, 204
Busoni, Ferruccio 214
Byron, George Gordon Baron of (Lord Byron) 11, 27, 35–38, 44, 49, 69, 116–118, 148

Caetani, Michelangelo, Fürst von Sermoneta 141–142, 152–154, 165
Caravaggio, Michelangelo da 150
Charnacé, Claire de (geb. Gräfin d'Agoult) 77, 103
Charnacé, Guy de 77, 161
Chateaubriand, François-René de 34–36, 44
Cherubini, Luigi 28, 113
Chopin, Fryderyk 31, 44–47, 53–55, 62, 86, 119–123, 191–192, 220
Clementi, Muzio 23, 31
Cognetti, Luisa 193
Colonne, Édouard 213–214
Conradi, August 100
Constant, Benjamin 35
Cossmann, Bernhard 110
Cramer, Johann Baptist 23, 31
Crémieux, Adolphe 211
Cui, Cesar 188
Czerny, Carl 11, 22, 24, 29, 30–31, 43

Dante Alighieri 35, 54, 72, 74, 90, 118–119, 127, 128, 136, 148, 164

Daumier, Honoré 35
Debussy, Claude 13, 114, 122, 125, 137, 214, 220
Delacroix, Eugène 27, 38, 41
Delaroche, Paul 41
Denis-Street, Agnes (s. Klindworth, Agnes)
Deicke, Günther 80
Dingelstedt, Franz 137
Disraeli, Benjamin (Lord Beaconsfield) 211
Dohnányi, Ernst von 114, 183
Dönhof, Marie Gräfin 193
Donizetti, Gaetano 41, 52, 62, 73, 91
Doré, Gustave 167
D'Ortigue, Joseph 50, 161, 217
Dreyfuss, Alfred 210
Dumont, Henri 170

Edward VII., Prinz von Wales 214
Elisabeth, Heilige von Portugal 172
Elisabeth, Heilige von Ungarn-Thüringen 9, 147, 171, 172
Elisabeth, Kaiserin und Königin 10, 160, 172
Elliott, Georges (Ann Evans) 211
Érard, Familie 12, 45, 65
Erkel, Ferenc 23, 83, 160, 199, 204
Erkel, Sándor 204, 205
Esterházy, Fürsten 17, 22–23, 26–28, 79
Esterházy, Casimir Graf 79
Esterházy, Mihály Graf 23
Esterházy, Miklós (Nikolaus II.) Fürst 17

Fauré, Gabriel 214
Fay, Amy 188–191
Festetics, Leo Graf 33, 84, 131
Fétis, François Joseph 45, 73
Flaubert, Gustave 50, 145, 186
Flavigny, Maurice Marquis von 47
Florian, Claris de 30
Flotow, Friedrich von 112
Franz Joseph I., Kaiser und König 10, 138, 149, 160, 197, 205

Franz von Assisi, Heiliger 147
Franz von Paola, Heiliger 147
Freiligrath, Ferdinand 74
Freund, Róbert 199
Friedheim, Arthur 189
Fröhlich, Oberforstmeister 226–228
Fuchs, Johann 20

Gagarin, Fürstin von 95
Galitzin, Fürst von 60
Garibaldi, Giuseppe 141, 149–152
Genast, Emilie (Frau Merian) 34, 122, 138–139, 149–150
Géricault, Théodore 41
Gille, Dr. Carl 151, 155, 165, 167, 190
Giuli, Fräulein 151
Glatz, Ferenc 203
Gluck, Christoph Willibald 112–113
Gobbi, Henrik 198
Goethe, Johann Wolfgang von 34, 35, 42, 49, 74, 77, 91, 97–98, 116–118, 124, 126, 134, 166
Göllerich, August 189, 193, 200, 202, 214, 216, 227–228
Götze, Carl 113
Gotha, Großherzog von 139
Gounod, Charles 166, 213
Gravina, Biagio Graf 181
Graefe, Augenarzt Dr. 225
Gregorovius, Ferdinand 141–142, 152, 155
Grétry, André Ernest 113
Grimm, Julius Otto 107
Grün, Gyula 113
Guizot, François 108
Gulli, Luigi 193
Gumein, Dr. 228–229

Habeneck, François Antoine 37
Haberl, Franz Xaver 170, 196
Halévy, Jacques Fromental 52
Händel, Georg Friedrich 167
Hanslick, Eduard 179
Haynald, Lajos 201

Haydn, Joseph 17, 20, 23, 86, 191
Hebbel, Friedrich 74
Heine, Heinrich 40, 67, 76, 84, 211
Helbig, Nadine 193
Helbig, Wolfgang 193
Herder, Johann Gottfried 19, 78, 91, 117
Herwegh, Georg 68, 74, 76–77
Hiller, Ferdinand 111
Hoffmann von Fallersleben (August Heinrich Hoffmann) 74
Hohenlohe-Schillingsfürst, Gustav von (Kardinal) 144, 148, 154, 156, 163, 178
Hohenlohe-Schillingsfürst, Konstantin Fürst 138
Hohenzollern-Hechingen, Fürst von 107
Holmès, Augusta 162
Homer 44
Horthy, Miklós von 14
Hubay, Jenő 183
Huber, Ferdinand 49
Hugo, Victor 27, 35, 38, 74, 76, 115–118, 145, 149, 158, 186, 217–220
Hummel, Johann Nepomuk 17, 20, 23, 25, 30, 44, 52, 63
Hyacinthe, Père (Charles Loyson) 150

Ingres, Jean Auguste Dominique 56, 217
Istóczy, Győző 209
Iwanowski, Piotr 93

Janin, Jules 50, 77
Joachim, Joseph 107, 110, 113
Joseffy, Rafael 199
Juhász, Aladár 189

Kalkbrenner, Friedrich Wilhelm 25, 31, 43
Karácsonyi, Guido Graf von 201
Karl X. von Frankreich 35
Kästner, Peter 228
Klein, Heinrich 23
Knopp 49

Klindworth, Agnes 108, 109, 132, 138–140
Klindworth, Georg 108
Klindworth, Karl 107, 108, 136
Kodály, Zoltán 87
Korzendorfer (Geistlicher Rat) 228
Körner, Theodor 77
Kossuth, Lajos 79, 84

Lablache, Luigi 41
Lachmund, Carl 183, 189–191
Lager, Therese (Frau Steinwender) 30
Lamartine, Alphonse de 35, 44–48, 76, 117
Lamennais, Félicité de 39, 45–47, 143, 150, 167
Lamond, Frederic 189, 192–193
Lamoureux, Charles 213
Landely, A. 214
Láng, Fülöp 203
Lassalle, Ferdinand 110
Laub, Ferdinand 113
Laussot, Jessie 165
Lebert, Sigismund 166
Lenau, Nikolaus 74, 113, 118, 122–123, 128–129, 222
Lewes, G.H. 211
Lichnowsky, Felix Fürst 94
Lippi, Carlo 151
Lipsius, Marie (La Mara) 107
List, Georg Adam 19
List, Sebastian 19
Liszt, Adam 10, 18, 20–32
Liszt, Anna 20–21, 27, 30, 33–34, 48, 57, 68, 93–94, 102–104, 139, 147, 158
Liszt, Blandine (Madame Ollivier) 21, 48, 57, 68, 103–105, 109, 139, 147, 156–158
Liszt, Cosima (Frau von Bülow, Frau Wagner) 54, 57, 68, 103–104, 107, 109, 131, 137–139, 156–158, 179, 184, 197–198, 203, 212, 223–229
Liszt, Daniel 57, 68, 102, 104, 109, 138

Liszt, Dr. Eduard 12, 19, 104, 179, 182
Litolff, Verleger 162
Ljadow, Anatol 188
Lobe, Christian 100
Locke, John 4
Longfellow, Henry Wadsworth 203
Louis Philippe I., König von Frankreich 35, 40
Loyson, Charles (s. Hyacinthe, Père)
Ludwig II., König von Bayern 156
Ludwig XIV., König von Frankreich 59
Lutosławski, Witold 53

Mackenzie, Charles 214
Mahler, Gustav 201
Majewska, Maria 200
Malatesta, Paolo 128
Malibran, Maria 41
Manet, Edouard 145
Mann, Thomas 97, 120, 135
Maria Theresa, Kaiserin 17
Maria Pawlowna, Großherzogin 91, 94, 97
Massart, Lambert 55, 68–69
Massenet, Jules-Émile 213
Maupassant, Guy de 186
Maximilian Ferdinand Joseph, Kaiser von Mexiko 141, 167, 170, 220, 222
Mendelssohn-Bartholdy, Felix 62–63, 71, 76, 112, 188
Menter, Sophie 189, 197, 200
Mérimée, Prosper 35, 186
Metternich, Fürst Clement von 24, 29, 108
Meyendorff, Olga Baronin von 150, 182–183, 186–187
Meyerbeer, Giacomo 38, 41, 52, 62–63, 112, 166, 211
Michelangelo Buonarroti 54, 168, 175
Mickiewicz, Adam 41
Mihalovich, Ödön von 197, 201
Milde, Rosa von (geb. Aghte) 113
Milde, Theodor von 113
Milton, John 11, 35, 48

Minghetti, Laura 193
Mischka, Diener Liszts (eigtl. Mihály Kreiner) 226–228
Monet, Claude 145
Moscheles, Ignaz 23, 25, 31, 45, 73
Mosonyi (Brandt), Mihály 160, 166, 170, 191, 197
Mouchanoff-Kalergis, Marie 217
Mozart, Leopold 26
Mozart, Wolfgang Amadeus 23, 26, 29, 33, 44, 62, 75, 101, 112, 169, 192
Muncker, Dr. Theodor von 229
Munkácsy, Cécile 226
Munkácsy, Mihály 186–187, 214–215
Musset, Alfred de 35, 47, 74–76, 186, 218, 261
Mussorgski, Modest 188

Nabich, Moritz 113
Napoleon I., Bonaparte 141, 145–146
Napoleon III., Louis-Napoléon Bonaparte 13, 139, 141, 145–147, 150, 185
Nerval, Gérard de 117–118
Nicolai, Otto 112
Nietzsche, Friedrich 186
Nikolaus I., Zar 91, 97, 108
Nikolaus II., Zar 108
Nourrit, Adolphe 41, 50, 62, 65

Okraszewski, Ladisław 138
Olga Janina (s. Zielinska-Piasecka, Olga)
Ollivier, Émile 105, 139, 147, 156, 185
Orcagna, Andrea 56

Pacini, Giovanni 52
Paër, Ferdinando 29
Paganini, Niccolò 38, 43–45, 52–53
Pasdeloup, Jules Étienne 213
Pasta, Giuditta 41
Petrarca, Francesco 74
Patersi, Madame 102
Pedro II., König von Brasilien 136
Perini, Gilda 193
Petőfi, Sándor 74

Pinelli, Ettore 194
Pius IX. 142, 163
Platon 44
Podmaniczky, Frigyes Baron 205
Pohl, Jeanne Rosalie (geb. Eyth) 113
Pohl, Richard 137
Preußen, (Augusta) Prinzessin von 72, 76
Pruckner, Dionys 107
Pulszky, Ferenc 185, 202
Pustet, Verleger 196

Raab, Tony 200
Raabe, Peter 13–14, 183
Rachmaninow, Sergei 53
Racine, Jean 75
Raff, Joachim 100, 217
Raffaello Santi 54
Ramann, Lina 107, 181, 206, 210
Ravasz, Ilona 199
Ravel, Maurice 125, 166, 219
Redepenning, Dorothea 215
Reicha, Antonin 29, 85
Reisenauer, Alfred 189
Rellstab, Ludwig 71
Reményi (Hoffmann), Ede 197
Remmert, Martha 189
Renoir, Pierre Auguste 145
Richter, Hans 198, 203, 213
Ries, Ferdinand 23, 25
Rimini, Francesca da 128
Rimski-Korsakow, Nikolai 188
Rosenthal, Moritz 189
Rossi, Vittorio de 153
Rossini, Gioacchino 29, 49, 52, 59, 62–63, 112–113, 143, 217
Rothschild, Baron 139
Rousseau, Jean-Jacques 35–36, 185
Rubini, Giovanni Battista 41, 62–64
Rubinstein, Anton 112
Rückert, Friedrich 74

Personenregister | 277

Sabinina, Martha 189
Sachsen-Weimar, Carl Alexander Großherzog von 90–91, 99, 110, 137, 139, 141, 152, 154, 177, 188
Sachsen-Weimar, Carl August Großherzog von 97, 134
Sachsen-Weimar, Carl Friedrich Großherzog von 97
Saint-Cricq, Caroline de (s. Artigaux, Caroline Gräfin d')
Saint-Mars, Madame de 102
Saint-Saëns, Camille 162, 213
Saint-Simon, Claude Henri de Rouvroy de 39, 84, 143, 152
Saissy, Amédée 210
Salieri, Antonio 11, 24
Sand, George 40–41, 47, 49, 54, 186, 217
Saphir, Moritz Gottlieb 55
Sauer, Emil 189, 191
Sayn-Wittgenstein, Nikolai Fürst von 108
Sayn-Wittgenstein, Carolyne Fürstin von 12, 21, 32, 88, 92–96, 101, 118, 133, 138–139, 149, 163, 171, 206
Sayn-Wittgenstein, Marie (Fürstin Hohenlohe-Schillingsfürst) 138
Schäffer, Julius 128
Scharf, József 209–210
Scharf, Móric 210
Scharwenka, Franz Xaver 189
Scheffer, Ary 41
Schiller, Friedrich von 36, 49, 74, 91, 97, 118, 134, 148
Schlesinger, Maurice 50
Schindler, Anton 63
Schlözer, Kurd von 142, 152–154, 172
Schmalhausen, Lina 189, 193, 226
Schnappauf, Bernhard 228
Scholz, Bernhard 107
Schönberg, Arnold 13, 114, 168, 216
Schopenhauer, Arthur 186
Schorn, Adelheid von 181

Schubert, Franz 11, 23, 25, 40, 45, 47, 51–52, 58, 62–65, 85–86, 112, 119, 121, 123, 191, 195
Schumann, Clara (geb. Wieck) 107, 214
Schumann, Robert 45, 50, 53, 62, 71, 76, 106, 112, 119, 121, 123, 126, 188, 191, 195
Schwartz, Esperanza von 149
Schwendtner, Mihály 150
Schwind, Moritz von 171
Schütz, Max (Sagittarius) 210–211
Scitovszky, János 131–132
Scott, Walter 11
Scribe, Eugène 98
Senancour, Étienne de 35, 37, 49
Serow, Alexandr 73
Servais, Franz 197
Sgambati, Giovanni 151, 164–165, 193–196
Shakespeare, William 11, 35–38, 118, 158
Siloti, Alexandr 189
Singer, Ödön 113
Solfanelli, Antonio 156, 163
Sonntag, Henriette 41
Speyer, Wilhelm 75
Spohr, Louis 112
Spontini, Gasparo 29, 143, 195
Stark, Ludwig 166
Stavenhagen, Bernhard 189, 193, 226–228
Stassow, Wladimir 72
Stendhal (Henri Beyle) 35, 40
Stenzl, Jürg 224
Stradal, August 181, 189, 192, 200, 202, 205, 214
Strauss, Richard 13
Stróbl, Alajos 205
Sulzer, Salomon 206
Szapáry, Gyula Graf 23
Széchenyi, István Graf 79, 84, 230
Szendy, Árpád 199

Táborszky, Ferdinánd 201
Taine, Hippolyte 142, 186
Tamburini, Antonio 41
Tasso, Torquato 56, 115, 123
Tausig, Carl 107, 128, 189, 217
Teano, Onorato Caetani Fürst von 193
Teleki, László Graf 150
Teleki, Sándor Graf 150, 201–202
Tennyson, Alfred 74
Thalberg, Sigismund 50–51, 65, 67
Thode, Henry 225
Thomán, István 114, 183, 189, 193, 199, 227
Thomas, Ambroise 213
Thomas von Aquin 124
Timanowa, Vera 200
Tisza, Kálmán Graf 229
Todi, Jacopone da 173
Tolstoi, Alexei 74
Tomadini, Jacopo 147
Tommaso di Celano 130
Trefort, Ágoston 198–199

Uhland, Ludwig 74
Urhan, Chrétien 35, 47, 65–66

Verdi, Giuseppe 112, 123, 166, 177, 221
Végh, János von Vereb 201
Venantius Fortunatus 124
Vergilius Naso 175
Vernet, Joseph 41
Vianesi, Auguste 213, 214
Vianna da Motta, José 189
Viardot Garcìa, Pauline 41
Victoria, Königin von England 184, 214
Viczay, Mihály Graf 23
Vigny, Alfred de 48
Viktor Emanuel II. 141–142, 184
Volkmann, Robert 199
Vörösmarty, Mihály 78

Wagner, Eva 157
Wagner, Isolde 157

Wagner, Richard 9–13, 100, 101, 105–115, 119, 121–124, 127–128, 134–137, 144–145, 156–158, 161, 165–166, 177–179, 183, 186, 197–198, 203–204, 212–217, 223–229
Wagner, Siegfried 158
Walker, Alan 180, 189–190, 208
Weber, Carl Maria von 11, 38, 40, 44, 51–52, 62, 112–113, 191
Weingartner, Felix 189
Weißbrod 228
Wereschtschagin, Wassili 187
Wesselényi, Miklós Baron 79
Wieck, Clara (s. Schumann, Clara)
Wieland, Christoph Martin 91
Wilhelm I. von Preußen 184
Winterberger, Alexander 107
Witt, Franz 196, 198
Wohl, Janka 183, 187, 200
Wolf, Hugo 214
Wolff, Pierre 44

Ybl, Miklós 205

Zarębski, Julius 189
Zichy, Graf Géza 201–202
Zichy, Mihály 218
Zielinska-Piasecka, Olga 178
Zola, Émile 145, 186

EUROPÄISCHE KOMPONISTINNEN

HERAUSGEGEBEN VON
ANNETTE KREUTZIGER-HERR
UND MELANIE UNSELD

Band 1: Stefan Johannes Morent, Marianne Richert Pfau
HILDEGARD VON BINGEN
DER KLANG DES HIMMELS
2005. 401 S. 12 s/w-Abb. auf 12 Taf.
Mit Musik-CD. Gb. mit Schutzumschlag.
ISBN 978-3-412-11504-3

Band 2: Ruth Müller-Lindenberg
WILHELMINE VON BAYREUTH
DIE HOFOPER ALS BÜHNE DES LEBENS
2005. XI, 225 S. 15 s/w-Abb. auf 15 Taf. Gb. mit Schutzumschlag.
ISBN 978-3-412-11604-0

Band 3: Janina Klassen
CLARA SCHUMANN
MUSIK UND ÖFFENTLICHKEIT
2009. XIV, 536 S. 21 s/w-Abb. auf 16 Taf.
Gb. mit Schutzumschlag.
ISBN 978-3-412-19405-5

Band 4: Marion Fürst
MARIA THERESIA PARADIS
MOZARTS BERÜHMTE ZEITGENOSSIN
2005. XII, 405 S. 21 s/w-Abb. und 8 Notenbeispiele. Gb. mit Schutzumschlag.
ISBN 978-3-412-19505-2

Band 5: Detlef Gojowy
MYRIAM MARBE
NEUE MUSIK AUS RUMÄNIEN
2007. XII, 292 S. 10 s/w-Abb auf 8 Taf. Gb. mit Schutzumschlag.
ISBN 978-3-412-04706-1

Band 6: Peter Schleuning
FANNY HENSEL GEB. MENDELSSOHN
MUSIKERIN DER ROMANTIK
2007. X, 349 S. 22 s/w-Abb. auf 16 Taf.
Gb. mit Schutzumschlag.
ISBN 978-3-412-04806-8

Band 7: Monica Klaus
JOHANNA KINKEL
ROMANTIK UND REVOLUTION
2008. XIV, 364 S. 18 s/w-Abb. auf 16 Taf.
Gb. mit Schutzumschlag.
ISBN 978-3-412-20175-3

böhlau

BÖHLAU VERLAG, URSULAPLATZ 1, 50668 KÖLN. T: +49(0)221 913 90-0
INFO@BOEHLAU.DE, WWW.BOEHLAU.DE | KÖLN WEIMAR WIEN